Myriam Brunner, Alina Ivanova

Praxishandbuch Interkulturelle Lehrer|innenbildung

Impulse – Methoden – Übungen

debus
PÄDAGOGIK

Bibliografische Information der Deutschen Nationalbibliothek

Die Deutsche Nationalbibliothek verzeichnet diese Publikation in der Deutschen Nationalbibliografie; detaillierte bibliografische Daten sind im Internet unter http://dnb.d-nb.de abrufbar.

www.debus-paedagogik.de
www.wochenschau-verlag.de

Programmleitung: Peter E. Kalb
Umschlagentwurf: Ohl Design
Gesamtherstellung: Wochenschau Verlag
Titelbild: Charlotte Schneider
Gedruckt auf chlorfreiem Papier
ISBN 978-3-95414-044-2 (Buch)
ISBN 978-3-95414-049-7 (E-Book)

Inhalt

Inhalt

Danksagung

Ein Buch ist nie nur die Arbeit des|der Autor|in bzw. der Autor|innen, sondern eine gemeinschaftliche Leistung vieler Personen. Dies gilt insbesondere für Bücher, die auf der Grundlage von Forschung und Erprobung entstanden sind.

Ohne die Bereitschaft der Studierenden der Pädagogischen Hochschule Karlsruhe, die an den Gruppendiskussionen zur Datenerhebung und den LeB|in|MiG-Workshops teilgenommen haben, wäre weder das Projekt „LehrerInnenbildung: interkulturell-migrationsgesellschaftlich“ noch dieses Buch als dessen Ergebnis möglich gewesen. Wir bedanken uns für eure Offenheit, euer Interesse, Engagement, positives Feedback und besonders für eure kritischen Anregungen.

Unser besonderer Dank gilt den studentischen Hilfskräften des Projekts, die uns bei der Dokumentation und Auswertung der Gruppendiskussionen und Workshops wie auch bei der Materialsammlung und -auswertung engagiert, ideenreich, kritisch und kompetent unterstützt haben. Ohne euch wäre vieles nicht oder nicht in dieser Genauigkeit möglich gewesen.

Bei den Urheber|innen der in diesem Buch verwendeten Materialien möchten wir uns herzlich für die unkomplizierte und entgegenkommende Bereitstellung ihrer Arbeiten bedanken. Ihr Beitrag macht die Perspektivenvielfalt dieses Buches aus.

Bedanken möchten wir uns auch beim Ministerium für Wissenschaft, Forschung und Kunst Baden-Württemberg sowie der Pädagogischen Hochschule Karlsruhe für die Finanzierung und Unterstützung des Projekts „LehrerInnenbildung: interkulturell-migrationsgesellschaftlich“.

Den Projektleiterinnen Prof. Dr. Astrid Messerschmidt und Prof. Dr. Heidi Rösch gilt unser größter Dank: für die Idee zum Projekt „LehrerInnenbildung: interkulturell-migrationsgesellschaftlich“, die beständige Anleitung, Anregung und Unterstützung auf professioneller und persönlicher Ebene, die herzliche Zusammenarbeit auf Augenhöhe und allem voran für euer Vertrauen und die ermöglichten Handlungs-, Denk- und Entfaltungsfreiräume – danke.

Vorwort

von Astrid Messerschmidt und Heidi Rösch

Migration bewegt die Schule. Aus dem weltweiten Alltagsphänomen ist ein diskursives Phänomen von pädagogischen Thematisierungen geworden. Weil die Schule die Aufgabe hat, nicht nur Wissen, sondern auch normative Orientierungen zu vermitteln, taucht in ihrem institutionellen Innenraum immer wieder die unausgesprochene Frage auf: „Wer ist Wir"?, wie ein Buchtitel von Navid Kermani (2009) lautet. Zwischen Öffnung und Abwehr trifft diese Frage auf ein Bildungsverständnis, in dem die Eindeutigkeit nationaler Identität immer noch behauptet wird. In Spannung dazu steht die von vielen Schüler|innen und Lehrer|innen längst anerkannte und gelebte innere Diversität einer Gesellschaft, die nicht mehr nach Kriterien nationaler Herkunftshintergründe naher oder entfernter Vorfahren geordnet werden kann. Pädagogische Studiengänge bieten potenziell die Möglichkeit, Migration und „Heterogenität als Normalfall" (Kalpaka 2006) für pädagogisches Handeln anzuerkennen. Doch der Normalfall Migration trifft auf die Macht der Nationalität, die nach wie vor das einflussreichste Kriterium für die Zuteilung von Rechten geblieben ist.

Mit dem Begriff der Migrationsgesellschaft wird der soziale und kulturelle Kontext von Bildungsarbeit zum Bezugspunkt für die Herausbildung pädagogischer Handlungsfähigkeit. Für viele Studierende in den Lehramtsstudiengängen ist das eine eher ungewohnte Perspektive, da sie durch den bildungspolitischen Diskurs und den Zuschnitt ihres Studiums darauf zentriert werden, die Lernenden in den Blick zu nehmen und sich Vermittlungs- und Unterrichtstechniken anzueignen. Angesichts einer pluralen Gesellschaft wirkt sich das Fehlen einer Perspektive auf sich selbst und auf die Einflüsse öffentlicher Diskurse fatal aus, denn es führt dazu, immer über andere und nie über sich selbst zu sprechen. Im Projekt „LehrerInnenbildung: interkulturell-migrationsgesellschaftlich" sind den Studierenden Zugänge zur Selbstreflexion angeboten worden. Der Weg zu pädagogischer Handlungssicherheit führt über Irritationen, die verfestigte Bilder in Bewegung bringen. Deshalb sind in den hier dokumentierten Workshops eigene Sichtweisen auf migrationsgesellschaftliche Wirklichkeiten und die Selbstbilder von angehenden Lehrer|innen thematisiert worden, ebenso wie die institutionellen Bedingungen der Schule, die Zugehörigkeiten und Partizipation begrenzen oder fördern. Die Schule in der Demokratie tut sich besonders schwer, ausgrenzende und diskriminierende Praktiken und Routinen in ihren Organisationsabläufen und Interaktionen offenzulegen. Das Selbstbild und die gesellschaftlichen Erwartungen an die Schule und ihr Personal stehen dem häufig entgegen. Im Projekt sind Möglichkeiten erprobt worden, normalisierten Alltagsrassismus zu benennen (vgl. Mecheril 2007) und angehende Lehrer|innen zu befähigen, dafür ein Problembewusstsein herauszubilden. Die durchgeführten Workshops haben Studierenden vielfältige methodische Zugänge eröffnet, um eine zeitgemäße pädagogische Praxis im „globalisierten Klassenzimmer" (Niehoff/Üstün 2011) zu entwickeln. Praktische Alternativen zu einem überholten national-kulturellen Selbstverständnis sind ausprobiert worden. Die in der vorliegenden Publikation dokumentierten Ergebnisse bieten inhaltliche Positionierungen und methodische Materialien für Studium und Fortbildung und sind geeignet für die Ausgestaltung von Studiengängen und Fortbildungsmaßnahmen.

Quellen:

Kalpaka, Annita (2006): Heterogenität als der Normalfall. In: Informations- und Dokumentationszentrum für Antirassismusarbeit in Nordrhein-Westfalen (IDA) Hrsg.: Impulse: Bildungsmaterialien aus dem Aktionsprogramm ‚Jugend für Toleranz und Demokratie – gegen Rechtsextremismus, Fremdenfeindlichkeit und Antisemitismus', Düsseldorf S. 56-57.

Kermani, Navid (2009): Wer ist Wir? Deutschland und seine Muslime, München.

Mecheril, Paul (2007): Die Normalität des Rassismus. In: Überblick. Zeitschrift des Informations- und Dokumentationszentrums für Antirassismusarbeit in Nordrhein-Westfalen, 13. Jg., Heft 2/2007, S. 3-9.

Niehoff, Mirko/Emine Üstün (Hrsg.) (2011): Das globalisierte Klassenzimmer. Theorie und Praxis zeitgemäßer Bildungsarbeit, Immenhausen.

I. Einleitung

Hintergrund des Buches: Das Projekt „LehrerInnenbildung: interkulturell-migrationsgesellschaftlich"

Projektziele und -konzept

Dieses Buch ist als Ergebnis des Praxisforschungsprojekts „LehrerInnenbildung: interkulturell-migrationsgesellschaftlich [LeB|in|MiG]" entstanden, das aus Mitteln des Innovations- und Qualitätsfonds des Ministeriums für Wissenschaft, Forschung und Kunst Baden-Württemberg von 2012 bis 2015 gefördert und an der Pädagogischen Hochschule Karlsruhe durchgeführt worden ist. Das Ziel des Projekts war, einen Beitrag zur interkulturell-migrationsgesellschaftlichen pädagogischen Professionalisierung von Lehramtsstudierenden zu leisten und damit zu einer zeitgemäßen Weiterentwicklung der lehramtsbezogenen Studiengänge an der PH Karlsruhe beizutragen.

Der Titel des Projekts „LehrerInnenbildung: interkulturell-migrationsgesellschaftlich" soll auf das migrationsgesellschaftliche Verständnis von pädagogischer Professionalität aufmerksam machen. Damit ist der Anspruch verbunden, angehende Lehrer|innen dazu zu befähigen, sich selbst und ihre Schüler|innen als Teil der Migrationsgesellschaft zu begreifen und eine kulturalisierungskritische Perspektive zu entwickeln. Diese Perspektive problematisiert kulturelle Deutungen von Verschiedenheit und betont deren Einbindungen in soziale, materielle, bildungsbezogene und strukturell ungleiche Lebensverhältnisse. Dementsprechend basiert auch die ‚interkulturelle' Komponente im Projekttitel nicht auf einem traditionellen Verständnis von Interkulturalität als Interaktion zwischen unterschiedlichen ‚Kulturkreisen', sondern knüpft an die kritische Auseinandersetzung mit dem Kulturbegriff und mit den Besetzungen des Kulturellen an.

Zentral für das Konzept des Projekts ist die Betrachtung der Hochschule selbst als Ort der interkulturellen Bildung im migrationsgesellschaftlichen Kontext. Das bedeutet, dass wir als Projektmitarbeiterinnen in unserer Forschungstätigkeit nach Wegen suchen, einen selbstreflexiven und machtsensiblen methodologischen Zugang zum Forschungsfeld zu entwickeln. Deswegen haben wir uns auf allen Etappen des Projekts darum bemüht, unsere forschereigenen Verstrickungen in machtasymmetrische Strukturen zu reflektieren und uns mit unseren eigenen Positionierungen und deren Wirkungen auf das Projekt auseinanderzusetzen.

Workshops

Eine wichtige Stellung im Projekt nahmen die Workshops ein, die Elemente interkultureller Trainings, rassismuskritischer Bildungsarbeit und diversitätsorientierter Fortbildung beinhalteten und auf die beruflichen Anforderungen von Lehrer|innen zugeschnitten wurden. In den Workshops haben wir zusammen mit angehenden Lehrer|innen Ansätze und Prinzipien für einen reflexiven und inklusiven Umgang mit Differenz und Diskriminierung in der Schule bearbeitet. Dabei versuchten wir, durch den Einsatz offener Interaktionsformen in den Workshops (z. B. Gruppendiskussionen, anonyme schriftliche Feedbacks, mündliche Feedbacks, schriftliche und mündliche Erwartungsformulierungen, Erfahrungsberichte, Möglichkeiten zum Fragenstellen etc.) den Teilnehmenden möglichst flexible Räume für die Äußerung – oder eben Nichtäußerung – ihrer (Selbst-)Auffassungen zu geben. Da Migration und Interkulturalität emotional stark aufgeladene Themen sind, war es uns ein wichtiges Anliegen, die Problematik des Sagbaren und Unsagbaren in den Übungen und Diskussionen zu beachten und Unausgesprochenes zu thematisieren.

Die Workshops wurden auf der Grundlage von Interessen, Wünschen und Bedarfsäußerungen von Lehramtsstudierenden an der PH Karlsruhe konzipiert. Die Erhebung erfolgte im Sommersemester 2012 durch mehrere Gruppendiskussionen, in denen sich Lehramtsstudierende über die Bedingungen und Herausforderungen des Unterrichtens in einer von Migration geprägten Gesellschaft austauschten, über die vorhandenen bzw. fehlenden Angebote der interkulturell-migrationsgesellschaftlichen Professionalisierung im Lehramtsstudium reflektierten und Konsequenzen für die Lehrer|innenbildung formulierten. Im Wintersemester 2012/13 fanden die ersten Projektworkshops statt, in denen es um die Themen „Zugehörigkeiten“, „Mehrsprachigkeit“ und „Diskriminierung/Rassismus“ ging.

Nach dem ersten Workshop-Durchgang wurden Reflexionen der Teilnehmenden mittels qualitativer Analyseverfahren ausgewertet. Die Ergebnisse wurden dazu genutzt, projektbezogene thematische Felder, Methoden, Moderations- und Arbeitsformen zu analysieren, kritisch zu hinterfragen und weiterzuentwickeln. Daran anknüpfend wurde die zweite Workshopreihe ausgearbeitet, die im Wintersemester 2013/2014 stattgefunden hat und die Themenblöcke „Perspektiven und Wahrnehmungen", „gesellschaftliche Positionierungen und Gruppenzugehörigkeiten" und „Diskriminierung/Rassismus" umfasste.

Nach Ablauf und Auswertung der zweiten Workshopreihe wurden die Ergebnisse des gesamten Projekts zusammengefasst. Darauf basierend entstand dieses Buch, welches sich als eine praxisbezogene Anleitung für eine diversitätsbewusste, reflexionsorientierte, macht- und diskriminierungssensible Lehrer|innenbildung versteht.

Das Buch

Aufbau des Buches

Das Buch besteht aus zwei Hauptkapiteln: einer theoretischen Einführung und einem praktischen Übungsteil. Die theoretische Einführung dient dazu, die wichtigsten theoretischen Prinzipien und Prämissen vorzustellen, welche die Grundlage für das Projekt und die darin eingesetzten Übungen bilden. Im praktischen Übungsteil werden aus den theoretischen Überlegungen hervorgegangene und bereits erprobte Übungen vorgestellt, die unmittelbar in der Lehrer|innenbildung einsetzbar sind. Das Bindeglied zwischen den beiden Hauptkapiteln bilden zum einen die Verweise auf die konkreten Methoden und Übungen im Theorieteil und zum anderen durchgehende Kommentare im praktischen Teil, die für jede Übung sowohl didaktische Hinweise, methodische Anmerkungen und Praxisbeispiele geben als auch die theoretische Fundierung der einzelnen Übungen erläutern und in Beziehung setzen.

Themen und Inhalte

Das Ziel dieses Buches ist, verschiedene Möglichkeiten der interkulturell-migrationsgesellschaftlich kompetenten Arbeit mit Lehramtsstudierenden aufzuzeigen. Unter einer ‚kompetenten' Arbeit mit Lehramtsstudierenden verstehen wir v. a. ihre Befähigung zu einem reflektierten pädagogischen Handeln, welches angemessene Antworten auf die migrationsgesellschaftlichen Bedingungen und Herausforderungen bietet.

Die Grundprämissen des Projekts „LehrerInnenbildung: interkulturell-migrationsgesellschaftlich" bestimmen die Themen der theoretischen Einführung sowie die Übungsauswahl. Da dem Projekt ein migrationsgesellschaftliches Verständnis zugrunde liegt, werden in diesem Buch Impulse für eine theoretisch reflektierte Auseinandersetzung mit den für den migrationsgesellschaftlichen Diskurs zentralen Themen wie Macht, soziale Ungleichheiten, (Nicht-)Zugehörigkeiten und Mehrfachzugehörigkeiten, Diskriminierung und Rassismus angeboten. Der Fokus liegt dabei auf einer konsequenten Einbeziehung der Reflexion über die gesellschaftlichen Macht- und Ungleichheitsverhältnisse, der Anregung von Selbstreflexionsprozessen aufseiten der Teilnehmenden und der Teamer|innen sowie auf der inhaltlichen Orientierung der Übungen an der alltäglichen Praxis in der Institution Schule. In gesellschaftlichen, schulischen und (bildungs-)politischen Diskursen überwiegt häufig eine Thematisierung von Kultur, die mit Hierarchisierungen und Pauschalisierungen einhergeht. Ein solches Verständnis von Kultur leistet der Suche nach und dem Finden von einfachen Lösungen durch Kulturalisierung und Essentialisierung Vorschub. Wir möchten deshalb dem kulturellen Blick ein Verständnis für moderne Mehrfachzugehörigkeiten und gesellschaftliche Machtverhältnisse gegenüberstellen. Deshalb wird Kultur in diesem Buch nicht als theoretische Grundlage und eigenständiges Thema behandelt, sondern im Kontext der Instrumentalisierung von Kulturzuschreibungen in einer von Ungleichheiten geprägten Gesellschaft.

Zielgruppe

Das Buch richtet sich an Personen, die in der Lehrer|innenbildung tätig sind, aber auch alle, die im Bereich der interkulturellen Bildung und Migrationspädagogik wissenschaftlich und praktisch arbeiten oder sich für dieses Themengebiet interessieren.

Ziele des Buches

Die allgemeinen Ziele, die mit diesem Buch verfolgt werden, sind:

- Befähigung angehender Lehrer|innen, sich selbst und ihre Schüler|innen als Teil der Migrationsgesellschaft zu verstehen
- Entwicklung einer kulturalisierungskritischen Perspektive
- Entwicklung der Kompetenz, die intersektionelle Verschränkung vielfältiger Zugehörigkeiten und Unterscheidungspraktiken innerhalb der gegenwärtigen Gesellschaft wahrzunehmen und zu reflektieren
- Entwicklung der Fähigkeit zur konsequenten Selbstreflexion
- Entwicklung der Fähigkeit, das Zustandekommen der Zuschreibungen von Anderssein, Abweichung und Normalität und den Anteil der Lehrer|innen bzw. der Schule daran zu erkennen
- Entwicklung der Aufmerksamkeit für gesellschaftliche Ausgrenzungsprozesse und Entwicklung der Strategien des pädagogischen Umgangs damit
- Hinterfragung des eigenen Verständnisses pädagogischer Kompetenz, Anerkennung der generellen Unsicherheit pädagogisch-professionellen Handelns und Entwicklung eines konstruktiven Umgangs damit
- Befähigung zur Entwicklung von Schulkultur und Unterrichtspraktiken, die Verschiedenheit anerkennen, Diskriminierungen wahrnehmen und Partizipation ermöglichen.

Sprachliche Darstellung von Genderformen

Als Mittel der sprachlichen Darstellung aller sozialen Geschlechtsidentitäten wird in diesem Buch neben neutralen Sprachformen (Studierende, Teilnehmende etc.) der vertikale Strich (|) benutzt. Zum einen wollen wir dadurch an den kritischen Diskurs über gendergerechte Schreibweisen anknüpfen, bei dem das dominierende bipolare Geschlechtersystem (männlich-weiblich) hinterfragt wird und alle Genderformen (weiblich, männlich, transsexuell, intersexuell, transgender u. a.) als Abbild unserer pluralistischen Gesellschaft sichtbar gemacht werden. Dass dafür der vertikale Strich und z. B. nicht das Gender Gap verwendet wird, lässt sich folgendermaßen erklären:

- Zunächst fällt der vertikale Strich wegen seiner Ungewohntheit im Vergleich zu dem mittlerweile sehr verbreiteten Gender Gap stärker beim Lesen auf, wodurch Irritationen aufseiten der Leser|innen ausgelöst werden. Diese Irritationen können – und sollten – einen Ausgangspunkt für die Hinterfragung von scheinbar natürlicher traditioneller Geschlechteraufteilung sein. Sobald die erste Irritationsphase beim Lesen überwunden ist, liest sich ein Text mit vertikalen Strichen u. E. leichter, denn der Lesefluss wird durch dieses Zeichen weniger gestört als durch ein Gender Gap.
- Zum anderen kommt der vertikale Strich in der Bezeichnung des Projekts LeB|in|MiG vor, aus dem dieses Buch hervorgegangen ist. Die durchgehende Verwendung des vertikalen Strichs als eine Schreibweise im Buch verweist somit auf die enge Verknüpfung des Buches mit Ideen, Konzepten und Ergebnissen des Projekts.
- Schließlich soll durch den Zugriff auf ein unkonventionelles und unübliches Zeichen ein Hinweis auf das spannende und flexible Verhältnis zwischen Realität und sprachlicher Darstellung gegeben werden: Die in konstanter Bewegung befindlichen Identitäten in pluralistischen Gesellschaften gehen mit der ständigen Änderung, Modifikation und Verwerfung bestimmter sprachlicher Darstellungsformen einher. Dadurch werden u. a. Spielräume für einen offenen und zum Teil spielerischen Umgang mit der Sprache geschaffen, die wir gerne nutzen wollen.

II. Theoretische Einführung

Pädagogische Kompetenz in der Migrationsgesellschaft

Theoretische Bemerkungen

Interkulturelle Kompetenz und pädagogische Professionalität

Die Diskussion über die professionellen Handlungskompetenzen von Lehrkräften blickt in Deutschland auf eine relativ junge Geschichte zurück (vgl. König 2010, 41), dennoch wird die pädagogische Professionalität im Hinblick auf die zunehmende innere Differenzierung der Schüler|innenschaft immer stärker thematisiert. Da kulturelle bzw. als kulturell gedeutete Differenzen zwischen Schüler|innen in dem heutigen Bildungssystem als eine besondere Herausforderung wahrgenommen werden, wird interkulturelle Kompetenz im Umgang mit Schüler|innen mit Migrationshintergrund zu einem wichtigen Stichwort. Durch den Erwerb der interkulturellen Kompetenz sollen die Lehrer|innen Wege und Verfahren erlernen, mit kultureller Heterogenität in der Klasse konstruktiv umzugehen, um Schüler|innen mit Migrationshintergrund optimal fördern zu können (vgl. bspw. Bender-Szymanski 2007, 173).

Um die Komponenten eines professionellen Umgangs mit Interkulturalität in der Klasse zu definieren, wurden auf der Ebene der Bildungsinstitutionen spezielle Kompetenzmodelle für Lehrer|innen entwickelt. So wurden in dem 2004 erarbeiteten und 2014 geringfügig veränderten Standardkatalog zur Lehrer|innenausbildung der Kulturministerkonferenz die Basiskompetenzen in den Bildungswissenschaften dargestellt, die zukünftige Lehrer|innen besitzen sollen. Der Aspekt des interkulturell professionellen pädagogischen Handelns wird in dem Kompetenzbereich „Erziehen. Lehrerinnen und Lehrer üben ihre Erziehungsaufgabe aus" berücksichtigt. Es wird gefordert, dass Lehrer|innen die sozialen und kulturellen Lebensbedingungen von Schüler|innen kennen und im Rahmen der Schule Einfluss auf die individuelle Entwicklung der

Schüler|innen nehmen. Die Standards für die theoretischen Ausbildungsabschnitte sehen u. a. vor, dass Absolvent|innen des Lehramtsstudiums neben dem Wissen über interkulturelle Dimensionen bei der Gestaltung von Bildungs- und Erziehungsprozessen auch über mögliche Benachteiligungen von Schüler|innen beim Lernprozess informiert sind sowie die Bedeutung geschlechtsspezifischer Einflüsse auf Bildungs- und Erziehungsprozesse kennen. Auch die Standards für die praktischen Ausbildungsabschnitte sehen vor, dass zukünftige Lehrer|innen in der Lage sein sollten, Benachteiligungen, Beeinträchtigungen sowie Barrieren zu erkennen und entsprechende pädagogische Hilfen und Präventionsmaßnahmen zu realisieren – wenn nötig, in Kooperation mit anderen Professionen und Einrichtungen. Die Beachtung der kulturellen und sozialen Diversität in der jeweiligen Lerngruppe wird ebenfalls gefordert (vgl. Sekretariat der Ständigen Konferenz der Kultusminister der Länder in der Bundesrepublik Deutschland 2004, 9 und Ständige Konferenz der Kultusminister der Länder in der Bundesrepublik Deutschland 2014, 9).

Insgesamt zeichnet sich die aktuelle Fassung der Standards durch die stärkere Betonung evtl. vorhandener Benachteiligungen in der Klasse aus (vgl. z. B. die Formulierung „Lehrerinnen und Lehrer kennen die sozialen und kulturellen Lebensbedingungen von Schülerinnen und Schülern und nehmen im Rahmen der Schule Einfluss auf deren individuelle Entwicklung“ in den Standards von 2004 vs. „Lehrerinnen und Lehrer kennen die sozialen und kulturellen Lebensbedingungen, *etwaige Benachteiligungen, Beeinträchtigungen und Barrieren von und für Schülerinnen und Schüler(n)*[1] und nehmen im Rahmen der Schule Einfluss auf deren individuelle Entwicklung“ in den Standards von 2014). Man kann diese – wenn auch geringfügige – Veränderung als Versuch interpretieren, die einseitige Konzentration auf die kulturell gedeuteten Besonderheiten der Schüler|innen zu überwinden und stärker auf Aspekte der sozialen Ungleichheit zu fokussieren, die bedeutenden Einfluss auf die schulische Entwicklung der Kinder haben.

Interessant ist aber, dass diese Fokusverschiebung immer noch keinen bundesweiten Eingang in Lehramtsstudienpläne gefunden hat. Programme ver-

1 Eigene Hervorhebung

schiedener Lehramtsstudiengänge weisen nach wie vor nur gelegentlich Seminarangebote zu interkultureller Kompetenz auf, wobei diese – entsprechend dem gängigen Diskurs über Migration und Interkulturalität – häufig als Fähigkeit, mit kulturell Fremden erfolgreich zu agieren, gedeutet wird. Zentraler Aspekt dieses Verständnisses interkultureller Kompetenz bildet das Wissen über kulturelle Unterschiede und Gemeinsamkeiten, das sich Professionelle (in diesem Fall Unterrichtende) aneignen sollen, um interkulturellen Konflikten vorzubeugen bzw. diese erfolgreich zu bewältigen.

Dieses Verständnis von interkultureller Kompetenz stößt in Wissenschaft und pädagogischer Praxis zunehmend auf Kritik. Der Erziehungswissenschaftler Paul Mecheril schlägt mit der Orientierung an „Kompetenzlosigkeitskompetenz“ einen alternativen Zugang vor, der sich vom nationalkulturellen Fokus vieler Angebote in diesem Feld verabschiedet. Folgende Aspekte sind dabei zu beachten:

– Adressat|innen interkultureller Angebote

Angebote zur interkulturellen Professionalisierung beschränken sich, so Mecheril, auf Mehrheitsangehörige und schließen Personen mit Migrationshintergrund aus. Durch die Konzentration auf die Befähigung von Mehrheitsangehörigen wird das hierarchische gesellschaftliche Verhältnis verstärkt, bei dem Mehrheitsangehörige auf ihre gesellschaftliche Funktion als professionell agierende, aktiv handelnde Subjekte, und Minderheitenangehörige auf die Funktion als passive Objekte festgelegt werden. Außerdem wird dadurch das (angebliche) Anders- bzw. Fremdsein von Migrant|innen als statisches, unveränderbares Merkmal dargestellt (vgl. Mecheril 2008, 16 ff.).

– Theoretischer Zugang

Aktuell verbreitete Modelle interkultureller Kompetenz betonen zwar die Wichtigkeit eines differenzierten und flexiblen Kulturverständnisses bzw. eines klischeefreien Denkens und Handelns in interkulturellen Situationen,[2] den-

2 Vgl. eine der gängigsten modernen Definitionen interkultureller Kompetenz nach D. Deardorff: „Interkultuelle Kompetenz bedeutet Handlungskompetenzen in interkulturellen Überschneidungssituationen, um unabhängig, flexibel, sensibel, angemessen und damit auch wirkungsvoll handeln zu können.“ (Deardorff 2006)

noch erweist sich die Anwendung solcher Modelle in der Praxis laut Mecheril sehr oft als kulturalistisch und folgt einem vereindeutigenden Konzept, mit dem „natio-ethno-kulturelle Andere“ (Mecheril 2004, 80 ff.) hergestellt werden. Vor allem in der Übungspraxis wird der Kulturbegriff meistens in einer direkten Verknüpfung mit Nationalität und Ethnizität gebraucht, und andere Kategorien wie sozialer Status und materielle Ressourcen bleiben unberücksichtigt (vgl. Mecheril 2008, 19 ff.).

– Das Professionalitätsverständnis von Konzepten interkultureller Kompetenz
Die pädagogische Praxis im Allgemeinen und konkret in Bezug auf die interkulturelle Kompetenz ist durch eine „technologische Verwertungstendenz“ (Mecheril 2008, 25) gekennzeichnet, durch die zwischen der interkulturellen Professionalität und dem Handlungserfolg ein linearer Zusammenhang festgestellt wird. Erworbene ‚Kompetenzen‘ gelten als Garanten erfolgreichen Handelns in interkulturellen Situationen. Dieses stark technologische Professionalitätsverständnis vernachlässigt Aspekte wie den Situationskontext, nicht-kulturelle Gründe für die Konstitution des jeweiligen Falles, die Individualität der in den Fall involvierten Personen etc. (vgl. ebd., 24 ff.).

„Kompetenzlosigkeitskompetenz“

Als eine Alternative zu dem oben kritisierten Modell der interkulturellen pädagogischen Kompetenz bietet Mecheril das Konzept der „Kompetenzlosigkeitskompetenz“ an. „Kompetenzlosigkeitskompetenz“ stellt eine Art Gegenposition zu dem technologisch verstandenen Kompetenzbegriff dar und betont die Relevanz einer reflexiven Haltung und eines Bewusstseins für die Kontexte des Handelns im Hinblick auf eine zeitgemäße pädagogische Professionalisierung (vgl. Mecheril 2008, 25).

Die Entwicklung der „Kompetenzlosigkeitskompetenz“ geht in erster Linie mit der Herausbildung von (Selbst-)Beobachtungs- und (Selbst-)Reflexionskompetenzen einher, die das eigene pädagogische Handeln durchgehend prägen sollen. Konkret bedeutet das, für die Wirkungen dominanzgesellschaftlicher Strukturen und für die eigene Involviertheit darin aufmerksam zu werden. Exemplarisch kann hier die Fähigkeit genannt werden, eigenes pädagogisches Denken und Handeln daraufhin zu überprüfen, inwiefern es die vorhandene gesellschaftliche Gegenüberstellung von eigen- und fremdkulturell repräsentiert, wann und mit welchem Ziel Kultur als bestimmende nationalisierte Kategorie verwendet wird und welche Wirkungen dadurch erzielt werden. In Bezug auf interkulturelle Bildungsangebote wird dann bspw. hinterfragt, wie in diesen Angeboten Lebenslagen unterschiedlicher Personengruppen berücksichtigt werden, wie die Besetzungen des Kulturbegriffs reflektiert werden und welche Folgen das für Adressat|innen dieser Angebote hat (vgl. ebd.).

„Kompetenzlosigkeitskompetenz" stellt kein Set von Lernschritten dar und lässt sich, so Mecheril, nicht in einem anwendungsbezogenen, instrumentalisierten Sinne erwerben (vgl. Mecheril 2008, 33). Sie kann aber in reflektierten Bildungsprozessen ausgebildet werden. Im Kontext der Lehrer|innenbildung sollten im Lehramtsstudium Orte geschaffen werden, „die in Bezug auf Interkulturalität reflexiv und selbstreflexiv sind" (ebd.). Diese Orte bieten einen Denk- und Reflexionsraum für Studierende, in dem sie über sich selbst, eigene Haltungen und Positionen, Wirkungen dieser Haltungen in den jeweiligen sozialen Kontexten nachdenken sowie Fragen formulieren können. Die Workshops des Projekts LeB|in|MiG waren als derartige Orte der Reflexion angelegt.

Implikationen für die pädagogische Praxis

Auf den Perfektionsanspruch verzichten

In pädagogischen Seminaren beschäftigen sich Lehramtsstudierende häufig mit der Frage, welche Eigenschaften ein|e ideale|r Lehrer|in haben soll. Sie sind umgeben von Kompetenzkatalogen und Modellen, die Kriterien für ein angemessenes und effektives pädagogisches Handeln festzulegen versuchen. Doch die ersten praktischen Erfahrungen lösen bei angehenden Lehrer|innen oft das Gefühl aus, den zahlreichen Anforderungen nicht gerecht werden zu können. Die daraus resultierenden Gedanken, nie gut genug zu sein, können in Frustration enden oder zu einem Festhalten an den erlernten Kompetenzkatalogen, methodischen, psychologischen, didaktischen Vorschriften u. Ä. führen, die einem ein ‚professionelles' Handeln zu ermöglichen versprechen.

In den Workshops des Projekts LeB|in|MiG sowie in diesem Buch wurde bzw. wird mehrfach angezweifelt, dass ‚richtiges' Handeln in pädagogischer

Praxis – und gerade in den als interkulturell verstandenen Kontexten – überhaupt möglich ist (s. dazu S. 353 f., 359 f.). Außerdem sollten sich angehende Lehrer|innen fragen, warum ihnen der Anspruch, ‚richtig', ‚professionell', ‚erfolgreich', ‚kompetent' etc. zu handeln überhaupt so wichtig ist. Die Wurzeln dieses Anspruchs liegen u. E. in modernen Gesellschaftssystemen, welche stark erfolgs- und leistungsorientiert sind und einem dadurch viele Möglichkeiten eröffnen, aber auch zum harten Wettbewerb zwingen. Der Beruf der|s Lehrerin|s ist eingebunden in eine Logik der Selbststeigerung. Andererseits ist dieser Beruf aufgrund der idealistischen Pädagogikkonzeption und Bildungsgeschichte im deutschsprachigen Raum mit Erwartungen an die Persönlichkeit überladen, mit der eine quasi natürliche Befähigung nahegelegt und abverlangt wird. Während der Wettbewerb eine immerwährende Perfektionierung erfordert, ist das Berufsbild zugleich mit der Vorstellung natürlicher Begabungen verbunden (vgl. Messerschmidt 2014).

Außerdem trifft die Forderung nach Perfektion Lehrer|innen besonders stark, da sie traditionell als Vorbilder gesehen werden, deren Aufgabe neben der Wissensvermittlung darin besteht, Schüler|innen gesellschaftliche Werte, Normen und Handlungsmaximen zu vermitteln. Diesem Druck kann man nur entkommen, indem man sich bereit erklärt, eigenes Nichtwissen zuzulassen, eigene Normalitätsvorstellungen zu analysieren und daraus Impulse für ein alternatives Handeln zu ziehen. Professionalität in diesem Sinne ist auch unmittelbar mit der bereits erwähnten konsequenten selbstreflexiven Haltung sowie mit der Bereitschaft verbunden, Kritik anderer (auch und gerade der Schüler|innen) ernst zu nehmen.

Keine universellen Lösungen suchen

Der Fokus auf ‚Professionalität' und das Streben nach Perfektion resultieren bei Lehrer|innen oftmals in dem Wunsch, bestimmte Handlungsmuster zu entwickeln, die in allen problematischen Situationen universell einsetzbar sind. Das geht mit einem situationsunabhängigen Festhalten an Kriterien für professionelles Handeln bzw. an bestimmten Denk- und Handlungsmustern einher, die als ‚richtig' bzw. ‚professionell' angesehen werden und deshalb nicht hinterfragt zu werden brauchen.

Dabei sind jegliche Versuche, ein objektives Deutungsschema für alle ‚interkulturellen' Interaktionssituationen zu entwickeln, u. E. von vornherein zum Scheitern verurteilt, denn solche Situationen sind nie austauschbar. Auch die jeweiligen Kontextbedingungen (Hintergrund der Entstehung der Situation, die Stimmung der Beteiligten, die Assoziationen, die durch bestimmte Äußerungen, Gesten, Mimik der Beteiligten bei anderen Beteiligten hervorgerufen werden, etc.) können die Interaktionssituation unterschiedlich beeinflussen. Angesichts dessen ist es schlichtweg unmöglich, das Ablaufmuster einer als erfolgreich interpretierten Interaktionssituation ohne Weiteres auf eine andere Situation zu übertragen (s. z. B. *Kommentar* auf S. 353). Das bedeutet aber nicht, dass an jede neue Situation ohne Rückgriff auf bereits vorhandenes Erfahrungs- und Wissensrepertoire herangegangen werden muss. Es könnte z. B. hilfreich sein, die Startbedingungen sowie die Positionen der Beteiligten an der Situation vergleichend zu analysieren sowie abzuwägen, inwiefern bekannte bzw. erprobte und sich als erfolgreich erwiesene Handlungsformen für die Lösung der aktuellen Situation überhaupt geeignet sind. Wichtig ist dabei, flexibel zu bleiben und auf Veränderungen der Kontexte und Bedingungen reagieren zu können bzw. bereit zu sein, im Aushandlungsmechanismus bestimmte gewohnte und evtl. auch bisher erfolgreich angewendete Methoden beiseite zu legen (zu der Lösungsfindung s. z. B. Übungen *Analyse von Fallbeispielen zu Mehrfachzugehörigkeiten*, S. 352, *Strategienwerkstatt*, S. 365, *Analyse von Beispielen aus der Schulpraxis*, S. 358, *Fallreflexion|Rektor*, S. 368).

Eingebundenheit des Wissens in gesellschaftliche Machtstrukturen erkennen

Ein zentraler Bestandteil des Konzepts der „Kompetenzlosigkeitskompetenz" ist das Bewusstsein für die Grenzen des Wissens, seiner Anwendbarkeit und seiner Eingebundenheit in Verhältnisse der Macht und Ungleichheit (vgl. Mecheril 2008, 31). Wissen ist an sich nie objektiv, da es unter bestimmten historischen, politischen, gesellschaftlichen etc. Modalitäten geformt worden ist und dementsprechend repräsentiert wird. Gerade für eine angemessene Auseinandersetzung mit den Themen rund um Migration und Interkulturalität sind die jeweiligen politischen und gesellschaftlichen Einflüsse auf die Thematisierung von Migration und Interkulturalität von enormer Bedeutung. Diese Einflüsse können als diskursiv verstanden werden, weil sie einen Komplex machtvollen Wissens und wirkungsvoller Überzeugungen herstellen und damit einen Diskurs über Migration und Migrant|innen erzeugen.

Exemplarisch kann in diesem Kontext die unter Lehrer|innen verbreitete Auffassung analysiert werden, dass Schwierigkeiten im Umgang mit bspw. ‚türkischen' Schüler|innen primär auf ihre ‚andere' Kultur zurückzuführen sind. Obwohl es diverse Faktoren gibt, die die zwischenmenschliche Kommunikation negativ beeinflussen können, wird ‚Kultur' oft als die wichtigste oder gar als einzige Ursache für Missverständnisse bzw. Konflikte aufgefasst. Außerdem werden die so zu einer Gruppe gemachten Schüler|innen einem anderen nationalen Raum zugeordnet, so, als seien sie nicht hier, sondern immer nur dort – als seien sie nie angekommen, obwohl sie vielleicht überhaupt nicht woanders gewesen sind. Die Präferenz für (national-)kulturbezogene Deutungsmuster wird häufig mit ‚Erfahrungswerten' erklärt (ein Beispiel aus einem LeB|in|MiG-Workshop: „Meine bisherigen Erfahrungen haben gezeigt, dass Probleme mit Schüler|innen mit Migrationshintergrund davon kommen, dass sie anderskulturelle Werte und Normen vertreten"). Bei einer tief greifenden Analyse erweist sich diese ‚Erfahrung' dennoch nicht als objektive Gegebenheit, sondern als Interpretation. Auf der Suche nach Erklärungen für eine problematische Situation liegt es nahe, auf das bereits vorhandene Wissensrepertoire zurückzugreifen, das durch gesellschaftlich dominante Ursache-Folge-Muster geprägt ist. Solche Muster werden geformt, indem in den Medien bspw. von autoritären und gewaltbereiten türkischen Familien berichtet wird, Politiker|innen über die Unvereinbarkeit von Islam mit demokratischen Prinzipien deutscher Gesellschaft diskutieren, in den Studienseminaren über die Integration von Kindern aus verschiedenen ‚Kulturen' und über die Vermittlung europäischer Werte diskutiert wird. Auch eigene Alltagserfahrungen, die Stereotype über ‚andere Kulturen' zu bestätigen scheinen, stärken diese Muster und verleihen ihnen scheinbare Objektivität.

Nach der Feststellung, dass jegliches Wissen durch politische, mediale und alltägliche Einflüsse wesentlich geprägt und geformt wird, besteht der nächste Schritt darin, sich klar zu werden über die Eingebundenheit von verinnerlichten Interpretationsmustern in die gesellschaftlichen Verhältnisse der Macht und Ungleichheit. Zu hinterfragen ist hier v. a., warum sich die einseitige national-kulturbezogene Interpretation schwieriger Kommunikationssituationen auf politischer, medialer, alltagsweltlicher Ebene durchgesetzt hat. Welche gesellschaftlichen Strukturen werden aufrechterhalten, wenn Probleme mit eingewanderten Personen oder solchen, denen ein Migrationshintergrund zugeordnet wird, auf ihre ‚Kultur' zurückgeführt werden? Von welcher gesellschaftlichen Gruppe gehen solche Zuschreibungen aus und auf welche Gruppe/n beziehen sie sich? Wozu führt die Ausblendung anderer Aspekte? Wer profitiert davon und wie? Welche (Selbst-)Sicherheiten werden damit hergestellt?

Schließlich geht es darum, sich über die eigene Position innerhalb hierarchischer Machtstrukturen klar zu werden. In unserem Beispiel könnte man die Sinnhaftigkeit von einseitigen kulturalisierenden Modellen und Erklärungsmustern in Hinblick auf die Ziele pädagogischen Handelns hinterfragen: Was bringt mir das Festhalten an einer politisch, gesellschaftlich etc. dominanten Position? Welche Wirkungen hat das konkret auf meine Schüler|innen? Welche Wirkungen hat das auf der gesellschaftlichen Ebene? Warum könnte es sinnvoll sein, mein pädagogisches Handeln für verschiedene Interpretationen zu öffnen? Was könnte ich dadurch erreichen? etc. Das Wissen über die Subjektivität und Machtbedingtheit des Wissens beeinflusst auch die Reflexion über die eigene während des Lehramtsstudiums erworbene theoretische Wissensbasis. Gesellschaftliche Bedingungen, soziale Verhältnisse und Machtstrukturen sind in konstanter Bewegung. Dementsprechend sollten die sich mit diesen Aspekten auseinandersetzenden Theorien und Methoden immer wieder auf ihre Aktualität geprüft werden. Das geht je nach Situation mit der Bestätigung, Modifikation oder aber auch mit dem Verwerfen von bestimmten Wissensbeständen einher.

Unsicherheiten und Widersprüche zulassen, anerkennen und damit umgehen können

Eine verstärkte Selbstreflexion zieht unvermeidlich eine Verunsicherung im pädagogischen Handeln nach sich. Dort, wo früher ‚objektives Wissen' zur

Verfügung stand, wird nun ständig nachgedacht, hinterfragt und analysiert. Das kann anstrengend und irritierend sein, für ein zeitgemäßes pädagogisches Handeln ist diese Herangehensweise dennoch viel sinnvoller als einfaches Reproduzieren dominanter Interpretationsmuster. Ein konstruktiver Umgang mit Unsicherheit hat zum Vorteil, dass Entscheidungsprozesse immer wieder neu analysiert und je nach Situation modifiziert werden, sodass am Ende aus einer Anzahl an pädagogischen Handlungsmöglichkeiten eine für die jeweilige Situation am besten passende gewählt werden kann. So gewinnt die pädagogische Tätigkeit an Flexibilität und Multiperspektivität. Daher gilt es, reflexionsbedingte Unsicherheit nicht als Hindernis, sondern als wichtigen Bestandteil pädagogischer Professionalisierung anzusehen (s. auch S. 370).

Gleiches gilt für Uneindeutigkeiten und Widersprüche im eigenen Denken und Handeln. Die Fähigkeit, Uneindeutigkeiten und Widersprüche wahrzunehmen, zeugt ebenfalls wie das Gefühl der Unsicherheit von fortgeschrittenen Reflexionsprozessen. Ein Leitprinzip für einen konstruktiven Umgang mit Unsicherheit und Widersprüchen sollte daher sein, diese nicht zu ignorieren bzw. ‚glattzubügeln', sondern zuzulassen und als ein Zeichen erhöhter Selbstreflexion anzuerkennen. Des Weiteren sollte man nach dem Hintergrund der Uneindeutigkeiten fragen. Oft werden diese mit der eigenen Inkompetenz, mangelnder Erfahrung etc. in Verbindung gebracht, wobei sie sich tatsächlich primär aus der Verfangenheit der Person in widersprüchlichen gesellschaftlichen Diskursen bzw. der Diskrepanz zwischen dem pädagogischen Vorhaben und institutionellen/strukturellen Vorgaben ergeben. Diese Erkenntnis ist wichtig, denn sie zeigt auf, dass das eigentliche Ziel nicht die Überwindung der Widersprüche, sondern ein reflektiertes und ungleichheitsbewusstes Handeln unter widersprüchlichen Bedingungen sein sollte (vgl. dazu auch Messerschmidt 2013).

Quellen:

Bender-Szymanski, Dorothea (2007): Zunehmende sprachlich-kulturelle Heterogenität in unseren Schulen und mögliche Antworten des Bildungssystems. In: Deutsche UNESCO-Kommission (Hrsg.): Migration als Herausforderung. Bonn, S. 161-194.

Deardorff, Darla K. (2006): Policy Paper zur Interkulturellen Kompetenz. Gütersloh.

König, Johannes (2010): Lehrerprofessionalität – Konzepte und Ergebnisse der internationalen und deutschen Forschung am Beispiel fachübergreifender, pädagogischer Kompetenzen. In: König, Johannes/Hofmann, Bernhard (Hrsg.): Professionalität von Lehrkräften – Was sollen Lehrkräfte im Lese- und Schreibunterricht wissen und können? Berlin, S. 40-105.

Mecheril, Paul (2004): Einführung in die Migrationspädagogik. Weinheim.

Mecheril, Paul (2008): „Kompetenzlosigkeitskompetenz". Pädagogisches Handeln unter Einwanderungsbedingungen. In: Auernheimer, Georg (Hrsg.): Interkulturelle Kompetenz und pädagogische Professionalität, 2. Auflage. Wiesbaden, S. 15-34.

Messerschmidt, Astrid (2013): Bildungspolitische Normalisierungen. Pädagogische Mittäterschaften und Bewegungen in Widersprüchlichkeiten. In: Fuchs, Thorsten/May, Jehle/Krause, Sabine (Hrsg.): Normativität und Normative in der Pädagogik. Einsätze theoretischer Erziehungswissenschaft III. Würzburg, S. 157-174.

Messerschmidt, Astrid (2014): Involviert in Machtverhältnisse – rassismuskritische Professionalisierungen für die Pädagogik in der Migrationsgesellschaft. In: Karakasoglu, Yasemin/Mecheril, Paul (Hrsg.): Pädagogische Professionalität in der Migrationsgesellschaft. Wiesbaden.

Sekretariat der Ständigen Konferenz der Kultusminister der Länder in der Bundesrepublik Deutschland (2004): Standards für die Lehrerbildung: Bildungswissenschaften. (Beschluss der Kultusministerkonferenz vom 16.12.2004). URL: http://www.kmk.org/fileadmin/veroeffentlichungen_beschluesse/2004/2004_12_16-Standards-Lehrerbildung.pdf, letzter Zugriff am: 27.10.2014.

Ständige Konferenz der Kultusminister der Länder in der Bundesrepublik Deutschland (2014): Standards für die Lehrerbildung: Bildungswissenschaften (Beschluss der Kultusministerkonferenz vom 16.12.2004 i. d. F. vom 12.06.2014). URL: http://www.kmk.org/fileadmin/veroeffentlichungen_beschluesse/2004/2004_12_16-Standards-Lehrerbildung-Bildungswissenschaften.pdf, letzter Zugriff am: 27.10.2014.

Identität und Zugehörigkeit

Theoretische Bemerkungen

> *„[...] kaum hatten wir mit dem Essen angefangen – mein erster Bissen lag gerade mal auf der Gabel –, da geschah es, das erwartete Unfassbare, dieser Affront gegen jegliche interkulturelle Etikette. Einer stellte die scheinbar banale, aber im weißen Unterdrückungssystem fest verankerte Frage: Wo kommst du her? [...] die Nummer eins, Best of Five, die ultimative Antwort auf die Frage: [...] Aus Mama!“* (Ergün 2012, 7 ff.)

Das Zitat des Pädagogen, Performers, Sozialforschers und White-Awareness- sowie Empowerment-Trainers Mutlu Ergün verweist auf drei Aspekte, die einem in der Auseinandersetzung mit Identitätsbildungsprozessen in interkulturell-migrationsgesellschaftlichen Kontexten begegnen: Zugehörigkeit, Zuschreibung und Selbstpositionierung bzw. Selbstermächtigung.

Warum aber wird die Frage nach der Herkunft in diesem Kontext als ausgrenzend und unterdrückend wahrgenommen? Um die Antwort darauf geben zu können, möchten wir zunächst die Frage stellen: Warum ist die Frage nach der Herkunft und darin impliziert die Frage nach der lokalen Zugehörigkeit so wichtig, dass sie hier gleich zu Beginn der Begegnung gestellt wird?

Zugehörigkeiten – weshalb ist die Frage nach Herkunft und Zugehörigkeit scheinbar so wichtig?

Zugehörigkeitskontexte und das Gefühl, gleich unter Gleichen zu sein, sind notwendig, um Handlungsmächtigkeit hervorbringen zu können (vgl. Mecheril 2003, 25). Identität muss zuerst „durch das Nadelöhr des Anderen gehen, bevor sie sich selbst konstruieren kann“ (Hall 2008, 43) und ist durch Über- und Unterordnungsverhältnisse gekennzeichnet.

Individuelle Identitätskonstruktionen

Moderne Identitätsbildungsprozesse sind in modernen Gesellschaften als ‚prekäre Phänomene' zu betrachten. Während in der Vormoderne individuelle Identitäten aus anerkannten und unhinterfragten gesellschaftlichen Kategorien und Hierarchien hervorgingen, fehlen diese in unserer Zeit. Identität wird uns sozusagen nicht mehr in ausreichendem Maß in die Wiege gelegt (vgl. Mecheril 2003, 26). Die Welt und damit ihre Gesellschaften sind in einem hohen Maße ausdifferenziert und durch Diversität, Gleichzeitigkeit, Vernetzung und Vermischung gekennzeichnet. Die Identitätskonstruktion wird somit zu einer Aufgabe, die eigenverantwortlich gelöst werden muss. Gefundene Lösungen sind jedoch nicht dauerhaft, sondern müssen reformuliert und je nach Lebens- und Situationskontext angepasst werden. Dies geschieht nicht nur in einer chronologischen Abfolge, sondern auch parallel und gleichzeitig (vgl. Dausien/Mecheril 2002). Verschiedene Zugehörigkeits- und Differenzierungsdimensionen, wie soziales Milieu, Generation, sozio-ökonomischer Status, Ethnie, Sexualität, Gesundheit oder soziales Geschlecht sowie unterschiedliche persönliche Bedürfnisse, lokale Zuordnungen und gesellschaftliche Rollen sind in jeder Person verankert. So kann man(n) Frau, Tochter, Mutter, Schwester, transsexuell, Sportlerin, sprachlich begabt, Angestellte, Bonnerin, Deutsche, Europäerin und noch vieles mehr gleichzeitig wie auch hintereinander sein und von unterschiedlichen Personen zusätzlich unterschiedlich wahrgenommen werden (s. z. B. Übung *Von (Mehrfach-)Zugehörigkeiten zu Patchworkidentitäten*, S. 198). Zu je mehr Zugehörigkeitsoptionen eine Person Zugang hat, desto komplexer gestaltet sich die individuelle Identitätskonstruktion. Paradigmatisch dafür sind Zugehörigkeiten im Kontext von Migration, Nation, Ethnizität und Kultur. Migrant|innen und ihre Nachfahren bspw. können nicht nur über eine nationale, ethnische oder kulturelle Zugehörigkeit verfügen, sondern über mindestens zwei. In diesem Zusammenhang spricht man auch von Mehrfachzugehörigkeiten. Dieser ‚natio-ethno-kulturelle Mehrfachbezug' (u. a. Mecheril 2003; 2004, 80 ff.; 2010, 14) fordert traditionelle Identitäts- und Zugehörigkeitsvorstellungen heraus.

Nationale Identitätskonstruktionen

Benedict Anderson spricht in Bezug auf Nationen von ‚imagined communities', denn obwohl „die Mitglieder selbst der kleinsten Nation die meisten anderen niemals kennen, ihnen begegnen oder auch nur von ihnen hören werden", existiert „im Kopf eines jeden die Vorstellung ihrer Gemeinschaft" (Anderson 1998, 14 f.). Die Bildung einer Nation bzw. eines Nationalstaates beruht somit auf der Konstruktion eines mythologisierten ‚Wir', welches historische Kontinuität und ethnisch-kulturelle Zusammengehörigkeit suggeriert (vgl. Hall 2008, 47). Dadurch schaffen es Nationen, Kulturen und Ethnizitäten, „sich selbst als völlig natürlich" (ebd., 46) darzustellen und kollektive Normalitätsvorstellungen und Identitäten hervorzubringen. Ähnlich wie Anderson betrachtet Stuart Hall Nation als ein Produkt von Bedeutungsgebung:

> *„Nationale Kulturen konstruieren Identitäten, indem sie Bedeutungen der ‚Nation' herstellen, mit denen wir uns identifizieren können; die sind in den Geschichten enthalten, die über die Nation erzählt werden, in Erinnerungen, die ihre Gegenwart mit ihrer Vergangenheit verbinden, und in den Vorstellungen, die über sie konstruiert werden."* (Hall 2008, 201)

Diese Geschichten, Erinnerungen und Vorstellungen erschaffen einen öffentlichen Diskurs, der „sowohl Handlungen als auch unsere Auffassungen von uns selbst beeinflusst und organisiert" (ebd.). Gruppenbildung und damit die Herstellung kollektiver Identitäten sind normierende Prozesse, die ausgrenzend und nivellierend wirken. Sie funktionieren nach dem Prinzip ‚unterscheiden und unterschiedslos machen' (vgl. ebd., 47 sowie Dausien/Mecheril 2002). Gemeinsamkeiten und Ähnlichkeiten mit anderen Personen(-gruppen) werden missachtet, genauso wie Heterogenität innerhalb der Gruppen übergangen wird. Dies geht zulasten der Wahrnehmung individueller Identitätsvielfalten und dient dazu, Grenzen zu ziehen, um eine soziale Ordnung zu etablieren und zu festigen (vgl. ebd.). Natio-ethno-kulturelle Zugehörigkeiten stehen somit im Wechselverhältnis mit einer kollektiv akzeptierten Normalität, deren reale Wirkungen sich nicht nur in den Wahrnehmungsmustern ihrer Mitglieder manifestieren, sondern auch in so greifbaren und wirkungsmächtigen Dingen wie staatlich-gesellschaftlichen Ordnungen und Rechtsnormen.

Aus diesem Grund sind Angaben zur Nationalität einer Person, wie „‚Sie ist Deutsche‘ [...] Auskünfte, die für offizielle und informelle soziale Verhältnisse, für administrative wie für alltagsweltliche Fragen bedeutsam sind. Die Art von lokaler Zugehörigkeit, die über solche Selbst- und Fremdbeschreibungen angezeigt wird, ist ein relevanter individueller und sozialer Parameter der Identifikation“ (Mecheril 2003, 24) und Positionierung. Im deutschen Kontext spielt im Vergleich zu anderen Nationalstaaten die Vorstellung eines ethnisch und kulturell homogenen ‚Wir‘ im kollektiven Gedächtnis und Selbstverständnis, bedingt durch den historischen Verlauf der Nationalstaatsbildung, eine sehr große Rolle (vgl. Messerschmidt 2012, 1). Die Prinzipien ‚Entweder-oder‘ bzw. ‚Ganz-oder-gar-nicht‘ (vgl. Mecheril 2003, 25) kennzeichnen das Zugehörigkeitsverständnis in Deutschland und gehen aus dem Bedürfnis zur „Vereindeutigung von Identitäten und Zugehörigkeiten“ (Messerschmidt 2012, 1; vgl. auch Messerschmidt 2014, 110) hervor.

Zuschreibungen – weshalb kann die Frage nach Herkunft und Zugehörigkeit ausgrenzend und unterdrückend sein?

Da Gruppen und Gruppenzugehörigkeiten, wie oben dargelegt, zu weiten Teilen konstruiert sind, ist ihre Gültigkeit auch davon abhängig, ob die ihnen zugrunde liegenden Vorstellungen unterstützt werden. Zugehörigkeitsverhältnisse sind damit wandelbar und eine Frage der Perspektive. Mit der Aufnahme Griechenlands, Portugals und Spaniens in die Europäische Union wurden z. B. auch weitgehend die Migrant|innen aus diesen Ländern in Deutschland in ein ‚europäisches Wir‘ aufgenommen und damit entproblematisiert (vgl. Yıldız 2010, 10).

Gesellschaftliche Deutungsmacht und Positionierung

Die gesellschaftlich und alltagsweltlich dominante Perspektive in Deutschland ist die der Angehörigen der nicht-migrantischen weißen Mehrheitsgesellschaft. Die Perspektive bspw. von Migrant|innen und ihren Nachfahren oder von schwarzen Deutschen auf sich selbst, auf Angehörige der Mehrheitsgesellschaft oder auch auf gesellschaftliche Vorgänge ist weniger durchsetzungsstark. Während die Selbst-, Fremd- und Situationsbeschreibungen von Mehrheitsangehörigen wirksam sind – sprich gesellschaftlich, medial, wissenschaftlich, individuell, bildungsspezifisch etc. bestätigt und reproduziert werden – sehen sich Minderheitenangehörige damit konfrontiert, dass ihre Perspektiven seltener gehört und weitergetragen werden. Mehrheitsangehörige besitzen also die Fähigkeit und sind es gewohnt, Minderheiten(-angehörige) wirkungsmächtig zu beschreiben.

Diese Fremdzuschreibungen verstecken sich nicht selten in Begriffen, Redewendungen oder Denkweisen, die aus der Perspektive von Mehrheitsangehörigen nicht fragwürdig erscheinen. So verhält es sich z. B. auch mit der Frage nach der Herkunft in dem eingangs zitierten Kontext: Die Frage wird gestellt, da der Befragte durch Aussehen und Namen dem Prinzip der Homogenisierung nach innen und der Differenzierung nach außen widerspricht, wodurch das traditionelle Verständnis von Zugehörigkeit irritiert wird.

Dieses Anderssein fällt auf und macht interessant, wodurch u. a. der Wunsch entsteht, mehr über die Herkunft und Geschichte der Person und damit der Familie wissen zu wollen. Die ‚Mehrheit' bestimmt also, dass der Herkunftsaspekt bestimmter Personen(-gruppen) spannend ist. Hierin zeigt sich die Deutungsmacht von Mehrheitsangehörigen, denn „Macht als ‚diskursive Macht' impliziert das Privileg zu entscheiden, was Thema sein kann oder darf. [...] Der Überlegene kann implizit den thematischen Rahmen einer Kommunikation bestimmen oder neu bestimmen (Framing und Reframing) [...]" (Auernheimer 2007, 109), da er die Normen festlegt und das Urteilsmonopol besitzt (vgl. ebd.). Die Frage nach dem ‚Woher' beinhaltet neben dem Interesse an der Person also auch die Entscheidung, die Herkunft einer Person zum Thema zu machen (Deutungsmacht), den Verweis auf ein ‚Anderssein' (Framing) und damit einhergehend die Positionierung außerhalb der Norm (Normbildung bzw. Urteilsmonopol). Diese Zuschreibung der zumindest teilweisen Nicht-Zugehörigkeit hat den Effekt, dass Personen, die der Norm entsprechen, überzeugt sind, zur Befriedigung ihrer Neugier die Frage nach dem ‚Woher' jederzeit stellen zu dürfen. „Statushöhere haben das Vorrecht, auch in die Privatsphäre der anderen einzudringen. Das Fragenstellen ist eines der Privilegien der Privilegierten." (ebd.)

Dem steht das emanzipierte Selbstverständnis der Zugehörigkeit mit allen Aspekten der eigenen Identität gegenüber. Deshalb formuliert Ergün ausgesprochen ironisch und kann sich auf einen kritischen Diskurs zur Herkunftsfrage beziehen, ohne diesen explizit ansprechen zu müssen. Natio-ethno-kulturelle Mehrfachbezüge sind in einem globalisierten oder, wie Erol Yıldız es nennt, „postmigrantischen“ Zugehörigkeitsverständnis (vgl. Yıldız 2013, 177 ff.) keine Irritation des Deutschseins oder Zugehörigseins, sondern alltägliche Realität und Praxis. Wodurch der Anspruch entsteht, über die eigene Herkunft und die der Familie nicht zu jeder Zeit eines Kennenlernens Auskunft geben zu müssen, sondern zu entscheiden, wann die familiäre Herkunft Thema sein kann und darf – insbesondere solange mit der Thematisierung bestimmter (angenommener) Identitätsaspekte Zuschreibungen verbunden sind, die Ausgrenzung und Unterordnung zur Folge haben.

Auswirkungen von Zuschreibungen und Positionierungen

Die scheinbare Beiläufigkeit der Frage: „Wo kommst du her?“ und die darin enthaltenen Fremdzuschreibungen und -positionierungen zeigen, wie gekonnt die Deutungsmacht der dominierenden Gruppe dabei hilft zu verschleiern, worum es eigentlich geht: die Stabilisierung der Mehrheitsposition bzw. Normalitätsposition. „Dabei geht es gar nicht um Überhöhung als ‚Übermenschen‘ oder ums besonders toll sein, sondern wirklich darum, […] langweilig, uninteressant und ‚unsichtbar‘ zu sein. Aus diesem Gefühl heraus entsteht die Entspannung, die den Mehrwert für die ‚Mehrheit‘ bildet […], sich ‚nicht betroffen‘ und ganz einfach ‚normal‘ […]“ (Schindlauer 2010, 3 f.) fühlen zu können (s. z. B. die Übungen *Wahrnehmungen wahrnehmen*, S. 227 und *Headline*, S. 256)

Fremdzuschreibungen legen jedoch nicht nur den Aufmerksamkeitsfokus auf bestimmte Personen(-gruppen), sondern gehen häufig auch mit Stigmatisierungen einher. Bleiben diese unreflektiert und stehen zudem im Kontext ungleich verteilter Deutungsmacht, entstehen daraus leicht Diskriminierungen und rassistische Praktiken (s. auch S. 51 f.). Sheila Mysorekar, Journalistin und Autorin, zeigt den Zusammenhang als Parodie:

„Du bist Realschüler aus Aschaffenburg? Soso. Deine Großeltern sind aus Pakistan, aber du warst noch nie in einer Moschee? Ja und? An wen soll sich Otto

Normalverbraucher denn sonst wenden, wenn er einem islamistischen Bombenleger mal richtig seine Meinung sagen will? Du kannst nicht einfach rumlaufen mit einem Terroristen-Gesicht und dann naiv behaupten, du hättest mit all dem nichts zu tun. Versuch mal, dich für einen Pilotenschein anzumelden, dann wirst du schon sehen! Also, nicht drücken: Auf zum Pauschalrepräsentieren – Teppichhändler, Ghettorapper, Putzfrau, Diktator, Karatekämpfer, Menschenschmuggler." (Mysorekar 2007, 163)

Selbstbeschreibung und -kontextualisierung verschwinden hinter den Bildern und angenommenen Zusammenhängen, die gesellschaftlich durchsetzungsstärker sind und auf familiärer Herkunft und Aussehen basieren. Diese an bestimmte Zugehörigkeitsvorstellungen gebundenen Zuschreibungen werden pauschalisierend und essentialisierend auf alle vermeintlichen Gruppenmitglieder übertragen, wodurch zunächst eine Art Sippenhaft entsteht, die dazu verdonnert, für Fragen, Anmerkungen, Witze und Beschwerden, die die (vermeintlich) eigene Gruppe betreffen, bereitzustehen (vgl. ebd., 164). Zum anderen resultieren aus gesellschaftlich dominanten Zuschreibungen reale Folgen, die Einfluss auf Teilhabechancen und dadurch auf die bildungsspezifische, berufliche und soziale Chancengleichheit von Personen(-gruppen) haben. Gleichzeitig konstruieren Fremdbilder auch immer ein Selbstbild der dominierenden und beschreibenden Gruppe, das unausgesprochen bleibt. Solange die ‚Anderen' fundamentalistisch, gefährlich und schuldig sind, kann das ‚Wir' säkular, modern und unschuldig sein (vgl. auch Terkessidis 2010, 115) (s. z. B. Übung *Wahrnehmungen wahrnehmen*, S. 227).

Es gibt eine Vielzahl von implizit und explizit verwendeten Gegensatzpaaren zur pauschalisierenden Beschreibung von ‚Einheimischen' und Ethnisierten: modern – rückständig, bildungsorientiert – bildungsfern, rational – temperamentvoll/triebhaft, ordentlich/sauber – unordentlich/dreckig, gesetzestreu – kriminell, säkular – fundamentalistisch, emanzipiert – unterdrückt, friedlich – gewalttätig, selbstständig – hilfsbedürftig, normal – exotisch, heimisch – fremd etc. Das Defizit liegt permanent auf der Seite der Minderheitenangehörigen, während die positiven und zukunftsweisenden Eigenschaften aufseiten der Dominanten und als normal Angesehenen liegen. Es zeigt sich hierbei eine Sortierungspraxis, die auf der Anziehung, Plausibilität und Erklärungskraft ethnisch codierter Differenzierungen basiert und ihren Eingang in alle gesellschaftlichen Kontexte findet, um dort reproduziert und bestätigt zu werden (vgl. Yıldız 2010, 10). „Politische und ökonomische Gegensätze werden in ethnisch-kulturelle Differenzen umgedeutet und soziale Probleme erscheinen dann als mentale.“ (ebd.)

Kontext Bildungssystem

Auch der im Bildungskontext geführte Diskurs zu Defizit- bzw. Ressourcenorientierung geht auf diese dichotome Denkweise zurück, der ein binäres Bewertungsschema zugrunde liegt. Kennzeichnend für eine Defizitorientierung im Schulkontext ist, dass von homogenen Lerngruppen als Normalität ausgegangen wird, wodurch Minderheitenschüler|innen leicht als Störfälle wahrgenommen werden. Der Grund für diese Wahrnehmung wird hauptsächlich aufseiten der Schüler|innen und ihrer Familien gesucht und natio-ethno-kulturell begründet. Auch eine Ressourcenorientierung kann dieses binäre Schema bedienen, wenn nur diejenigen Ressourcen anerkannt werden, die in die dominante Ordnung passen. Erst eine migrationsgesellschaftlich ausgerichtete und an Diversität orientierte Ressourcenorientierung kann eine Alternative zu Defizitdiagnosen bieten.

Trotz einer kompensatorisch orientierten Tendenz begann in der Rezeption der Befunde internationaler Bildungssurveys ein Perspektivenwechsel wirksam zu werden, der die Defizitlast nicht nur bei den untersuchten Schüler|innen, sondern auch aufseiten des Bildungssystems, seinen Strukturen und pädagogischen Praktiken sichtbar machte. Die Rahmenbedingungen von Bildung in Deutschland werden dadurch zum Gegenstand kritischer Diskussion und zum Anlass für Veränderungen. Es entstanden Analysen zur Praxis der Übergangsempfehlungen zwischen verschiedenen Schulformen, die unter dem Gesichtspunkt der institutionellen Diskriminierung in den Blick genommen worden sind. Weitere Gegenstände sind in der Folge: die Förderung von Deutsch als Zweitsprache, Elternarbeit, Willkommenskultur, Mehrsprachigkeit etc. (s. z. B. Übung *Begründete Blickwinkel*, S. 311). Erste Erfolge dieser Auseinandersetzungen zeigen sich in den Ergebnissen der PISA-Studie 2012 und des Bildungsberichts 2014. So hat sich bspw. der Abstand zwischen den Leistungen von Schüler|innen mit und ohne Migrationshintergrund verringert, auch wenn er noch immer bedeutend ist (anderthalb Schuljahre bspw. bei den mathematischen Leistungen) (vgl. OECD 2013) und in Klasse 5 des Gymnasiums zeigt sich erstmals eine Angleichung des Schulbesuchs von Schüler|innen mit Migrationshintergrund, wenn der sozioökonomische Status berücksichtigt wird (vgl. Autorengruppe Bildungsberichterstattung 2014, 76). Setzt sich diese Tendenz fort, könnte der noch immer aktuelle Zustand, dass Schüler|innen mit Migrationshintergrund im Allgemeinen auch unter Berücksichtigung des sozioökonomischen Status seltener auf Gymnasien und überproportional häufig auf Hauptschulen gehen (vgl. ebd.), evtl. aufgehoben werden.

Zeitgleich wird jedoch auch deutlich, wie bspw. die Studie „Bildung, Milieu und Migration" der Mercator-Stiftung zeigt, dass noch vieles zu verbessern ist. So berichten Migrant|innen und ihre Nachfahren bezogen auf den eigenen Bildungsverlauf als auch auf den der Kinder „von zahlreichen Schulwechseln und Zurückstufungen aufgrund von Fehlentscheidungen, Orientierungsphasen, fehlenden Deutschkenntnissen, falschen Übergangsempfehlungen der Lehrkräfte, fehlender Anerkennung von Bildungsabschlüssen" und bemängeln die Praxis, „dass sie bzw. ihre Kinder Empfehlungen für ‚typische Migrantenschulen' bekommen haben" (Barz u. a. 2013, 3 f.). Eine monokulturell und monoperspektivisch orientierte Schulkultur zeigt sich ebenfalls an der (Nicht-) Darstellung von Migrant|innen oder allgemein ‚Anderen' in Schulbüchern, an der Aussparung von Minderheitenperspektiven im Unterrichtsstoff, an der Annahme, dass die Thematisierung von Diversität, Interkulturalität und Mehrsprachigkeit vorwiegend etwas für multikulturelle Klassen sei, oder dass Lehrer|innen mit Migrationshintergrund noch immer selten und v. a. an Schulen mit hohem Migrantenanteil zu finden sind.

Die Reaktionsweisen der einzelnen migrantischen Milieus auf den monokulturellen und monoperspektivischen Habitus im deutschen Schul- und Bildungswesen zeigen eine weite Spannbreite. Angehörige von Milieus mit niedrigem sozialen Status übernehmen häufiger die Defizitperspektive ins persönliche Selbstbild und erleben den eigenen Migrationshintergrund wie auch den der Kinder als Problem, wodurch Stärken und Potenziale nur mangelhaft wahrgenommen werden können (vgl. ebd., 2 und 6). In sozial und ökonomisch bessergestellten und zudem kosmopolitisch ausgerichteten Milieus wird dagegen selbstbewusst ein Perspektivenwechsel in der Bildungspraxis eingefordert, dessen Grundlage die Anerkennung der spezifischen Bildungsressourcen von Migranten und ihren Nachfahren sein sollte (vgl. ebd.). Als solche verstehen diese Milieus im Zuge globalisierter Gesellschaften tendenziell u. a. eine internationale Orientierung und Offenheit für kulturelle Vielfalt, Mehrsprachigkeit, hohe Bildungsaspiration, milieuspezifische Solidarität und Innovationsbereitschaft (vgl. ebd., 3). Sowohl die Übernahme wirkungsmächtiger Fremdzuschreibungen in persönliche Selbstbilder und deren Folgen, als auch kreative Selbstpositionierungen von Minderheitenangehörigen machen eines deutlich: Die reale „Komplexität und Multiperspektivität des gesellschaftlichen Lebens“ (Yıldız 2010, 12) hat noch nicht ausreichend Eingang in das Bildungssystem und andere gesellschaftliche Kontexte gefunden, um den Lebensverhältnissen diversifizierter globalisierter Gesellschaften gerecht werden zu können (s. z. B. Übung *Analyse von Fallbeispielen zu Mehrfachzugehörigkeiten*, S. 352).

Selbstpositionierungen – welche Antworten gibt es auf die Frage nach Herkunft und Zugehörigkeit?

Für Personen, deren Lebens- und Familiengeschichte v. a. durch Sesshaftigkeit geprägt bzw. erzählt wird, mag es manchmal schwer nachvollziehbar sein, dass „in einer globalisierten Welt Zugehörigkeiten und Biographien in Bewegung geraten sind, dass Menschen gleichzeitig in unterschiedlichen Welten leben und sich in diesem Bewegt-Sein positionieren können“ (ebd., 13).

Deshalb ist ein Perspektivenwechsel nötig, der eine Abkehr von den oben beschriebenen ethnisierenden Ordnungsmustern bedeutet, um stattdessen die reale Diversität in Migrationsgesellschaften bzw. modernen Gesellschaften zum Ausgangspunkt des Denkens zu machen. Dabei handelt es sich nicht allein um Erweiterungen von bisher bestehenden Zugehörigkeitsvorstellungen, sondern um die Konzeption und Produktion neuer Zugehörigkeitsoptionen. Forscher|innen verschiedener wissenschaftlicher Disziplinen untersuchen dieses Phänomen und bezeichnen diese Situation als „dritten Raum“ bzw. „Hybridität“ (Homi Bhabha, Postkolonialismus/Literaturwissenschaften), „bewegte Zugehörigkeiten“ (Sabine Strasser, Anthropologie), „transnationale soziale Räume“ (Ludger Pries, Soziologie), „postmigrantisch“ (Erol Yıldız, Soziologie/Pädagogik) oder „dritten Stuhl“ (Tarek Badawia, Erziehungswissenschaften).

Im Alltag existiert dagegen häufig noch immer das Bild der zwischen zwei Kulturen Zerrissenen, die sich zu entscheiden haben oder zu ewigen Pendler|innen werden. Dieser Diskurs basiert auf natio-ethno-kulturellen Zugehörigkeits- und Identitätsvorstellungen des ‚Entweder-oder‘ und wird den Lebensrealitäten und Erfahrungen einer wachsenden Zahl von Personen und Gruppen in globalisierten Gesellschaften nicht gerecht. Badawia untersuchte in seiner Studie „Der Dritte Stuhl“ bereits 2002 den Umgang von bildungserfolgreichen Jugendlichen mit Mehrfachzugehörigkeiten und arbeitete drei zirkuläre Phasen der Identitätstransformation heraus. Zu Beginn steht die Phase der Feststellung von Differenz, in der Gefühle der Zerrissenheit auftreten können. Sie basieren auf der positiven oder negativen Erfahrung des Andersseins und stellen „die Weichen für die Entwicklung einer affirmativen oder non-affirmativen Haltung gegenüber der Mehrheitsgesellschaft“ (Badawia 2002, 324). Insbesondere strikte Trennungen und Unvereinbarkeiten von Lebenswelten aufgrund rigider monokultureller und monoperspektivischer gesellschaftlicher oder familiärer Rahmensetzung widersprechen dem Authentizitätsprinzip der Identitätskonstruktion. Unter dem Authentizitätsprinzip versteht Badawia die Übereinstimmung zwischen Selbstbild, Fremdbild und Lebensrealität (vgl. ebd.). Zerrissenheit wird also als Ergebnis gesellschaftlicher Rahmenbedingungen, die aufgrund ihrer Geschlossenheit identitäre Konflikte provozieren, und nicht als Ursache für Konflikte verstanden (vgl. ebd., 355) (s. z. B. Übung *Plurale Identitäten*, S. 179).

Die Jugendlichen reagieren mit der Anerkennung von Diversität als Lebensrealität, unter Betonung der Gleichwertigkeit ihrer verschiedenen natio-ethno-kulturellen Identitäts- und Zugehörigkeitsanteile (vgl. ebd., 325). Die zweite Phase basiert auf dieser gewonnenen Grundeinstellung und betont die Vorteile von und Bereicherung durch Diversität und Interkulturalität. Die Jugendlichen beginnen, durch diese positive (Um-)Deutung mit den bestehenden Zugehörigkeits- und Identitätsvorgaben autonom und kreativ umzugehen. Dieser

Prozess beinhaltet identitätsrelevantes Experimentieren und kann je nach Charakter und Rahmenbedingungen offen und sozial konfrontativ oder eher in einem vertrauten Rahmen und konfliktvermeidend ablaufen (vgl. ebd., 326). „Da die Umwelt (gegenwärtig in der BRD) lediglich monokulturelle und keine bikulturellen Vorgaben macht, müssen Immigrantenjugendliche [...] mehr oder weniger eigene Vorgaben definieren" (ebd.). Diese Phase wird durch Rückzugstendenzen aus der jeweils für sie dominierenden natio-ethno-kulturellen Zugehörigkeit begleitet. „Dies ist kein Desinteresse. Das Ziel dieser Umorientierung ist es, in beiden Kulturen Fuß zu fassen und somit die potenzielle Bindung an beide kulturelle Zugehörigkeiten zu betonen" (ebd.). In der dritten Phase werden die erarbeiteten Eigenschaften des neuen Selbstentwurfs verfeinert und ausdifferenziert (vgl. ebd., 327) (s. z. B. Übung *Expert|innenkonferenz*, S. 270).

Die identitäre Selbstverortung der Jugendlichen im Kontext natio-ethno-kultureller Mehrfachbezüge orientiert sich am persönlichen Wohlbefinden. Die Verortung findet dort statt, wo die Jugendlichen ihre individuellen Ressourcen nutzen können und angenommen werden (vgl. ebd., 137 ff. und 273 ff.). Die Jugendlichen arbeiten hierbei zukunftsorientiert und positionieren sich „jenseits bzw. entgegen kulturell partikularer ‚Zwangsvorschriften' und Zuschreibungen" (ebd., 342). Die Jugendlichen verstehen ihre Mehrfachzugehörigkeit „trotz aller Schwierigkeiten, Herausforderungen und des Stresscharakters des gesamten Prozesses als ‚faszinierend', ‚bereichernd' und vor allem als eine gegebene ‚Chance'" (ebd., 309). Sie arbeiten mit einem positiven Differenz- und Kulturbegriff (vgl. ebd., 311), wodurch sie dem ‚Entweder-oder' bzw. dem ‚Ganz-oder-gar-nicht' ein ‚Sowohl-als-auch' wie auch ein ‚Aus-Alt-mach-Neu' entgegenstellen. Sie verstehen sich als kulturell und beruflich „zukunftsfähige Kandidaten einer neuen, postmodernen und globalisierten Welt" (ebd., 319).

Yıldız beschreibt in seinen Arbeiten ebenfalls kreative Wege der Selbstpositionierung und Selbstbeschreibung. Sein Hauptaugenmerk liegt auf migrantischen Jugendlichen und jungen Erwachsenen aus sozial benachteiligten und künstlerischen Milieus. Auch er spricht von einem experimentellen Umgang der Jugendlichen mit persönlichen natio-ethno-kulturellen Mehrfachbezügen.

Durch die Anerkennung und Nutzung ihrer Mehrfachbezüge positionieren sie sich multilokal und über bestehende nationale Grenzen und Denkweisen hinweg. Yıldız weist auf die Leistungen und damit potenziellen Ressourcen der Jugendlichen hinter diesen (post-)modernen Lebensentwürfen hin. Er versteht sie als die Kinder und Vorreiter globalisierter Gesellschaften.

Für ihre Identitäts- und Lebensentwürfe nutzen die Jugendlichen und jungen Erwachsenen unterschiedliche Orte, Traditionen, Erinnerungen, Erzähl- und Sichtweisen als Anknüpfungspunkte, wodurch sie erfahren, dass es mehrere Perspektiven und Realitäten gibt, von denen manche dominant sind und andere marginalisiert werden (vgl. Yıldız 2010, 22). Durch die Auseinandersetzung mit diesen Dominanzverhältnissen im Zuge der identitären bzw. gesellschaftlichen Selbstpositionierung entstehen verschiedene Handlungsstrategien. Yıldız berichtet in diesem Zusammenhang beispielsweise davon, dass Jugendliche die Migrationsgeschichte der Eltern(-generation) überarbeiten. Sie legen ihren Fokus dabei auf bisher vernachlässigte Aspekte, wodurch sie neue Sichtweisen eröffnen und allgemein zugänglich machen (vgl. ebd., 14 und 22). Sie schreiben ihre Geschichte um, wodurch neue Selbstpositionierungen und -bilder möglich werden. Die gleiche Zielsetzung wird bspw. auch mit der Strategie der Selbstethnisierung verfolgt. Negativ gedeutete Zuschreibungen und Merkmale werden für die eigene Identitäts- und Zugehörigkeitsarbeit positiv umgedeutet. Es wird versucht, sich gesellschaftlich sichtbar zu machen und genau in dieser Sichtbarkeit anerkannt zu werden (vgl. ebd., 19) (s. z. B. Übung *Expert|innenkonferenz*, S. 270).

Die junge Frau bspw., die sich dafür entscheidet, ein Kopftuch zu tragen und v. a. Unverständnis und Ausgrenzung erntet, da sie bisher eben nicht als ruhig, angepasst oder unterwürfig aufgefallen ist, sondern als selbstständig und selbstbewusst. „Der Widerspruch dieses Bildes" – eine selbstständige und selbstbewusste junge Frau mit Kopftuch – „führt jedoch nicht dazu, das Bild, das einer Überprüfung an der Realität nicht standhält, zu revidieren. Stattdessen [...] soll [sie] das Kopftuch ablegen, um die Widersprüchlichkeit des Bildes aufzulösen." (ebd., 19 f.) Das Tragen eines Kopftuches genauso wie z. B. die bewusste Identifikation mit einem stigmatisierten Stadtteil sind Akte des Widerstands, die sich gegen die Pauschalisierung und Entindividualisierung von marginalisierten Personen(-gruppen) wenden (vgl. ebd., 20). Auch die eingangs zitierte kreative und ironische Antwort „Aus Mama!" (Ergün 2012, 12) auf die Frage nach dem ‚Woher' oder das Zitat zu diskriminierenden Zuschreibungen von Mysorekar sind Beispiele für die subversive Auseinandersetzung mit gesellschaftlich dominanten Zuschreibungen. Das dahinter stehende Ziel ist die Dekonstruktion und Zurückweisung eben dieser (vgl. Yıldız 2010, 21).

Die Beispiele zeigen, dass eine Generation existiert, auf die traditionelle Zugehörigkeitsvorstellungen nicht mehr zutreffen und die sich dessen bewusst ist. Die Angehörigen dieser Generation entwickeln unter restriktiven Lebensbedingungen unterschiedliche Strategien der Zugehörigkeits- und Identitätsarbeit, die für ihre gesellschaftliche Selbstpositionierung und Selbstermächtigung sinnvoll und bedeutend sind (vgl. ebd., 22) (s. z.B. die Übungen *Porträt Duman Sevin*, S. 207, *Meinungspuzzle*, S. 88, *Plurale Identitäten*, S. 179).

Implikationen für die pädagogische Praxis

Diversität als gesellschaftliche Lebensrealität anerkennen

Die Globalisierung bringt durch Migration geprägte und geformte Gesellschaften und Staaten hervor, treibt wirtschaftliche, politische und rechtliche Verflechtungen und Bindungen voran und befördert durch Medien und Kommunikationsmittel einen globalen (Wissens-)Austausch (vgl. Mecheril 2003, 24) unter ungleichen Voraussetzungen. Die Lebenswelten innerhalb der Nationalstaaten sind diverser geworden, Zugehörigkeiten und Nicht-Zugehörigkeiten uneindeutiger, wodurch Selbstbilder und Selbstpositionierungen komplexer werden. Dies ist als Ausgangspunkt für die pädagogische Praxis anzuerkennen. Von homogenen Schulklassen im Sinne sozioökonomischer, natio-ethno-kultureller, religiöser, bildungsorientierter etc. Einheitlichkeit kann nicht (mehr) als Norm ausgegangen werden. Genauso wenig können Minderheitenschüler|innen als Vertreter|innen familiärer Herkunftskontexte verstanden werden, da die Pluralität und Multiperspektivität des modernen gesellschaftlichen Lebens bereits viel komplexere Identitäts- und Zugehörigkeitsoptionen hervorgebracht hat.

Für die pädagogische Praxis gilt es zu verstehen, dass Schüler|innen mit familiärer Migrationsgeschichte weder Störfaktoren noch bunte ‚Diversitätsspritzer‘ auf der weißen Klassenzimmerwand sind (vgl. auch Schindlauer 2010, 5). Weiße Schüler|innen ohne Migrationshintergrund müssen als genauso divers anerkannt werden, wie Schüler|innen mit Minderheitenzugehörigkeiten als normal verstanden werden müssen (s. z. B. Übung *Headline*, S. 256). Diversität bildet die gesellschaftliche Lebensrealität aller Schüler|innen und sollte als Grundhaltung Eingang in die Unterrichts- und Schulpraxis finden, insofern Gleichberechtigung im Bildungssystem weiterhin gelten soll. Benötigt werden dafür

- die Abkehr von einseitigen Defizitzuschreibungen als Erklärung für ungleiche Teilhabechancen, Schuldzuweisungen, pädagogisches Nicht-Handeln oder rein kompensatorisch orientiertes Handeln,
- die Anpassung struktureller Rahmenbedingungen und pädagogischer Professionalisierung an die Ressourcen und den Förderbedarf der Schüler|innen, denn auch hier ist von Diversität auszugehen,
- als auch das Bewusstmachen und Offenlegen von bestehenden Normen und Konventionen, um sie allgemein zugänglich und besprechbar zu machen (s. z. B. Übung *Zugang zu Zugehörigkeiten*, S. 108).

Zuschreibungen und deren Zustandekommen reflektieren

Zur Anerkennung gesellschaftlicher Diversität gehört die Anerkennung einer ungleichen Verteilung von Deutungsmacht in der Gesellschaft. Hierbei handelt es sich um zwei Seiten einer Medaille. Diversitätsbewusstsein ohne Machtsensibilität und -kritik läuft leer.

Wer Diversität als gesellschaftliche Realität anerkennen und zum Ausgangspunkt pädagogischen Handelns machen möchte, benötigt Wissen über die Wirkungen dominanter Zuschreibungen und Normalitätsvorstellungen. Mit den Schüler|innen sollten die Bedingungen für die Entstehung und Wirksamkeit von Zuschreibungen sowie deren Alltäglichkeit aufgedeckt werden (s. z. B. die Übungen *Zugang zu Zugehörigkeiten*, S. 108, *Zuschreibungen*, S. 112). Hierbei sollten auch die machtbedingten Mechanismen von Zuschreibungen und der ‚Mehrwert‘ für die dominierende Gruppe, je nach Klassenstufe, angesprochen bzw. thematisiert werden (s. z. B. die Übungen *Headline*, S. 256, *Wahrnehmungen wahrnehmen*, S. 227). Es ist jedoch wichtig, darauf zu achten, bestehende gesellschaftliche Machtungleichheit nicht zu vertiefen. Grundvoraussetzungen hierfür sind u. a.

- die Darstellung interner Pluralität von marginalisierten Gruppen zur Vermeidung von Pauschalisierungen (s. z. B. Übung *Expert|innenkonferenz*, S. 270),
- die Vermeidung von Essentialisierungen und einfachen Kausalitätsketten durch den Einbezug rechtlicher, sozioökonomischer, struktureller und gesamtgesellschaftlicher Rahmenbedingungen sowie,
- die wertschätzende und ressourcenorientierte Darstellung von Widerstands- und Handlungsstrategien betroffener Personen(-gruppen).

Das Recht auf individuelle Selbstdefinition und Selbstpositionierung anerkennen und unterstützen

Die Identitäts- und Zugehörigkeitsvorstellungen migrantischer Jugendlichen sollten als Verarbeitung von Erfahrungen und als Leistungen der Subjektbildung verstanden werden, „in denen unterschiedliche und zum Teil weltweit gespannte kulturelle Elemente und Verbindungen als Ressource genutzt und je nach Kontext zu hybriden Lebenskonstruktionen zusammengefügt werden" (Yıldız 2010, 22). Aus diesem Vorgehen entstehen neue Selbst-, Fremd- und Weltbilder mit vielfältigen Ausgangspunkten, die subjektiv kombiniert werden.

Identitäts- und Zugehörigkeitsarbeit in der pädagogischen Praxis sind vor diesem Hintergrund dynamisch und durch Uneindeutigkeit gekennzeichnet. Gleichzeitig hat im Kontext natio-ethno-kultureller Mehrfachbezüge jede Zugehörigkeitsoption ihre Bedeutung und Berechtigung im Identitätspatchwork (s. z. B. die Übungen *Von (Mehrfach-)Zugehörigkeiten zu Patchworkidentitäten*, S. 198, *Meinungspuzzle*, S. 88, *Plurale Identitäten*, S. 179, *Porträt Duman Sevin*, S. 207). Die Anerkennung und Unterstützung von Selbstpositionierungen und -beschreibungen erfordert, dass

- Selbstbeschreibungen aufgegriffen und Zuschreibungen nicht reproduziert werden. Das bedeutet auch, dass kein|e Schüler|in auf Wunsch der Lehrer|innenschaft zum|r Expert|in der vermuteten Zugehörigkeitsgruppe gemacht werden darf (s. z. B. Übung *Analyse von Beispielen aus der Schulpraxis*, S. 358).

- die Schüler|innen unterstützt werden, ein positives und zukunftsorientiertes Verständnis ihrer persönlichen Mehrfachzugehörigkeiten zu entwickeln. Die Basis hierfür ist die gleichberechtigte Anerkennung und Einbeziehung verschiedener Zugehörigkeitsoptionen und -vorstellungen sowie das Aufzeigen ihrer Alltäglichkeit und Vielfalt.

Einen mehrperspektivischen Blick einnehmen

Die gesellschaftliche Ausdifferenzierung von Zugehörigkeits- und Identitätsoptionen eröffnet die Möglichkeit, multiperspektivisch zu denken und zu handeln und fordert die Fähigkeit zum Perspektivenwechsel ein (s. z. B. die Übungen *Wer, über wen und warum?*, S. 128, *Zugänge & Realitäten*, S. 156, *Analyse von Fallbeispielen zu Mehrfachzugehörigkeiten*, S. 352).

In der pädagogischen Praxis bedeutet dies in erster Linie, Abstand von vermeintlichen Eindeutigkeiten zu nehmen und gewohnte Denkstrukturen aufzubrechen. Durch die kritische Reflexion dominanter Denk- und Ordnungsmuster können ungewohnte Perspektiven überhaupt erst als berechtigt und sinnhaft erkannt werden. Persönliche Unsicherheiten und Irritationen sollten offen geäußert werden können, da sie häufig der erste Schritt zum Nachdenken bzw. Infragestellen und damit zur Erweiterung persönlicher Perspektiven sind (vgl. Rösch 2000, 59 ff.). Mögliche Vorgehensweisen sind u. a.:

- Unterrichtsmaterialien einzubeziehen, die behandelte Zusammenhänge und Phänomene aus mehreren Perspektiven beleuchten und verschiedene Adaptions- und Handhabungsmöglichkeiten aufzeigen;
- im Unterricht mit Beispielen zu arbeiten, die postmigrantische Lebenswirklichkeiten und Erfahrungen von Eingewanderten repräsentieren;
- unterschiedliche Perspektiven innerhalb der Klasse zuzulassen;
- marginalisierte Perspektiven artikulierbar und zugänglich zu machen.

Quellen:

Anderson, Benedict (1998): Die Erfindung der Nation. Zur Karriere eines folgenreichen Konzepts. Berlin.

Auernheimer, Georg (2007): Einführung in die interkulturelle Pädagogik, 5. Auflage. Darmstadt.

Autorengruppe Bildungsberichterstattung (2014): Bildung in Deutschland 2014. Ein indikatorengestützter Bericht mit einer Analyse zur Bildung von Menschen mit Behinderungen. Bielefeld. URL: http://www.bildungsbericht.de/daten2014/bb_2014.pdf, letzter Zugriff am: 9.11.2014.

Badawia, Tarek (2002): Der dritte Stuhl: Eine Grounded-Theory-Studie zum kreativen Umgang bildungserfolgreicher Immigrantenjugendlicher mit kultureller Differenz. Frankfurt/M.

Barz, Heiner u. a. (2013): Bildung, Milieu & Migration. Kurzfassung der Zwischenergebnisse, 12/2013. URL: https://www.stiftung-mercator.de/media/downloads/3_Publikationen/Barz_et_al_Zwischenergebnisse_Studie_Bildung_Milieu_Migration.pdf, letzter Zugriff am: 8.11.2014.

Dausien, Bettina/Mecheril, Paul (2002): Was heißt eigentlich Identität? Düsseldorf.

Ergün, Mutlu (2012): Kara Günlük. Die geheimen Tagebücher des Sesperado. Münster.

Hall, Stuart (2008): Rassismus und kulturelle Identität. Ausgewählte Schriften 2, 4. Auflage. Hamburg.

Mecheril, Paul (2003): Prekäre Verhältnisse. Über natio-ethno-kulturelle (Mehrfach-)Zugehörigkeit. Münster.

Mecheril, Paul (2004): Einführung in die Migrationspädagogik. Weinheim.

Mecheril, Paul et al. (2010): Migrationspädagogik. Weinheim.

Messerschmidt, Astrid (2012): Bildungsprozesse in integrationskritischer Perspektive – Studieren in der (Post-)Migrationsgesellschaft. Vortrag beim 23. Kongress der Deutschen Gesellschaft für Erziehungswissenschaft DGfE im März 2012 in Osnabrück.

Messerschmidt, Astrid (2014): Weder fremd noch integriert – kulturalisierungskritische Bildung im Kontext von Migration und Globalisierung. In: Von Rosenberg, Florian/ Geimer, Alexander (Hrsg.): Bildung unter Bedingungen kultureller Pluralität. Wiesbaden, S. 109-123.

Mysorekar, Sheila (2007): Guess my Genes. Von Mischlingen, MiMiMis und Multiracials. In: Ha, Kien Nghi u. a. (Hrsg.): re/visionen. Postkoloniale Perspektiven von People of Color auf Rassismus, Kulturpolitik und Widerstand in Deutschland. Münster.

OECD (2013): PISA-Fortschritt in Deutschland: Auch die Schwachen werden besser. URL: http://www.oecd.org/berlin/presse/pisa-2012-deutschland.htm, letzter Zugriff am: 9.11.2014.

Rösch, Heidi (2000): Jim Knopf ist (nicht) schwarz. Anti-/Rassismus in der Kinder- und Jugendliteratur und ihrer Didaktik. Baltmannsweiler.

Schindlauer, Dieter (2010): Respekt! Oder warum Diversität wirklich ein sinnvolles Konzept ist. Vortrag anlässlich des Forums 2010, Fachtagung der Jugendarbeit, Brixen/ Bressanone. URL: http://www.integrationsstelle-ooe.at/xbcr/SID-E6482DFC-621F9B27/RespektBrixen.pdf, letzter Zugriff am: 8.10.2014.

Terkessidis, Mark (2010): Interkultur. Berlin.
Yıldız, Erol (2010): Die Öffnung der Orte zur Welt und postmigrantische Lebensentwürfe. URL: http://www.uni-klu.ac.at/frieden/downloads/yildiz-artikel-postmigrantisch.pdf, letzter Zugriff am: 11.11.2014.
Yıldız, Erol (2013): Die weltoffene Stadt. Wie Migration Globalisierung zum urbanen Alltag macht. Bielefeld.

Rassismus

Theoretische Bemerkungen

Rassismusbegriff und ‚Rasse'

Vor allem im Alltagsdiskurs, aber auch im wissenschaftlichen, pädagogischen und politischen Diskurs sind Definitionen verbreitet, die Rassismus als Abwertung aufgrund der jemandem eigenen ‚Rasse' deuten. Dabei wird ‚Rasse' oft als eine objektive biologische Gegebenheit aufgefasst, wie z. B. in der folgenden Definition aus dem „Politiklexikon" von Klaus Schubert und Martina Klein, die auf den Seiten der Bundeszentrale für politische Bildung zu finden ist:

> *„Rasse/Rassismus*
> *[franz.] Rasse ist ein biologischer Begriff, der darauf verweist, dass es von einer Spezies oder Gattung (z. B. dem Menschen) mehrere verschiedene Arten oder Rassen gibt, die sich durch vererbliche äußerliche Merkmale unterscheiden lassen. Der (politische, soziale) Rassismus nimmt diese äußerlichen Merkmale auf, überhöht sie in Bezug auf die eigene Rasse und wertet sie in Bezug auf andere Rassen ab; er fördert damit das Überlegenheitsgefühl und erzeugt Vorurteile, Ablehnung und Feindseligkeit gegenüber anderen Rassen. Alle Formen des Rassismus übersehen (bzw. leugnen), dass*
> *1. die Spezies Mensch zwar über bestimmte erblich erworbene Anlagen verfügt, die aber immer in der (politischen, sozialen, ökonomischen) Umwelt geformt werden und*
> *2. die Unterschiede innerhalb einer Rasse größer sind als die Unterschiede zwischen den Rassen."* (Klein/Schubert 2011).

Zwar wird hier die Rolle von politischen, sozialen und ökonomischen Bedingungen für die Diskriminierung aufgrund der ‚Rasse' erwähnt, dennoch wird der Begriff selbst in der Definition unreflektiert verwendet, als handle es sich bei ‚Rassen' um eine objektive, real existierende Tatsache, die auf Menschen zutrifft. Das verstößt gegen die mittlerweile weitgehend akzeptierte These in den Naturwissenschaften, dass es biologisch gesehen keine Menschen-‚Rassen' gibt. Wenn also von ‚Rassen' in Bezug auf Menschen gesprochen wird, wird darunter nichts anderes als ein künstlich geformtes soziales Konstrukt verstanden. Die oben angeführte Definition nimmt darauf keinen Bezug, obwohl im letzten Satz interessanterweise einer der eigentlichen Gründe für die Ablehnung der Übertragung des Rassenbegriffs auf Menschen angeführt wird. Abgesehen davon wird ‚Rasse' durchgehend ohne Anführungszeichen geschrieben, wodurch keine Distanzierung von dem diesem Lexem zugrunde liegenden biologistischen und rassistisch aufgeladenen Konzept vorgenommen wird.

Jedoch unabhängig davon, ob der ‚Rasse'-Begriff reflektiert oder unreflektiert gebraucht wird, greifen die Definitionen, die Rassismus ausschließlich mit ‚Rasse' verbinden, bei der Beschreibung der vielschichtigen und komplexen Rassismus-Phänomene viel zu kurz. Rassistische Unterdrückungsformen beziehen sich in Wirklichkeit nämlich nicht nur auf ‚Rassen'. Der gleiche Mechanismus, der auf der Abwertung der Menschen entlang ihrer ‚Rassen' beruht, entfaltet seine Wirkung auch in Bezug auf andere Merkmale, entlang derer die Kategorisierung von Menschen in ‚fremd' und ‚nicht gleichwertig' erfolgt. So können die zentralen Merkmale der imaginierten ‚Rassen' (innere Homogenität, Vererbung, Statik und eindeutige Abgrenzbarkeit) auf ‚Ethnie', ‚Kultur' oder Religion übertragen werden. Kulturelle, ethnische und/oder religiöse Unterschiede werden dann so behandelt, als handle es sich um vererbbare, eindeutige und für alle gleiche, nicht veränderbare biologische Merkmale von Personen. Deswegen sollte der Rassebegriff ausschließlich verwendet werden, wenn damit rassistische Verhältnisse thematisiert werden, nicht aber als Kennzeichnung einer Eigenschaft. Wichtig zu beachten ist, dass auch die Formen des kulturellen, religiösen und ethnischen Rassismus den Bezug zur Diskriminierung aufgrund einer ‚Rassen'-Zugehörigkeit meistens implizieren, denn in der Alltagsinteraktion erfolgen solche Kategorisierungen oft über das Aussehen – also den biologischen Phänotypus. So schließt man im Alltag oft ausgehend von jemandes Aussehen sofort auf seine ethnische und/oder religiöse Zugehörigkeit und spekuliert auf dieser Grundlage über weitere, angenommene Eigenschaften der Person und ihres Verhaltens. Somit bleibt die biologische

Komponente der Zuschreibung von Unterschieden auch bei anderen Unterscheidungskriterien relevant (vgl. Groenemeyer 2003, 19).

Rassismus als hierarchisches System

Die rassistische Kategorisierung der Menschen bzw. Menschengruppen vollzieht sich nicht nur auf individueller Ebene, sondern bildet den Grundstock für ein hierarchisch aufgebautes gesellschaftliches System. Postmoderne, postkoloniale, globalisierte Gesellschaften verstehen sich in diesem Sinne als Systeme, in denen regelmäßig Prozesse der Privilegierung und Entprivilegierung verlaufen und immer wieder neue Machtasymmetrien geschaffen werden. Dementsprechend lässt sich Rassismus als ein hierarchisches System definieren, bei dem privilegierte gesellschaftliche Gruppen andere Gruppen aufgrund natio-ethno-kultureller bzw. religiöser (Nicht-)Zugehörigkeiten konstruieren, sie auf einen bestimmten Platz in der Gesellschaft festlegen und ihnen mittels verschiedener struktureller Restriktionen den Zugang zu Ressourcen verschließen. Der Verweis auf rassistische Diskriminierungsprozesse ist nicht zu trennen von dem gleichzeitigen Verweis auf Privilegierungsprozesse, durch die die Machtvolleren direkt oder indirekt profitieren.

Wie entsteht Rassismus?

Das Paradox des Rassismus besteht, wie oben bereits angedeutet, darin, dass ‚Rassen', ‚Ethnien' und ‚Kulturen' keine festen bzw. in sich einheitlichen Gruppen sind und ihre Einheitlichkeit und Starre nur gewinnen, indem Diskurse über sie an die in der Gesellschaft vorhandenen Deutungsmuster anknüpfen (s. auch *Theoretische Einführung*, S. 35 f.). Das rassistische Denksystem beruht auf kollektiven Bildern, Erzählungen und gesellschaftlichen Institutionen, „die historisch entwickelte und aktuelle Machtverhältnisse legitimieren und reproduzieren" (Rommelspacher 2002, 132). Die Vorstellung von der Existenz verschiedener voneinander scharf abgrenzbarer ‚Rassen', ‚Ethnien' und ‚Kulturen' ist also nichts anderes als ein Konstrukt – und dennoch real. Denn die Art und Weise, in der diese Kategorien konstruiert werden, wirkt sich ganz konkret auf die davon betroffenen Gruppen aus (vgl. Mecheril 2004, 26 f.). Die französische Soziologin und Feministin Colette Guillaumin fasst es folgendermaßen zusammen: „Race does not exist. But it does kill people“ (Guillaumin 1995, 107).

Probleme der Begriffsbestimmung: Rassismus, Antisemitismus und Antiziganismus

In der oben angeführten Definition von Rassismus sprechen wir von der Diskriminierung aufgrund nationaler, ethnischer, kultureller und religiöser Zugehörigkeiten bzw. Nichtzugehörigkeiten. Wichtig zu bemerken ist in diesem Kontext, dass es auch Definitionen von Rassismus gibt, die im Sinne einer generalisierenden Begriffsverwendung alle Formen von den mit Macht- und Herrschaftsverhältnissen verbundenen Diskriminierungen imaginärer ‚Sie-Gruppen‘ (also auch Homophobie, Klassismus oder Frauenfeindlichkeit bzw. Sexismus) als Rassismus bezeichnen. Zum einen werden bei dieser umfassenden Rassismus-Definition historische und systembezogene Unterschiede zwischen diesen Diskriminierungsformen ignoriert. Zum anderen entfällt in diesem Fall die Möglichkeit, prinzipielle Unterschiede zwischen Rassismus auf der einen und Fremdenfeindlichkeit, Nationalismus, Ethnozentrismus, Ausländerfeindlichkeit etc. auf der anderen Seite darzustellen, die gerade für eine kritische Betrachtung des aktuellen migrationspolitischen und -gesellschaftlichen Diskurses wichtig sind (vgl. Scherr 2011, 77).

Ob der Antisemitismus unter dem Begriff Rassismus subsumiert werden kann, ist umstritten. Zum einen ist für den modernen Rassismusbegriff die Frage entscheidend, ob mithilfe naturalisierter Gruppenkonstruktionen ökonomische, politische und kulturelle Dominanzverhältnisse legitimiert werden – was beim Antisemitismus definitiv der Fall ist. Es gibt dennoch gravierende Unterschiede zwischen Antisemitismus und Rassismus v. a. in Bezug auf die Erscheinungsformen und Funktionen der Ausgrenzung. So handelt es sich bei Antisemitismus psychoanalytisch gesprochen von ‚Über-ich-Projektionen‘ (die Anderen werden als Mächtigere dargestellt), während der koloniale Rassismus stärker von ‚Es-Projektionen‘ bestimmt ist (die Anderen als triebhaft, aggressiv, rückständig). Unterschiede in der Funktion betreffen die Tatsache, dass Juden in der heutigen Gesellschaft nicht in derselben Weise z. B. vom Zugang zur Bildung oder Arbeitsmarkt ausgegrenzt werden, wie es bei anderen ethnischen Minderheiten der Fall ist (vgl. Rommelspacher 2011, 26f.). Deswegen halten wir es für sinnvoll, Antisemitismus und Rassismus als miteinander verbundene, aber dennoch voneinander abgrenzbare Phänomene zu betrachten (vgl. dazu auch Messerschmidt 2012).

Was Antiziganismus angeht, wird dieser in diesem Buch als eine Form des Rassismus verstanden (s. z. B. Übung *Fallreflexion|Rektor*, S. 368). Dennoch sollte man bei der Thematisierung von rassistischen Phänomenen u. E. auf die spezifischen historischen Hintergründe von Antiziganismus eingehen (zum Begriff ‚Zigeuner' s. Übung *Plenumsdiskussion zu rassistischen Bezeichnungen*, S. 235) (vgl. dazu auch Messerschmidt 2013).

‚Positiver Rassismus'

Bei dem sogenannten ‚positiven Rassismus' werden die als biologisch definierten Merkmale des Anderen als schön, reizvoll, exotisch etc. wahrgenommen. Positiver Rassismus liegt z. B. vor, wenn:

- Weiße[3] Frauen auf einem Dating-Portal speziell nach Schwarzen Männern suchen, weil sie sie auf exotische Weise attraktiv finden bzw. weil sie der Meinung sind, Schwarze seien sehr gut im Bett;
- europäische Männer finden, dass Frauen aus Lateinamerika offener/lebensfroher/‚zugänglicher'/sexier sind als europäische Frauen;
- sich westeuropäische Männer asiatische/osteuropäische Frauen suchen, weil sie der Meinung sind, solche Frauen wären von ihrem Naturell aus besonders liebevoll und familiengebunden;
- Christ|innen annehmen, dass Muslime|as per se frommer, gläubiger und gottesfürchtiger sind als Vertreter|innen anderer Religionen;
- Deutsche ohne Migrationshintergrund an Deutschen mit nicht-europäi-

---

3 Der Begriff ‚Weiß' verweist hier auf eine dominante soziale Positionierung, die als Norm wahrgenommen wird. Umgekehrt steht ‚Schwarz' für eine unterlegene soziale Positionierung innerhalb rassistisch geprägter Gesellschaften. Die Großschreibung der Adjektive ‚Weiß' und ‚Schwarz' verweist auf den sozialen Konstruktionscharakter dieser Begriffe, wobei Schwarz im Gegensatz zu Weiß eine emanzipatorische Selbstbezeichnung darstellt. Die Großschreibung erfolgt hier mit dem Ziel, sich von biologistischen Vorstellungen zu distanzieren und die Rolle der sozialen Konstruktionsprozesse zu betonen (vgl. Husmann 2010, 13).

schem Migrationshintergrund besonders interessiert sind, weil sie sie als Vertreter|innen einer ‚ganz anderen' Kultur betrachten;

usw.

All diesen Fällen ist die Annahme gemeinsam, dass es bestimmte Unterschiede zwischen den (als homogen und deutlich voneinander abgrenzbar gedachten) ‚Rassen'/‚Ethnien'/‚Kulturen' gibt, die sich körperlich oder geistig ausdrücken und Andere mit Attributen versehen, die der traditionellen Vorstellung von rationalen, ‚zivilisierten', technisch fortschrittlichen, emanzipierten, modernen Weißen Westeuropäer|innen konträr gegenübergestellt werden können. Mit anderen Worten wird durch die Wahrnehmung Anderer als emotionaler/triebhafter/körperlich attraktiver/naturverbundener/traditionellen Werten zugewandter/spiritueller als Weiße Europäer|innen gleichzeitig das Bild der Anderen als weniger rational bis dumm, weniger fortschrittlich bis rückständig, weniger emanzipiert bis unterwürfig, weniger zivilisiert bis ‚ursprünglich', weniger modern bis altmodisch/konservativ/starr konstruiert (vgl. Arndt 2012, 30). Diese Konstruktion ist meistens nicht bewusst, denn sie beruht auf vollständig verinnerlichten Vorstellungen und Bildern, die eine als objektiv gedachte Wirklichkeit bilden.

Solche Bilder über die Anderen sind stark pauschalisierend. Individuelle Unterschiede werden negiert, Schwarze/Asiat|innen/Osteuropäer|innen/Lateinamerikaner|innen/Muslime|as etc. werden als homogene Gruppen gedacht, sodass man in der Begegnung mit einem|einer Vertreter|in dieser Gruppe meint, über die Eigenschaften der gesamten Gruppe mehr oder weniger Bescheid zu wissen. Gleichzeitig wird dem|der Anderen unterschwellig seine|ihre Nicht-Zugehörigkeit signalisiert, indem seine|ihre Unterschiede als essenziell und gegensätzlich zum eigenen Bild dargestellt werden (vgl. ebd.).

‚Rassismus der Minderheiten'?

Oft wird gefragt, ob man von einem ‚Rassismus der Minderheiten' sprechen darf, wenn es um die Fälle der Diskriminierung von Mehrheitsangehörigen aufgrund ihrer ethnischen, nationalen, religiösen Zugehörigkeit bzw. ‚Rasse' geht. Um diese Frage zu beantworten, greifen wir exemplarisch eine Situation auf, bei der ein Schüler ohne Migrationshintergrund von einem Mitschüler mit türkischem Migrationshintergrund als „Scheißdeutscher" beschimpft wird. Kann man in diesem Fall von Rassismus sprechen?

Für den betroffenen Schüler ist diese Situation wirklich verletzend und kann evtl., wenn sich verbale Angriffe wiederholen bzw. verstärken und/oder wenn dazu noch körperliche Angriffe kommen, sogar gefährlich werden. Dennoch ist das Verhalten des Schülers mit Migrationshintergrund kein Ausdruck von Rassismus, denn Rassismus beruht auf Machtstrukturen, die systematisch bestimmte Menschenkategorien bevorzugen bzw. diskriminieren. Auch wenn man als Weiße|r Mehrheitsgesellschaftsangehörige|r von einem|r Minderheitenangehörigen situativ diskriminiert werden kann, bleibt die Weiße Position innerhalb der allgemeinen gesellschaftlichen Struktur privilegiert. So gesehen hat der Schüler ohne Migrationshintergrund in unserem Beispiel auf struktureller Ebene eine überlegene Machtposition gegenüber dem Schüler mit Migrationshintergrund, auch wenn Letzterer in dieser konkreten Situation überlegen ist.

Mit anderen Worten: Minderheitenangehörige können selbstverständlich Vorurteile und Stereotype gegenüber den Mehrheitsangehörigen haben bzw. sich ihnen gegenüber feindlich, diskriminierend, diffamierend oder abwertend verhalten – diese Diskriminierungsformen besitzen aber nicht die notwendige gesellschaftliche Durchsetzungsmacht, um als Rassismus bezeichnet werden zu können (vgl. DGB-Bildungswerk Thüringen e. V. 2008, 200). Dementsprechend würde sich prinzipiell nichts an der Deutung der Situation ändern, auch wenn eine kleine Gruppe deutscher Schüler|innen an einer Schule mit dominierender Anzahl an Migrant|innen diskriminiert würde. Die Situation könnte erst als Rassismus bezeichnet werden, wenn die Minderheitsangehörigen durch die gesellschaftlichen und staatlichen Strukturen zu Privilegierten gemacht würden und ihre Macht nicht nur situativ, sondern auch strukturell und institutionell durchsetzen könnten.

Als Lehrer|in hat man die Pflicht, für einen respektvollen Umgang aller Schüler|innen miteinander, unabhängig von ihrer gesellschaftlich-strukturellen Position, zu sorgen. Wichtig ist aber auch, dass man als Lehrer|in gerade in solchen Situationen wie oben beschrieben nicht gleich eine einseitige Erklärung unhinterfragt akzeptiert (der Schüler mit Migrationshintergrund hat den anderen Schüler als „Scheißdeutscher" beleidigt, weil er deutschenfeindlich ist bzw. weil er durch seine assimilationsfeindliche Familie/‚Kultur' geprägt ist), sondern den vollständigen Kontext der Situation zu ermitteln versucht. (Kam die Beleidigung evtl. als Reaktion auf rassistische Äußerungen seitens des Schülers ohne Migrationshintergrund? Wovon ist das allgemeine Verhältnis zwischen den Schüler|innen mit und ohne Migrationshintergrund in der Klasse geprägt? Kann es sein, dass der Schüler mit Migrationshintergrund zu solchem aggressiven Verhalten verleitet wird, weil ich als Lehrer|in Schüler|innen ohne Migrationshintergrund bzw. Schüler|innen, die meinen Norm-/Wunschvorstellungen entsprechen, bevorzuge? Werden nationale Diffamierungen aufgegriffen, weil sie in einer Gesellschaft nationaler Ordnungen einfach zur Verfügung stehen?) Die Situation in ihrer Vielseitigkeit zu begreifen, hat zur Folge, dass nicht die ‚Aufklärungsarbeit' mit dem einen ‚bösen' Schüler geleistet werden muss, sondern dass die ganze Klasse für einen respektvollen Umgang miteinander sensibilisiert werden soll. Beleidigende Bezeichnungen sollten für alle Schüler|innen tabu sein – aber auch Bedingungen, die Aggressionen überhaupt hervorrufen, sollten analysiert und verändert werden.

Implikationen für die pädagogische Praxis

Rassismuskritik statt Antirassismus

Wenn es um den pädagogischen Umgang mit Rassismus geht, lassen sich zwei Richtungen unterscheiden, die die Art und Weise der Auseinandersetzung mit rassistischen Phänomenen bestimmen: Antirassismus und Rassismuskritik. Antirassistische Ansätze zeichnen sich durch die Auffassungen von Rassismus aus, die „Rassismus als institutionalisiertes falsches Bewusstsein, (…) als irrationales Vorurteil, (…) als weiße Herrschaft, (…) als Klassenherrschaft" und „als rationales Eigeninteresse" verstehen (vgl. Mecheril 2004, 202 f.).

Antirassismus appelliert also in erster Linie an die moralische Ebene und stellt rassistische Phänomene als Ausdruck einer egoistischen, von Vorurteilen geprägten oder gar feindlichen Haltung gegenüber Anderen dar. Dieser moralisierende Charakter von antirassistischen Positionen führt dazu, dass Auseinandersetzungen mit Rassismus von vornherein emotional aufgeladen werden, was eine konstruktive Problemlösung in den meisten Fällen verhindert. Dadurch, dass Antirassismus sich selbst als Opposition zu Rassismus versteht, bleiben rassistische Strukturen im Denken und Handeln von Antirassist|innen selbst unbemerkt. Es wird eine binäre Logik („wir sind gut, die anderen sind schlecht") aufrechterhalten und Rassismen werden somit nicht bekämpft, sondern erneut reproduziert. Dennoch sind antirassistische Positionen nicht einfach falsch, sondern können je nach Situationskontext für die Bekämpfung rassistischer Maßnahmen und für die Gegnerschaft zu rassistischen Vereinigungen angemessen sein.

Einen alternativen Zugang bietet die Rassismuskritik. Die rassismuskritische Perspektive ist laut Mecheril (2004) durch die Kritik nach innen gekennzeichnet, während im Antirassismus etwas Äußeres bekämpft wird. Rassismuskritik setzt auf die konstante Reflexion des eigenen Handelns im Hinblick auf die bestehenden Dominanzstrukturen. Eine rassismuskritische Praxis untersucht, wie, unter welchen Bedingungen und mit welchen Konsequenzen Denk- und Handlungsweisen von Individuen, Gruppen, Institutionen und Strukturen rassistische Verhältnisse reproduzieren bzw. stärken. Gleichzeitig zielt Rassismuskritik darauf ab, auf rassistischen Mustern beruhende Unterscheidungen zu erkennen und zu problematisieren, dadurch zu schwächen und alternative Unterscheidungen deutlich zu machen. Rassismuskritik erkennt zwar an, dass gesellschaftliche Verhältnisse, die über lange Zeit hinweg von Rassismen beeinflusst sind, nicht durch singuläre Praxen verändert werden können. Gleichzeitig versuchen rassismuskritische Praxen, lokale Veränderungsprozesse einzuleiten sowie passende Handlungsstrategien und -alternativen zu erarbeiten (vgl. Broden 2011, 1).

Konstrukte erkennen

Es ist nicht einfach, den konstruierten Charakter der meistens als objektiv wahrgenommenen Wirklichkeit zu erkennen. Bestehende gesellschaftliche Machtstrukturen, die mit der Privilegierung einiger und dem Ausschluss anderer gesellschaftlicher Gruppen verbunden sind, werden in der Regel als normal wahrgenommen. Dadurch, dass der alltägliche Diskurs rassistische Phänomene als eine Randerscheinung darstellt und diese vorwiegend oder ausschließlich mit Gewalt und Feindlichkeit verknüpft (bzw. dadurch, dass im deutschen Kontext Rassismus fast ausschließlich in der Zeit des Nationalsozialismus verortet wird und damit als etwas Vergangenes erscheint), wird Rassismus gar nicht als gegenwärtiges Problem erkannt. Dies funktioniert deshalb so gut, weil das bundesdeutsche Selbstbild mit der Vorstellung verbunden ist, die nationalsozialistische Vergangenheit sei ganz und gar bewältigt und angemessen aufgearbeitet worden. Der Rassismusbegriff erinnert an diese Vergangenheit und wird abgewehrt, um an dem unproblematischen Bild von sich selbst festhalten zu können (vgl. Messerschmidt 2010). Menschen, die von den im Alltag wirkenden subtilen Rassismusstrukturen betroffen sind, werden in der Folge dieses dominierenden Selbstbildes als überempfindlich, übertreibend oder gar undankbar („Sie kann doch froh sein, dass sie hier wohnt und nicht in XY, wo sie überhaupt nicht als Mensch behandelt werden würde!") dargestellt.

Um eine Auseinandersetzung mit der gesellschaftlichen Problematik rassistischer Diskriminierungen zu ermöglichen, sollte die „skandalisierte Form der Benennung von Rassismus" bzw. die „Entnormalisierung des Rassismus" (Messerschmidt 2007, 56) beendet werden. Das geht mit der Wahrnehmung des Rassismus als eines Phänomens einher, welches weit und komplex ist und sich nicht einfach auf die Abneigung oder Feindschaft gegenüber Menschen anderer Hautfarbe zurückführen lässt. Rassismus soll als eine gesellschaftliche Normalität anerkannt werden, wobei der Begriff ‚Normalität' in diesem Sinne lediglich darauf verweist, dass moderne Gesellschaften in ihrer Aufbauart und Funktionsweise immer rassistisch agieren – aber nicht darauf, dass dieser gewöhnliche Zustand der Gesellschaft erstrebenswert ist. Rassismus ist ein grundlegendes Strukturprinzip von Gesellschaften – nicht aber ihr ‚Idealzustand'.

Eigene Involviertheit erkennen

Ein weiterer wichtiger Aspekt der Auseinandersetzung mit Rassismus ist die Erkennung persönlicher Involviertheit in das bestehende rassistische System. Das bedeutet für Weiße Mehrheitsgesellschaftsangehörige v. a., eigene Privilegien zu erkennen sowie darüber zu reflektieren, dass die Änderung bestehender Verhältnisse ohne die Bereitschaft, diese zu teilen bzw. abzugeben, nicht möglich ist.

Des Weiteren bedeutet die Wahrnehmung persönlicher Involviertheit in das rassistische System, auch darüber reflektieren zu können, wie z. T. verinnerlichte rassistische Strukturen eigenes Denken und Handeln beeinflussen. Diese Reflexion wird durch die oben bereits erwähnte, in der pädagogischen Praxis weit verbreitete Verlagerung von Rassismus in den Bereich rechtsextremistischer Taten oder in die Vergangenheit enorm verhindert. Zudem werden Pädagog|innen in der Fachdebatte wie auch in der medialen Öffentlichkeit gerne als per se frei von Rassismen gesehen. Ihnen wird die Kompetenz zugeschrieben, Rassismen entgegenzutreten und richtig agieren zu können. Vorfälle, die diesem gängigen Bild von Pädagog|innen nicht entsprechen, werden moralisiert und skandalisiert. Dementsprechend sehen sich Pädagog|innen, deren Verhältnis zu den Schüler|innen von dem Respekt und Versuch, alle gerecht zu behandeln, geprägt ist, außerhalb jeglicher ‚Gefahr'. Das führt beim Thema Rassismus dazu, dass sich die Lehrkräfte vorwiegend auf die Behebung der Probleme bei anderen fokussieren, statt eigenes Involviertsein in Rassismusstrukturen zu reflektieren und nachzuvollziehen, inwiefern ihre eigenen Handlungen Rassismen reproduzieren bzw. verstärken. Daher ist die selbstkritische Praxis im pädagogischen Umgang mit Rassismus gefordert (vgl. Messerschmidt 2007, 63).

Rassismus thematisieren

Eine rassismuskritische Thematisierung von Rassismus kann für Personen, die von bestehenden strukturellen Ungleichheiten direkt bzw. indirekt profitieren, ziemlich unangenehm sein. Die Forderung der Anerkennung der eigenen Privilegiertheit, Kritik eigener rassistischer Denk- und Handlungsmuster bzw. konstante Reflexion über eigenes Denken und Handeln stößt in der Bildungspraxis oft auf Abwehrreaktionen. Das Leitprinzip des Vorgehens für Teamer|innen lautet in diesem Fall, nicht die Ebene der Intentionen (absichtlich-nicht absichtlich), sondern die Ebene der Konsequenzen bzw. Wirkungen der jeweiligen Haltungen und Handlungen zu fokussieren sowie – gemeinsam mit den Teilnehmenden – zu analysieren, warum die Erzählungen über Erfahrungen rassistischer Diskriminierung, die mit jemandem persönlich meistens nichts zu tun haben, trotzdem abwehrende Reaktionen auslösen (s. S. 168 f.).

Solange die Tatsache, selbst in einen gesellschaftlich verankerten strukturellen Rassismus involviert zu sein, verdrängt oder moralisch aufgeladen wird, ist keine reflexive Auseinandersetzung mit eigenen Rassismen möglich (s. o.).

Aber auch bei Personen, die rassistische Erfahrungen machen, kann die Beschäftigung mit Rassismus problematisch sein. Zum einen werden sie oft damit konfrontiert, dass ihre Erfahrungen nicht ernst genommen bzw. als übertrieben abgestempelt werden. Deswegen ist die Akzeptanz von Rassismuserfahrungen eine unentbehrliche Bedingung jeglicher Beschäftigung mit diesem Thema (s. auch S. 323). Zum anderen kann die Auseinandersetzung mit Rassismus, die ausschließlich die benachteiligte Position der Betroffenen fokussiert bzw. diese als unveränderbar und statisch darstellt, dazu führen, dass sich die Gefühle der Macht- und Hoffnungslosigkeit, aber auch Wut und Aggression bei Personen mit Rassismuserfahrungen verstärken können. Deswegen ist es wichtig, Beispiele für einen gelungenen Widerstand gegenüber Rassismen im Workshop zu diskutieren (s. z. B. Übung *Perspektivenwechsel*, S. 164) sowie die Bedeutung des eigenen Engagements bzw. der Unterstützung von und des Austauschs mit Menschen in gleicher Position zu betonen. Dadurch kann eine Viktimisierung von Personen, die Rassismuserfahrungen machen, vermieden werden. Wichtig ist in diesem Kontext auch, Rassismus nicht als eine ‚Sondererscheinung', sondern als eine der vielfältigen Diskriminierungsformen zu behandeln, die innerhalb moderner Gesellschaften existieren und unterschiedliche Personengruppen betreffen (Frauen, Homo- und Bisexuelle, Transgender, Personen mit Behinderung, Personen mit niedrigem sozialen Status etc.).

Im Rahmen der Thematisierung von Rassismus sollen historische Hintergründe rassistischer Unterscheidungspraxen und deren moderne Ausprägungen im Kolonialismus thematisiert werden. Dazu gehört auch eine differenzierte Auseinandersetzung mit dem Antisemitismus, der im Nationalsozialismus rassistisch gewendet worden ist, um die Vernichtungspolitik zu legitimieren, der aber zugleich in einer längeren Geschichte nationaler Zugehörigkeitsordnungen verankert ist (vgl. dazu Holz 2001 und Bauman 1994) und der nach 1945 neue Formen angenommen hat, bis zum heute dominierenden, israelbezogenen Antisemitismus (vgl. Messerschmidt 2014). Auch die Vermittlung von Kenntnissen ‚lokaler Rassismen' (und Anti-Rassismen) bezogen auf eine Stadt, eine

Bildungsinstitution etc. ist hier bedeutsam. Zum anderen ist die Beschäftigung mit modernen diskriminierenden strukturellen Formen wichtig, z. B. die ausgrenzende Gesetzgebung der BRD, die Aufenthaltsbedingungen für Nicht-EU-Bürger|innen sowie Auswirkungen dieser gesetzlichen Bestimmungen (s. z. B. Übung *‚Fakten' deuten*, S. 285). Eine Brücke zwischen historischen Hintergründen und gegenwärtigen Rassismusformen bildet z. B. die Auseinandersetzung mit rassistischen Bezeichnungen (s. Übung *Plenumsdiskussion zu rassistischen Bezeichnungen* auf S. 235). Es sollten außerdem ein umfangreiches allgemeines rassismustheoretisches Wissen und Kenntnisse der Ergebnisse der empirischen Rassismusforschung vermittelt werden, damit rassistische Funktionsmechanismen verstanden werden können (vgl. Linnemann u. a. 2013, 12 f.).

Quellen:

Arndt, Susan (2012): Die 101 wichtigsten Fragen – Rassismus. München.

Bauman, Zygmunt (1994): Dialektik der Ordnung. Die Moderne und der Holocaust, 2. Auflage. Hamburg.

Broden, Anne (2011): Für eine „andere Welt"? Beiträge der Rassismuskritik zur Veränderung gesellschaftlicher Verhältnisse. URL: http://www.ph-karlsruhe.de/fileadmin/bilder/abteilungen/Rassismuskritik_Muenster_Dez.pdf, letzter Zugriff am: 7.8.2014.

DGB-Bildungswerk Thüringen e. V. (2008): Baustein zur nicht-rassistischen Bildungsarbeit, 3. teilw. überarbeitete Auflage. URL: http://baustein.dgb-bwt.de/PDF/C3-VonRassismusSprechen.pdf, letzter Zugriff am: 24.10.2014.

Groenemeyer, Axel: Kulturelle Differenz, ethnische Identität und die Ethnisierung von Alltagskonflikten. Ein Überblick sozialwissenschaftlicher Thematisierungen. In: Groenemeyer, Axel/Mansel, Jürgen (Hrsg.): Die Ethnisierung von Alltagskonflikten. Opladen, S. 11-46.

Guillaumin, Colette (1995): Racism, sexism, power, and ideology. London.

Holz, Klaus (2001): Nationaler Antisemitismus. Wissenssoziologie einer Weltanschauung. Hamburg.

Husmann, Jana (2010): Schwarz-Weiß-Symbolik. Dualistische Denktraditionen und die Imagination von „Rasse". Religion – Wissenschaft – Anthroposophie. Bielefeld. URL: http://www.transcript-verlag.de/media/pdf/9129b5020a55e6d0a7 f.6b7ee14865727.pdf, letzter Zugriff am: 27.10.2014.

Klein, Martina/Schubert, Klaus: Das Politiklexikon. 5., aktual. Aufl. Bonn 2011. URL: http://www.bpb.de/nachschlagen/lexika/politiklexikon/18092/rasse-rassismus, letzter Zugriff am: 17.8.2014.

Linnemann, Tobias u. a. (2013): Rassismuskritik. Begriffliche Grundlagen und Handlungsperspektiven in der politischen Bildung. In: Zeitschrift für internationale Bildungsforschung und Entwicklungspädagogik (ZEP), 2/2013. URL: http://www.waxmann.com/index.php?id=zeitschriftendetails&no_cache=1&eID=download&id_artikel=ART101305&uid=frei, letzter Zugriff am: 7.8.2014.

Mecheril, Paul (2004): Einführung in die Migrationspädagogik. Weinheim.

Messerschmidt, Astrid (2007): „Entnormalisierungen und Vermeidungen – vier Muster im Umgang mit Rassismus“ – Informations- und Dokumentationszentrum für Antirassismusarbeit in NRW, Tagungsdokumentation des Fachgesprächs zur „Normalität und Alltäglichkeit des Rassismus“, 14./15. September 2007. Bonn, S. 56-71. URL: http://www.ida-nrw.de/cms/upload/PDF_tagungsberichte/Tagungsdoku_Alltagsrassismus.pdf, letzter Zugriff am: 17.8.2014.

Messerschmidt, Astrid (2010): Distanzierungsmuster. Vier Praktiken im Umgang mit Rassismus. In: Broden, Anne/Mecheril, Paul (Hrsg.): Rassismus bildet. Bildungswissenschaftliche Beiträge zur Normalisierung und Subjektivierung in der Migrationsgesellschaft. Bielefeld, S. 41-57.

Messerschmidt Astrid (2012): Zusammenhänge von Rassismus und Antisemitismus in der postnationalsozialistischen Gesellschaft. In: quer. denken lesen schreiben, 18/2012. URL: http://www.ph-karlsruhe.de/fileadmin/bilder/abteilungen/Lebenslange_Bildung/Quer18_2012_02_14.pdf, S. 43-46, letzter Zugriff am: 4.11.2014.

Messerschmidt Astrid (2013): Antiziganismus – ein Kommentar. In: Quicker, Esther/Killguss, Hans-Peter (Hrsg.): Sinti und Roma zwischen Ausgrenzung und Selbstbehauptung. Stimmen und Hintergründe zur aktuellen Debatte. Info- und Bildungsstelle gegen Rechtsextremismus im NS-Dokuzentrum der Stadt Köln 2013, S. 212-221.

Messerschmidt, Astrid (2014): Bildungsarbeit in Auseinandersetzung mit Antisemitismus. In: Aus Politik und Zeitgeschichte, 64. Jg., 28-30/2014, S. 38-44.

Rommelspacher, Birgit (2002): Anerkennung und Ausgrenzung. Deutschland als multikulturelle Gesellschaft. Frankfurt/M.

Rommelspacher, Birgit (2011): Was ist eigentlich Rassismus? In: Melter, Claus/Mecheril, Paul (2011): Rassismuskritik. Band 1: Rassismustheorie und -forschung. Schwalbach/Ts., S. 25-39.

Scherr, Albert (2011): Rassismus oder Rechtsextremismus? Annäherung an eine vergleichende Betrachtung zweier Paradigmen jenseits rhetorischer Scheinkontroversen. In: Melter, Claus/Mecheril, Paul (2011): Rassismuskritik. Band 1: Rassismustheorie und -forschung. Schwalbach/Ts., S. 75-98.

III. Praktischer Übungsteil

Hinweise & Übungsübersicht

Hinweise

Didaktisches Konzept

Konzeptionelle Perspektiven

Die Übungen beziehen sich auf die Workshops, die im Rahmen des Projekts LeB|in|MiG durchgeführt worden sind. Vier konzeptionelle Perspektiven sind dafür relevant:

Raum geben ...
steht dafür, den Teilnehmenden die Möglichkeit zu geben, ihre persönlichen Einschätzungen und Auffassungen einbringen zu können.

(Selbst-)Auffassungen ernst nehmen ...
bedeutet für die Teamer|innen, Deutungs- und Interpretationshoheiten zu teilen, indem eingebrachte Positionierungen und (Selbst-)Auffassungen der Teilnehmenden wertgeschätzt und aufgegriffen werden.

Leerstellen thematisieren ...
heißt, nicht nur das Gesagte als relevant anzusehen, sondern auch Dethematisiertes und den Kontext, der bewirkt, dass es ungesagt bleibt.

Involviertheit reflektieren ...
bedeutet, dass Teamer|innen und Teilnehmende ihr persönliches Beteiligtsein an Dominanz- und Ungleichheitsverhältnissen, sowohl während des Workshops als auch im Alltag, reflektieren und der Frage nachgehen, wie dieses durch pädagogisches Handeln reproduziert wird.

Methodik

Um den ersten beiden Prinzipien gerecht zu werden, setzen wir zum einen auf offene Arbeitsformen, die den Teilnehmenden erlauben, aktiv zu werden und den Teamer|innen Einblicke in die Orientierungsrahmen der Teilnehmenden ermöglichen. Als zielführend haben sich u. a. Gruppenarbeiten und die Herstellung einer offenen Gesprächsatmosphäre bspw. durch Feedbackmöglichkeiten und Gruppendiskussionen erwiesen.

Zur Thematisierung von Leerstellen und persönlicher Involviertheit arbeiten wir hauptsächlich mit der Irritation gewohnter Denkmuster, dem Kennenlernen marginalisierter und ungewohnter Perspektiven, Perspektivenwechseln sowie Selbst- und Kontextreflexionen. Möglich wird dies u. a. durch Rollenspiele, das Schaffen von Überraschungsmomenten, die erneute bzw. zeitversetzte Auswertung von Übungsergebnissen oder die Analyse gesellschaftlicher und institutioneller Rahmensetzungen. Bei den Teilnehmenden können durch dieses Vorgehen zunächst Unsicherheiten und Abwehrreaktionen hervorgerufen werden. Diese Phase der Irritation und Verunsicherung ist wichtig und der Beginn einer Auseinandersetzung mit dem Workshopthema – Unterrichten in der Migrationsgesellschaft – sowie dessen gesellschaftlichen und individuellen Kontexten (s. auch *Theoretische Einführung*, S. 27 f.).

Gleichzeitig gilt es, an diesem Punkt nicht stehen zu bleiben, sondern neue Handlungs- und Orientierungssicherheiten mit den Teilnehmenden zu erarbeiten. In den LeB|in|MiG-Workshops arbeiteten wir u. a. mit der Sichtbarmachung persönlicher Bildungswege und -erfolge, z. B. durch die erneute bzw. zeitversetzte Auswertung von Übungsergebnissen, um den Teilnehmenden zu zeigen, was sie bereits erreicht haben. Die Vermittlung von migrationsgesellschaftlich relevanten (Handlungs-)Theorien und Faktenwissen durch Textarbeit und verschiedene Vortragsformen hilft den Teilnehmenden, normalisierte und dadurch dominant gewordene Sichtweisen infrage zu stellen und alternative Handlungsstrategien zu entwickeln. Die Bearbeitung von Fallbeispielen aus der pädagogischen Praxis und die Analyse von Lehr- und Lernmaterialien regen dagegen einen Transfer von ‚Erlerntem' auf pädagogische und schulische Alltagssituationen an.

Didaktische Zielsetzung

In den LeB|in|MiG-Workshops möchten wir ein Verständnis für wirkungsmächtige Zusammenhänge und mögliche Wirkungsweisen von Handlungsstrategien für wechselnde pädagogische Situationen vermitteln, aus denen die Teilnehmenden ihre persönlichen Rezeptions- und Lösungsstrategien schöpfen können. Unser Anliegen ist es somit nicht, schablonenhaft anwendbare Handlungsanleitungen oder Rezeptwissen zu vermitteln, sondern die Teilnehmenden dazu zu befähigen, persönliche Ressourcen zu erkennen und zu professionalisieren, um sie für die Auseinandersetzung mit Schwierigkeiten und Ungleichheiten zu nutzen. Wir möchten auf diesem Weg Handlungsfähigkeit und Selbstorientierung fördern.

Als wichtig erachten wir hierfür die Vermittlung von Wissen über die Lebenswirklichkeiten in der Migrationsgesellschaft und Kenntnisse kritischer interkultureller Kompetenz. Wir möchten die Teilnehmenden aber auch dazu anregen, an ihrer persönlichen Weiterentwicklung und der Gestaltung ihrer Umwelt mitzuwirken.

Übungsarten

Wir arbeiten mit sechs verschiedenen Hauptübungsarten: Einstiegs-, Sensibilisierungs-, Reflexions-, Input-, Transfer- und Abschlussübungen. Die Übergänge zwischen den Übungen können fließend sein und je nach Fokussetzung ist auch eine Zuordnung zu mehreren Übungsarten möglich. Einige Übungen sind als Zwischenformen konzipiert und verbinden Einstiegs- und Abschlussübungen (hier *Klammerübungen* genannt) oder Input- und Transferübungen. Zudem gibt es Übungen, die miteinander kombiniert werden können oder deren Auswertung nicht direkt im Anschluss stattfindet. Angaben hierzu befinden sich direkt in den Anleitungen zu den Übungen oder der Seitenspalte. Im Rahmen der LeB|in|MiG-Workshops hat sich dieses flexible Vorgehen als hilfreich erwiesen, um thematische Kontexte darzustellen, Selbstreflexionsprozesse zu begleiten und persönliche Entwicklungen sichtbar zu machen. Die Zuordnung der Übungen zu den verschiedenen Übungsarten erfolgt nach deren Zielsetzung:

Einstiegs- und Aktivierungsübungen

Teilnehmende

- Abbau von Hemmungen durch gegenseitiges Kennenlernen und gemeinsames Interagieren
- Aktivierung des Vorwissens und Formulierung offener Fragen zu einem bestimmten Thema

Teamer|innen

- Bereithalten von thematischen Anknüpfungspunkten für den Einstieg in ein bestimmtes Themenfeld
- Ermöglichen von Einblicken in das Vorwissen und die Einstellungen der Teilnehmenden, um im weiteren Workshopverlauf darauf aufbauen zu können.

Sensibilisierungsübungen

Teilnehmende

- Kennenlernen unterschiedlicher Perspektiven auf den Alltag und die Zusammenhänge moderner globalisierter Gesellschaften

- Aufzeigen von Auswirkungen gesellschaftlicher Machtmechanismen und dominanter Wahrnehmungsmuster
- Bewusstmachen persönlicher Denk- und Handlungsmuster

Teamer|innen
- Kennenlernen von Aneignungs- und Vermeidungsstrategien der Teilnehmenden, um diese thematisch im weiteren Workshopverlauf zu bearbeiten

Reflexionsübungen

Teilnehmende
- Analyse gesellschaftlicher Machtmechanismen und dominanter Wahrnehmungsmuster
- Auseinandersetzung mit persönlichen Wahrnehmungs-, Denk-, und Handlungsmustern
- Öffnung für und Anerkennung von unterschiedlichen und marginalisierten Perspektiven

Teamer|innen
- Kennenlernen von Aneignungs- und Vermeidungsstrategien der Teilnehmenden, um auf diese im weiteren Workshopverlauf thematisch einzugehen

Inputübungen

Teilnehmende
- Auseinandersetzung mit Faktenwissen zu gesellschaftlichen Zusammenhängen und politisch-institutionellen Rahmensetzungen sowie deren Folgen
- Kennenlernen grundlegender Gesellschaftstheorien und erziehungswissenschaftlicher Positionen im Kontext von Migration und Globalisierung
- Erarbeitung von Handlungsstrategien in pädagogischen Institutionen und in Alltagssituationen

Teamer|innen
- Möglichkeit zur Vermittlung von Basis- und Hintergrundwissen zu komplexen Differenz- und Ungleichheitsverhältnissen

Transferübungen

Teilnehmende

- Anwendungsorientierte Übertragung von neuem Wissen und erlernten Fähigkeiten auf Alltagssituationen
- Festigung von neuem Wissen und erlernten Fähigkeiten
- Einüben mehrperspektivischer Sichtweisen

Teamer|innen

- Erkennen von Anwendungs- und Handlungsstrategien der Teilnehmenden, um sich mit diesen im weiteren Workshopverlauf thematisch auseinandersetzen zu können.

Abschlussübungen

Teilnehmende

- Reflexion der persönlichen Erlebnisse und Eindrücke
- Bewusstmachung des eigenen Lernerfolgs und Lernweges
- Erkennen von offenen Fragen und Unklarheiten
- Möglichkeit, persönliche Bedürfnisse den Teamer|innen mitzuteilen
- Möglichkeit, zu den Methoden, dem Ablauf und den Interaktionen während des Workshops kritisches Feedback zu geben

Teamer|innen

- Verknüpfung von wichtigen Workshoperkenntnissen und/oder Workshopthemen
- Einblick in die aktuelle Stimmungs- und Bedürfnislage der Teilnehmenden
- Feedback und Anregung zur Weiterentwicklung des Workshops

Darstellung der Übungen

Die Anleitungen zu den einzelnen Übungen sind modular aufgebaut und werden durch Kurzinformationen zu Umsetzungstipps und möglichen Durchführungsvarianten in der Seitenspalte ergänzt. Dies soll dabei helfen, den Informationsumfang beim Lesen nach dem individuellen und situativen Bedarf bestimmen zu können. Zur schnelleren Orientierung sind die einzelnen Abschnitte der Anleitungen mit Überschriften gekennzeichnet und folgen stets demselben Aufbau:

Quelle

Im Abschnitt Quelle/n geben wir über den Ursprung der jeweiligen Übung Auskunft. Die Quellen zu den verwendeten Materialien befinden sich direkt im Anschluss an das jeweilige Material.

Ziele

In den Zielen skizzieren wir die verfolgten Seminarziele für die Teilnehmenden und die Teamer|innen.

Zeit

Im Abschnitt Zeit geben wir an, wie viel Zeit für die Übung mindestens eingeplant werden sollte. Die Dauer der Übungen kann variieren.

Ablauf

In der Beschreibung zum Ablauf einer Übung wird diese zunächst mit Angaben zum Aufbau und zur Durchführung kurz umrissen. Daran anschließend wird auf die Form der Auswertung genauer eingegangen und es werden Anregungen zur Diskussionsleitung gegeben, die z. T. konkrete Vorschläge für Diskussionspunkte beinhalten.

Kommentar

In den Kommentaren finden sich detaillierte Hintergrundinformationen zu den Übungen. Die Ansätze und Überlegungen aus der theoretischen Einführung werden mit den jeweiligen Übungen in Beziehung gesetzt sowie didaktische Hinweise, methodische Anmerkungen und Praxisbeispiele gegeben. Kommentare und Zusammenfassungen in der Seitenspalte sowie Zwischenüberschriften im Text ermöglichen ein schnelles Zurechtfinden im Text bzw. Wiederfinden von Textstellen.

Material

Am Ende jeder Anleitung befindet sich das konkrete Material, wie bspw. Arbeitstexte und Aufgabenstellungen für die Teilnehmenden oder Fragen- und Anweisungsvorschläge für die Teamer|innen.

Übungsübersicht

Einstiegs- und Aktivierungsübungen

Sensibilisierungsübungen

Reflexionsübungen

Inputübungen

Transferübungen

Abschlussübungen

Einstiegs- und Aktivierungsübungen

Einstiegs- und Aktivierungsübungen

Wie geht es dir heute?

■ Quelle

Entwurf nach LeB|in|MiG

■ Ziele

- Einstimmung auf den Workshop
- Herstellung einer angenehmen Atmosphäre

■ Zeit

ca. 10 Minuten

■ Ablauf

Die Teilnehmenden sitzen zusammen mit den Teamer|innen im Sitzkreis. Die Teamer|innen stellen die Frage an das Plenum, wie die Teilnehmenden am heutigen Tag angekommen sind und sich fühlen. Die Teilnehmenden schildern kurz ihre Empfindungen. Für jede|n Teilnehmende|n (oder am Ende für alle Teilnehmenden) wird applaudiert.

■ Kommentar

Diese Übung ist simpel, eignet sich aber gut für den Einstieg in den bevorstehenden Workshop, da sie die Offenheit der Teilnehmenden fördert und für eine positive Stimmung in der Gruppe sorgt.

Sprachenporträt

■ Quellen

LeB|in|MiG in Anlehnung an:

- Krumm, Hans-Jürgen/Jenkins, Eva-Maria (2001): Kinder und ihre Sprachen – lebendige Mehrsprachigkeit. Wien.
- Galling, Isabella (2010): Sprachenporträts im Unterricht. Eine Unterrichtseinheit über Mehrsprachigkeit. Online-Ressource zu: Fürstenau, Sara/Gomolla, Mechthild: Migration und schulischer Wandel: Mehrsprachigkeit. URL: http://www.springer.com/cda/content/document/cda_downloaddocument/w_41_4715.pdf?SGWID=0-0-45-1362464-p174295866, letzter Zugriff am: 6.10.2014.

■ Ziele

- Einstieg in das Thema Mehrsprachigkeit
- Reflexion der vorhandenen Sprachenvielfalt in der Gruppe
- Reflexion eigener Sprachwahrnehmungen

■ Zeit

Je nach der Gruppengröße 25 – 45 Minuten

■ Ablauf

Teil 1|Sprachen innerhalb der Figur

Aufgabenbeschreibung

Jede|r Teilnehmende bekommt ein DIN-A4 Blatt, auf dem er|sie eine Menschenfigur zeichnet (alternativ können die Teamer|innen den Teilnehmenden Blätter mit bereits gezeichneten Menschensilhouetten austeilen). Innerhalb dieser Menschenfigur sollen alle Sprachen (Sprachen sowie Dialekte) verortet werden, die der|die jeweilige Teilnehmende beherrscht bzw. die für ihn|sie besonders viel bedeuten. Die Sprachen werden je nach ihrer Funktion/Bedeutung für den|die Sprecher|in in bestimmten ‚Körperteilen' verortet (z. B. im Kopf, im Herzen, im Bauch etc.). Die Teilnehmen-

VARIANTE: Die Teilnehmenden können die Sprachenareale im Körper mit verschiedenen Farben markieren. Jede Farbe soll je nach Absicht der|des Teilnehmenden eine symbolische Bedeutung haben (z.B. Wärme/Nähe, Kälte/Distanz, Neutralität usw.), die dann bei der Darstellung der Ergebnisse erläutert wird.

den bestimmen dabei selbst die Kriterien, nach denen die Sprachen den Körperbereichen zugeordnet werden.

Auswertung

Die Darstellung der Ergebnisse erfolgt auf unterschiedliche Weisen. Zum einen stellen einige Teilnehmenden ihre Sprachenporträts selbst vor. Zum anderen werden einige Porträts von anderer Person vorgestellt (s. auch *Kommentar*). Danach werden die Ergebnisse im Plenum besprochen. Dabei ist es wichtig, auf folgende Fragen einzugehen:

- o Wo liegen die Sprachen? Warum wurden jeweilige Sprachen im Herzen/Bauch/in den Füßen etc. verortet?
- o Wie individuell sind Sprachenporträts? Welche Gemeinsamkeiten zwischen verschiedenen Porträts lassen sich feststellen?

Teil 2|Sprachen außerhalb der Figur

Aufgabenbeschreibung

Wichtig: Keine Kriterien für die Verortung der Sprachen vorgeben

Die Teilnehmenden platzieren nun ihre Umgebungssprachen (Sprachen, die man auf der Straße hört bzw. mit denen man regelmäßig oder selten in Kontakt tritt) außerhalb der Figur. Dabei können die Sprachen beliebig nah oder fern von der Figur verortet werden. Die Kriterien für diese Entfernungen werden von den Teilnehmenden selbst bestimmt.

Auswertung

Danach erfolgt die Darstellung der Ergebnisse (ebenfalls durch die Autor|innen des Porträts selbst und durch ihre Sitznachbar|innen) und die abschließende Besprechung, bei der man sich an folgenden Fragen orientiert:

- o Warum ist die jeweilige Sprache fern/nah von der Figur verortet worden?
- o Hat die Platzierung der Sprache unmittelbar mit der Häufigkeit des Kontakts mit dieser Sprache zu tun? Wenn

nicht, womit dann? Worauf ist eine solche Logik der Verortung zurückzuführen?

■ Kommentar

Diese Übung lässt sich in verschiedenen Modifikationen in zahlreichen Quellen finden. Die Version hier stellt eine Abwandlung der gängigen Übungsform dar.

Besonderheiten dieser Übungsversion

Im Fokus dieser Übung steht die Mehrsprachigkeit, konkret in der Teilnehmenden-Gruppe und allgemein in der Gesellschaft. In LeB|in|MiG-Workshops wurde diese Übung entsprechend den eigenen Workshopzielen modifiziert:

- Um zu veranschaulichen, dass sich die Sprachenvielfalt nicht ausschließlich auf Fremdsprachen, sondern auch auf die Varietäten eigener Sprache bezieht, wurden Dialekte als eine Option hinzugefügt.

Auch Dialekte können einbezogen werden.

- Auf die Vorgabe von Beispielporträts wurde verzichtet, da in diesem Fall die Nachahmungsgefahr groß ist. Außerdem kann es sehr spannend sein, wenn die Teilnehmenden selbst die Logik der Zuordnung der Sprachen zu den Körperbereichen und außerhalb der Figur entwickeln, woran in der nachfolgenden Diskussion angeknüpft werden kann, um die Vielfalt der Zugangsweisen in der Gruppe zu betonen. Aus ähnlichen Gründen wurde auf vorgegebene Menschenfiguren-Muster verzichtet. Die Teilnehmenden bestimmen selbst die äußere Ausdrucksform.

Möglichst viel Raum zur Gestaltung für die Teilnehmenden lassen

- Die Teilnehmenden stellen ihre Porträts nicht nur selbst vor, sondern lassen zum Teil andere Teilnehmende ihre Porträts vorstellen. Dabei werden subjektive, sich von Person zu Person unterscheidende Interpretations- und Deutungsweisen veranschaulicht.

Auf unterschiedliche Deutungsweisen aufmerksam machen

Affinitäten, Stereotype und Sprachenwahrnehmungen

Übergang zur Diskussion über die politische Stellung verschiedener Sprachen schaffen

Das Sprachenporträt in der hier beschriebenen Version hat zum Ziel, dass die Teilnehmenden v. a. über die Mechanismen reflektieren, die ihr Verhältnis zu (Fremd-)Sprachen bestimmen. Die Feststellung, dass sich unsere Spracheinstellungen maßgeblich von Affinitäten/Stereotypen leiten lassen, kann als Anlass zur Diskussion über die allgemeine (politische) Stellung verschiedener Sprachen genutzt werden.

Kommunikationswege

■ Quelle

LeB|in|MiG in Anlehnung an: Handschuck, Sabine/Klawe, Willy (2010): Interkulturelle Verständigung in der Sozialen Arbeit. Ein Erfahrungs-, Lern- und Übungsprogramm zum Erwerb interkultureller Kompetenz, 3. Auflage. Weinheim, S. 202 f.

TIPP: In der gekürzten Version (ohne ausführliche Auswertung) eignet sich diese Übung gut als Sensibilisierung für das Thema Kommunikation und Vorbereitung auf die Übung *Strategienwerkstatt*, S. 365

■ Ziele

- Entspannung zwischen den anspruchsvollen Workshopphasen
- Reflexion über Kommunikationsprozesse, Sensibilisierung für das Thema Kommunikation
- Sensibilisierung für die Diversität der Kommunikationsweisen bzw. individuelle Unterschiede und Besonderheiten bei der Kommunikation

■ Zeit

20 – 30 Minuten

■ Ablauf

Aufgabenbeschreibung

Alle Teilnehmenden erhalten jeweils ein Kärtchen mit einer Frage zum Themenkomplex Kommunikation. Sie werden aufgefordert, sich frei im Raum zu bewegen und sich mit möglichst vielen Personen in der vorgegebenen Zeit zu unterhalten. Die Teilnehmenden stellen jeweils einer Person ihre Frage und lassen sich selbst anhand des Kärtchens befragen. Nach einem kurzen Austausch trennen sie sich wieder und suchen sich eine neue Person, mit der sie das Vorgehen wiederholen.

HINWEIS: Bei einer größeren Anzahl von Teilnehmenden können die Kärtchen doppelt verteilt werden.

Auswertung

Die Teilnehmenden werden nach der Übung gebeten, im Plenum ihre Wahrnehmungen zu beschreiben. Es müssen dabei nicht alle Teilnehmenden zu Wort kommen – Hauptsache, jede|r reflektiert einmal für sich die Wirkung dieser Übung.

Variante: Sollte der Schwerpunkt stärker auf den Kommunikationsaspekten liegen, empfiehlt sich eine ausführlichere Auswertung, bei der alle Teilnehmenden zu Wort kommen und nicht nur ihre Eindrücke beschreiben, sondern auch versuchen, die Workshoperkenntnisse auf einen breiteren Kontext zu beziehen und allgemein über die Rolle von Kommunikation zu reflektieren.

■ Kommentar

In dieser Übung geht es hauptsächlich darum, zu veranschaulichen, wie unterschiedlich das Kommunikationsverhalten von Person zu Person und je nach Situation sein kann. Dieser Effekt wird verstärkt, wenn bei einer größeren Anzahl der Teilnehmenden einige Kärtchen doppelt vergeben werden, denn in diesem Fall kann man die Erfahrungen von den Teilnehmenden, die die gleichen Karten hatten, vergleichen.

Kommunikationskarten	
Wie offen formulierst du deine Meinung? Wie reagierst du auf indirekte Meinungsäußerungen?	Welche Fragen hältst du für unpassend? Wie gehst du mit solchen Fragen um?
Dein|e Gesprächspartner|in berichtet sehr ausführlich von seinem|ihrem Urlaub, du hast es aber gerade sehr eilig. Wie verhältst du dich in diesem Fall?	Was erzählst du über dich selbst, wenn du zum ersten Mal mit jemandem sprichst? Welche Informationen über dich selbst findest du besonders wichtig?
Wie reagierst du, wenn du das Gefühl hast, dass dein|e Gesprächspartner|in dir zwar zustimmt, dich aber in der Tat nicht verstanden hat?	Wie redest du mit Menschen, die wesentlich älter oder jünger sind als du selbst?
Wie zeigst du deinem|r Gesprächspartner|in, dass das Gespräch für dich interessant ist? Wie machst du deiner|m Gesprächspartner|in klar, dass du ihm|ihr aufmerksam zuhörst?	Wie gehst du damit um, wenn dein|e Gesprächspartner|in eine völlig andere Meinung zum Thema hat als du selbst?
In welchem Umfang setzt du nonverbale Mittel (Mimik und Gestik) bei einem Gespräch ein? Wie sind Lautstärke und Tempo deiner Rede?	Wie oft und wie lange schaust du deine|en Gesprächspartner|in an? Wie intensiv darf der Blickkontakt sein?

Meinungspuzzle

■ Quelle

TIPP: Diese Übung lässt sich vielseitig modifizieren. Je nach Thema des Workshops können z. B. Zitate aus unterschiedlichen thematischen Kontexten ausgesucht werden.

LeB|in|MiG in Anlehnung an: Jugendstiftung Baden-Württemberg, u. Red. von Hanna Beier (o. J.): Willkommen Vielfalt. 15 Warming ups für interkulturelle Trainings. Übung XV, S. 17. URL: http://www.migration-online.de/data/passgenau_warmingups.pdf, letzter Zugriff am: 25.8.2014.

■ Ziele

- Einstieg in das neue Workshopthema
- In der hier vorgeschlagenen Variante: Sensibilisierung für das Thema Mehrfachzugehörigkeiten, Wahrnehmung der Stimmen derjenigen, die als Minderheiten positioniert werden.

■ Zeit

Je nach Durchführungsvariante 30 – 45 Minuten

■ Ablauf

Aufgabenbeschreibung

HINWEIS: Je nachdem, in welche Ordnung die Teilnehmenden die Sätze bringen, gewinnen Zitate einen anderen Sinn. Deswegen kann ein Vergleich zwischen den unterschiedlichen Sinninterpretationen während der Auswertung ganz interessant sein.

Die Teilnehmenden werden in Kleingruppen aufgeteilt und erhalten die Einzelteile eines Puzzles. Alle Teile zusammen ergeben ein Zitat, das zum Thema des Workshops (in diesem Übungsbeispiel: ‚Mehrfachzugehörigkeiten') passt.

Auswertung

Wenn alle Gruppen fertig sind, werden die Sätze vorgestellt. Die Teamer|innen präsentieren die ‚richtige' Version und die Versionen der Teilnehmenden werden ggf. korrigiert. Danach folgt eine kurze Besprechung im Plenum. Mögliche Fragen, mit denen die Teamer|innen eine Besprechung anregen könnten, sind (s. auch *Kommentar*):

- o Welche Themen werden in den Zitaten angesprochen?
- o Was ist die Idee, die der Autor/die Autorin dieser Zeilen vermitteln möchte?

o Wie steht ihr zu diesen Aussagen? Mit welchem Zitat könnt ihr euch am ehesten identifizieren und warum?

■ Kommentar

Diese Übung ist als Einstiegsübung gedacht, bietet aber ausreichend Raum für die Modifikation in eine Reflexionsübung, indem auf die Auswertungsfragen ausführlicher eingegangen wird und diese z. B. im Rahmen einer Gruppendiskussion besprochen werden.

Es könnte sinnvoll sein, die Teilnehmenden bei der Auswertung (s. *Frage 1*) die Themen benennen zu lassen, die in den Zitaten angesprochen werden (Zitat 1: Ambivalenzen, Hybridität der eigenen Identität als Normalität; Zitat 2: Folgen von Zuschreibungen und Reduzierungen für Betroffene; Zitat 3: Dynamisches Identitäts-/Zugehörigkeitsverständnis, Ablehnung der Reduzierung auf eine Zugehörigkeit; Zitat 4: Nicht-Aufnahme in eine Zugehörigkeit, äußere Ausschlussmechanismen) (s. auch *Theoretische Einführung*, S. 30 ff.). Dadurch wird ein Bezug zu den theoretischen Themen und Aspekten hergestellt und das theoretische Wissen strukturiert und geordnet.

Durch das Benennen der in den Zitaten angesprochenen Themen werden Verknüpfungen zu dem im Workshop erworbenen theoretischen Wissen hergestellt.

Die Beispielzitate beziehen sich auf unterschiedliche Textsorten und sind deswegen sprachlich unterschiedlich aufgebaut. Dadurch kommt neben der Vielfalt an Positionen auch die Vielfalt an sprachlichen Ausdrucksformen zur Geltung. Gleichzeitig bedeutet es aber auch, dass die Teilnehmenden an Zitate, die eine spontane mündliche Äußerung wiedergeben (hier: Zitat 3), ganz anders als an Zitate aus literarischen Werken herangehen müssen, um einen sinnvoll zusammenhängenden Text zu bekommen – was für den Workshopverlauf u. a. heißt, dass einige Teilnehmenden-Gruppen evtl. etwas schneller mit der Aufgabe fertig werden als die anderen. Darauf sollten die Teamer|innen vorbereitet sein.

Verwendete Zitate

- Zitat 1

Kermani, Navid (2010): Wer ist Wir? Deutschland und seine Muslime. München, S. 17f.

„Identität […] ist eine Festlegung dessen, was in der Wirklichkeit vielfältiger, ambivalenter, durchlässiger ist. Das ist zunächst nicht schlimm, sondern ein ganz normaler Vorgang. Ich sage von mir: Ich bin Muslim. Der Satz ist wahr, und zugleich blende ich damit tausend andere Dinge aus, die ich auch bin und die meiner Religionszugehörigkeit widersprechen können – ich schreibe zum Beispiel freizügige Bücher über die körperliche Liebe oder bejahe die Freiheit zur Homosexualität. Das ist ein Widerspruch. […] Wahrscheinlich ließe sich eine Interpretation konstruieren, welche die Homosexualität oder die Schilderung sexueller Handlungen islamisch legitimiert. Aber das beschäftigt mich nicht. […] Für mich selbst bin ich durch solche Handlungen und Bekenntnisse in meinem Muslimsein überhaupt nicht eingeschränkt. Das mag sich paradox anhören, aber mit dieser Religiosität bin ich aufgewachsen, mit all diesen Ambivalenzen, Brüchen, Widersprüchen. […] Manche meiner älteren Verwandten hielten zum Beispiel streng ihr Ritualgebet ein, verzichteten deswegen aber nicht auf den abendlichen Wodka. Niemand wäre auf die Idee gekommen, einem Muslim, der Alkohol trinkt, die Zugehörigkeit zum Islam streitig zu machen. Genausowenig hätte jemand den Alkoholkonsum islamisch begründet. Wenn etwas fehlte, war es Eindeutigkeit."

- Zitat 2

Daimagüler, Mehmet Gürcan (2011): Kein schönes Land in dieser Zeit. Das Märchen von der gescheiterten Integration. Gütersloh, S. 69f.

„Ich bin Deutscher, ich bin Moslem, ich bin religionsskeptisch, ich bin ein Mann, ich bin Jurist, ich bin ein guter Mensch, ich bin ein Arschloch. Normal, ein echter Psycho, Westfale, Araber, Bosnier, Albaner, Europäer, Asiat. Ich habe multiple sexuelle Identitäten. Ich schlage und werde geschlagen. Phasengebunden bin ich das eine mehr, das andere weniger. Das ist normal. Ich bin eben Mensch. Hätte ich mir in jungen Jahren selbst die Frage gestellt, wer ich bin: Meine Nationalität oder meine Religion wären mir nicht als erste Antwort in den Sinn gekommen. Wahrscheinlich wäre mir gar nichts eingefallen. Andere konzentrieren sich bei der Definition meines Seins auf eine einzige Identität. Manchmal auf die, die sie als einzige im Umgang mit mir kennengelernt haben, aber meistens doch auf jene, die in ihr Sichtfeld

oder Kalkül passt. [...] Wenn ich sage: ‚Ich bin Moslem', hat es eine andere Bedeutung, als wenn sie sagen: ‚Du bist Moslem!' Ich beschreibe mich, sie kategorisieren mich. [...] Alles was ich tue, alles, was ich sage, wird dann nur noch durch diesen einen Identitätsfilter gesehen, gewichtet und gewertet. Ich bekomme nicht nur gesagt, was ich bin, sondern auch, was ich nicht bin: ‚Du bist kein richtiger Deutscher', sagen manche Deutsche. ‚Du bist kein richtiger Türke', sagen manche Türken. Muslimische Fundis sagen gern: ‚Du bist kein richtiger Muslim.' Christliche Fundis sagen: ‚Du bist Moslem!' Was sie alle gemeinsam haben, ist, dass sie mich nicht kennen und auch gar nicht kennen wollen. Ich [...] lande außerhalb der Gruppe, ohne Möglichkeit der Dazugehörigkeit. Mittlerweile denke ich mir: ‚Rutscht mir den Buckel runter und lasst mich in Ruhe. Ich habe andere Sorgen!'"

- Zitat 3

Badawia, Tarek (2002): Der Dritte Stuhl. Eine Grounded Theory-Studie zum kreativen Umgang bildungserfolgreicher Immigrantenjugendlicher mit kultureller Differenz. Frankfurt/M., S. 248. (Interviewauszug)

„Ich sehe heute einfach zwei Riesenbereiche in meinem Leben und wenn ich in der Lage bin, sie zu verknüpfen, also sie kennen zu lernen die beiden Bereiche, dann fühle ich mich ganz gut bei diesem Gedanken eigentlich und nicht schlecht wie damals, das war so das Gefühl weder deutsch noch italienisch, das war ganz stark am Anfang [...] ich habe es geschafft, also nicht nur das italienische in mir anzuerkennen, das fiel mir am Anfang ganz schwierig, weil ich das am Anfang abgelehnt habe, und ich habe es auch geschafft, das Deutsche nicht nur in einem unteren Bereich zu sein, aber auch in höherem Bereich und beides zusammen."

- Zitat 4

Kiyak, Mely (2008): Deutsche sollten zu ihrer Nationalkultur stehen. In: Die Welt. URL: http://www.welt.de/1937794, letzter Zugriff am: 9.4.2014.

„Ich sehe Buchtitel und entdecke die Generationenporträts, die da heißen Generation Golf, Nutella, Ally Mc Beal, Zonenkinder. Ich lese sie alle und finde mich nicht. Komisch, dachte ich manchmal, Nutella habe ich auch gegessen, aber die haben mich alle vergessen. Die haben vergessen zu berichten, dass in den Klassenzimmern neben ihnen, auf der westdeutschen Seite der Mauer, in den Läden und Clubs an allen Orten die die deutschen Gegenwartsliteraten beschreiben, auch Türken waren. [...] Ich sehe die modernen Adaptionen der Klassiker auf der Bühne, ich schaue genau hin, ob mal ein türkischer Gemüseladen im Szenenbild auftaucht, nein, tut er nicht,

[...] liebe Kunst- und Kulturschaffende, wenn ihr Deutschland beschreiben wollt, dann müsst ihr schon genau hinschauen, in diesem Deutschland leben nicht nur deutsche Kinder von deutschen Eltern. Ich stelle also erstaunt fest, ‚wir' – Menschen mit Migrationshintergrund – kommen in der Aufnahmekultur nicht vor! Unsere Mitbürger haben einen Migrationshintergrund, unsere Kochkünste und unser Einrichtungsstil auch. Nicht aber unsere Gegenwartskultur. Es sei denn, die Kulturschaffenden selber haben einen Migrationshintergrund. Der Dialog, der zwischen den Kulturschaffenden der Mehrheitsgesellschaft geführt wird, ist offensichtlich nicht an mich gerichtet. Ja, Sachbücher gibt es viele über mich, Polittalkshows auch, die Zeitungen sind voll mit Meldungen über solche wie mich, [...] doch ich möchte mehr sein als ein Politikum. Es fällt schwer, mit einer Gegenwartskultur konfrontiert zu sein, die mich als Bestandteil der Gegenwart nicht sieht."

Puzzle-Vorschläge

- Zitat 1

Kermani, Navid (2010): Wer ist Wir? Deutschland und seine Muslime. München, S. 17 f.
Identität [...] ist eine Festlegung dessen, was in der Wirklichkeit vielfältiger, ambivalenter, durchlässiger ist.
Das ist zunächst nicht schlimm, sondern ein ganz normaler Vorgang. Ich sage von mir: Ich bin Muslim.
Der Satz ist wahr, und zugleich blende ich damit tausend andere Dinge aus, die ich auch bin und die meiner Religionszugehörigkeit widersprechen können – ich schreibe zum Beispiel freizügige Bücher über die körperliche Liebe oder bejahe die Freiheit zur Homosexualität.
Das ist ein Widerspruch. [...] Wahrscheinlich ließe sich eine Interpretation konstruieren, welche die Homosexualität oder die Schilderung sexueller Handlungen islamisch legitimiert.
Aber das beschäftigt mich nicht. [...] Für mich selbst bin ich durch solche Handlungen und Bekenntnisse in meinem Muslimsein überhaupt nicht eingeschränkt. Das mag sich paradox anhören, aber mit dieser Religiosität bin ich aufgewachsen, mit all diesen Ambivalenzen, Brüchen, Widersprüchen.
[...] Manche meiner älteren Verwandten hielten zum Beispiel streng ihr Ritualgebet ein, verzichteten deswegen aber nicht auf den abendlichen Wodka.

Niemand wäre auf die Idee gekommen, einem Muslim, der Alkohol trinkt, die Zugehörigkeit zum Islam streitig zu machen. Genausowenig hätte jemand den Alkoholkonsum islamisch begründet. Wenn etwas fehlte, war es Eindeutigkeit.

- Zitat 2

Daimagüler, Mehmet Gürcan (2011): Kein schönes Land in dieser Zeit. Das Märchen von der gescheiterten Integration. Gütersloh, S. 69f.
Ich bin Deutscher, ich bin Moslem, ich bin religionsskeptisch, ich bin ein Mann, ich bin Jurist, ich bin ein guter Mensch, ich bin ein Arschloch. Normal, ein echter Psycho, Westfale, Araber, Bosnier, Albaner, Europäer, Asiat. Ich habe multiple sexuelle Identitäten
Ich schlage und werde geschlagen.
Phasengebunden bin ich das eine mehr, das andere weniger. Das ist normal. Ich bin eben Mensch. Hätte ich mir in jungen Jahren selbst die Frage gestellt, wer ich bin:
Meine Nationalität oder meine Religion wären mir nicht als erste Antwort in den Sinn gekommen.
Wahrscheinlich wäre mir gar nichts eingefallen.
Andere konzentrieren sich bei der Definition meines Seins auf eine einzige Identität. Manchmal auf die, die sie als einzige im Umgang mit mir kennengelernt haben, aber meistens doch auf jene, die in ihr Sichtfeld oder Kalkül passt. [...]
Wenn ich sage: „Ich bin Moslem", hat es eine andere Bedeutung, als wenn sie sagen: „Du bist Moslem!"
Ich beschreibe mich, sie kategorisieren mich.
[...] Alles was ich tue, alles, was ich sage, wird dann nur noch durch diesen einen Identitätsfilter gesehen, gewichtet und gewertet.
Ich bekomme nicht nur gesagt, was ich bin, sondern auch, was ich nicht bin: „Du bist kein richtiger Deutscher", sagen manche Deutsche. „Du bist kein richtiger Türke", sagen manche Türken. Muslimische Fundis sagen gern: „Du bist kein richtiger Muslim." Christliche Fundis sagen: „Du bist Moslem!"
Was sie alle gemeinsam haben, ist, dass sie mich nicht kennen und auch gar nicht kennen wollen.
Ich [...] lande außerhalb der Gruppe, ohne Möglichkeit der Dazugehörigkeit.
Mittlerweile denke ich mir: „Rutscht mir den Buckel runter und lasst mich in Ruhe. Ich habe andere Sorgen!"

- Zitat 3

Badawia, Tarek (2002): Der Dritte Stuhl. Eine Grounded Theory-Studie zum kreativen Umgang bildungserfolgreicher Immigrantenjugendlicher mit kultureller Differenz. Frankfurt/M., S. 248. (Interviewauszug)
Ich sehe heute einfach zwei Riesenbereiche in meinem Leben
und wenn ich in der Lage bin, sie zu verknüpfen, also sie kennen zu lernen die beiden Bereiche, dann fühle ich mich ganz gut bei diesem Gedanken eigentlich
und nicht schlecht wie damals,
das war so das Gefühl weder deutsch noch italienisch, das war ganz stark am Anfang [...]
ich habe es geschafft,
also nicht nur das italienische in mir anzuerkennen, das fiel mir am Anfang ganz schwierig, weil ich das am Anfang abgelehnt habe,
und ich habe es auch geschafft, das Deutsche nicht nur in einem unteren Bereich zu sein, aber auch in höherem Bereich
und beides zusammen.

- Zitat 4

Kiyak, Mely (2008): Deutsche sollten zu ihrer Nationalkultur stehen. In: Die Welt. URL: http://www.welt.de/1937794, letzter Zugriff am: 9.4.2014.
Ich sehe Buchtitel und entdecke die Generationenporträts, die da heißen Generation Golf, Nutella, Ally Mc Beal, Zonenkinder.
Ich lese sie alle und finde mich nicht.
Komisch, dachte ich manchmal, Nutella habe ich auch gegessen, aber die haben mich alle vergessen.
Die haben vergessen zu berichten, dass in den Klassenzimmern neben ihnen, auf der westdeutschen Seite der Mauer, in den Läden und Clubs an allen Orten die die deutschen Gegenwartsliteraten beschreiben, auch Türken waren. [...] Ich sehe die modernen Adaptionen der Klassiker auf der Bühne, ich schaue genau hin, ob mal ein türkischer Gemüseladen im Szenenbild auftaucht, nein, tut er nicht,
[...] liebe Kunst- und Kulturschaffende, wenn ihr Deutschland beschreiben wollt, dann müsst ihr schon genau hinschauen, in diesem Deutschland leben nicht nur deutsche Kinder von deutschen Eltern.

Ich stelle also erstaunt fest, ‚wir' – Menschen mit Migrationshintergrund – kommen in der Aufnahmekultur nicht vor!
Unsere Mitbürger haben einen Migrationshintergrund, unsere Kochkünste und unser Einrichtungsstil auch. Nicht aber unsere Gegenwartskultur.
Es sei denn, die Kulturschaffenden selber haben einen Migrationshintergrund.
Der Dialog, der zwischen den Kulturschaffenden der Mehrheitsgesellschaft geführt wird, ist offensichtlich nicht an mich gerichtet.
Ja, Sachbücher gibt es viele über mich, Polittalkshows auch, die Zeitungen sind voll mit Meldungen über solche wie mich,
[...] doch ich möchte mehr sein als ein Politikum.
Es fällt schwer, mit einer Gegenwartskultur konfrontiert zu sein, die mich als Bestandteil der Gegenwart nicht sieht.

Stimm(ung)en

■ Quelle

Entwurf nach LeB|in|MiG

■ Ziele

Teilnehmende

- Herstellung einer Gesprächsatmosphäre, in der offen und ohne Angst gesprochen werden kann
- Kennenlernen der Einstellungen und Haltungen anderer Teilnehmenden
- Aktivierung und In-Beziehung-Setzen des eigenen themenbezogenen Wissens, offener Fragen und persönlicher Orientierungen
- Reflexion der persönlichen Sprech- und Denkweise

Teamer|innen

- Sensibilisierung für die Einstellungen, Haltungen, Fragestellungen und Wissensbasis der Teilnehmenden
- Erarbeitung von Anknüpfungsmöglichkeiten für verschiedene Themenbereiche

■ Zeit

ca. 45 Minuten

■ Ablauf

Aufgabenbeschreibung

TIPP: Für eine lebhafte und vielfältige Diskussion sollten die Gruppen aus ca. acht Personen bestehen.

Die Teilnehmenden werden in Diskussionsgruppen aufgeteilt bzw. bei kleineren Gruppen können auch alle Teilnehmenden gemeinsam diskutieren. Vor ihnen werden drei Bilder verdeckt ausgelegt. Die Bilder zeigen Minderheitenangehörige, die auf diskriminierende Aussagen und Fragen, mit denen sie konfrontiert werden, aufmerksam machen. Dazu werden Arbeitsaufgaben verdeckt und nummeriert in die Mitte gelegt. Die Teilnehmenden sollen zunächst eines der Bilder aufdecken und über die Aussage diskutieren. Danach werden die restlichen Bilder nacheinander aufgedeckt und diskutiert. Sind alle Bilder umgedreht, werden die Arbeitsaufgaben nach ihrer Nummerierung aufgedeckt und es wird in Bezug auf alle Bilder bzw. Aussagen/Fragen auf den Bildern diskutiert. Die Teamer|innen beobachten die Diskussion(en), nehmen aber nicht daran teil.

Auswertung

Wenn die Teilnehmenden in mehrere Diskussionsgruppen aufgeteilt werden, können sich diese im Plenum noch einmal unter Anleitung der Teamer|innen über das Besprochene austauschen. Haben die Teilnehmenden bereits im Plenum diskutiert, können sie von den Teamer|innen dazu aufgefordert werden, ihre Diskussion noch einmal zusammenzufassen.

VARIANTE: Die Diskussionsergebnisse können auch schriftlich festgehalten werden und zu einem späteren Zeitpunkt als Anregung zur Selbstreflexion eingebracht werden.

■ Kommentar

Diskussionen gestalten und beobachten

Einfluss abgeben und Gruppendynamiken nutzen

Die Abwesenheit der Teamer|innen in der Diskussion wird nach dem ersten Zögern meist gut angenommen. Die Teilnehmenden erfahren durch die Aktivierung in der eigenen Peergroup oft erst, wie viel sie selbst schon zu einem Thema einbringen können, wo sie noch Wissenslücken haben, auf welche Fragen sie gerne Antworten hätten und welche Sichtweisen es außer ihrer persönlichen gibt. Sie können ihr Wissen und ihre Haltungen mit denen ihrer Peers vergleichen und in Beziehung setzen, wodurch Irritationen und somit Reflexionsprozesse angestoßen werden. Die Teilnehmenden werden darüber hinaus gestärkt, da sie die Möglichkeit haben, die Leitung selbst in die Hand zu nehmen und sich von den Erwartungshaltungen der Teamer|innen zu emanzipieren. Die Übung bietet sich aus diesem Grund zu Beginn eines Workshops oder eines Themenblocks an bzw. für Gruppen, in denen Diskussionen sehr zäh verlaufen oder wenn es den Teamer|innen schwerfällt, sich ein Bild über die Haltungen und Einstellungen der Teilnehmenden zu machen. Es geht bei dieser Übung also darum, die Kommunikationsform der Diskussion als Workshopmethode niederschwellig einzuführen und den Teamer|innen einen Einblick in die Orientierungen der Teilnehmenden zu gewähren. Die Bilder und Arbeitsaufgaben sind aus diesem Grund auch eher als Gesprächsanregungen denn als konkrete Diskussionsvorgaben zu verstehen. Die dadurch entstehende Offenheit in der Diskussion hat den Vorteil, dass für beinahe jedes Thema Anknüpfungspunkte entstehen.

Nur Smalltalk oder schon Diskriminierung?

Schwellen zu diskriminierenden Reduzierungen und Zuschreibungen erkennen lernen

Der Einwurf, dass Aussagen wie „Wo kommst du her?" oder „Du sprichst aber gut Deutsch!" im Grunde nur nett gemeint sind, führt meistens zu engagierten Debatten: Ist die Absicht hinter der Aussage oder die Botschaft, die sie übermittelt, ausschlaggebend? Ist die Absicht auf den zweiten Blick und aus einem anderen Blickwinkel heraus immer noch nett? Gebe ich mich mit der Antwort Leipzig oder Schorndorf auch zufrieden? Warum glaube ich, dass Deutsch eine Fremdsprache für meine Gegenüber ist? Was sagt das über mein Bild von Deutschland aus?

Die Teilnehmenden finden sich in kürzester Zeit in einer Diskussion wieder, in der sie über die Grenzen zwischen Smalltalk und Ausgrenzung, Normalität und Diskriminierung verhandeln. Der Einstieg in eine Auseinandersetzung mit Normalitätsvorstellungen, Selbstreflexion oder Diskriminierungsmechanismen ist somit schon geschafft.

Auch bei der Thematik ‚positive Vorurteile und Stereotype' gehen die Meinungen unter Umständen stark auseinander.

Nur die Anderen oder ich auch?

Den Wunsch nach persönlicher Unschuld reflektieren lernen

Nicht weniger selten eingeworfen, jedoch weitaus weniger diskutiert werden Diskussionsbeiträge, die die Ansprüche der Minderheitenangehörigen zur Angelegenheit von Bevölkerungsgruppen machen, denen sich die Teilnehmenden nicht zugehörig fühlen. Dadurch machen sie sich zwar die Aussagen der Bilder bis zu einem gewissen Grad zu eigen, beschneiden allerdings gleichzeitig die gesellschaftliche Relevanz der Anklage, indem sie sich und ihre Peergroup als Adressaten ausklammern: „Es ist nicht die Regel, aber die Leute gibt's." „Gerade ältere Deutsche haben da wahrscheinlich Schwierigkeiten." „Ich kann mir schon vorstellen, dass es auf dem Land noch so läuft." Sie versuchen die Problematik zu verkleinern und von sich zu weisen. Die hierfür genutzten Argumentationsweisen sowie die dahinter stehenden Stereotypen sind im allgemeinen Denken tief verwurzelt, wodurch sie nicht selten auch die Diskussion ungehindert passieren können. Übungen, die eine Auseinandersetzung mit persönlichen Selbst-, Fremd- und Weltbildern anregen, bieten sich aus diesem Grund ebenfalls im Anschluss an die Diskussion an.

Thematische und reflexive Einstiege nutzen

Ebenfalls beliebte Diskussionsthemen sind u. a. die Rolle der Medien, die Relevanz von Sprachkenntnissen und Herkunft für Schulerfolg oder bestimmte Berufsgruppen, der Vergleich Deutschlands mit anderen Ländern, rechtliche Bestimmungen zur Anerkennung ausländischer Abschlüsse oder zum Erhalt der doppelten Staatsbürgerschaft sowie die Bedeutungsreflexion von Begriffen wie bspw. Heimat, Migrant|in oder Deutsch. Die Anknüpfungspunkte für thematische und reflexive Einstiege sind also vielfältig und die Einsatzmöglichkeiten sehr breit gefächert, da es sich sowohl um eine Aktivierungs- als auch Monitoringübung handelt.

Abb. 1: Du bist schwarz, du bist bestimmt ein guter Läufer?!

Abb. 2: Bist du Chinesin? -.-

Abb. 3: „Du bist ja auch 'ne Ausnahme‘

Abb. 4: DU KANNST ABER GUT DEUTSCH!

Abb. 5: Gehst du zurück, wenn du fertig mit dem Studium bist?!

Abb. 6: „Das ist aber FREIZÜGIG"

Quelle: #AuchichbinDeutschland/Deutschlandstiftung Integration. URL: http://auchichbin-deutschland.tumblr.com/, letzter Zugriff am: 24.7.2014.

Karten mit Arbeitsanweisungen

Überlegt, was die abgebildete Person an der Aussage/Frage stört.
Diskutiert, welche Grundhaltungen der Mehrheitsgesellschaft hinter den Aussagen/Fragen stehen.
Überlegt euch, welche Konsequenzen sich aus der Konfrontation mit solchen Aussagen/Fragen für den Alltag und den Lebensweg der abgebildeten Personen ergeben könnten.
Diskutiert darüber, welche vergleichbaren Erfahrungen Minderheitenangehörige im deutschen Bildungssystem machen könnten.

Diskriminierungsbarometer

■ Quellen

LeB|in|MiG in Anlehnung an:

- Dahm, Keru/Helmcke, Deborah (2010): Workshop 3, Teil 2: Was ist Diskriminierung? In: Materialien der Fachtagung „Diversity-Konzepte in der außerschulischen politischen Jugendbildung, 2. November 2010“, S. 14. URL: http://www.ljrberlin.de/sites/default/files/dokumentation_fachtag_diversity_2010.pdf, letzter Zugriff am: 16.4.2014.
- Peine, Maggie/Fügner, Nadine (o. J.): Begleitmaterial zum Film „Andere Welten? Alltag schwarzer Jugendlicher in Brandenburg“ von Alida Babel. URL: http://www.migration-online.de/data/andere_welten.pdf, S. 11, letzter Zugriff am: 16.4.2014.

VARIANTE: Diese Übung kann zu einer Transferübung umgebaut werden, bei der es darum geht, dass die Teilnehmenden ihr Wissen über Diskriminierung anwenden, indem sie Situationen einschätzen und ggf. erklären, warum sie bestimmte Haltungen/Handlungen (nicht) diskriminierend finden.

■ Ziele

- Sensibilisierung für diskriminierende Haltungen und Handlungen
- Reflexion eigener Vor- und Einstellungen zum Thema Diskriminierung

■ Zeit

ca. 30 Minuten

■ Ablauf

Aufgabenstellung

Der Workshopraum wird in drei Bereiche eingeteilt: ‚Ja‘, ‚Nein‘ und ‚Weiß nicht‘. Die Teilnehmenden stehen zunächst zusammen im Kreis in der Mitte des Raumes. Die Teamer|innen lesen nun verschiedene Mini-Situationen vor (s. *Material*).

TIPP: Die Teilnehmenden darauf hinweisen, dass die Variante ‚Weiß nicht‘ nur in Ausnahmefällen genutzt werden soll (um das Zurückziehen der Teilnehmenden zu verhindern)

Nach jeder Aussage müssen die Teilnehmenden entscheiden, ob es sich hierbei um Diskriminierung handelt oder nicht bzw. ob man diesbezüglich unentschlossen bleibt. Entsprechend stellt sich jede|r Teilnehmende|r in den Bereich seiner|ihrer Wahl (Ja, Nein oder Weiß nicht).

Auswertung

Nachdem alle Situationen ‚bearbeitet' wurden, kommen alle Teilnehmenden wieder zusammen. Im Plenum werden besonders interessante/kontroverse Situationen aufgegriffen und diskutiert (s. auch *Kommentar*). Orientieren können sich die Teamer|innen v. a. an den Fragen, ob und wie schwer es für die Teilnehmenden war, sich für die jeweilige Variante zu entscheiden bzw. nach welchen Kriterien die Teilnehmenden die Situationen bewertet haben. Die Verschiedenheit der Meinungen und Zugänge in der Gruppe könnte genutzt werden, um die Kompliziertheit, Subjektivität, Mehrschichtigkeit und Kontextgebundenheit der Themen Diskriminierung und Rassismus zu veranschaulichen.

■ Kommentar

Überblick über die Voreinstellungen der Teilnehmenden schaffen

Die Übung ist vielseitig und lässt sich auf unterschiedliche Weise für verschiedene Workshopphasen modifizieren. Als Einstieg ins Thema Diskriminierung eingesetzt kann sie den Teamer|innen dazu verhelfen, einen Überblick über die Einstellungen bzw. das Vorwissen der Gruppe zum Thema zu erhalten sowie Themen zu ermitteln, die in den folgenden Übungen besonders betont werden können.

Die Auswertung

Ziel bei der Auswertung: ‚Ist-Stand' ermitteln und Austausch ermöglichen

Wenn diese Übung als Einstieg genutzt wird, ist keine ausführliche Auswertung möglich, da die Teilnehmenden evtl. noch nicht die notwendige theoretische Basis haben, von der sie in der Diskussion mit den Teamer|innen ausgehen können. Daher beschränkt sich das Ziel der Auswertung auf die Erfassung von verschiedenen Standpunkten der Teilnehmenden, den Austausch der Teilnehmenden miteinander – und nicht auf eine gründliche Aufarbeitung der Situationen aus einer diskriminierungssensiblen wissenschaftlichen Perspektive.

Impulse zum Nachdenken schaffen

Gleichzeitig ist es wichtig, den Teilnehmenden Impulse für eine weitere Reflexion über die Einordnung in ‚diskriminierend' oder ‚nicht diskriminierend' zu geben. Dafür können die Teamer|innen während der Auswertung offene Fragen an die Teilnehmenden stellen, die andere Perspektiven andeuten oder auf die Komplexität der Situationen verweisen. Eine Diskussion darüber sollte aber erst später, bei der Beschäftigung mit Diskriminierung in den nachfolgenden Übungen, stattfinden. Dabei könnte es sinnvoll sein, die Situationen aus dieser Übung noch einmal als Beispiele aufzugreifen.

Situationsvorschläge

- Eine ältere Dame sagt zu einer Frau auf der Straße: „Oh, sie haben aber ein süßes Schokobaby!"
- Jemand sagt: „Die Zigeuner haben Musik im Blut."
- Deine Freundin sagt über eine gemeinsame Bekannte: „Kein Wunder, dass sie so toll tanzen kann. Sie ist ja Brasilianerin!"
- Zwei Jungen küssen sich auf dem Schulhof. Ein Schüler meint: „Ich dachte mir schon immer, dass die zwei nicht normal sind."
- Du bist unterwegs und merkst, dass du dein Handy verloren hast. Du willst nun jemanden um Hilfe bitten, um kurz zu Hause anrufen zu können. Als dir eine indisch aussehende Frau entgegenkommt, sprichst du sie auf Englisch an.
- Eine Lehrerin meint zu dem Schüler: „Ich weiß, dass in eurer Kultur die Meinung einer Frau nichts zählt, aber hier in der Schule läuft es anders!"
- Deine Freundin, die ein langjähriges Mitglied bei einem Segelverein ist, durfte bei der Jubiläumsfeier des Vereins keine Rede halten, weil sie stottert.
- Du erzählst einem Freund, dass eure gemeinsame Bekannte lesbisch ist. Daraufhin meint er: „Wow, toll! Das finde ich ganz sexy."
- Eine Schülerin, die übergewichtig ist, will bei einem Klassentheaterstück „Romeo und Julia" Julia spielen. Trotz ihres Engagements bekommt sie aber nur die Rolle der Amme. Eine schlanke und hübsche Schülerin darf Julia spielen.
- Dein Vater sagt: „Frauen haben bei der Bundeswehr nichts verloren."
- Du erzählst deinem Onkel, dass du Schwierigkeiten beim Autofahren hast. Er packt als Antwort einen Blondinenwitz aus.
- Dein Freund, der aus Tunesien kommt, wird auf den öffentlichen Plätzen auffällig häufig von der Polizei kontrolliert.
- Dein Bekannter mit türkischem Migrationshintergrund darf nicht in die Disko rein mit der Begründung, es gäbe schon genug Ausländer dort.
- Dein Bekannter mit türkischem Migrationshintergrund darf nicht in die Disko rein mit der Begründung, dass sein Outfit unpassend wäre.
- Deine Mutter bezeichnet deinen deutsch-afrikanischen Freund als ‚Mischling'.
- Dein Freund behauptet, bestimmte Jobs könnten die Frauen aufgrund ihrer körperlichen und psychischen Voraussetzungen nicht so gut wie Männer machen.
- Die Eltern einer Schülerin in der Klasse beziehen beide Hartz-IV. Das Mädchen wird von ihren Mitschüler|innen als ‚Schmarotzer-Kind' beschimpft.
- Dein Freund behauptet, dass Menschen, die Hartz IV beziehen, auf Kosten der Arbeitenden ein bequemes Leben führen können.

Zugang zu Zugehörigkeiten

■ Quelle

LeB|in|MiG in Anlehnung an: Handschuck, Sabine/Klawe, Willy (2010): Interkulturelle Verständigung in der Sozialen Arbeit. Ein Erfahrungs-, Lern- und Übungsprogramm zum Erwerb interkultureller Kompetenz, 3. Auflage. Weinheim, S. 261.

■ Ziele

- Spielerischer Einstieg in das Thema Zugehörigkeiten und Gruppenbildung
- Aktivierung und Reflexion von Gefühlen, die durch Aufnahme oder Abweisung entstehen können
- Sensibilisierung für die Variabilität und Uneindeutigkeit von Zugehörigkeiten

■ Zeit

ca. 20 Minuten

■ Ablauf

Aufgabenbeschreibung

Alle Teilnehmenden erhalten einen bunten Papierschnipsel und heften sich diesen mit einer Stecknadel an die Kleidung. Ohne miteinander zu sprechen, sollen die Teilnehmenden nun Gruppen bilden. Die Zugangskriterien zu den Gruppen sind frei wählbar, dürfen jedoch nur non-verbal kommuniziert werden. Hat sich die Mehrheit in Gruppen zusammengefunden (es kann immer sein, dass Einzelne keine Gruppe finden), werden die Teilnehmenden aufgefordert, sich die anderen Gruppen anzuschauen und für sich zu überlegen, nach welchen Kriterien sich diese zusammengefunden haben. Danach wird die Übung mehrere Male wiederholt.

Auswertung

Im Anschluss an die letzte Gruppenbildung werden zunächst Einzelne gefragt, nach welchen Kriterien sich ihre Gruppen zusammengefunden haben. Danach bieten sich im Plenum folgende Diskussionspunkte an:

- Wie war das, euch um den Zugang zu einer Gruppe zu bemühen?
- Wenn eine Aufnahme nicht geklappt hat, welche Strategien oder Haltungen habt ihr aus dieser Erfahrung heraus entwickelt?
- Wie leicht durchschaubar waren für euch die Zugangskriterien zu den Gruppen?
- Welche Parallelen gibt es eurer Meinung nach zwischen dieser Übung und der Realität?

■ Kommentar

Sind Zuschreibungen erlaubt?

Irritationen nutzen

Wie die Übung schon durch die Zuordnung der Teilnehmenden zu mehreren Gruppen zeigt, sind Zugehörigkeiten nichts Eindimensionales. Jeder Mensch verfügt über mehrere Gruppenzugehörigkeiten. Die Teilnehmenden reagieren auf die Aufgabenstellung somit nicht ohne Grund häufig zunächst irritiert. Die Einteilung in Gruppen – und dann auch noch nach reinen Äußerlichkeiten – sollte in einem Seminar zu interkultureller Lehrer|innenbildung ja gerade nicht propagiert werden. Schließlich geht es darum, ein solches Verhalten zu problematisieren.

Zuschreibungen und Abgrenzung als natürliche Handlungsweisen anerkennen und reflektierbar machen

Zunächst einmal ist es positiv, wenn sich Teilnehmende bereits mit Gruppenbildungsdynamiken und Zuschreibungen auseinandergesetzt haben, dennoch betrifft das Thema auch die Reflektierten unter den Teilnehmenden, genau wie die Teamer|innen. Jeder Mensch ordnet tagtäglich seine Mitmenschen und sich selbst nach äußerlich Sichtbarem ein und reagiert auf Äußerlichkeiten, die sozial bedeutsam gemacht werden: Bei der Platzwahl in öffentlichen Verkehrsmitteln, bei der Auswahl der eigenen Kleidung, bei der Entscheidung, ob jemand attraktiv ist, oder der Wahl der Kommunikationsart. Jedes Mal hebt man einen bestimmten Aspekt und damit unter Umständen auch eine bestimmte Gruppenzugehörigkeit der Personen im eigenen Umfeld und auch von sich selbst hervor. Bei der Übung geht es somit darum, das Thema Zuschreibungen und Abgrenzungen besprechbar zu machen. Die Übung sollte also nicht nur trotz, sondern gerade wegen der eventuellen Irritationen der Teilnehmenden durchgeführt werden. Allerdings nicht ohne auf Fragen einzugehen, wie z. B.: Weshalb widerstrebt es einem in der Übung, Gruppen nach Äußerlichkeiten zu bilden? Und ist diese Vorgehensweise deshalb tatsächlich so weit entfernt von der eigenen alltäglichen Handlungspraxis?

Wie läuft Ausgrenzung ab?

Gruppendynamiken nutzen

Eine weitere Beobachtung, die während der Übung gemacht werden kann, eignet sich ebenfalls gut als Diskussions- und Reflexionsanlass. Wenn sich einige Teilnehmende bereits zu einer Gruppe aufgrund eines Merkmales (z. B. alle Gruppenmitglieder tragen braune Schuhe) zusammengefunden haben, wird Neuankömmlingen oft nicht mehr erklärt, weshalb sie abgewiesen werden. Manchmal ist es Bequemlichkeit, manchmal hält die Gruppe den Grund für so offensichtlich, dass eine Erklärung nicht mehr nötig erscheint oder die Gruppe ist anderweitig beschäftigt, sodass sie es schlicht und ergreifend vergisst bzw. die Bewerbung eines Teilnehmenden gar nicht wahrnimmt. Diese Dynamik kann auch so weit gehen, dass die Gruppe Gefallen daran findet, ihre Abweisung unerklärt zu lassen. Möglich wird diese Dynamik insbesondere durch das verordnete Schweigen während der Übung, wodurch die Kommunikation erschwert wird. Gleichzeitig ist sie auch nicht ungewollt, da sie die Uneindeutigkeit von Einbeziehung und Ausgrenzungen – also Gruppenbildung – nicht nur deutlich, sondern auch spürbar werden lässt.

Relevanz der Offenlegung von Normen und Konventionen nachfühlbar machen

Fragt man die Teilnehmenden, wie sie sich bei einer Ablehnung gefühlt haben oder welche Strategien sie daraufhin entwickelt haben, erhält man unterschiedliche Antworten je nach Persönlichkeit der Teilnehmenden. Früher oder später fällt jedoch der Hinweis darauf, dass es unangenehm und verstörend ist, nicht zu wissen, warum man abgewiesen wird. Andersherum können die wenigsten Teilnehmenden sagen, dass sie immer darauf geachtet haben, ihre Abweisung zu erklären. Dies macht die doppelte Härte von Ausgrenzung sichtbar bzw. nachfühlbar, da zum einen Personen(-gruppen), die ausgegrenzt werden, auf die Ausgrenzung an sich wenig Einfluss nehmen können, und zum anderen häufig noch nicht einmal die Zugangsmechanismen ausreichend offengelegt werden. Dies gilt im gesellschaftlichen oder auch im Bildungskontext in besonderem Maße für eingewanderte Quereinsteiger|innen, aber z. B. auch für Schüler|innen, die nicht aus dominanten sozialen Schichten stammen. Viele Normen und Konventionen sind so fest im persönlichen Denken und Handeln verankert, dass sie nicht mehr bewusst sind – und dennoch entscheiden sie unter Umständen über Zugang oder Abweisung. Bei Chancengleichheit geht es neben der Anpassung von Normen und Konventionen an die Bedürfnisse aller und nicht nur an die der dominierenden Gruppen auch um die Offenlegung bereits bestehender Normen, um diese allgemein zugänglich bzw. auf diese Weise diskutierbar zu machen (s. auch *Theoretische Einführung*, S. 44).

Zuschreibungen

■ Quelle

LeB|in|MiG in Anlehnung an: SchülerInnen gegen Rassismus: Lehrmittelsammlung. Übung Nr. 3. URL: http://schuelerinnengegenrassismus.com/lehrmittel/Ziel, letzter Zugriff am: 7.1.2014.

■ Ziele

- Einstieg in das Thema Zuschreibungen, Vorurteile, Stereotypen
- Bewusstmachen des kollektiven Fundus an Fremdzuschreibungen
- Aktivierung und Reflexion eigener Gefühle und Stimmungslagen, die durch die Anwendung von Fremdzuschreibungen und Pauschalisierungen gegenüber anderen entstehen
- Aktivierung und Reflexion eigener Gefühle, die entstehen, wenn man Zuschreibungen und Behandlungsweisen unterliegt, die man selbst nicht beeinflussen kann

■ Zeit

ca. 30 Minuten

■ Ablauf

Aufgabenbeschreibung

Alle Teilnehmenden erhalten Rollenkarten, die an der Kleidung so angebracht werden, dass die Teilnehmenden nicht wissen, was auf ihrer Karte steht. Die Teilnehmenden dürfen den anderen ihre Rollen nicht verraten. Sie bewegen sich frei im Raum und sollen sich immer wieder aufs Neue in Zweier-Gruppen über die von den Teamer|innen eingebrachten Gesprächsthemen unterhalten. Hierbei sollen alle Teilnehmenden versuchen, Indizien zu sammeln, anhand derer sie die eigene Rolle erraten können. Während der Unterhaltungen müssen die Teilnehmenden also ihr Verhalten an die Rollen ihrer Gegenüber anpassen (ohne ihnen direkte Tipps zu geben), sodass diese die Möglichkeit haben herauszufinden, wer sie sind.

Auswertung

Sind alle Gespräche geführt, kommen die Teilnehmenden im Plenum zusammen, überlegen, was jeweils auf ihrem Zettel gestanden haben könnte und begründen ihre Überlegungen. Danach sollten noch einige der folgenden Aufgaben bzw. Fragen gestellt werden:

- Fasst zusammen, welche Andeutungen und Verhaltensweisen für euch beim Erraten eurer Rollen am hilfreichsten waren.
- Versucht, euch daran zu erinnern, wie ihr die verschiedenen Andeutungen und Verhaltensweisen euch gegenüber empfunden habt.
- Was ist euch an dieser Übung schwergefallen? Begründet bitte.
- Wir haben euch einige Male lachen hören. Was hat euch bei der Übung so amüsiert/Spaß gemacht?
- Was nehmt ihr aus der Übung mit?

■ Kommentar

Dürfen Zuschreibungen eingesetzt werden?

Teilnehmende thematisch dort erreichen, wo sie tatsächlich stehen

Diese Übung eignet sich für Teilnehmendengruppen, für die eine Auseinandersetzung mit Zuschreibungen, Vorurteilen und Stereotypen noch neu ist. Fortgeschrittene Gruppen reagieren eher irritiert auf die Aufgabenstellung und empfinden die Übung als klischeehaft. Die Übung fordert die Teilnehmenden auf, ihre Gesprächspartner|innen mit Zuschreibungen zu konfrontieren, was gerade bei Teilnehmenden, die sich bereits reflektiert mit dem Thema auseinandersetzten und versuchen, dies in ihre alltägliche Handlungspraxis zu überführen, Abwehr hervorruft. Es widerspricht ihren Haltungen und Einstellungen, diese Zuschreibungen vorzunehmen, insbesondere da im Gegensatz bspw. zur Übung *Zugang zu Zugehörigkeiten* (S. 108) hier mit Zugehörigkeiten bzw. Zuschreibungen gearbeitet wird, die im gesellschaftlichen Alltag real verwendet werden und soziale Positionierungen nach sich ziehen. In einem solchen Fall ist diese Übung unpassend. Sie würde einem Rückschritt gleichkommen, da sie die Teilnehmenden thematisch nicht dort erreicht, wo sie tatsächlich stehen. Für Teilnehmende, die einen noch eher unvorbereiteten Zugang zum Themenfeld Zuschreibungen und Zugehörigkeiten haben, bietet die Übung eine Möglichkeit, sich über das gemeinsame Repertoire an Fremdzuschreibungen bewusst zu werden.

Wie werden Zuschreibungen angewendet?

Zuschreibungen und Abgrenzung als Bestandteil des persönlichen Repertoires erkennen

In den Handlungsweisen, die den Rollenträger|innen entgegengebracht werden, sind Zuschreibungen enthalten, die mit den Rollen verknüpft sind und die, wenn die Zuschreibungen den Rollenträgern bekannt sind, von diesen dekodiert werden. Auf Grundlage der dekodierten Zuschreibungen ergibt sich dann ein Bild der persönlichen Rolle, da ein gemeinsames Repertoire an Zuschreibungen existiert. Diese Codierungs- und Decodierungspraxis wenden wir in der einen oder anderen Form täglich an. Ein Beispiel: Wenn in einem Gespräch jammernd darauf hingewiesen wird, dass Handwerker im Haus sind, können die Gesprächspartner|innen, noch bevor näher ausgeführt wird, was problematisch ist, auf gemeinsame grundlegende Bilder zurückgreifen. Eine kleine Auswahl typischer Vorurteile: Handwerker sind unzuverlässig und unpünktlich, machen Dreck, sind laut und verlangen viel Geld, obwohl sie v. a. Pause machen. Ob diese Meinung von den Gesprächspartner|innen unterstützt wird oder nicht, ist zweitrangig, das Gespräch wird sich zunächst um diese Zuschreibungen drehen, auch wenn versucht wird, sie zu widerlegen. Die Übung bietet eine Möglichkeit, über diese Praxis zu sprechen.

Wie fühlen sich Zuschreibungen an?

Schwellen zu diskriminierenden Reduzierungen und Zuschreibungen erkennen lernen

Gleichzeitig ermöglicht die Übung einen Perspektivenwechsel. Die Teilnehmenden gehen unterschiedlich mit ihren Rollen und den daraus folgenden Zuschreibungen um, dennoch ist es für die Mehrzahl der Teilnehmenden seltsam, dass das eigene Selbstbild und das Bild, das die Gesprächspartner|innen von ihnen zeichnen, nicht zusammenpassen. Diese Erfahrung bietet eine gute Möglichkeit, über Mehrfachzugehörigkeiten und deren Reduzierung auf einen Teilaspekt der Identität zu sprechen. Jede|r nimmt Reduzierungen von Zugehörigkeiten und Identitäten vor und ist ihnen ausgesetzt: Kaufen wir in einem Laden ein, interessiert uns die|der Verkäufer|in in erster Linie in der Funktion als Verkäufer|in. Weltanschauungen, Lebenswelt und Erfahrungen der Person sind nicht per se für uns von Interesse. Genauso wie wir für den|die Verkäufer|in in erster Linie Kund|innen sind. Problematisch ist eine Reduzierung v. a. dann, wenn sie von dominierenden Gruppen ausgeübt wird und für Betroffene dauerhaft ist. Wird man immer wieder damit konfrontiert, dass das Hauptkriterium die ethnische Herkunft, Religion, sexuelle Orientierung, das Geschlecht oder das äußere Erscheinungsbild ist, macht man die Erfahrung, auf Gruppenmerkmale reduziert und nicht als Individuum anerkannt zu werden (s. auch *Theoretische Einführung*, S. 32 f., 35 f.).

Rollenkarten

spricht nur wenig Deutsch	ist gehörlos	Polizist|in	ist blind
Außenseiter|in	ist hochbegabt	Pfarrer|in	sitzt im Rollstuhl
ist obdachlos	Kind	Austausch-student|in	ältere|r Dame|Herr
Flüchtling	Langzeits-arbeitslose|r	Topmanager|in	Rom|ni
Lehrer|in	Muslim|a	ist transsexuell	Jugendliche|r aus einem ‚Problemkiez'

Mögliche Gesprächsimpulse

- Begrüßt euch bitte.
- Erzählt euch über das letzte Wochenende und was ihr am nächsten Wochenende vorhabt.
- Tauscht euch über die letzten Nachrichten, die euch bewegt haben, aus.
- Unterhaltet euch über eure Zukunftspläne.
- Berichtet euch gegenseitig von eurem letzten Urlaub.
- Stellt euch in zwei Enden oder in allen vier Ecken des Raumes in Gruppen an eine ‚Bushaltestelle'. Stellt euch vor, ihr wartet schon seit 30 Minuten und ihr beginnt mit den Umstehenden über diese unerklärliche Verspätung zu sprechen.
- Verabschiedet euch bitte.

Klammerübungen

Begriffsreflexion

■ Quelle

Entwurf nach LeB|in|MiG

■ Ziele

Teilnehmende

Teil 1

- erster Einblick in die Workshopthemen
- Auseinandersetzung mit eigenem Wissen und Aktivierung von themenbezogenen Vorerfahrungen
- Herstellung eines eigenen Bezugs zu den Themen
- Formulieren von Erwartungen und Fragen

Teil 2

- Reflexion über (workshopbezogene) Veränderungen und Entwicklungen eigener Wahrnehmungen, Meinungen und Herangehensweisen

Teamer|innen

Teil 1

- Erhebung und Analyse von Interessensschwerpunkten, Fragestellungen und Vorerfahrungen der Teilnehmenden
- Herstellung von Anknüpfungspunkten für den weiteren Workshopverlauf
- Kennenlernen der Gruppe

Teil 2

- Reflexion über (workshopbezogene) Veränderungen und Entwicklungen der Wahrnehmungen, Meinungen und Herangehensweisen der Teilnehmenden

■ Zeit

Teil 1: ca. 20 Minuten

Teil 2: schriftlich – ca. 20 Min., mündlich – ca. 30 Min.

■ Ablauf

Teil 1 | Einstiegsübung: Reflexion

Aufgabenbeschreibung

Die Teilnehmenden verteilen sich im Raum, sodass sie möglichst viel Platz zur Verfügung und keine Tischnachbar|innen haben. Dann werden die Blätter mit der Reflexionsaufgabe (s. *Material:* Aufgabe zu Teil 1) ausgeteilt und nach Ablauf der Zeit von den Teamer|innen eingesammelt.

Auswertung

Die Reflexionen werden im Rahmen einer wiederholten Aufarbeitung in den Gruppen ausgewertet, die am Ende des gesamten Workshops stattfindet (s. *Teil 2*).

Teil 2 | Abschlussübung: Re-Reflexion

Aufgabenstellung

Die Teilnehmenden bekommen ihre Einstiegsreflexionen sowie entsprechende Arbeitsanweisungen (s. *Material:* Arbeitsanweisung zu Teil 2) vorgelegt. Sie sollen nun anhand der Fragen in der Arbeitsanweisung Stellung zu den Erstreflexionen beziehen.

Auswertung

Für die Auswertung der Reflexionen wären folgende Varianten denkbar:

- Die Teilnehmenden werden gebeten, sich schriftlich zu den Erstreflexionen zu äußern (s. *Material:* Arbeitsanweisung zu Teil 2). Die Teamer|innen können die Stellungnahmen zu den Erstreflexionen nutzen, um den Workshop zu analysieren und weiterzuentwickeln (s. auch *Kommentar*).

o Die Teilnehmenden lesen ihre Erstreflexionen sowie die entsprechende Arbeitsanweisung (s. *Material:* Arbeitsanweisung zu Teil 2) zunächst in Einzelarbeit durch. Danach besprechen sie die Reflexionen in Zweier- oder Kleingruppen und orientieren sich dabei an den Fragen in der Arbeitsanweisung. Der Fokus soll auf dem gegenseitigen Vergleich der Erfahrungen, Veränderungen und Meinungen der Teilnehmenden liegen.

Danach kann im Plenum besprochen werden, wie sich die eigenen Ansichten bzw. Wahrnehmungen durch den Workshop entwickelt haben bzw., wenn keine Veränderungen festgestellt worden sind, womit das zu tun haben kann.

■ Kommentar

Vorteile der Reflexionsaufgaben

Überblick über die Einstellungen der Teilnehmenden zu bestimmten Themen verschaffen

Der Einbezug der Reflexionsaufgaben zu veranstaltungsrelevanten Themen ist zum einen für die Teamer|innen praktisch: So bekommt man einen Überblick über die Vorkenntnisse, Fragestellungen, Überlegungen und Gedanken der Teilnehmenden zu wichtigen thematischen Aspekten, an die im Workshop angeknüpft werden kann. Genauso wichtig ist, dass die Teilnehmenden selbst auf diesem Wege die Möglichkeit bekommen, über bestimmte Themen nachzudenken, diese zu analysieren, eigene Verknüpfungen mit den Themen herzustellen. Daher können die Reflexionen v. a. für den Einstieg in ein Thema sinnvoll sein.

Sitzordnung

Wichtig bei den Reflexionen: individuelle Arbeit

Da das Ziel der Reflexionen eine selbstständige, unabhängige Auseinandersetzung mit eigenen Gedanken ist, ist die Sitzordnung mit viel Platz für die einzelnen Teilnehmenden sehr wichtig. Deswegen empfiehlt es sich, für die Veranstaltung, bei der derartige Reflexionsaufgaben eingesetzt werden sollen, einen größeren Raum zu belegen.

Reflexionsthema

Thematisch bietet es sich an, die Teilnehmenden ihre Erstreflexionen zu den Themen rund um Migration, Interkulturalität, ‚multikulturelle Gesellschaft' etc. aufschreiben zu lassen. In den Workshops des Projekts LeB|in|MiG wurde das Thema ‚Migrationsgesellschaft' für die Erstreflexionen gewählt. Dementsprechend bekamen die Teilnehmenden die Aufgabe: „Beschreibe deine Assoziationen und Vorstellungen zu dem Begriff Migrationsgesellschaft."

Gleichgewicht zwischen thematischer Offenheit und Begrenztheit beachten

Das Thema ‚Migrationsgesellschaft' ist relativ allgemein gefasst und lässt dadurch genug Raum für Assoziationen und Überlegungen. Gleichzeitig beschränkt sich das Themenfeld auf die Erscheinungen rund um Migration, wodurch die Orientierung des LeB|in|MiG-Workshops klar wird und die Teilnehmenden aufgefordert werden, ihre Überlegungen im Rahmen dieses Themenfeldes zu halten. Eine solche Balance zwischen thematischer Offenheit und Begrenztheit ist bei der Wahl anderer Reflexionsthemen zu beachten.

Wiederholte Beschäftigung mit den Erstreflexionen

Vergleich zwischen ‚Anfangs- und Endstand'

Während der wiederholten schriftlichen Beschäftigung mit den Erstreflexionen (s. *Auswertung* Teil 2) bekommen die Teilnehmenden die Möglichkeit, über eventuelle Veränderungen in ihren Wahrnehmungen, ihrem Wissensstand, ihren Urteilen über bestimmte politische/gesellschaftliche Aspekte zu reflektieren. Die Fragen bewegen die Teilnehmenden gezielt dazu, einen Vergleich zwischen dem ‚Anfangs- und Endstand' zu ziehen, was auch für die Teamer|innen zur Analyse der Ergebnisse und weitere Workshopplanung von großer Bedeutung ist.

Den Teilnehmenden Austauschmöglichkeiten bieten

Interessant kann auch ein Austausch zwischen den Teilnehmenden sein, bei dem sie ihre Erfahrungen mit der Begriffsreflexion bzw. Veränderungen in ihren Wahrnehmungen und Einstellungen besprechen können (s. *Auswertung* Teil 2). Je nach den Besonderheiten der jeweiligen Teilnehmenden-Gruppe kann die Auswertung im Rahmen einer Partner-/Kleingruppen- oder Plenumsarbeit erfolgen. Bei der Partner-/Kleingruppenarbeit bietet sich eine kurze nachfolgende Zusammenfassung von entdeckten Unterschieden und Gemeinsamkeiten im Plenum an, sodass ein Vergleich zwischen möglichst vielen Teilnehmenden gezogen werden kann.

Keine Veränderungen?

Reflexionen, in denen die Teilnehmenden behaupten, keine Interessensveränderungen bezüglich des Reflexionsthemas festgestellt zu haben, sollten die Teamer|innen besonders beachten und als Anlass zur genaueren Überprüfung von Workshopmethoden und -themen nehmen. Beachtet werden sollte dabei jedoch, dass einige Teilnehmende schlichtweg überfordert sein können und sich deswegen nur wenig Zeit für das Nachdenken nehmen.

‚Keine Veränderungen' in den Einstellungen der Teilnehmenden als Anlass zur Modifikation des Workshops betrachten

Aufgabe zu Teil 1

Beschreibe deine Assoziationen und Vorstellungen zu dem Begriff ____________________.

Arbeitsanweisung zu Teil 2

Lies deine Reflexionen zum Begriff ____________________ durch:

- Welche Aspekte des/der ____________________ hast du in deiner Reflexion v. a. herausgestellt?
- Welche Aspekte des/der ____________________ beschäftigen dich heute am stärksten?

MATERIAL

Gemeinsam

■ Quelle

LeB|in|MiG in Anlehnung an: Handschuck, Sabine/Klawe, Willy (2010): Interkulturelle Verständigung in der Sozialen Arbeit. Ein Erfahrungs-, Lern- und Übungsprogramm zum Erwerb interkultureller Kompetenz, 3. Auflage. Weinheim, S. 60.

■ Ziele

TIPP: Die Übung muss nicht am Schluss des gesamten Workshops stehen, sondern kann auch den Abschluss eines bestimmten Themenblocks bilden.

- Sensibilisierung für die Pluralität der Lebensstile und Orientierungen innerhalb der Teilnehmendengruppe
- Herstellung einer offenen und positiven Gesprächsatmosphäre
- Kennenlernen der Teilnehmenden in einem relativ geschützten Rahmen
- Nachvollziehen und Reflektieren persönlicher Entwicklungen

■ Zeit

Zweimal 20 – 30 Minuten

■ Ablauf

Teil 1 | Einstiegsübung: Gemeinsame Erwartungen

Aufgabenbeschreibung

TIPP: Es kann hilfreich sein, den Teilnehmenden einen Handlungsrahmen zur Seite zu stellen, wie bspw. eine geheime Abstimmung über die zusammengetragenen Gemeinsamkeiten, in der jedes Gruppenmitglied einen Punkt von der Liste aussortieren darf (s. auch *Kommentar*).

Die Teilnehmenden werden in Kleingruppen von drei bis fünf Personen eingeteilt, die sich nicht kennen sollten. Jede Gruppe erhält einen Flipchartbogen und wird gebeten, auf diesen die Namen der Gruppenmitglieder zu schreiben. Im nächsten Schritt suchen die Kleingruppen nach zehn Gemeinsamkeiten, die ebenfalls auf dem Flipchartbogen festgehalten werden. Hierbei sollen sie darauf achten, dass ca. die Hälfte der Gemeinsamkeiten Aufschluss über ihre Erwartungen an den Workshop geben. Die Aufgabe ist, einen echten

Konsens herzustellen, da die Gemeinsamkeiten von allen Gruppenmitgliedern unterstützt werden müssen.

Auswertung

Im Plenum haben die Kleingruppen jeweils ca. fünf Minuten Zeit, um sich und ihre Gemeinsamkeiten vorzustellen. Ein Austausch zwischen dem Plenum und der präsentierenden Kleingruppe ist erwünscht. Die Teamer|innen gehen zum einen auf die Wünsche und Erwartungen ein, indem sie darauf hinweisen, wann diese im Workshop relevant werden und warum manche nicht untergebracht werden können. Die Flipchartbögen werden im Workshopraum aufgehängt. Mögliche Fragen an das Plenum nach Beendigung der Präsentationen:

- Was hat euch an der Übung überrascht?
- Gibt es noch etwas, was ihr nicht auf dem Plakat eurer Gruppe unterbringen konntet, was ihr aber gerne mitteilen möchtet?

TIPP: Nach der Präsentation sollte für jede Gruppe applaudiert werden. Das lockert auf, motiviert und erzeugt eine positive Stimmung.

Teil 2|Abschlussübung: Gemeinsame Erkenntnisse

Aufgabenbeschreibung

Es werden die gleichen Kleingruppen gebildet, die sich schon im ersten Teil der Übung über ihre Gemeinsamkeiten ausgetauscht haben. Die Teilnehmenden werden gebeten, sich den Workshopverlauf in Erinnerung zu rufen. Sie sollen ihre bisherigen Erkenntnisse und Erfahrungen sammeln und besprechen. Die Gruppenmitglieder versuchen, daraus Ziele für ihren aktuellen Alltag und ihr späteres Berufsleben zu formulieren. Gleiche oder ähnliche Ziele werden zu neuen Gemeinsamkeiten zusammengefasst und mit einer anderen Farbe auf dem Flipchartbogen ergänzt.

VARIANTE: Um die Teilnehmenden zu unterstützen und die Nachhaltigkeit der Übung zu erhöhen, können die Zielformulierungen zusätzlich als Briefe formuliert und einige Zeit nach Abschluss des Workshops an die jeweiligen Teilnehmenden versandt werden.

Auswertung

Im Plenum stellen die Kleingruppen ihre neuen Gemeinsamkeiten vor und erläutern diese. Jedes Gruppenmitglied kann das gemeinsame Feedback auch noch durch persönliche Eindrücke ergänzen, falls diese in die Gruppenpräsentation keinen Eingang gefunden haben. Die Feedbacks bleiben unkommentiert.

■ Kommentar

‚Einheit in Vielfalt' umsetzen lernen

Unterschiedliche Sichtweisen sichtbar und thematisierbar machen

Durch die Zweiteilung der Übung dient sie sowohl als themenbezogene Aktivierung und Erwartungsabfrage als auch als Instrument zur Selbstreflexion und Bewusstmachung bzw. Wissenssicherung. Eine der ersten Rückmeldungen der Teilnehmenden zu dieser Übung ist meist ihre Verwunderung darüber, wie schwer es ist, sich mit zuvor unbekannten Personen auf Gemeinsamkeiten zu einigen. Die Teilnehmenden müssen in einen Aushandlungsprozess miteinander eintreten, in dem sie ihre unterschiedlichen Erfahrungen, Orientierungen, Zielsetzungen, Lebens- sowie Themenverständnisse erklären, vertreten und zusammenbringen müssen. Sie erfahren die Alltäglichkeit von Vielfalt, erste Irritationen sowie Herausforderungen im Umgang mit Perspektivenvielfalt. Die Teamer|innen können die Teilnehmenden durch gezielte Fragen oder durch eine Rückschau bzw. Bezugnahme auf die Übung zu einem späteren Zeitpunkt im Workshop auf diese Erfahrungen aufmerksam machen bzw. aus diesen Erfahrungen schöpfen. Eine fruchtbare Aushandlung zwischen den Teilnehmenden kann jedoch nur entstehen, wenn jede|r sich sicher genug fühlt, zu ihrer|seiner eigenen Meinung auch stehen zu können. Die Teilnehmenden müssen wissen, dass sie sich, solange sie von einem Punkt nicht überzeugt sind, notfalls auch gegen eine Gruppe oder die Teamer|-innen stellen dürfen. Die Gemeinsamkeiten müssen von jedem Gruppenmitglied unterstützt und nicht nur toleriert werden können, denn Heterogenität soll durch diese Übung nicht nivelliert, sondern Perspektivenvielfalt vielmehr erfahrbar gemacht werden. Hilfreich können hierbei auch klare Handlungsvorgaben sein, wie bspw. eine geheime Abstimmung über die zusammengetragenen Gemeinsamkeiten, in der jedes Gruppenmitglied einen Punkt von der Liste streichen darf. Hierbei können interessante Diskussionen über vermeintliche Gemeinsamkeiten, die nur von einem bestimmten Teil der Gruppe oder manchmal auch von niemandem in der Gruppe getragen werden, entstehen.

Perspektivenvielfalt ohne die Nivellierung von Heterogenität erfahrbar machen

Reflexionsprozesse anregen und gestalten

Der zweite Teil der Übung dient dazu, persönliche Veränderungen von Vorstellungen und Annahmen während des Workshops oder eines Workshopblocks erfahrbar und reflektierbar zu machen. Die Teilnehmenden stellen nicht selten fest, dass sie zu Beginn formulierte Erwartungen aktuell ganz anders formulieren würden. Die persönliche Entwicklung wird für die Teilnehmenden somit sichtbar und nachvollziehbar. War das Seminar erfolgreich, finden ein Abrücken von Fragen nach ‚den Anderen' und eine Hinwendung zu Fragen nach sich selbst und nach konstruktiven Lösungswegen statt. Durch das gleichberechtigte Nebeneinander von Gruppen- und Einzelfeedbacks wird den Teilnehmenden ermöglicht, sich in einem gesellschaftlichen Raum mit ihren Einstellungen und Haltungen zu positionieren und abzugrenzen, sowie Anknüpfungspunkte mit anderen Perspektiven und Positionen kennenzulernen.

Die persönliche Entwicklung sichtbar und nachvollziehbar machen

Diskussionen gestalten

Meinungsaustausch und Weiterentwicklung von Einstellungen anregen

Die Teamer|innen können hierbei unterstützend wirken, indem sie während des Seminars darauf achten, eine offene und konstruktive Gesprächsatmosphäre zu kreieren, in der die Teilnehmenden keine Angst haben sich zu äußern, obwohl sie abweichende Meinungen haben oder unsicher sind, ob das, was sie zu sagen haben, korrekt ist. Es sollte ein Austausch angeregt werden, in dem Meinungen ernst genommen und anerkannt werden, ohne jedoch darauf zu verzichten, die Grenzen von Sichtweisen aufzuzeigen und nach Verbindungspunkten zwischen scheinbar konträren Ansichten zu suchen.

Nachhaltigkeit ermöglichen

Den Blick auf die Zeit nach dem Workshop richten und Zielsetzungen formulieren

Die Arbeit in der Kleingruppe soll darüber hinaus dabei helfen, das ‚Erlernte' in Ziele für den persönlichen Alltag bzw. den späteren Beruf umzuformulieren. Die Teilnehmenden sind häufig überrascht, wie viele durchführbare Zielsetzungen möglich sein können. Gleichzeitig wird durch die Übung erreicht, dass sich der Blick der Teilnehmenden auf die Zeit nach dem Seminar richtet, was gemeinsam mit der Formulierung von alltagstauglichen Zielen eine Grundvoraussetzung für nachhaltige Bildungsmaßnahmen ist. Aus diesem Grund muss diese Übung nicht zwingend am Schluss des gesamten Workshops stehen, sondern kann auch den Abschluss eines bestimmten Themenblocks bilden.

Sensibilisierungsübungen

Wer, über wen und warum?

■ Quelle

Entwurf nach LeB|in|MiG

■ Ziele

Teilnehmende

- Herstellung einer Atmosphäre, in der offen und ohne Angst gesprochen werden kann
- Reflexion der eigenen Diskussionsweise
- Sichtbarmachung der Übertragbarkeit und Austauschbarkeit von Zuschreibungen
- Entkoppelung bestimmter Zuschreibungen von bestimmten ethnischen Gruppen
- Herausarbeiten von Zuschreibungsmechanismen und den dahinter stehenden Machtasymmetrien
- Reflektieren der eigenen Involviertheit in wirksame Machtstrukturen

Teamer|innen

- Einblick in die Gesprächsdynamik und Meinungsbildung der Gruppe durch Beobachtung

■ Zeit

ca. 90 Minuten

■ Ablauf

Aufgabenbeschreibung

Die Teilnehmenden werden in Diskussionsgruppen von ca. acht Personen eingeteilt und erhalten Zitate, in denen sich eine Person zu bestimmten sozialen oder ethnischen Gruppen äußert. Durch Auslassung in den Zitaten wissen die Teilnehmenden weder, über welche Gruppe gesprochen wird, noch wer spricht oder wann und wo das Zitat zu verorten ist. Die Aufgabe der Teilnehmenden ist zu diskutieren, wer sich hier über wen äußern könnte und was die Hintergründe der Aussagen sein könnten. Sie sollen sich auf eine Annahme einigen. Die Teamer|innen beobachten diese Diskussionen, nehmen aber nicht daran teil.

Auswertung

Nachdem die Diskussionsgruppen sich auf eine Annahme geeinigt haben, stellen sie diese im Plenum kurz vor. Die Auswertung verläuft in zwei Phasen: Eine erste Diskussionsrunde findet statt, bevor die Teilnehmenden die vollständigen Zitate erhalten haben, und eine, nachdem sie die Auflösungen kennen.

TIPP: Falls nicht genügend Zeit vorhanden ist, können die beiden Auswertungsphasen auch kombiniert und abgekürzt oder die erste ausgelassen werden.

In der ersten Diskussionsrunde wird nach der persönlichen Wahrnehmung der in den Zitaten geäußerten Haltungen gefragt. Mögliche Diskussionspunkte hierfür sind:

- Beschreibt eure erste Reaktion, als ihr das Zitat gelesen habt.
- Was hat sich während der Diskussion an eurer Einstellung verändert?

Vor der zweiten Auswertungsrunde erhalten die Teilnehmenden im Plenum die vollständigen Zitate mit kurzen Hintergrundinformationen und erfahren so, wer wann wo über wen gesprochen hat. Nachdem die Teilnehmenden die Zitate und Informationen gelesen haben, können u. a. folgende Diskussionspunkte besprochen werden:

- Beschreibt, was an der Auflösung überraschend für euch ist.
- Wer spricht hier über wen? Überlegt, welche gesellschaftliche Perspektive in den Zitaten eingenommen wird. Sammelt Aspekte, die diese Perspektive kennzeichnen.
- Wie ist das heute bei uns? Ihr dachtet, es wird über andere Gruppen gesprochen. Beschreibt, durch welche Aspekte der gesellschaftliche Blick auf diese Gruppen gekenn-

zeichnet ist und wer diese Perspektive in unserem Alltag einnimmt.

- o Wie war das in euren Diskussionsgruppen? Reflektiert, welche Perspektiven (nicht) geäußert wurden und welche sich wie und warum (nicht) durchgesetzt haben.

■ Kommentar

Zuschreibungen und ihre Entstehung

Gewissheiten und Normalitätsvorstellungen hinterfragen lernen

Die Übertragbarkeit von Zuschreibungen wird von den Teilnehmenden durch den Abgleich ihrer Einschätzungen – über wen in den Zitaten gesprochen wird – mit den Originalzitaten erfahren. Die Diskrepanz zwischen Annahme und Realität sollte dazu genutzt werden, deutlich zu machen, dass viele Zuschreibungen und Vorurteile an Folge- und Begleitprozesse von Migrationsbedingungen und Integrationsmaßnahmen geknüpft sind und nicht an eine bestimmte ethnische oder nationale Gruppe. Zuschreibungen sagen aus diesem Grund auch mehr über diejenigen aus, die Zuschreibungen vornehmen, als über diejenigen, denen etwas zugeschrieben wird. In der Auseinandersetzung mit Zuschreibungen sollte deshalb stets die Frage im Vordergrund stehen: „Warum habe ich bzw. existiert in unserer Gesellschaft dieses Bild von diesen oder jenen?" Gewissheiten und Normalitätsvorstellungen lohnen sich immer hinterfragt zu werden.

Die Übertragbarkeit von Zuschreibungen anerkennen lernen

Im Falle der Zitate wird v. a. etwas über die Ängste der Aufnahmegesellschaft sowie über die sozialen und gesellschaftlichen Rahmenbedingungen für Migration und Integration ausgesagt. Nicht umsonst wird die Charakterisierung deutscher Überseeauswanderer|innen von Benjamin Franklin aus dem 18. Jahrhundert für ein aktuelles Zitat zur Situation von Deutsch-Türken gehalten oder die Beschwerden von schweizerischen Internetuser|innen über deutsche Einwanderer|innen für die Aussprüche verärgerter Deutscher über osteuropäische Arbeitnehmende. Die Zuschreibungen sind zeit- und ethnizitätslos. Sie können auf x-beliebige Gruppen übertragen werden, jedoch werden sie v. a. allem an Gruppen vergeben, die in einer Gesellschaft Positionen und Privilegien einfordern (könnten), die von den Positionsinhabenden bzw. Privilegienträger|innen nicht geteilt werden wollen. Aus diesem Grund versuchen die Auswertungsfragen den Blick der Teilnehmenden auf die Mehrheit zu richten, deren Perspektive das gesellschaftliche Bild von Minderheiten prägt.

Zuschreibungen im eigenen Lebensumfeld

Die Relativität von Fremd- und Selbstbildern erkennen

Wichtig für das Erkennen der Übertragbarkeit von Zuschreibungen ist, dass die Teilnehmenden einen direkten Bezug zu sich herstellen können. Aus diesem Grund beziehen sich die ausgewählten Zitate ausschließlich auf den deutschen Kontext. Würden sich die Zitate auf andere Nationen beziehen, denen unerwartete Rollen und Zuschreibungen zugewiesen werden, würde der Fokus erneut auf ‚Anderen' liegen, wodurch die Thematisierung des ‚Wir' ausgespart werden kann. Manche Teilnehmende wissen nicht, dass Deutschland in der Vergangenheit ein Auswanderungsland war und dass auch heute Auswanderung üblich ist, oder was Minderheitengruppen in Deutschland zu sagen haben. Die Zitate eröffnen eine neue Perspektive, indem sie den Teilnehmenden ermöglichen, Deutsche durch die Augen einer Aufnahmegesellschaft, in der Rolle von Migrant|innen kennenzulernen. Dieser Perspektivwechsel ermöglicht neue Bewertungsmaßstäbe, da das eigene ‚Wir' als infrage gestelltes ‚Die' außerhalb der deutenden und die Norm bestimmenden ‚Wir'-Gruppe erfahrbar wird.

Zuschreibungen durchschauen lernen

Die Ähnlichkeiten zwischen den Handlungs- und Zuschreibungspraxen aus den Zitaten und unserem alltäglichen Umfeld sollten mit den Teilnehmenden herausgearbeitet werden, um zum einen die aktuelle Relevanz der Thematik zu verdeutlichen und zum anderen, um auf das kaum offengelegte Motiv von Abgrenzung und Zuschreibung verweisen zu können: gesellschaftlicher Machterhalt und Privilegiensicherung der dominierenden Gruppe. Die Übung kann auch dazu genutzt werden, nicht nur auf Machtverhältnisse zu verweisen, sondern auch Begleiterscheinungen von Migration, wie beispielsweise die Community-Bildung oder Diskriminierungserfahrungen von Einwanderergruppen, neu zu bewerten.

Zuschreibungen im eigenen Handeln

Persönliche Verstricktheit in gesellschaftliche Machtstrukturen erfahrbar machen

Die Diskussionsrunden bieten den Teamer|innen eine gute Möglichkeit, zu beobachten, was innerhalb der Gruppe engagiert oder distanziert diskutiert wird und auf welche Weise dies geschieht. Interessante Beobachtungsfragen sind u. a.: „Welche Themen oder Aspekte werden (nicht) eingebracht?“, „Auf wen und auf welche Themen bzw. Aspekte wird in der Gruppe (nicht) eingegangen und in welcher Form?“, „Wer bzw. welche Meinungsäußerung wird zu welchem Zeitpunkt (nicht) beachtet?“, „Bilden sich homogene oder heterogene Meinungsgruppen?“ etc. Mithilfe der letzten Frage der zweiten Auswertungsrunde können die Teilnehmenden dazu angeregt werden, sich ihr eigenes Handeln während der Diskussion und dessen In-Bezug-Stehen mit Wahrnehmungs- und Deutungsgewohnheiten ins Bewusstsein zu rufen.

Diskussionen gestalten

Unsicherheiten und nicht geäußerte Meinungen sichtbar machen

Darüber hinaus sollte die abschließende Plenumsdiskussion auch dazu genutzt werden, eine offene Gesprächsatmosphäre zu unterstützen. Gerade wenn in der Plenumsdiskussion hauptsächlich Allgemeinplätze geäußert werden bzw. lediglich in eine Richtung argumentiert wird, ist es wichtig, durch Fragen oder Aufgabenstellungen den Raum für konträre Meinungen bzw. das Zulassen von Uneindeutigkeiten zu öffnen. Viele Teilnehmende trauen sich gerade zu Beginn eines Workshops nicht, gegen Gruppenmeinungen zu sprechen oder Fragen bzw. Unsicherheiten zu äußern. Erst durch die Akzeptanz von Unsicherheiten und Nicht-Wissen sowie die Auseinandersetzung mit Gegenmeinungen und die Erprobung der eigenen Meinung werden Reflexionsprozesse angeregt, v. a. wenn die Anregung aus der eigenen Teilnehmendengruppe bzw. Peergroup kommt. Gegebenenfalls kann es auch hilfreich sein, die Aussagen der Teilnehmenden zugespitzt in die Diskussion einzubringen, um sie an die Grenzen ihrer Argumentationen heranzuführen und Haltungen zu hinterfragen.

Arbeitsanweisung

Überlegt, wer hier über wen oder was spricht Ihr müsst euch auf eine Antwort einigen. Diskutiert außerdem, warum die Person sich auf diese Weise äußert.

Zitate mit Auslassungen

- Zitat 1

„Diejenigen, die hierher kommen, sind im Allgemeinen von der ignorantesten, dümmsten Sorte ihrer Nation. (...) Nicht an die Freiheit gewöhnt, wissen sie nicht von ihr Gebrauch zu machen. (...) Ihre Freiheit scheinen sie [nur] beim Beschimpfen und Beleidigen ihrer Lehrer fühlen zu können. (...) Sie haben ihre eigene Zeitung (...) – Anstatt dass sie unsere Sprache lernen, müssen wir die ihre lernen oder wie in einem fremden Land leben. Schon jetzt meiden Einheimische bestimmte Wohngegenden, die von den XXX eingekreist sind, weil sie sich dort (...) nicht mehr wohlfühlen. In Zukunft werden womöglich ganze Scharen ihre Wohngegenden aus demselben Grund verlassen."

MATERIAL

- Zitat 2

„XXX Frauen haben zwar theoretisch bessere berufliche Entfaltungsmöglichkeiten als zu Hause, können diese aber nur begrenzt wahrnehmen, weil die Tätigkeit verheirateter Frauen nicht mit dem traditionellen Rollenverständnis in Einklang zu bringen ist, das sich erst mit der Zeit den XXX Verhältnissen anpasst."

- Zitat 3

„Vor fünf Jahren kündigte mir meine Firma und stellte billigere XXX an. (...) – Die (...) sind gut ausgebildet und arbeiten gut, wenn sie dann noch bereit sind, für weniger Geld zu arbeiten, dann sieht es schlecht für uns aus. Allein im Pflegebereich gibt es ja teilweise nur noch XXX. – Außerdem nervt mich, dass sie kaum mit einem reden – selbst wenn ich auf sie zugehe, gibt es kaum Kontakte."

- Zitat 4

„Dieses Land befindet sich im Aufbruch und viel Unsicherheit und Angst ist zu spüren. Wir müssen endlich aufstehen und für unsere Rechte einstehen und notfalls dafür kämpfen. Jemand von uns muss endlich auf die Missstände, die uns bewegen, aufmerksam machen und Lösungsansätze formulieren (...) [denn] die Jugend übernimmt oft unreflektiert negative Einflüsse. Aber Dinge sind veränderbar, jeder von uns kann etwas bewegen. Wir schreiben unsere Geschichte selber! Und: wir müssen lokal handeln – hier in XXX!"

Vollständige Zitate mit Quellen

- Zitat 1

Benjamin Franklin an James Parker: Securing the Friendship of the Indians, 20.3.1751. URL: http://www.historycarper.com/category/letters/, letzter Zugriff am: 10.10.2013.//Benjamin Franklin an Peter Collinson: The Support of the Poor, 9.5.1753. URL: http://www.historycarper.com/category/letters/, letzter Zugriff am: 10.10.2013.

„Diejenigen, die hierher kommen, sind im Allgemeinen von der ignorantesten, dümmsten Sorte ihrer Nation. (...) Nicht an die Freiheit gewöhnt, wissen sie nicht von ihr Gebrauch zu machen. (...) Ihre Freiheit scheinen sie [nur] beim Beschimpfen und Beleidigen ihrer Lehrer fühlen zu können. (...) Sie haben ihre eigene Zeitung (...)" (Franklin 1753) – „Anstatt dass sie un-

sere Sprache lernen, müssen wir die ihre lernen oder wie in einem fremden Land leben. Schon jetzt meiden Einheimische bestimmte Wohngegenden, die von den DEUTSCHEN eingekreist sind, weil sie sich dort (...) nicht mehr wohlfühlen. In Zukunft werden womöglich ganze Scharen ihre Wohngegenden aus demselben Grund verlassen." (Franklin 1751)

- Zitat 2

Brunner, Bernd (2011): Der große Aufbruch, Deutsche Massenmigration. In: ZEIT Geschichte 03/2011. URL: http://www.zeit.de/zeit-geschichte/2011/03/Massenauswanderung, letzter Zugriff am: 11.6.2014.

„DEUTSCHE Frauen haben zwar theoretisch bessere berufliche Entfaltungsmöglichkeiten als zu Hause, können diese aber nur begrenzt wahrnehmen, weil die Tätigkeit verheirateter Frauen nicht mit dem traditionellen Rollenverständnis in Einklang zu bringen ist, das sich erst mit der Zeit den AMERIKANISCHEN Verhältnissen anpasst."

- Zitat 3

Sammlung von Kommentaren Schweizer Internetuser über Deutsche in der Schweiz: Reto Hugentobler, Samuel Rafique, Bruno Schurtenberger [alles User-Namen, es besteht keine Garantie für die Richtigkeit der Namen] (2007), zit. n.: RP online (o. J.): Das sagen Schweizer über Deutsche. URL: http://www.rp-online.de/panorama/ausland/das-sagen-schweizer-ueber-deutsche-1.1914708, letzter Zugriff am: 10.10.2013.

„Vor fünf Jahren kündigte mir meine Firma und stellte billigere DEUTSCHE an." (Hugentobler 2007) – „Die (...) sind gut ausgebildet und arbeiten gut, wenn sie dann noch bereit sind, für weniger Geld zu arbeiten, dann sieht es schlecht für uns aus." (Rafique 2007) – „Allein im Pflegebereich gibt es ja teilweise nur noch DEUTSCHE." (Schurtenberger 2007) – „Außerdem nervt mich, dass sie kaum mit einem reden – selbst wenn ich auf sie zugehe, gibt es kaum Kontakte." (Rafique 2007)

- Zitat 4

Adé Odukoya über das Anliegen von Brothers Keepers e. V., zit. n.: Movienet (o. J.): Yes I Am, Presseheft, S. 15. URL: http://www.movienetfilm.de/yesIAm/PresseheftYESIAM!.pdf, letzter Zugriff am: 4.6.2014.

„Dieses Land befindet sich im Aufbruch und viel Unsicherheit und Angst ist zu spüren. Wir müssen endlich aufstehen und für unsere Rechte einstehen und notfalls dafür kämpfen. Jemand von uns muss endlich auf die Missstände, die uns bewegen, aufmerksam machen und Lösungsansätze for-

mulieren (...), [denn] die Jugend übernimmt oft unreflektiert negative Einflüsse. Aber Dinge sind veränderbar, jeder von uns kann etwas bewegen. Wir schreiben unsere Geschichte selber! Und: wir müssen lokal handeln – hier in DEUTSCHLAND!"

Hintergrundinformationen

- Zitat 1 und 2

Bereits im 18. Jahrhundert bildeten Menschen deutscher Herkunft in den britischen Kolonien eine der größten Einwanderer|innengruppen. Aufgrund ihrer sprachlichen und kulturellen Verbundenheit zu ihrer Heimat lösten sie bei der britischstämmigen Bevölkerung Ängste vor Einflussverlust und Überfremdung aus. Diese Ressentiments flammten anlässlich der Masseneinwanderung in den 1840er und 1850er Jahren erneut auf. Die Anzahl ethnischer Enklaven, in denen die deutschstämmige Bevölkerung über 80 Prozent ausmachte, nahm zu. In der zweiten Hälfte des 19. Jahrhunderts bildeten Deutsche die größte Einwanderer|innengruppe in amerikanischen Städten und in der Landwirtschaft. Unter den deutschen Einwanderer|innen war die Anzahl der Landbesitzer|innen bereits 1850 höher als unter Anglo-Amerikaner|innen. Dies lag jedoch auch daran, dass deutsche Einwanderer|innen die schlechteren Lebensbedingungen des Landlebens akzeptierten. Deutsch-amerikanische Kinder wurden überproportional häufig und konsequent in die harte Feldarbeit miteinbezogen, dies ging u. a. zulasten ihrer Schulbildung. Mit der Einwanderung der hochgebildeten Revolutionsflüchtlinge von 1848 blühte das deutsche Zeitschriftenwesen in den USA erneut auf. Zwischenzeitlich wurden vier Fünftel der nicht-englischsprachigen Zeitschriften in deutscher Sprache gedruckt. Deutsche Einwanderer|innenkinder der zweiten Generation gaben seltener Englisch als ihre Muttersprache an als die Kinder der meisten anderen Einwanderer|innengruppen.

Quelle:
Kampfhoefner, Walter D. (1999): Deutsch-Amerikaner: Musterknaben der Einwanderung? In: IMIS-Beiträge 12/1999, S. 37-50. URL: www.imis.uni-osnabrueck.de/fileadmin/4_Publikationen/PDFs/imis12.pdf, letzter Zugriff am: 7.10.2014.

- Zitat 3

Infolge des 2002 in Kraft getretenen Freizügigkeitsabkommens (volle Freizügigkeit ab 2007) hat sich 2002 bis 2009 die Anzahl deutscher Staatsbürger|innen in der Schweiz verdoppelt: 2012 machten die Deutschen 15,6 Prozent der gesamten ausländischen Bevölkerung (insgesamt 1,8 Millionen) und 3,5 Prozent der gesamten Schweizer Bevölkerung (insgesamt 8 Millionen) aus.

Quelle:
Deutsche Botschaft Bern (o. J.): Eine Analyse der Entwicklung der deutschen Bevölkerung in der Schweiz. URL: http://www.bern.diplo.de/contentblob/3874316/Daten/3233675/AnalyseDeutsche_in_der_Schweiz.pdf, letzter Zugriff am: 7.10.2014.

- Zitat 4

Adé Odukoya aka Adé Bantu ist Musiker, Produzent und war Vereinsvorsitzender von Brothers Keepers e. V., einem Zusammenschluss von Künstler|innen, die sich für die gesellschaftliche Wahrnehmung der Anliegen deutscher Schwarzer bzw. Schwarzer in Deutschland einsetzten. Der Verein wurde aufgrund der brutalen Ermordung von Alberto Adriano im Jahr 2000 gegründet. Die Single „Adriano – letzte Warnung" und das Album „Lighthouse" entstanden in Erinnerung an Alberto Adriano, der aufgrund seiner schwarzen Hautfarbe von Neonazis ermordet wurde. Den Erlös erhielten die Witwe und die drei Kinder des Ermordeten (vgl. Movienet o. J., 15). Laut der Initiative Schwarzer Menschen in Deutschland e. V. lebten in Deutschland 2008 ca. 500.000 Afrodeutsche (vgl. Smith 2008). Genaue Zahlen gibt es nicht, da in Deutschland zum einen ethnische Zugehörigkeiten nicht erfasst werden und zum anderen das Attribut ‚schwarz' nicht definiert werden kann. Im Allgemeinen gehören zu Afrodeutschen aber eingebürgerte Einwanderer|innen mit Wurzeln in Afrika und ihre Nachkommen. Viele Afrodeutsche haben auch einen weißen Elternteil. Berücksichtigt man auch die Anzahl von Schwarzen in Deutschland ohne deutschen Pass, müsste die Zahl noch um einiges höher sein. Eine erste größere Zahl von Einwanderungen aus Afrika gab es bereits im deutschen Kaiserreich während der Kolonialzeit. Vor allem Männer kamen als Bedienstete, zur Ausbildung oder über ihre Anstellung auf Schiffen, die das Kaiserreich mit den afrikanischen Kolonien verbannt. Viele blieben für den Rest ihres Lebens, arbeiteten und gründeten Familien in Deutschland (vgl. Oguntoye 2004, 1).

Quellen:
Movienet (o. J.): Yes I Am. Presseheft. URL: http://www.movienetfilm.de/yesIAm/PresseheftYESIAM!.pdf, letzter Zugriff am: 4.6.2014.
Oguntoye, Katharina (2004): Afrikanische Zuwanderung nach Deutschland zwischen 1884 und 1945. URL: http://www.bpb.de/gesellschaft/migration/afrikanische-diaspora/59383/zuwanderung-1884-1945?p=0, letzter Zugriff am: 4.6.2014.
Smith, David Gordon (2008): ‚Uncle Barack's Cabin': German Newspaper Slammed for Racist Cover. In: Spiegel online. URL: http://www.spiegel.de/international/germany/uncle-barack-s-cabin-german-newspaper-slammed-for-racist-cover-a-557861.html, letzter Zugriff am: 4.6.2014.

Chancengleichheit?

■ Quellen

LeB|in|MiG in Anlehnung an:

- DGB-Bildungswerk Thüringen e. V. (2008): Baustein zur nicht-rassistischen Bildungsarbeit. 3., teilw. überarbeitete Auflage, S. 61-64. URL: http://baustein.dgb-bwt.de/PDF/B3-ImRichtigenLeben.pdf, letzter Zugriff am: 26.3.2014.
- Handschuck, Sabine/Klawe, Willy (2010): Interkulturelle Verständigung in der Sozialen Arbeit. Ein Erfahrungs-, Lern- und Übungsprogramm zum Erwerb interkultureller Kompetenz, 3. Auflage. Weinheim, S. 308-309.

■ Ziele

- Sensibilisierung für andere Lebensperspektiven
- Wahrnehmung der Pluralität und Diversität von Lebensmodellen in einer Gesellschaft
- Auseinandersetzung mit gesellschaftlichen Inklusions- und Exklusionsmechanismen
- Erkennung gesellschaftlicher Dominanzmechanismen
- Sensibilisierung für gesellschaftliche Macht- und Ungleichheitsverhältnisse

■ Zeit

50–60 Minuten

■ Ablauf

Aufgabenbeschreibung

Die Teilnehmenden stehen in einem großen Kreis und erhalten eine Rollenkarte. Die Teamer|innen stellen entsprechende Fragen. Wenn die Teilnehmenden diese Fragen mit ja beantworten können, müssen sie einen Schritt in Richtung Kreismitte machen. Bei Fragen, die mit nein beantwortet werden, müssen die Teilnehmenden auf der Stelle stehen bleiben.

Wenn der Raum nicht ausreichend Platz für einen größeren Kreis bietet, können sich die Teilnehmenden an der Wand entlang aufstellen und sich in Richtung der gegenüberliegenden Wand bewegen.

Die Teilnehmenden erfahren während der Übung nicht die Rollen der anderen Teilnehmenden.

Auswertung

HINWEIS: Die Fragen sind im Plural formuliert, können dennoch selbstverständlich je nach Konstellation auch an einzelne Teilnehmenden gerichtet werden.

Die Auswertung erfolgt zunächst noch aus den Rollen heraus, während die Teilnehmenden im Raum verteilt sind. Die Teamer|innen stellen folgende Fragen an die Teilnehmenden:

- o Wie viele Schritte seid ihr insgesamt gelaufen? (An die Teilnehmenden, die sich gar nicht bis unwesentlich von ihrer Ausgangsposition entfernt haben.)
- o Wart ihr euch sicher bei den Schritten oder habt ihr gezögert? (An die Teilnehmenden, die sich gar nicht bis unwesentlich von ihrer Ausgangsposition entfernt haben.)
- o Wisst ihr noch, wie viele Schritte ihr gelaufen seid? (An die Teilnehmenden ganz in der Mitte oder, bei einer anderen Spielvariante, an die Teilnehmenden ganz vorne.)
- o Wie oft habt ihr gezögert, ob ihr den Schritt tun könnt? (An die Teilnehmenden ganz in der Mitte/ganz vorne.)
- o Wisst ihr noch, wie oft ihr bei einem Schritt gezögert habt? (An die Teilnehmenden auf dem halben Weg zur Mitte/nach vorn.)
- o Stellt bitte eure Rollenkarten vor und sagt, welche/s Attribut/e euch am Fortkommen gehindert hat/haben und welche/s euch geholfen hat/haben. (An die Teilnehmenden auf dem halben Weg zur Mitte/nach vorn.)
- o Stellt bitte auch eure Rollenkarten vor. Welche/s Attribut/e hat/haben euch gehemmt? (An die Teilnehmenden, die

sich gar nicht bis unwesentlich von ihrer Ausgangsposition entfernt haben.)

- Stellt bitte auch eure Rollenkarten vor. Welche/s Attribut/e war/en für euch wichtig, um vorwärts zu kommen? (An die Teilnehmenden in der Mitte/vorne.)

Danach werden die Rollen abgelegt und die Teilnehmenden finden sich im Stuhlkreis wieder. Es erfolgt eine abschließende Diskussion über die Übung. Die Teamer|innen können dabei folgende ‚Aufgaben'/Fragen stellen:

HINWEIS: Durch die Zusammenfassung in Zweier-Teams soll sichergestellt werden, dass alle gleichermaßen die Möglichkeit bekommen, sich zu den Diskussionsfragen zu äußern. Je nach der Zielsetzung des Workshops können andere Auswertungsformen gewählt werden.

- Beschreibt, welchen Eindruck die Übung bei euch hinterlassen hat. Was war für euch die wichtigste/interessanteste/krasseste/merkwürdigste Erkenntnis aus der Übung? Diskutiert das mit eurem|r Nachbarn|in. (Danach ein oder zwei der zweier Teams zusammenfassen lassen, was sie besprochen haben.)
- Welche Erkenntnisse, Gedanken, Schlussfolgerungen etc. aus dieser Übung findet ihr für euch als künftige Lehrer|innen wichtig? Diskutiert das mit eurem|r Nachbarn|in. (Danach ein oder zwei der Zweier-Teams zusammenfassen lassen, was sie besprochen haben.)

■ Kommentar

Diese Übung ist mittlerweile sehr gut bekannt und lässt sich in verschiedensten Variationen in Materialien zum interkulturellen Lernen, Trainingsprogrammen etc. finden. Je nach Zielsetzung des Workshops und Zusammensetzung der Gruppe kann die Übung modifiziert, die Rollenkarten können ergänzt oder reduziert werden usw.

Vorteile der Übung

Diskriminierende gesellschaftliche Mechanismen offenlegen

Die Popularität dieser Übung lässt sich dadurch erklären, dass darin gesellschaftliche Mechanismen sehr gut veranschaulicht werden, die unabhängig vom persönlichen Engagement oder dem ‚guten Willen' des|r Einzelnen funktionieren und das Vorankommen der Menschen mit bestimmten Zugehörigkeiten fördern oder behindern. Mit anderen Worten trägt die Übung dazu bei, die in der Gesellschaft übliche Vorstellung von Deutschland als Land der unbegrenzten Möglichkeiten für alle Engagierten und Aktiven zu revidieren.

Rechtlicher Status und sexuelle Orientierung sind Diskriminierungsfaktoren, die oft vergessen werden.

Weiterhin macht die Übung auf Faktoren aufmerksam, die oft bei den Diskussionen rund um die Migration und Interkulturalität in Deutschland übersehen werden. Ein Beispiel hierfür wäre der rechtliche Status: Die Übung zeigt, dass selbst gut gebildete, perfekt deutschsprechende Personen erhebliche Schwierigkeiten in Deutschland haben können, wenn ihr Aufenthaltsstatus nicht gesichert ist. Ein anderes Beispiel wäre die sexuelle Orientierung: die Vorstellung der prinzipiellen Gleichbehandlung von hetero-, bi- und homosexuellen Menschen hält sich in Deutschland ziemlich hartnäckig, kann dennoch bei diesem Spiel durch die unmittelbare Konfrontation mit einer realitätsnahen Situation (z.B. Küssen in der Öffentlichkeit) revidiert werden.

Nachteile der Übung

Problematisch bei der Übung: vereinfachte Darstellung von sozialen Gruppen

Die Nachteile dieser Übung sind eng verbunden mit ihren Stärken. So kann es sein, dass gerade die Veranschaulichung von struktureller Diskriminierung bestimmter Gruppen zu einem allgemeinen Eindruck beiträgt, dass individuelle Bemühungen nie gegen das mächtige Diskriminierungssystem ankommen können. In diesem Fall sollten die Teamer|innen den Teilnehmenden klarmachen, dass das gesellschaftliche

Vorankommen von Individuen durch eine Summe von vielen verschiedenen und auch je nach Situation unterschiedlich wirkenden Faktoren beeinflusst wird, sodass es sehr schwierig ist, Prognosen bezüglich der individuellen Erfolgschancen zu machen. Die Zugehörigkeiten zu bestimmten Gruppen haben einen großen Einfluss auf das Individuum – aber eben nicht immer einen entscheidenden. So kann man behaupten, dass behinderte Menschen allgemein in ihrer Reisefreiheit mehr eingeschränkt sind als Menschen ohne Behinderung – das bedeutet aber nicht zwingend, dass sie größere Reisen nicht machen können. Und gerade hier liegt eine weitere Schwierigkeit dieser Übung: Durch die vereinfachte und in gewisser Weise plakative Darstellung können Stereotype über bestimmte gesellschaftliche Gruppen reproduziert bzw. verstärkt werden. So sieht man an dem bereits erwähnten Beispiel der Menschen mit Behinderung, wie schwierig es ist, sich als Teilnehmende|r für ein eindeutiges Ja oder Nein zu entscheiden – dennoch zwingt die Aufgabenstellung eine|n dazu. Folglich müssen die Teilnehmenden auf ihr (stereotypes) Wissen zurückgreifen, damit die Übung weitergeht. Das Vorhandensein von solchem Wissen bei den Teilnehmenden ist also die zwingende Bedingung für das Gelingen der Übung – und erst durch die Reproduktion von Stereotypen bzw. von fest verankertem Allgemeinwissen wird das Ziel der Übung erreicht.

Verständnis von Etablierten und Außenseiter|innen analysieren

Eine weitere Gefahr liegt darin, dass durch diese Übung eine bestimmte Vorstellung von Kriterien suggeriert werden kann, die man erfüllen muss, um in der Gesellschaft als etabliert zu gelten. Mit anderen Worten könnten die Teilnehmenden den Eindruck bekommen, dass es objektiv ‚besser' ist, jung, wohlhabend, männlich, heterosexuell und körperlich bzw. psychisch völlig gesund zu sein (denn da kommt man ja voran!). Es soll deshalb in der nachfolgenden Auswertung unbedingt thematisiert werden, dass diese Vorstellung von Normalität nichts mit dem, was tatsächlich für eine Person ‚gut' oder ‚schlecht' ist, zu tun hat, sondern durch das gesellschaftliche Wertesystem geprägt und definiert wird.

Fazit für die Teamer|innen

Wichtig: Vor dem Einsatz die Übung daraufhin prüfen, ob sie für die jeweilige konkrete Teilnehmenden-Gruppe geeignet ist

Als Teamer|in sollte man sich genau überlegen, ob diese Übung für die jeweilige konkrete Teilnehmenden-Gruppe passend ist. Die Teamer|innen sollten ihre Gruppe gut kennen bzw. die unterschiedliche gesellschaftliche Privilegienverteilung in der Gruppe und deren Einfluss auf die Interaktion der Teilnehmenden untereinander beachten und anhand bisheriger Erfahrungen in der Arbeit mit dieser Gruppe auch prognostizieren können, wie sie auf problematische Situationen reagieren können, die sich evtl. bei der Durchführung dieser Übung ergeben. Bei einer Gruppe, deren Teilnehmende offen in Bezug auf eigene Diskriminierungserfahrungen bzw. Privilegien sind, bei der gegenseitiger Respekt und Sensibilität gegenüber anderen herrschen, könnte diese Übung gut funktionieren. Bei einer Gruppe hingegen, in der es Spannungen gibt oder Teilnehmende, die sich durch die Aufarbeitung bestimmter Rollen verletzt fühlen können, sollte man sich evtl. nach anderen Übungen umschauen, die das Thema ‚Diskriminierung' zum Schwerpunkt haben.

Rollenkarten	
Ein 32-jähriger schwuler Mathe- und Sportlehrer, der der Liebe wegen seit einigen Monaten in Deutschland lebt. Ledig, keine Kinder, schwedische Staatsbürgerschaft, spricht Schwedisch, etwas Dänisch, Englisch und Deutsch.	Eine 37-jährige kasachische Staatsbürgerin, die als Deutschlehrerin in Kasachstan gearbeitet hat, lebt der Liebe wegen seit einem Jahr in Deutschland. Verheiratet, eine Tochter, spricht Kasachisch, Russisch, Deutsch und etwas Englisch.
Eine 17-jährige Abiturientin, die aus Glaubensgründen ein Kopftuch trägt. Ledig, kinderlos, noch die deutsche und türkische Staatsbürgerschaft, spricht Deutsch, Türkisch und Englisch.	Eine 42-jährige verbeamtete Französisch- und Musiklehrerin. Geschieden, zwei Kinder, deutsche Staatsbürgerschaft, spricht Deutsch, Französisch und etwas Spanisch.
Ein 63-jähriger Schuldirektor. Verheiratet, ein Sohn, deutsche Staatsbürgerschaft, spricht Deutsch, ein wenig Englisch und ein paar Brocken Türkisch.	Ein 26-jähriger Absolvent einer deutschen Hochschule auf Arbeitssuche. Ledig, keine Kinder, ghanaische Staatsbürgerschaft, spricht Hausa, Ewe, Akan, Englisch, Fanti und Deutsch.
Ein 35-jähriger Bauingenieur, der wegen fehlender Anerkennung erneut ein Studium des Bauingenieurwesens aufgenommen hat. Verheiratet, zwei Kinder, iranische und deutsche Staatsbürgerschaft, spricht Farsi, Englisch und Deutsch.	Eine 45-jährige schwerbehinderte Hausfrau, die vor dem Kosovokonflikt mit ihrer Familie 2006 nach Deutschland geflüchtet ist und seitdem geduldet wird. Verheiratet, vier Kinder, staatenlos, spricht Albanisch, Romani, ein wenig Serbisch, Bosnisch und etwas Deutsch.
Ein 17-jähriger Hauptschüler, der vorbestraft ist. Ledig, kinderlos, noch die deutsche und marokkanische Staatsbürgerschaft, spricht Deutsch, Mazirisch, marokkanisches Arabisch, ein wenig Türkisch, etwas Englisch und versteht Französisch.	Eine 20-jährige ledige Jurastudentin ohne Migrationshintergrund, spricht Deutsch, Englisch und Französisch. Sitzt im Rollstuhl.

Eine 22-jährige Punkerin, die auf eine Berufsoberschule geht, um ihr Abitur nachzuholen. Jobbt als Barkeeperin in einer Kneipe, um etwas Geld für das mögliche künftige Studium anzusparen. Ledig, kinderlos, spricht Deutsch und etwas Englisch.	Ein 55-jähriger geschiedener Vorstand eines großen Bauunternehmens, ohne Migrationshintergrund, zwei Kinder. HIV-Positiv. Spricht Deutsch, Englisch und etwas Russisch.
Ein 27-jähriger Asylbewerber aus Pakistan, ledig, von Beruf Zimmerer, keine Arbeitserlaubnis für Deutschland. Spricht Urdu, Englisch und ein paar Brocken Deutsch.	Eine 42-jährige schwarze Französisch- und Musiklehrerin an einer privaten Schule. Verheiratet, deutsche Staatsbürgerschaft, zwei Kinder, spricht Deutsch, Französisch und Englisch.
Eine 20-jährige Auszubildende ohne Migrationshintergrund, die schlechte Chancen auf eine Übernahme hat. Ledig, ohne Kinder, spricht Deutsch und etwas Englisch.	Eine 75-jährige Rentnerin ohne Migrationshintergrund, verwitwet, ein Kind und zwei Enkel, engagiert sich ehrenamtlich bei einem Kunstverein. Spricht Deutsch und etwas Englisch.
Ein 39-Jähriger Kommunalpolitiker ohne Migrationshintergrund, der in seiner Kommune sehr beliebt ist. Verheiratet, ein Kind, spricht Deutsch, Englisch und etwas Spanisch.	Ein 32-jähriger Pop-Sänger aus der Türkei, der seit einiger Zeit in Deutschland lebt, mittlerweile schon einige Hits produziert hat und immer berühmter wird. Ledig, keine Kinder, spricht Türkisch, Englisch und etwas Deutsch.

Bewegungsfragen

- Kannst du deinen Wohnort in Deutschland frei aussuchen?
- Du bist auf eine Party eingeladen, auf der du fast niemanden kennst, und versuchst, einen Small Talk mit ein paar Leuten anzufangen. Kannst du ohne Weiteres davon ausgehen, dass sich das Gespräch hauptsächlich NICHT um deine Herkunft/deinen Glauben/deine sexuelle Orientierung oder dein Äußeres drehen wird, wenn du das Thema nicht selbst einbringst?
- Kannst du bei einer Bewerbung davon ausgehen, dass deine Ausbildung, deine Arbeitserfahrung und deine Kompetenzen sowie deine Sprachkenntnisse und Auslandaufenthalte entsprechend berücksichtigt werden?

- Kannst du damit rechnen, im Falle von Arbeitslosigkeit mit Vorrang vor anderen Arbeitslosengruppen durch das Arbeitsamt vermittelt zu werden?
- Du willst mit deiner Familie in einem gehobenen Restaurant Geburtstag feiern. Kannst du damit rechnen, dass du dort entsprechend dem Restaurantniveau empfangen und bedient wirst?
- Du suchst dringend eine Wohnung in einer von Studierenden und Arbeitenden beliebten Stadt. Kannst du annehmen, dass du bei der Wohnungssuche zu den Personen gehörst, die von den Vermieter|innen in die engere Auswahl genommen werden?
- Deine Freunde wollen eine Weltreise unternehmen. Kannst du dich ihnen ohne größere Schwierigkeiten anschließen?
- Kannst du davon ausgehen, dass du bei einem Bewerbungsgespräch die gleichen Chancen hast wie andere Bewerber|innen mit vergleichbaren Qualifikationen?
- Kannst du eine Lebensversicherung abschließen?
- Kannst du ein Kredit zur Renovierung der Wohnung bekommen?
- Du betrachtest ein paar hübsche Schmucksachen in einem Juwelierladen. Kannst du davon ausgehen, dass du wie ein|e potenzielle|r Kunde|in behandelt wirst bzw. dass dir die Verkäufer|innen nicht die ganze Zeit auf die Finger schauen werden?
- Du bist mit der aktuellen politischen Situation in Deutschland unzufrieden. Hast du eine Möglichkeit, konkret zu einer Veränderung der Situation z. B. durch Teilnahme an Wahlen auf der Kommunal-, Landes- oder Bundesebene beizutragen?
- Kannst du deinen Arbeitsplatz innerhalb der EU frei wählen, ohne dass du ein Visum und ähnliches beantragen musst?
- Kannst du davon ausgehen, dass du nicht unverhältnismäßig oft von der Polizei am Bahnhof kontrolliert wirst?
- Kannst du offen und problemlos deine Religion leben?
- Kannst du deine|n Partner|in offen und unbekümmert auf der Straße küssen?
- Kannst du im Allgemeinen sicher sein, von Sprüchen, die dein (angebliches) Anderssein betonen („Bei EUCH ist das doch so und so ...", „Das trifft ja auf dich nicht zu, du bist doch anders ..." etc.) verschont zu bleiben?
- Eine Organisation schreibt eine Stelle als Sprachmittler|in aus und sucht Menschen mit den Kenntnissen des Türkischen, Arabischen, Albanischen und Urdu. Kannst du dich um diese Stelle bewerben?
- In deiner Wohngegend wird ein Park neu gestaltet. Bürgerbeteiligung ist erwünscht. Hast du die Chance, auf die Gestaltung Einfluss zu nehmen?

Bürgerentscheid

■ Quelle

LeB|in|MiG in Anlehnung an: DGB-Bildungswerk Thüringen e. V. (2008): Bausteine zur nicht-rassistischen Bildungsarbeit, 3. Auflage. Erfurt, S. 72 ff. URL: http://baustein.dgb-bwt.de/PDF/B3-Reise.pdf, letzter Zugriff am: 26.3.2014.

■ Ziele

- Sensibilisierung für andere Lebensperspektiven
- Wahrnehmung der Pluralität und Diversität von Lebensmodellen in einer Gesellschaft
- Auseinandersetzung mit gesellschaftlichen Inklusions- und Exklusionsmechanismen
- Sensibilisierung für gesellschaftliche Macht- und Ungleichheitsverhältnisse

TIPP: Guter Einstieg für erste Überlegungen zu der Frage, was eine gesellschaftlich gerechte Entscheidung ausmacht und welche Schritte für die Umsetzung nötig sind (s. z. B. Übung *Strategienwerkstatt, S. 365).*

■ Zeit

ca. 60 Minuten

■ Ablauf

Aufgabenbeschreibung

Den Teilnehmenden wird eine fiktive Projektidee vorgelegt, über die sie mithilfe von Rollenkarten diskutieren und abstimmen sollen. Zunächst wird die Situationsbeschreibung an die Teilnehmenden ausgegeben und sie erhalten die Möglichkeit, Rückfragen zu stellen. Danach werden die Rollenkarten verteilt. Die Teilnehmenden erhalten vorab Zeit, um sich mit ihrer Rolle bekannt zu machen und zu überlegen, welche Position sie wohl gegenüber dem Projekt einnehmen würden. Sie können auch Bündnisse eingehen. Zur Strategieentwicklung sollten sie dann ebenfalls etwas Zeit erhalten. Im Anschluss daran sollen sich die Teilnehmenden noch eine kurze Vorstellung für ihre Rollen überlegen. Der Text darf nicht einfach von den Rollenkarten abgelesen werden! Die

VARIANTE: Bei größeren Gruppen bildet ein Teil der Teilnehmenden das Publikum und beobachtet die Diskussion.

Teamer|innen übernehmen die Moderation der Rollendiskussion, angepasst an die Situationsbeschreibung. Ist die Diskussion beendet, wird über das Projekt abgestimmt.

Auswertung

VARIANTE: Wichtige Diskussionsergebnisse und persönliche Erkenntnisse können von den Teilnehmenden in Briefform festgehalten und nach dem Seminar an sie verschickt werden.

Bevor die Teilnehmenden wieder im Plenum zusammenkommen, stehen die Diskutant|innen gemeinsam mit den Teamer|innen auf, um sich ordentlich zu schütteln und dadurch symbolisch ihre Rollen abzulegen. Danach werden die Diskussion, die Abstimmung und die Machtverteilung innerhalb der Gruppe noch einmal besprochen und reflektiert. Folgende Diskussionspunkte können hierbei hilfreich sein:

- Beschreibt, wie leicht/schwer es euch gefallen ist, euch mit der Rolle zu identifizieren.
- Erklärt, weshalb ihr euch aus eurer Rolle heraus für oder gegen das Projekt des Bürgermeisters entschieden habt.
- Wie habt ihr die Diskussion erlebt?
- Wie habt ihr euch in eurer Rolle gefühlt?
- Sammelt mögliche Gründe, die eurer Meinung nach hinter dem Wahlergebnis stehen können.
- Was hätte passieren müssen, damit das Ergebnis anders ausgegangen wäre?
- Beschreibt, wie ihr zu dem Abstimmungsergebnis steht. Ist es gerecht?
- Überlegt, wie ein gerechtes Ergebnis aussehen könnte.
- Erläutert, inwieweit das Ergebnis eurer Meinung nach die Realität widerspiegelt.

■ Kommentar

Rollenspiele anleiten

Hemmungen anerkennen und abbauen

Gerade Rollenspiele bieten eine gute Möglichkeit, die Vielfältigkeit der Lebensrealitäten wahrzunehmen. Insbesondere die Vorbereitung der (Rollen-)Vorstellungen hilft den Teilnehmenden beim Einfindungsprozess und sollte deshalb mit ausreichend Zeit eingeplant werden. Die Hemmungen gegenüber Rollenspielen sind bei einem Teil der Teilnehmenden in der Regel dennoch sehr hoch. Es kann zwar sinnvoll sein, auch zu Beginn schüchterne Teilnehmende zu einer Rollenübernahme zu bewegen, prinzipiell sollte aber niemand gezwungen werden, an einem Rollenspiel teilzunehmen. Teilnehmende, die nicht direkt an dem Rollenspiel partizipieren, nehmen Beobachter|innenrollen ein und können dadurch wertvolle Aspekte in die Auswertung einbringen. Aus diesem Grund bietet sich unter Umständen nicht nur für größere Gruppen die Aufteilung in aktive Diskutant|innen und beobachtendes Publikum an.

Diskussionen gestalten

Motivieren und herausfordern

Die Teamer|innen können durch die Moderation der Diskussion zu einer motivierenden Stimmung beitragen, indem sie selbst die Rolle ausfüllen und an die vorgegebene Situationsbeschreibung anpassen. Gleichzeitig besteht die Aufgabe der Teamer|innen darin, auf das Diskussionsniveau zu achten. Ein reines Sprechen in Klischees oder Allgemeinplätzen sollte vermieden werden, indem die Diskutanten dazu aufgefordert werden, Stellung zu beziehen. Hilfreich kann hierbei bspw. das überspitzte Wiedergeben oder ‚Zu-Ende-Denken' von Aussagen sein. Priorität hat hierbei jedoch immer der Schutz jedes einzelnen Teilnehmenden. Niemand sollte bloßgestellt, beleidigt oder diskriminiert werden und falls dies doch passiert, muss die Situation besprochen werden. Es ist vorstellbar, die Moderation an Teilnehmende abzugeben, um ihre Erfahrungen in der Auswertung reflektieren zu können.

Macht und Ohnmacht

Gesellschaftliche Positionierungen und ihre Folgen nachempfinden

Interessant für die Auswertung der Diskussion ist v. a. die Positionierung der Teilnehmenden entlang ihrer Rollen. Relevante Differenzlinien sind erfahrungsgemäß v. a. der sozioökonomische Status und die ethnische Zuordnung der Rollen. So entscheiden sich Teilnehmende mit sozioökonomisch privilegierten Rollen tendenziell eher gegen die Projektidee. Teilnehmende mit sozioökonomisch unsicher oder prekär positionierten Rollen mit Migrationshintergrund sprechen sich dagegen eher für die Projektidee aus, während Teilnehmende mit ähnlichen Rollen ohne Migrationshintergrund sich eher gegen die Projektidee aussprechen.

Ergebnisse wie diese sind äußerst facettenreich. Zum einen wird bei einer Stimmenverteilung wie der oben beschriebenen die Diskursmacht und die soziale Macht der Mehrheit beobachtbar und nachempfindbar insbesondere für die unterlegenen Diskutanten. In der Auswertung berichten die Teilnehmenden mit entsprechenden Rollen meist über Ohnmachts- und Wutgefühle aufgrund der empfundenen Ungerechtigkeit. Eine Teilnehmerin eines LeB|in|MiG-Workshops fasst die Stimmung bspw. wie folgt zusammen: „Sozial ist gut, solange es mich nicht betrifft! Man scheitert einfach an diesem Dominanzgebaren, da kommt man nicht gegen an. Total frustrierend!“ Es lohnt sich aber auch, auf die Stimmungs- und Gefühlslagen der erfolgreichen Diskutant|innen einzugehen, da sie sich häufig des Drucks und der Macht, die sie ausgeübt haben, nicht bewusst sind bzw. diese versuchen zu rechtfertigen. Daraus können sich interessante Sekundärdiskussionen ergeben. Um dieses Potenzial der Übung voll nutzen zu können, ist die Abstimmung am Ende der Diskussion sinnvoll, da sie den Verlauf der Diskussion noch einmal manifestiert und gleichzeitig während der Diskussion eine Art Ansporn ist. Abstimmen sollten dann allerdings nur die Diskutant|innen. Die Teilnehmenden im Publikum können in einer getrennten oder zweiten Wahl abstimmen, da sie keine Rollenvorgaben zu beachten haben.

Reflexionsprozesse anregen

Selbstverortung und -reflexion innerhalb gesellschaftlicher Machtmechanismen ermöglichen

Zum anderen lässt sich danach fragen, weshalb sich wer der Meinung der privilegierten Rollen anschließt. Die Auswertung lässt sich auf mindestens zwei Ebenen durchführen: der gesellschaftlichen und der persönlichen. Im ersten Fall verbleibt man auf der Ebene der Rollen. Sollte die Diskussion wie oben beschrieben abgelaufen sein, sind bspw. folgende Fragen zu klären: Warum entscheiden sich sozial schwache Mehrheitsangehörige evtl. gegen ein Projekt, das insbesondere ihre Situation verbessern soll? Weshalb findet ggf. eine Orientierung an privilegierten Gesellschaftsschichten statt und keine Solidarisierung zwischen schwächeren Gesellschaftsmitgliedern? Im zweiten Fall geht man über die Rollen hinaus und versucht aufzudecken, weshalb die Teilnehmenden ihre Rollen so ausgeführt haben, wie sie es getan haben: Gab es wirklich keine Eigenschaften in den Rollenbeschreibungen, die auch eine andere Interpretation zugelassen hätten? Was sagt meine Art der Interpretation über meine gesellschaftliche Prägung und über mein Gesellschaftsbild aus? Durch die Konzentration auf diese beiden Ebenen kann bei den Teilnehmenden ein zweistufiger Reflexionsprozess angeregt werden. Die Auseinandersetzung mit gesellschaftlichen Mechanismen kann zu einer Selbstreflexion und persönlichen Verortung innerhalb dieser Mechanismen führen.

Machterhalt und Machtteilung

Die Verteidigung und Verschleierung persönlicher Privilegiertheit beleuchten

Die Übung bietet einen guten Zugang zur Auseinandersetzung mit Macht- bzw. Ohnmachtsverhältnissen. Sie lässt die unterlegenen Diskutanten die eigene Machtlosigkeit spüren. Sie sind abhängig vom Wohlwollen einer Mehrheit und deren Bereitschaft, ihre Privilegien und Einflussmacht zu teilen. Es lohnt sich, mit den Teilnehmenden herauszuarbeiten, mithilfe welcher Mittel eine solche Teilung von Macht häufig verhindert wird: So wird u. a. an bestimmten Fremdbildern festgehalten, die Angst schüren und damit Ausgrenzung legitimieren sollen. Gleichzeitig wird die existierende Machtasymmetrie und ihre sozialen Folgen mithilfe von Normalitätsgeboten ausgeblendet. Alles zusammen ergibt ein stabiles Fundament zur Verteidigung und Verschleierung der persönlichen Privilegiertheit.

Nachhaltigkeit ermöglichen

Über Chancengleichheit nachdenken

Die Analyse dieser Mechanismen bietet einen Anknüpfungspunkt für die Auseinandersetzung mit der Frage, wie Chancengleichheit erreicht werden kann: Was müsste sich auf gesellschaftlicher Ebene ändern? Und was kann jeder persönlich dafür tun? Es besteht die Möglichkeit, mit den Teilnehmenden wichtige Erkenntnisse schriftlich festzuhalten. Diese können in Form eines Plakats aufgehängt werden oder bspw. auch als Brief formuliert werden, der nach Abschluss des Workshops an alle Teilnehmenden verschickt wird.

Situationsbeschreibung

Quelle: LeB|in|MiG

In einer mittelgroßen westdeutschen Stadt wurde vor Kurzem ein neuer Bürgermeister gewählt. Er hat es sich zum Ziel gesetzt, sich durch ein verstärktes Engagement in der aktuellen Diversitätsdebatte politisch zu etablieren. Die Stadt verzeichnete während des Wirtschaftsbooms in den 1950er und 1960er Jahren einen großen Zustrom an Arbeitskräften sowohl aus strukturschwächeren Gegenden in Deutschland als auch durch Arbeitsmigrant|innen aus den damaligen Anwerbeländern. Nicht erst seit der letzten Rezession wird die Stadt mit Stellenabbau konfrontiert, von dem v. a. Arbeitskräfte der Fertigung, jedoch kaum Arbeitskräfte der Verwaltung, Entwicklung und des Managements betroffen sind. So kämpft die Stadt schon seit Längerem mit einer sich verstärkenden Segregation des Wohnraums entlang sozialer und ethnischer Milieus. Besonders deutlich zeigt sich diese Problematik in der Schullandschaft: Es gibt Schulen, deren Schüler|innenschaft beinahe ausschließlich aus sozial schwächeren bzw. sozial bessergestellten Milieus stammt.

Auf kommunaler Ebene werden nun Maßnahmen diskutiert, die eine soziale und ethnische Durchmischung der Schüler|innen an allen Schulen fördern sollen. Der Bürgermeister strebt ein Leuchtturmprojekt an, das nicht nur das Profil der Kommune als Ort funktionierender Diversität stärken, sondern auch bundesweit Beachtung finden soll. Es wird geplant, eine Quotenregelung einzuführen, durch die an den Hauptschulen, Realschulen und Gymnasien der Kommune Schüler|innen mit möglichst heterogenen Hintergründen und Wohnvierteln zusammen lernen sollen. Die kommunale Führung erhofft sich, der Segregation in der Wohnbevölkerung entgegenwirken zu können, indem Kinder und Jugendliche über soziale Schichten hinweg in Kontakt treten und insbesondere Kinder aus sozial schwächeren Familien bessere Lernbedingungen vorfinden und so ihre soziale Integration erreicht wird. Für dieses Ziel sollen weder Kosten noch Mühen gescheut werden.

Um das Projekt der Wohnbevölkerung näherzubringen, wird eine Reihe von Podiumsdiskussionen und Informationsveranstaltungen abgehalten. Im Rahmen dieser Veranstaltungen kommt es regelmäßig zu engagierten Diskussionen innerhalb des Plenums, da die Meinungen der Bürger|innen auseinandergehen. Am Ende der Veranstaltungen werden Abstimmungen durchgeführt, um ein erstes Stimmungsbild aus der Bevölkerung zu erhalten.

Rollenkarten
Du bist Gymnasiallehrerin für Englisch und Geschichte, dein Partner ist promoviert und arbeitet an der Universität. Ihr seid beide Mehrheitsangehörige und haltet es für selbstverständlich, sich sozial zu engagieren, gerade wenn es einem besser geht als anderen. Ihr habt noch keine Kinder.
Du bist alleinerziehende Mutter und Mehrheitsangehörige. Mit deinem Job als Telefonistin kannst du dich und deine Kinder über Wasser halten. Extras sind allerdings nicht möglich. Dein ältester Sohn konnte deshalb nicht auf die Klassenfahrt mitfahren. Zwei deiner Söhne schreiben ziemlich gute Noten.
Du bist Besitzer einer gut laufenden Baufirma und Mehrheitsangehöriger. Deine Beschäftigten beteiligst du am Umsatz, weshalb sie auch nur einen geringen Grundlohn erhalten. Faulenzer|innen willst du schließlich nicht durchfüttern und Verantwortung hat noch keinem geschadet. Dieses Motto versuchst du auch an deine beiden Kinder weiterzugeben. Dein Sohn studiert bereits seit einem Semester an einer renommierten Hochschule. Deine Tochter besucht ein allgemeinbildendes Gymnasium mit sehr gutem Ruf.
Du bist Asylbewerber und bist aus deinem Heimatland mit deiner Familie geflohen, da ihr aufgrund eurer ethnischen Zugehörigkeit von den Machthaber|innen verfolgt wurdet und du deinen zwei Kindern keine Zukunftsperspektive bieten konntest. Seit drei Jahren arbeitest du ebenso wie deine Frau in einem 450-Euro-Mini-Job. Gemeinsam mit der Sozialhilfe reicht es gerade so für eure Familie. Deine älteste Tochter soll nächstes Schuljahr auf die Hauptschule kommen, da sie noch Sprachschwierigkeiten hat und es nur dort passende Förderangebote gibt.
Du bist Kleinstunternehmer, Mehrheitsangehöriger und in dritter Generation Maler. Die Firma läuft im Moment noch ganz gut, da du über einen langjährig aufgebauten Kund|innenstamm verfügst. Allerdings werden deine Kund|innen immer älter und die jungen Leute zieht es eher in den nahegelegenen Baumarkt. Größere Sorgen macht dir im Moment aber dein 13-jähriger Sohn, der von einer Gruppe von Mitschüler|innen schwer drangsaliert wird. Das Stadtviertel, in dem du mit deiner Familie wohnst, war schon immer ein Arbeiter|innenviertel, jedoch ist das soziale Klima deiner Ansicht nach in den letzten Jahrzehnten rauer geworden. Das ist eigentlich kein Umfeld, in dem du deinen Sohn großziehen möchtest.

Du bist Hotelkaufmann, Mehrheitsangehöriger und hast die letzten 25 Jahre gearbeitet. Seit ca. einem Jahr bist du arbeitslos. Im letzten Jahr hast du über 200 Bewerbungen geschrieben. Hauptschwierigkeit ist deine fehlende Auslandserfahrung und deine örtliche Gebundenheit. Deine Frau kam als Jugendliche nach Deutschland und ist Verwaltungsangestellte. Ihr könnt die Familie mit ihrem Gehalt und deinem Arbeitslosengeld noch ganz gut versorgen. Die Raten für den gerade erst abgeschlossenen Ausbau eures Hauses könnten aber zum Problem werden. Euer Lichtblick und ganzer Stolz ist eure Tochter, die in einem Jahr ihr Abitur machen wird – die erste in der Familie, die studieren könnte.
Du arbeitest seit 15 Jahren als ausgelernter Geselle bei einem mittelgroßen Handwerksbetrieb und würdest gerne deinen Meister machen. Leider fehlt dir dafür das Geld, da du seit der Wirtschaftskrise nicht nur deine vierköpfige Familie in Deutschland zu versorgen hast, sondern auch noch deine Eltern in deinem Geburtsland unterstützen musst. Deine Frau hat einen kleinen Friseursalon und klagt in den letzten Jahren immer stärker über den Konkurrenzdruck. Eure Tochter ist mittlerweile in der vierten Klasse und ihr macht euch Sorgen um ihre schulische Entwicklung, da ihr nicht das Gefühl habt, dass sie in der Schule ausreichend gefordert und gefördert wird.
Du bist alleinerziehender Vater von zwei Kindern, Afroamerikaner und arbeitest als Expatriate eines international agierenden Konzerns. Du fühlst dich wohl unter deinen derzeitigen Kolleg|innen. Deine Kinder besuchen eine internationale Schule, weshalb dich das Projekt nicht direkt betrifft. Unter deinen deutschen Kolleg|innen mit Kindern ist die Reform jedoch Thema Nummer eins und auch deine Lebensgefährtin beschäftigt das Thema, da sie einen schulpflichtigen Sohn hat.
Du bist Mutter von drei Kindern, Mehrheitsangehörige und verheiratet. Dein Mann ist Ingenieur, ebenfalls Mehrheitsangehöriger und verdient relativ gut. Du hast dich dazu entschieden, auf absehbare Zeit als Teilzeitkraft zu arbeiten, um dich hauptsächlich der Erziehung eurer Kinder zu widmen. Das bereitet dir viel Freude und stellt dich immer wieder vor neue Herausforderungen. Besonderen Wert legst du auf eine vielseitige und humanistische Bildung deiner Kinder. Dein Ziel ist auch, dass möglichst alle drei Kinder studieren. Der älteste Sohn scheint auf einem guten Weg, während dein Mittlerer dir im Moment etwas Sorgen bereitet.
Du bist seit drei Jahren Mutter und hast vor sieben Jahren dein eigenes kleines Start-up-Unternehmen im IT-Bereich auf die Beine gestellt. Das Geschäft läuft gut, du kannst dir deine Aufträge mittlerweile aussuchen und hast bereits vier Angestellte. Du bist stolz auf das, was du erreicht hast, insbesondere wenn du an den Weg denkst, der hinter dir liegt. Schließlich bist du mit deiner Familie im Alter von zehn Jahren als Flüchtling nach Deutschland gekommen und hattest lange Zeit nur einen unsicheren Aufenthaltstitel.

Zugänge & Realitäten

■ Quelle

Entwurf nach LeB|in|MiG

■ Ziele

- Sensibilisierung für die Komplexität gesellschaftlicher Phänomene
- Auseinandersetzung mit der Unvermeidlichkeit von Subjektivität
- Sensibilisierung für die Bedeutung der Wahl eines thematischen Zugangs und der Art der Kontextualisierung
- Wahrnehmung von Mehrfachzugehörigkeiten und der Relevanz eines mehrperspektivischen Blicks
- Kritisches Hinterfragen von wissenschaftlichen Texten

■ Zeit

ca. 90 Minuten

■ Ablauf

Aufgabenbeschreibung

Zunächst werden den Teilnehmenden im Plenum die Überschriften vorgelegt und ihre ersten Einschätzungen und Erwartungen an die dazugehörigen Texte besprochen. Im nächsten Schritt werden ihnen Auszüge aus diesen Texten (ohne Quellenangabe und Titel) mit dazugehörigen Analysefragen ausgeteilt. Zur Bearbeitung der drei Textauszüge werden die Teilnehmenden in Kleingruppen eingeteilt. Die Diskussion der Überschriften dient als thematische Sensibilisierung und Einführung der Teilnehmenden in die Übung. Hilfreiche Diskussionspunkte sind u. a.:

o Was fällt euch an den Überschriften auf den ersten Blick auf? Überlegt, welche Erwartungen ihr dadurch an den dazugehörigen Text habt.

- Sammelt Punkte, in denen sich die Überschriften voneinander unterscheiden.
- Um wen und/oder was geht es (laut Überschriften) in den jeweiligen Texten?

Auswertung

In der abschließenden Plenumsdiskussion wird noch einmal ausführlich auf die unterschiedlichen thematischen und auch subjektiven Zugänge der Autoren und die Analyse ihrer Texte eingegangen. Anschließend werden die Texte den Überschriften zugeordnet. Danach erhalten die Teilnehmenden die vollständigen Textauszüge mit Titel, Autor, Autoreninformationen und Quellenangabe. Mögliche Diskussionspunkte für die Plenumsdiskussion sind:

VARIANTE: Die Textauszüge können auch mithilfe von Flüstergruppen im Plenum bearbeitet werden.

- Welche Problemstellungen werden in den Texten jeweils behandelt? Sucht nach Gemeinsamkeiten und Unterschieden zwischen den Texten.
- Wie nähern sich die Texte diesen Problemstellungen an? Sucht nach Gemeinsamkeiten und Unterschieden zwischen den Texten.
- Überlegt, wie die Autoren die Relevanz ihrer Themenauswahl begründen.
- Sammelt, auf welche Quellen sich die Autoren in den Textausschnitten berufen. Welche Quellen überzeugen euch?
- Wird die Problemstellung bzw. die bisherige Literatur zu dieser kritisch beleuchtet?
- Fast zusammen, welche Lebens- und Identitätsaspekte der Jugendlichen von den Autoren in den Vordergrund gestellt werden.
- Was sind die Kernaussagen der Texte?
- Beschreibt, welche Bilder von den beschriebenen Jugendlichen beim Lesen der Texte entstehen. Worauf führt ihr das zurück?

TIPP: Die ausgewählten Texte können auch je nach den Seminaranforderungen durch thematisch angepasste oder auch belletristische/journalistische Texte ersetzt werden.

- o Welche der Texte würdet ihr als subjektiv und welche als objektiv einordnen?
- o Überlegt, wer die Texte geschrieben haben könnte und welchem Genre ihr die Texte zuordnen würdet.
- o Beschreibt, inwiefern eure Erwartungen an die Textauszüge erfüllt oder nicht erfüllt wurden.
- o Überlegt und begründet, welchen der Texte ihr lesen würdet, wenn ihr Informationen zu diesem Thema bräuchtet.
- o Sammelt, was ihr aus der Analyse und Diskussion der Textausschnitte für euch mitnehmen könnt und überlegt, was davon auch für euren späteren Beruf relevant ist.

■ Kommentar

Einen kritischen Umgang mit Texten anregen

Die Komplexität menschlicher Lebensrealitäten bewusst und handhabbar machen

Die Übung versucht, mithilfe von Textanalysen den Teilnehmenden einen kritischen Umgang mit wissenschaftlichen Texten im Speziellen und Texten bzw. auch Haltungen im Allgemeinen nahezubringen. Als Grundlage dient hierfür zunächst die Anerkennung und Bewusstmachung der Komplexität sozialer Wirklichkeiten. Für die Analyse von Texten ist es von Bedeutung, zu untersuchen, von welchem Ausgangspunkt welcher Zugang zu einer Realität gewählt wird, um herausarbeiten zu können, welche Realitätsaspekte im Text im Vordergrund stehen und welche in den Hintergrund gedrängt, welche nicht angesprochen oder verdeckt werden.

Subjektivität im Bildungssystem

Flexibilität persönlicher Perspektiven anregen

Diese Anforderung betrifft nicht nur Autor|innen oder Leser|innen wissenschaftlicher Texte, sondern jede|n Einzelne|n in privater wie beruflicher Hinsicht, insbesondere im pädagogischen Bereich. Die Umsetzung von Bildungsgerechtigkeit setzt u. a. die Einbeziehung von und Anpassung an heterogene Lebensrealitäten der Schüler|innen und ihrer Familien voraus, was immer wieder aufs Neue mit einer kritischen Reflexion persönlicher Einstellungen und Haltungen verbunden ist. Es ist somit von Bedeutung, dass der persönliche Blickwinkel auf Identitätskonstruktionen und Lebenswelten sowohl sorgfältig gewählt, als auch offen für Veränderungen ist. Es geht um die Einübung einer Flexibilität der Blickrichtungen und -winkel, die auch von einem festen Standpunkt aus möglich ist. Die Auseinandersetzung mit den wissenschaftlichen Texten und ihren thematischen Zugängen dient somit als Anreiz zur Auseinandersetzung mit Subjektivität, denn selbst in der Wissenschaft, deren Vertreter|innen im Allgemeinen für sich reklamieren, objektiv zu sein, bleibt Subjektivität unvermeidlich. Dies anzuerkennen kann nicht nur als Einstieg in die Selbstreflexion genutzt werden, sondern führt auch zur Auseinandersetzung mit dem dominierenden Wissens- und Wissenschaftsverständnis.

Subjektivität in der Wissenschaft

Wissenschaft als Teil eines Systems von Wechselwirkungen verstehen lernen

Ein Anknüpfungspunkt an diese Überlegungen bietet sich auch durch die genauere Betrachtung der Textauswahl des Sammelbandes, aus dem die Textbeispiele dieser Übung entnommen sind. Von 14 Aufsätzen zu dem Titelthema „Was macht Migration mit Männlichkeit? Kontexte und Erfahrungen zur Bildung und zur Sozialen Arbeit mit Migranten“ handeln sechs von Gewalt und/oder Straftätern, davon sind vier im Kapitel Grundlagen und zwei im Kapitel Praxiserfahrungen platziert. Es muss natürlich bedacht werden, dass es in diesem Sammelband insbesondere um Fragen der sozialen Arbeit geht, zu deren Aufgaben der Umgang mit gefährdeten und delinquenten Personengruppen gehört. Ebenfalls bedeutend ist die wissenschaftliche Fokussierung auf problemzentrierte Forschungsfragen. Analysen konzentrieren sich häufiger auf Schwierigkeiten und Probleme als auf Funktionierendes oder Erfolge. Darüber hinaus unterliegen natürlich auch wissenschaftliche Themen Moden und Konjunkturen. Dies hat mehrere Gründe, einer sind jedoch die Wechselwirkungen zwischen medialer Berichterstattung, öffentlicher Meinung, Politik, Forschungsförderung und wissenschaftlichem Interesse. Wissenschaft ist somit Teil eines Systems von Wechselwirkungen, in dem Haltungen, Einstellungen und Handlungen sich beständig gegenseitig beeinflussen. Welches Bild von männlichen Minderheitenangehörigen herrscht also in der Gesellschaft und Wissenschaft vor und inwieweit spiegelt es die Realität wider bzw. gestaltet diese unter Umständen mit?

MATERIAL

Textauszüge

- Toprak, Ahmet (2010): Männlichkeitskonzepte türkischer Jugendlicher und ihre Bedeutung für die Soziale Arbeit mit Straffälligen. In: Pömper, Hans u.a. (Hrsg.): Was macht Migration mit Männlichkeit? Kontexte und Erfahrungen zur Bildung und zur Sozialen Arbeit mit Migranten. Opladen, S. 73-89. – Erstveröffentlichung: Kawamura-Reindl, Gabriele u.a. (Hrsg.) (2007): Gender-Mainstreaming – ein Konzept für die Straffälligenhilfe? Freiburg, S. 157-176.

„Gewalt und Delinquenz von Jugendlichen ausländischer, insbesondere türkischer Herkunft ist in den letzten Jahren ein sehr aktuelles Thema geworden. Insbesondere Politiker, Staatsanwälte und Medien warnen davor, dass die Ausländerkriminalität kontinuierlich zunimmt, und verlangen ein härteres Durchgreifen, damit die Strafen abschreckend auf andere Jugendliche wirken. Auch in einigen wissenschaftlichen Abhandlungen wird darauf verwiesen, dass die Jugendkriminalität bei türkischen Jugendlichen sehr verbreitet ist, ohne die komplexen Ursachen dafür genauer zu beschreiben. [...] Die gesellschaftlichen und institutionellen Diskriminierungserfahrungen, die auf das Leben der Migranten türkischer Herkunft Einfluss haben, findet dagegen wenig Beachtung. Dass u.a. auch die Benachteiligung von Migran-

ten bei der Vergabe von Kindergartenplätzen (vgl. Bundesministerium für Familie, Senioren, Frauen, und Jugend. Zehnter Kinder- und Jugendbericht) und die Tatsache, dass Einwandererkinder viel öfter als ihre deutschen Altersgenossen an eine Hauptschule empfohlen werden (vgl. Attia/Marburger 2000), die Berufs- und Ausbildungschancen verschlechtern, wird in diesen Erklärungsansätzen für Straffälligkeit nicht berücksichtigt. Da die Erläuterung der sozialen und wirtschaftlichen Rahmenbedingungen der Zielgruppe den Rahmen dieses Beitrages sprengen würde, wird der Schwerpunkt des Beitrags auf die Männlichkeitskonzepte, mit denen viele türkischstämmige Jugendliche operieren, gelegt. Gerade der Rückzug der türkischen Jugendlichen auf die (‚kulturellen') Männlichkeitskonzepte stellt die Praktiker vor große Herausforderungen. […] Die Ausführungen zu traditionellen Männlichkeitskonzepten beziehen sich ausschließlich auf straffällig gewordene türkische Jugendliche und repräsentieren nur diese Zielgruppe."

- Sauter, Sven (2010): Männliche Jugendliche aus Migrantenfamilien – gefangen zwischen Bildungsrisiko und Gewalt? In: Pömper, Hans u. a. (Hrsg.): Was macht Migration mit Männlichkeit? Kontexte und Erfahrungen zur Bildung und zur Sozialen Arbeit mit Migranten. Opladen, S. 91-101.

„Es ist gewiss aufschlussreich, dass über Männer und Männlichkeit immer dann geforscht, nachgedacht und reflektiert wird, wenn sie in die Krise geraten. Auf jeden Fall wird diese erkennbare Krise der Männlichkeit wissenschaftlich erforscht, wenn sich Krisensymptome zeigen (vgl. Mosse 1997). Aber nicht nur Männer, auch Jungen sind in der Krise. […] Die Zahlen sind eindrücklich: Etwa 85 % der mit der psychiatrischen Diagnose ADHS belegten und mit der psychoaktiven Substanz Methylphendidat behandelten Kinder im Grundschulalter sind männlichen Geschlechts; die empirische Bildungsforschung verzeichnet seit längerem eine wachsende Kluft zwischen dem Bildungserfolg von Jungen und Mädchen. […] Jungen und Mädchen sind auch unterschiedlich stark von Klassenwiederholungen betroffen. Die Wahrscheinlichkeit, einmal oder mehrfach die Klasse zu wiederholen, ist bei Jungen in allen Jahrgangsstufen durchweg höher. […] Auch die international vergleichenden Schulleistungsstudien IGLU und PISA haben diese Ungleichheit hervorgehoben und bei Jungen niedrigere Kompetenzstufen beim Lesen festgestellt. […] Bekanntlich waren die Kinder und Jugendlichen aus Migrantenfamilien bei der PISA-Studie besonders als Risikogruppen für

gelingende Bildungsprozesse identifiziert worden. [...] Aber auch wenn eine Bildungsbenachteiligung bildungsstatistisch nicht immer exakt messbar ist, eine Tendenz wird dabei dennoch sichtbar. Gleichwohl ist in diesem Zusammenhang eine Perspektivenverengung festzustellen: Viele dieser Berechnungen und Studien gehen von einer Einheitlichkeit männlicher Lebenslagen aus, die es faktisch nicht gibt. Um es also soziologisch korrekt auszudrücken: Die Lebenserfahrungen von jungen Männern müssen systematisch mit den sozialen Strukturen in Verbindung gebracht werden. Und die sind sehr vielfältig. Außerdem fällt bei den öffentlichen Debatten über die mögliche Benachteiligung von Jungen im Bildungsprozess und vor allem im Hinblick auf männliche Jugendliche aus Migrantenfamilien auf, dass oft sehr naturalistische und wesenhafte Erklärungen für Auffälligkeiten das Feld dominieren.“

- Wolf, Karl (2010): Der Hintergrund Migration – zersplitternde Identitäten. Jungenarbeit mit Straftätern. In: Pömper, Hans u. a. (Hrsg.): Was macht Migration mit Männlichkeit? Kontexte und Erfahrungen zur Bildung und zur Sozialen Arbeit mit Migranten. Opladen, S. 103-109.

„Die Geschichte der Jungen ist ohne den Hintergrund ihrer Familien und deren Zusammenhänge mit den Erfahrungen der Migration nicht zu verstehen. Migration ist als Entwurzelungsprozess für die Eltern und als einschneidende soziale und psychologische Realität ein bedeutender Faktor in ihrem Leben. Ihre Familien sind in der Interaktion mit der Außenwelt wie innerfamiliär vor grundlegende und schwer lösbare Fragen gestellt. Die Umwertung sämtlicher kultureller Normen und Werte, das infrage gestellte wirtschaftliche Vorankommen, die Entwicklung in der Schule wie die Berufsausübung von Vater und Mutter bringen sowohl intrapersonal tiefgreifende Konflikte als auch eine erhöhte Spannungslage für alle Familienmitglieder untereinander mit sich. Eine redliche Betrachtung der Situation und der psychischen Verfassung kann deshalb nicht ohne eine erweiterte Ursachenforschung hinsichtlich der Migration bleiben. [...] Die analytische Arbeit mit Bildern und Texten gibt den Jungen selbst Gelegenheit, sich den eigenen Biografien mit neuen Perspektiven zu nähern. Die Lebensgeschichten spiegeln sich zunächst in den Bildern als Leere und Ohnmacht, Freudlosigkeit und Kälte; tiefgreifende Orientierungslosigkeit und Minderwertigkeitsgefühle bis zur Selbstentfremdung kommen zum Ausdruck. Im Blick auf die Bilder drängt sich der Eindruck förmlich auf, dass in diesen Dokumenten ein

Einblick in das Lebensbild der Jungen vorliegt. Ihr Lebensbild jedoch ‚malen‘ die Jungen nicht nur in diesen Augenblicken auf die Bogen aus Papier, sondern sie gravieren sie ein in ihre Biografie, indem sie ihre Gewalt im Lebensumfeld inszenieren. Könnte also auch ihre agierte Gewalttätigkeit als ein lebendig gestaltetes ‚Bild‘ ihres Inneren und als ein offener und zugleich verschlüsselter Aufschrei gesehen werden? Könnte sie als ein Hilferuf aus Hass und Aggression wahrzunehmen sein, als eine Inszenierung der archetypischen, dunklen Seite der Sehnsucht nach Halt und Orientierung, nach Anerkennung, Würde und Liebe?“

Arbeitsanweisungen

- Arbeitet heraus, welches Problem in den jeweiligen Texten behandelt wird.
- Beschreibt, in welchen Kontext das jeweilige Problem gestellt wird.
- Fasst zusammen, welche Bilder die Texte eurer Meinung nach jeweils transportieren.

Hintergrundinformationen zu den Autoren

- Ahmet Toprak: Dr. phil., Diplom-Pädagoge, Professor für Erziehungswissenschaften an der Fachhochschule Dortmund, Fachbereich angewandte Sozialwissenschaften. Forschungs- und Interessensgebiete: Gewalt, Gewaltprävention, Jungen und Männer im Kontext von Migration.
- Sven Sauter: PD Dr. Kultur-, Sozial- und Erziehungswissenschaftler. Privatdozent an der FernUniversität Hagen und Sekundarstufen-Lehrer am Montessori Campus Friedberg.
- Karl Wolf: Dipl. Analytischer Psychologe, katholischer Priester und Tanztherapeut. Er arbeitet in einer psychotherapeutischen-psychiatrischen Praxis in Zürich sowie in der Kirchengemeinde St. Georg in Küsnacht am Zürichsee als Pfarradministrator. Beteiligt an einem Forschungsprojekt der Universität Zürich über Gewalt und Biografie; Seminare mit straffälligen jungen Männern im Alter von 14-19 Jahren in Frankfurt am Main.

MATERIAL

Perspektivenwechsel

■ Quelle

Entwurf nach LeB|in|MiG

■ Ziele

- Schärfung der Wahrnehmung von rassistischen Verhältnissen
- Sensibilisierung für Alltagsrassismus und subtile Formen von Rassismus
- Erkennen von Denkmustern, die rassistischen Einstellungen und Handlungen zugrunde liegen
- Sensibilisierung für die Position der von Rassismus Betroffenen
- Sensibilisierung für die Möglichkeiten des Widerstands gegen Rassismus und Analyse der Widerstandsstrategien

■ Zeit

ca. 60 Minuten

■ Ablauf

Aufgabenbeschreibung

Die Teilnehmenden teilen sich in Kleingruppen auf. Jede Kleingruppe bekommt ein Blatt mit zwei Beispielsituationen und einem Statement, in denen bzw. in dem die von Rassismus Betroffenen über ihre Wahrnehmungen von rassistischen Situationen reflektieren, ihre Widerstandsstrategien erläutern oder einfach ihre Empörung zum Ausdruck bringen (s. auch *Kommentar*). Die Aufgabe für die Teilnehmenden lautet, sich in den Kleingruppen mit den Beispielen auseinanderzusetzen, indem entsprechende Fragen beantwortet werden. Das Ziel dabei ist, nachzuvollziehen, warum bestimmte Haltungen als rassistisch betrachtet werden können, sowie Denkmuster zu ermitteln, die diesen Haltungen zugrunde liegen.

■ Auswertung

Nach der Arbeit in den Kleingruppen kommen die Teilnehmenden zurück in den Sitzkreis und äußern sich im Plenum zu folgenden Fragen:

- o Wie fandet ihr die Übung? War sie schwer oder leicht für euch? Warum?
- o Wie verlief die Arbeit in den Gruppen? Gab es etwas, worüber ihr euch sofort einig wart? Gab es etwas, was Diskussionen bzw. Streitgespräche in der Gruppe ausgelöst hat?
- o Gab es ein Beispiel, worauf ihr gerne eingehen möchtet bzw. wozu ihr noch Fragen habt?

Die Teamer|innen könnten, nachdem die Kleingruppen die Fragen beantwortet haben, den Teilnehmenden die Erklärungen der betroffenen Jugendlichen zu ihren Rassismus-Erfahrungen vorstellen. Danach können die Teilnehmenden vergleichen, ob ihre Vermutungen mit den Erklärungen der Jugendlichen übereinstimmen (s. *Material*: Hintergrund – Erläuterungen des/der betroffenen Jugendlichen).

■ Kommentar

Aufteilung des Materials

Das Material, mit dem sich die Teilnehmenden in dieser Übung auseinandersetzen, ist in drei Teile geteilt: Im ersten Teil versetzen sich die Teilnehmenden in die Lage der vom Alltagsrassismus Betroffenen, reflektieren über die Wahrnehmung von Rassismus durch Betroffene und analysieren die Denkmuster der Mehrheitsgesellschaft, die rassistischen Haltungen und Handlungen zugrunde liegen. Im zweiten Teil geht es um eine Situation, in der sich die Betroffenen gegen die gängigen Zuschreibungen durch Mehrheitsangehörige wehren. Diese Widerstandsstrategien sollen von den Teilnehmenden analysiert und bewertet werden. Im dritten Teil nehmen die Teilnehmenden Stellung zu den Aussagen der Minderheitenangehörigen, die für die Vertreter|innen der Mehrheitsgesellschaft teilweise provokativ klingen können.

Reihenfolge der Beispiele

Die Reihenfolge von Rassismus-Beispielen ist wichtig.

Die Reihenfolge, in der Rassismus-Beispiele angeordnet sind, zielt darauf ab, die Teilnehmenden, die mit großer Wahrscheinlichkeit mehrheitlich keinen Migrationshintergrund haben, Schritt für Schritt für die Wahrnehmung der anderen Perspektive zu sensibilisieren. Durch die Analyse der problematischen Situation im ersten Teil, bei dem sich die Teilnehmenden in die Lage der Betroffenen hineinversetzen, wird die Wahrnehmung der Teilnehmenden für die im zweiten Teil erläuterten Strategien des Widerstands geöffnet – und nach der Auseinandersetzung mit diesen Strategien erfolgt der Schritt: sich mit den Meinungsäußerungen mit Hinblick auf das eigene Vorwissen bzw. die Diskussionsergebnisse aus vorigen Teilen der Übung offen auseinanderzusetzen.

Anforderungen an die Gruppe

Bedingung: eine ausreichend sensibilisierte Teilnehmenden-Gruppe

Daraus folgt, dass die Teilnehmenden für diese Übung gut genug sensibilisiert sein müssen. Daher sollte die Übung erst eingesetzt werden, wenn sich die Teilnehmenden bereits in ausreichendem Maße mit den Themen Rassismus/Diskriminierung auseinandergesetzt und gelernt haben, einen Perspektivenwechsel vorzunehmen und mit eventuellen Unbehaglichkeiten, die andere Positionen der eigenen Selbst- und Weltwahrnehmung bereiten, konstruktiv umzugehen.

Gruppendiskussionen ohne Leitung

Teamer|innen greifen nicht in die Gruppendiskussionen ein, sondern beobachten von außen.

Diese Übung sieht vor, dass die Gruppendiskussionen ohne die unmittelbare Beteiligung der Teamer|innen verlaufen. Das bedeutet, dass die Teamer|innen in die Diskussion der Teilnehmenden nicht eingreifen, sondern von außen (möglichst unauffällig) den Diskussionsprozess beobachten (sie gehen dabei von Gruppe zur Gruppe und setzen oder stellen sich außerhalb des Sitzkreises der Teilnehmenden). Diese Beobachtung ‚von der Seite' erfolgt mit dem Ziel, Besonderheiten bzw. Auffälligkeiten herauszufinden, die im Rahmen der nachfolgenden Plenumsdiskussion aufgegriffen und besprochen werden können. Ein direkter Eingriff in die Diskussion sollte dabei nach Möglichkeit vermieden werden – auch wenn kritische Äußerungen fallen und man das Gefühl hat, dass die Diskussion in eine problematische Richtung abdriften kann. Diese Äußerungen können dann wie erwähnt in der nachfolgenden Plenumsdiskussion analysiert werden. Eingreifen sollte man als Teamer|in nur, wenn es zu persönlichen Angriffen unter den Teilnehmenden kommen sollte.

Eine Diskussion ohne ‚Kontrollperson' ermöglicht den Teilnehmenden relativ freie Meinungsäußerungen und schafft eine lockere Atmosphäre

Diese Zurückhaltung ist deswegen wichtig, weil in der Diskussion eine durch äußere Kontrollmechanismen möglichst wenig eingeschränkte Interaktion der Teilnehmenden miteinander gestaltet werden sollte. Die Teilnehmenden sollen einen Raum haben, in dem sie ihre Gedanken ausdiskutieren können, ohne sich durch die unmittelbare Präsenz der Teamer|innen gehemmt zu fühlen. Nur so können z. B. Unsicherheiten, Fragen, aber auch skeptische oder negative Meinungen geäußert werden, die oft aus Angst, als intolerant zu gelten, verschwiegen werden. Sollten die Teamer|innen trotzdem den Eindruck haben, dass sich die Teilnehmenden etwas Wichtiges nicht auszusprechen trauen, kann während der Plenumsdiskussion gezielt (und wenn nötig, auch provokativ) nachgefragt werden. Für solche Fälle sollte allerdings genug Zeit eingeplant werden.

Wichtig bei der Plenumsdiskussion

Die Fragen, die in der Plenumsdiskussion besprochen werden, zielen unterschwellig darauf ab, die Teilnehmenden zur Äußerung darüber zu bewegen, was sie an den Aussagen/Strategien gut, aber auch schwierig, problematisch, bis hin zu inakzeptabel gefunden haben – und dabei auf die Gründe für solche Wahrnehmungen einzugehen. Damit verbunden ist auch die Reflexion der Teilnehmenden darüber, warum ihnen manche Analysen bzw. Bewertungen leichter und manche schwerer gefallen sind. Dies setzt einen tief greifenden Reflexionsprozess voraus, welcher für die Teilnehmenden unangenehm sein kann. Daher sollte man als Teamer|in bei der abschließenden Plenumsdiskussion besonders auf Folgendes aufpassen:

Tief greifende Selbstreflexionsprozesse können Unsicherheit, Widerstand, Verdrängungswünsche etc. auslösen. Als Teamer|in sollte man die Teilnehmenden darauf vorbereiten bzw. mit den Teilnehmenden zusammen die Wege diskutieren, wie man mit diesem Zustand umgehen kann (s. auch S. 27 ff., 370)

– Es ist wichtig, den Teilnehmenden zu zeigen, dass die Wahrnehmung von Äußerungen, die die eigene privilegierte Position kritisieren, immer mit Abwehr und negativen Emotionen verbunden ist. Man tendiert dazu, kritische oder einem in sonstiger Weise unpassende Äußerungen a priori von sich zu weisen, anstatt sich mit den Gründen für die eigene Abneigung gegen solche Positionen zu beschäftigen. Für den Erwerb einer interkulturell-migrationsgesellschaftlich professionellen Kompetenz ist eine solche Selbstreflexion gerade deshalb unverzichtbar und von enormer Wichtigkeit.

Wichtig: Es kommt nicht darauf an, ob rassistische Äußerungen/Handlungen tatsächlich ‚so gemeint' wurden.

– Oft geht es den Teilnehmenden bei der Analyse der kritischen Situationen vordergründig darum, zu bestimmen, ob eine rassistische bzw. diskriminierende Äußerung von dem|r Sprecher|in tatsächlich so gemeint wurde oder nicht. Wenn die Teilnehmenden zum Schluss kommen, dass solche Aussagen unintendiert getroffen wurden oder dass es sich gar nicht bestimmen lässt, wie die Person das tatsächlich gemeint hat, neigen sie dazu, den Vorfall zu entschuldigen. Daher sollte den Teilnehmenden deutlich gemacht werden, dass es bei diesen Situationen darum geht, nicht den Rassismusfall an sich auf seine ‚Gültigkeit' zu prüfen, sondern die Erfahrungen der Betroffenen zu akzeptieren. Es gilt auch nachzuverfolgen, warum bestimmte Situationen als rassistisch empfunden werden, dies in Beziehung zu setzen mit gesellschaftlich verankerten Denk- und Handlungsmustern, die als ‚normal' gelten und evtl. die Legitimität dieser Muster infrage zu stellen. Hier könnte die Übungsvariante hilfreich sein, bei der die Teilnehmenden erst selbst argumentieren, warum die Beispielsituationen für Menschen mit Migrationshintergrund verletzend waren, und dann ihre Vermutungen mit den Aussagen der Betroffenen abgleichen und darüber reflektieren, welche Aspekte ihnen als Nicht-Betroffenen dabei verborgen bleiben.

– Die Frage danach, wie die Arbeit in den Kleingruppen verlief, nimmt die Kleingruppendynamik unter die Lupe und zielt darauf ab, die Teilnehmenden zur Auseinandersetzung mit den Gründen bzw. Bedingungen für eine gelungene oder auch weniger gelungene Zusammenarbeit in den Gruppen zu bringen.

Situationsbeschreibungen betroffener Jugendlicher mit Reflexionsfragen und Aufgabenstellungen

- **Gruppe 1**

Erfahrung 1

Quelle: Jabril, Sara (2012): Sie sprechen ja fantastisch Deutsch! Alltagsrassismus in Deutschland. In: fluter – das Jugendmagazin der Bundeszentrale für politische Bildung. URL: http://www.fluter.de/de/109/erfahrungen/10233, letzter Zugriff am: 30.9.2014.

„Von den Ereignissen, die mich mit Rassismus in Deutschland konfrontiert haben, ist mir eins ganz besonders im Gedächtnis geblieben: Als ich volljährig wurde, musste ich mit meinem Vater zur Bank gehen, um dort Dokumente zu unterschreiben. Nachdem ich unterschrieben hatte, fragte mich die Frau nach meinem Pass, um die Identität zu überprüfen. Als ich fragte, ob ich nicht einfach meinen Personalausweis vorzeigen könnte, antwortete sie: ‚Ja klar! Ich habe bei Ihnen angenommen, dass Sie keinen deutschen Personalausweis besitzen.'"

Fragen:
- Welche Handlungen werden hier als rassistisch wahrgenommen? Welche Denkmuster liegen diesen Handlungen zugrunde?
- Warum wird die beschriebene Situation als störend empfunden?

Erfahrung 2

Quelle: Crowdsourcing Resistance (2012-2013). URL: http://crowdsourcing-resistance.tumblr.com/post/31851776285/ich-werde-in-der-ubahn-oder-auf-der-strasse-oft, letzter Zugriff am: 9.4.2014.

„Ich werde in der U-Bahn oder auf der Straße oft hemmungslos angestarrt: Muslimin mit Kopftuch scheint für viele Leute ein Freifahrschein fürs Glotzen zu sein. Sehr oft kriege ich das gar nicht mehr mit, mein Unterbewusstsein schaltet mittlerweile oft in den Psychohygienemodus. Heute war es wieder soweit. Eine junge weiße Frau in der U-Bahn starrte mich mit offenem Mund ununterbrochen an.

Ich starre also zurück. Oft wirkt das nach ein paar Sekunden und die Leute schämen sich dann ein bisschen und wenden sich ab. Diese junge Frau war aber renitent. Ich nehme also mein Smartphone und tue so, als würde ich sie fotografieren. Oh, da hat sie sich aber schnell abgewendet, damit ich sie ja nicht erwische. Sie fühlte sich sichtbar unwohl.

Mir ging es danach sehr gut und ich war erleichtert. Denn oft bedrücken mich diese Glotzereien sehr, weil ich mich so machtlos dagegen fühle. Dieses Mal hatte ich die Situation kontrolliert und den Blick umgedreht."

Fragen:
- Wogegen wehrt sich die Person in diesem Beispiel? Welche Strategien nutzt die Person, um Rassismus entgegenzuwirken?
- Was erzielt die Person durch die Anwendung dieser Strategie?
- Wie bewertet ihr diese Strategie?

Erfahrung 3

Quelle: LeB|in|MiG

Mich stört es, dass es in Deutschland in der Regel als normal/‚nicht schlimm' gilt, eine dunkelhäutige Frau als eine ‚exotische Schönheit' zu bezeichnen.

Aufgabe:
Nehmt Stellung zu diesem Statement.

- **Gruppe 2**

Erfahrung 1

Quelle: Jabril, Sara (2012): Sie sprechen ja fantastisch Deutsch! Alltagsrassismus in Deutschland. In: fluter – das Jugendmagazin der Bundeszentrale für politische Bildung. URL: http://www.fluter.de/de/109/erfahrungen/10233, letzter Zugriff am: 9.4.2014.

„Zurzeit arbeite ich als Englischlehrerin in einer Schule in [...]. Ich werde immer wieder gefragt, woher ich denn komme. Als Antwort nenne ich immer die englische Kleinstadt, in der ich aufgewachsen bin. Daraufhin wird nach meinen Wurzeln oder nach meinen Eltern gefragt. Im schlimmsten Fall heißt es: ‚Aber wo kommst du ursprünglich her?' Obwohl ich mich inzwischen an solche Szenarien gewöhnt habe, war ich doch komplett überrascht, als eine Lehrerin in der Schule zu den Kindern sagte: ‚Wie ihr sehen könnt, sieht sie ja nicht wie eine typische Britin aus.' Und dann sollten die Kinder raten, wo ich denn ‚ursprünglich' herkäme. Die Antworten waren ziemlich vielfältig und reichten von verschiedenen europäischen bis zu asiatischen Ländern – alle viel exotischer als meine eigentliche Heimatstadt."

Fragen:

- Welche Handlungen werden hier als rassistisch wahrgenommen? Welche Denkmuster liegen diesen Handlungen zugrunde?
- Warum wird die beschriebene Situation als störend empfunden?

Erfahrung 2

Quelle: Crowdsourcing Resistance (2012-2013). URL: http://crowdsourcing-resistance.tumblr.com/post/31392844412/ich-arbeite-als-stadtfuhrerin-in-berlin-als-wir, letzter Zugriff am: 9.4.2014.

„Ich arbeite als Stadtführerin in Berlin. Als wir auf meiner Tour am Sonntag am Pariser Platz ankommen und in die Akademie der Künste eintreten wollen, hält mir ein weißer Typ, der als Retro-Polizist-Touri-Attraktion arbeitet, die Tür auf. Ich schaue, dass meine Teilnehmer_innen hinterher kommen und sage laut zu mir und zu ihm ‚ah, ich glaube die Leute da sind auch noch von meiner Gruppe‘. Er guckt mir tief in die Augen und fragt: ‚Spanisch?‘ Ich gucke ihn an, ziehe die Augenbrauen hoch und sage ‚Nein, deutsch!‘ Er: ‚Nein, die Gruppe: spanisch?‘ Ich: ‚Nein, deutsch!‘

Er fühlt sich wahrscheinlich irgendwie ertappt und sagt in säuselndem Ton: ‚Aber-e du hast-e so ein-e spanisch-e Gesischt-e!‘ (und deutet dabei auf mein Gesicht).

Ich: (spöttisch und ebenso säuselnd): ‚Ah ... du wolltest-e mein-e Gesischt-e racial profilen?‘ Ich drehe mich um und gehe weiter. Er ruft mir verzweifelt hinterher: ‚Italienisch?‘

Die Teilnehmer_innen laufen mir zur nächsten Station hinterher, 2-3 Leute, die es mitbekommen haben, fragen: ‚Was war das denn?‘ Ich: ‚Ach, der wollte meine ethnischen Ursprünge erraten.‘ Die Teilnehmer_innen (mittlerweile 4-5 die sich laut einmischen) ‚Waaas? Also sowas. Das ist ja UNFASSBAR ... Unglaublich ....‘

Ich drehe mich zur Gruppe: ‚Wieso? Das passiert mir jeden Tag. Sind halt ganz schön auf ‚Rasse‘ fixiert, die Deutschen!‘

Ich lache im Kopf. Fühle mich befreit und überlegen. Ich habe den Typ fertig gemacht und hatte dabei noch eine ganze weiße entrüstete Meute im Gepäck die vielleicht ein bisschen für Lebenswelten von PoC[1] sensibilisiert wurden.“

---

1 Erklärung: Der ‚People of Color‘ (PoC)-Begriff entstammt der Selbstbenennungspraxis rassistisch unterdrückter Menschen. Er wurde im Laufe der 1960er Jahre durch die ‚Black Power‘- Bewegung in den USA als politischer Begriff geprägt, um die Gemeinsamkeiten zwischen Communities mit unterschiedlichen kulturellen und historischen Hintergründen zu benennen. [...] People of Color

Fragen:
- Wogegen wehrt sich die Person in diesem Beispiel? Welche Strategien nutzt die Person, um Rassismus entgegenzuwirken?
- Was erzielt die Person durch die Anwendung der Strategie?
- Wie bewertet ihr diese Strategie?

Erfahrung 3

Quelle: der braune mob e.V. (2006): Bin ich ein Rassist? URL: http://www.derbraunemob.info/bin-ich-ein-rassist/, letzter Zugriff am: 9.4.2014.

Mich ärgert, dass viele denken, in Deutschland gäbe es gar keinen ‚richtigen' Rassismus. Es wird oft ignoriert, dass in unserer Gesellschaft weiße Menschen strukturell und institutionell stark bevorzugt werden.

Aufgabe:
Nehmt Stellung zu diesem Statement.

- **Gruppe 3**

Erfahrung 1

Quelle: Vu, Vanessa (2012): Die Ignoranz. Das Weghören. Und Wegsehen. In: jetzt.de. URL: http://jetzt.sueddeutsche.de/texte/anzeigen/551992/2/Die-Ignoranz-Das-Weghoeren-Und-das-Wegsehen, letzter Zugriff am: 9.4.2014.

„Rein äußerlich werde ich meist für einen anderen Typ europäischer Südländer gehalten. Das macht mir das Leben vermutlich leichter, weil ich mit meiner Identität spielen kann und nicht sofort in eine Türken-Schublade gesteckt werde. Dennoch bin ich offenbar nicht ‚weiß' genug, um als Deutscher zu gelten. Dass ich aufgrund meiner schwarzen Locken nicht in einen Club reinkomme, ist keine Seltenheit. Und komischerweise wird mir auf der Arbeit Korrekturlesen nie zugetraut. [...] Aufgrund meiner guten Leistungen in der Schule und Uni wurde und werde ich häufig für meine tolle Integration gelobt. Du bist Deutscher, sagen sie. Das macht mich ärgerlich."

---

bezieht sich auf alle rassifizierten Menschen, die in unterschiedlichen Anteilen über afrikanische, asiatische, lateinamerikanische, arabische, jüdische, indigene oder pazifische Herkünfte oder Hintergründe verfügen. Er verbindet diejenigen, die durch die Weiße Dominanzkultur marginalisiert sowie durch die Gewalt kolonialer Tradierungen und Präsenzen kollektiv abgewertet werden (vgl. Ha, Kien Nghi (2009): Re/Positionierung — Critical Whiteness/Perspectives of Color. URL: http://femseminar.blogsport.de/images/Kien_Nghi_Ha__People_of_Color_als_solidarisches_Bndnis.pdf, letzter Zugriff am: 9.4.2014).

Fragen:
- Welche Handlungen werden hier als rassistisch wahrgenommen? Welche Denkmuster liegen diesen Handlungen zugrunde?
- Warum wird die beschriebene Situation als störend empfunden?

Erfahrung 2

Quelle: Koepsell, Philipp Khabo via Crowdsourcing Resistance (2012-2013). URL: http://crowdsourcing-resistance.tumblr.com/post/29116264429/die-zugfahrt-nach-bayreuth-ist-fur-einen, letzter Zugriff am: 9.4.2014.

„Die Zugfahrt nach Bayreuth ist für einen Großstadtmenschen schon eine Kuriosität an sich: Kleine Dörfchen gefolgt von Flüssen und wahllos errichteten Sportanlagen. Ungläubig schaue ich auf den Plan der Regionalnetzlinien; hätte ja sein können, ich hatte den falschen Zug erwischt. Eine ältere Dame zupft mir am Ärmel. ‚Hello. Yes. This is the right train to Beiroooööööt!' ‚Puh, da bin ich ja froh', antworte ich. ‚Oh, Sie sprechen ja deutsch! Das hätt' ich gar nicht gedacht. Das passiert Ihnen bestimmt häufig, dass Sie Leute auf Englisch ansprechen ... '

Sie hat natürlich recht. Es gehört leider zum Alltag, durch so etwas als fremd im eigenen Land markiert zu werden. Ich möchte aber nur ankommen und habe kein Interesse an einer frustrierenden Konversation. ‚Ach wissense, ...', antworte ich, ‚Nee, wie seltsam. Das ist mir wirklich seit langer Zeit nicht mehr passiert; aber vielen Dank für die Auskunft.' So einfach und so schön ist das! Die Dame kann nun rätseln, was mit ihrem Weltbild nicht stimmt."

Fragen:
- Wogegen wehrt sich die Person in diesem Beispiel? Welche Strategien nutzt die Person, um Rassismus entgegenzuwirken?
- Was erzielt die Person durch die Anwendung der Strategie?
- Wie bewertet ihr diese Strategie?

Erfahrung 3

Quelle: Sow, Noah (2011): Deutschland Schwarz Weiß. Liste dummer Sprüche. URL: http://www.deutschland-schwarzweiss.de/liste_dummer_sprueche.htm, letzter Zugriff am: 9.4.2014.

Man bekommt oft von Weißen Deutschen zu hören, dass sie die Menschen, die in Deutschland Diskriminierung erleben, ganz gut verstehen können. Die Argumentation ist: ich war schließlich selber mal im Aus-

land und weiß, wie es geht, als einzige|r Deutsche|r (Weiße|r) unter Anderen zu sein. Das finde ich unmöglich.

Aufgabe:
Nehmt Stellung zu diesem Statement.

- **Gruppe 4**

Erfahrung 1

Quelle: Vu, Vanessa (2012): Die Ignoranz. Das Weghören. Und Wegsehen. In: jetzt.de. URL: http://jetzt.sueddeutsche.de/texte/anzeigen/551992/3/Die-Ignoranz-Das-Weghoeren-Und-das-Wegsehen, letzter Zugriff am: 9.4.2014.

„Theoretisch könnte ich sagen, dass mich die ganzen Diskussionen zum Islam nichts angehen, weil meine Eltern Aleviten sind und Aleviten in Deutschland immer als die aufgeklärteren und toleranteren Muslime konstruiert werden. Doch das ist total egal, weil die weißen Deutschen keine Unterschiede kennen und alle in einen Topf packen.

Das heißt, ich musste mein gesamtes Leben lang über den Islam sprechen oder Fragen beantworten, wie ob meine Eltern ‚richtige Türken' wären, also mit Kopftüchern und so, oder ob ich einen Freund haben darf. Nebenbei bemerkt könnte ich auch eine Freundin haben, oder in keiner festen Beziehung leben. Das heißt, ich werde täglich mit Vorurteilen konfrontiert und in eine Schublade gepackt.

Wenn ich sage, dass gewisse ausgrenzende Fragen, Witze oder Blicke rassistisch sind, gelte ich als empfindlich oder emotional. Sobald ich über meine Erfahrungen spreche, werden sie als irrational herabgestuft, oder man entschuldigt sich mit einem ‚Ist ja nicht so gemeint' oder ‚Ich kann gar nicht rassistisch sein, ich habe einen schwarzen Freund'. Als würde Sex vorurteilsfrei machen!"

Fragen:
- Welche Handlungen werden hier als rassistisch wahrgenommen? Welche Denkmuster liegen diesen Handlungen zugrunde?
- Warum wird die beschriebene Situation als störend empfunden?

Erfahrung 2

Quelle: Crowdsourcing Resistance (2012-2013). URL: http://crowdsourcing-resistance.tumblr.com/post/28552939807/eine-meiner-lehrerinnen-meinte-dass-ich-dringend, letzter Zugriff am: 9.4.2014.

„Eine meiner Lehrerinnen meinte, dass ich dringend ‚meine Wurzeln finden' müsse und versuchte mich deswegen dazu zu überreden, ein Jugend forscht-Projekt über Ghana zu machen. Sie nötigte mir Bücher aus der Schulbibliothek auf und bot mir alle erdenkliche Art von Hilfe an, da es ja wichtig sei für meine (von ihr aufoktroyiert nun sofort dranseiende) Identitätsfindung. Ich bin Gesprächen mit ihr weitestgehend aus dem Weg gegangen, das Projekt hab ich systematisch verweigert. Die Bücher hab ich nie zurückgegeben."

Fragen:
- Wogegen wehrt sich die Person in diesem Beispiel? Welche Strategien nutzt die Person, um Rassismus entgegenzuwirken?
- Was erzielt die Person durch die Anwendung der Strategie?
- Wie bewertet ihr diese Strategie?

Erfahrung 3

Quelle: Sow, Noah (2011): Deutschland Schwarz Weiß. Liste dummer Sprüche. URL: http://www.deutschland-schwarzweiss.de/liste_dummer_sprueche.htm, letzter Zugriff am: 9.4.2014.

Viele finden es völlig unproblematisch, einen in Deutschland geborenen und aufgewachsenen Menschen, deren Eltern aus einem anderen Land kommen, für seine guten Deutschkenntnisse zu loben. Ich als ‚Betroffener' sehe das nicht so.

Aufgabe:
Nehmt Stellung zu diesem Statement.

Hintergrundinformationen

- **Gruppe 1**

Erläuterung der|des betroffenen Jugendlichen zu Erfahrung 1

Quelle: Jabril, Sara (2012): Sie sprechen ja fantastisch Deutsch! Alltagsrassismus in Deutschland. In: fluter – das Jugendmagazin der Bundeszentrale für politische Bildung. URL: http://www.fluter.de/de/109/erfahrungen/10233, letzter Zugriff am: 9.4.2014.

„Obwohl ich über die Jahre oft rassistische Beleidigungen erlebt habe, hat sich mir diese Geschichte besonders eingeprägt, weil sie symptomatisch für unsere Gesellschaft ist. Wüste Beschimpfungen oder Angrif-

fe kann man immer noch als unüberlegt abtun, als etwas, das von einer kleinen Minderheit ausgeht. Doch dass ich allein aufgrund meines Namens und meines Aussehens in die Kategorie ‚nicht-deutsch' eingestuft werde, macht mir viel eher bewusst, dass ich von vielen Mitbürgern nicht als deutsch angesehen werde. Obwohl ich die deutsche Staatsbürgerschaft besitze."

- **Gruppe 2**

Erläuterung der|des betroffenen Jugendlichen zu Erfahrung 1

Quelle: Jabril, Sara (2012): Sie sprechen ja fantastisch Deutsch! Alltagsrassismus in Deutschland. In: fluter – das Jugendmagazin der Bundeszentrale für politische Bildung. URL: http://www.fluter.de/de/109/erfahrungen/10233, letzter Zugriff am: 9.4.2014.

„Der Kern des Problems ist, dass es nicht akzeptiert wird, dass ich mich als Britin verstehe, weil ich nicht britisch genug aussehe. Es ist ganz egal, ob ich dort geboren wurde, ob ich die Queen mag, gerne Tee trinke oder irgendein anderes Klischee erfülle. Ich bin aufgrund meines Aussehens für viele Leute einfach keine Britin. Das zeigt, finde ich, dass Rassismus noch immer ein aktuelles Problem ist, egal wie subtil er heute auch sein mag."

- **Gruppe 3**

Erläuterung der|des betroffenen Jugendlichen zu Erfahrung 1

Quelle: Vu, Vanessa (2012): Die Ignoranz. Das Weghören. Und Wegsehen. In: jetzt.de. URL: http://jetzt.sueddeutsche.de/texte/anzeigen/551992/2/Die-Ignoranz-Das-Weghoeren-Und-das-Wegsehen, letzter Zugriff am: 9.4.2014.

„Werde ich nur als Deutscher akzeptiert, wenn ich einen bestimmten Grad an Eloquenz, Bildung und sozialen Kompetenzen mitbringe? Was ist dann mit den Millionen weißen Deutschen, die sich nicht mit Goethe und Sokrates auskennen, oder nicht einmal Hochdeutsch beherrschen? Müssten diese in der Logik dann nicht als Deutsche disqualifiziert sein?

Diese Integrationsdebatte verfolgt einen komplett falschen Ansatz. Sie setzt für Deutschsein einen Idealtypus des akademisch gebildeten Bürgers voraus. Das ist absurd, weil es für weiße Deutsche auch nicht Grundvoraussetzung ist, diesem Idealtypus zu entsprechen, um Teil der Gesellschaft zu sein. Aber weil People of Color (kurz: PoC, ist eine von Rassismus Betroffenen gewählte, politische Eigenbezeichnung. Sie soll missverständlichen Begriffe wie ‚Ausländer', ‚Migranten', etc. ersetzen,

MATERIAL

Anm. d. Red.) oft als rückständig, apolitisch, faul, integrationsunwillig, kriminell und irrational behandelt werden, müssen sie immer unverhältnismäßig viele Anstrengungen unternehmen, um dazuzugehören. Sobald wir dann erfolgreich sind, hält man uns ständig vor, dass man es in dieser Gesellschaft problemlos zu allem schaffen könnte und es gar keine Diskriminierung gibt: Cem Özdemir hat es ja auch geschafft. Das wäre, als würde ich jedem Ostdeutschen unter die Nase reiben, dass es Angela Merkel auch geschafft hätte."

- Gruppe 4

Erläuterung der|des betroffenen Jugendlichen zu Erfahrung 1

Quelle: Vu, Vanessa (2012): Die Ignoranz. Das Weghören. Und Wegsehen. In: jetzt.de. URL: http://jetzt.sueddeutsche.de/texte/anzeigen/551992/3/Die-Ignoranz-Das-Weghoeren-Und-das-Wegsehen, letzter Zugriff am: 9.4.2014).

„Ich habe mir nicht ausgedacht, was Rassismus ist, wie er funktioniert und dass er strukturell und institutionalisiert ist, sondern mich eingelesen und informiert. Aber Rassismus darf man ja in Deutschland nicht sagen, ohne dass sich das Gegenüber als Nazi angegriffen fühlt. Das ist zum Kotzen, weil Rassismus das ist, was wir People of Color täglich erleben. [...]

Diese Ignoranz, das Weghören und Wegsehen muss aufhören. Denn es gibt einen Unterschied, ob eine Lisa oder eine Leyla eine Hausarbeit abgibt, eine Wohnung sucht oder sich irgendwo bewirbt. Nicht wir People of Color sind defizitär, sondern Leute, die nach Integration schreien und so tun, als wäre es unsere Schuld, systematisch und vor allem institutionell Rassismus zu erfahren."

Plurale Identitäten

■ Quelle

Entwurf nach LeB|in|MiG

■ Ziele

- Sensibilisierung für die Vielfältigkeit von Zugehörigkeiten und Normalität von Mehrfachzugehörigkeiten
- Auseinandersetzung mit unterschiedlichen Arten von Mehrfachzugehörigkeiten und deren Folgen für die ‚Betroffenen'
- Sensibilisierung für Wechselwirkungen zwischen Mehrfachzugehörigkeiten und Zuschreibungen
- Reflexion des persönlichen und gesellschaftlichen Umgangs mit Mehrfachzugehörigkeiten

TIPP: Die Übung setzt sich mit Mehrfachzugehörigkeiten und deren Bedeutung auseinander und kann durch die Übung *Von (Mehrfach-)Zugehörigkeiten zu Patchworkidentitäten,* *(S. 198)* im Anschluss ergänzt werden.

■ Zeit

ca. 60 Minuten

■ Ablauf

Aufgabenbeschreibung

Die Teilnehmenden werden in drei Kleingruppen aufgeteilt. Jede Kleingruppe erhält einen der oben genannten Texte. Die Teilnehmenden sollen die Texte diskutieren und ihre Eindrücke und Interpretationen stichwortartig festhalten. Die Teamer|innen können zur Unterstützung und Lenkung Analysefragen bzw. -aufgaben an die Teilnehmenden stellen, wie zum Beispiel:

- o Was ist das Thema des Textes?
- o Haltet eure Erwartungen an den Text aufgrund der Überschriften fest. Inwiefern finden sich eure Erwartungen im Text wieder?
- o Wie werden Mehrfachzugehörigkeiten im Text thematisiert?

VARIANTE: Als Anleitung und Einstimmung der Teilnehmenden können zunächst auch die Überschriften im Plenum interpretiert werden.

- o Welches Verständnis von Mehrfachzugehörigkeiten wird im Text thematisiert?
- o Werden Schwierigkeiten im Text thematisiert, die durch Mehrfachzugehörigkeiten entstehen? Wodurch werden diese Schwierigkeiten beeinflusst?
- o An wen wendet sich der|die Verfasser|in mit dem Text?
- o Welche Botschaft hat der Text?

Auswertung
Die Kleingruppen lesen ihre Texte im Plenum vor, erläutern ihre Überlegungen zu den Texten und tauschen sich darüber aus. Die Teamer|innen lenken die Diskussion. Folgende Diskussionspunkte können hierbei hilfreich sein:

- o Wer spricht in den Texten? Überlegt, was ihr anhand der Texte über die Autor|innen erfahren habt. Was bewegt sie?
- o Beschreibt, für wen in den einzelnen Texten das Thema Mehrfachzugehörigkeiten von Bedeutung ist.
- o Wie bekannt oder fremd ist das Thema euch selbst?
- o Überlegt, in welchen Situationen ihr selbst merkt, dass ihr über mehrere Zugehörigkeiten verfügt.
- o Sammelt Situationen, in denen eure Mehrfachzugehörigkeiten oder die von anderen Personen schon mal relevant waren oder relevant werden könnten.
- o Wie geht ihr mit so einer Situation um und was bewegt euch in solchen Situationen?
- o Überlegt, was ihr euch für die Zukunft im Umgang mit Mehrfachzugehörigkeiten wünscht.

■ Kommentar

Mehrfachzugehörigkeiten als allgemeingültige Lebensrealität

Mehrfachzugehörigkeiten als Ist-Zustand globalisierter und ausdifferenzierter Gesellschaften erkennen

Durch die vorgestellten Texte sollen die Teilnehmenden dazu angehalten werden, sich mit der Thematik Mehrfachzugehörigkeiten auf verschiedenen Ebenen auseinanderzusetzen. Der erste Text, ein Gedicht von Aysel Özakın, lässt aufgrund der Überschrift zunächst vermuten, dass es sich speziell um die Lebenswelt von Türk|innen in Deutschland handelt, jedoch wird schon nach der ersten Zeile deutlich, dass Mehrfachzugehörigkeiten hier als ein allgemeingültiges Thema verstanden wird, in dem sich alle, ob mit oder ohne Migrationshintergrund bzw. Minderheitenzugehörigkeit, wiederfinden können. Für den Begriff der Mehrfachzugehörigkeiten verwendet Özakın die Bezeichnung „zwischen zwei Welten", die auch heute noch gerne als Umschreibung für die Lebensrealitäten von Minderheitenangehörigen genutzt wird. Sie impliziert die Annahme des Zerrissen-Seins zwischen einer traditionellen ethnisch-religiösen Familienwelt und einer modernen westlichen gesellschaftlichen Welt. Die allgemeine Auseinandersetzung mit dem Thema Mehrfachzugehörigkeiten im Gedicht kann somit auch als Antwort auf die Annahme der Zerrissenheit verstanden werden. Im Gedicht wird nicht zwischen ethnisch-traditionellen und modernen Lebenswelten unterschieden, sondern zwischen unterschiedlichen Rollenanforderungen einer inneren und einer äußeren Welt, denen jeder Mensch ausgesetzt ist. Das Gedicht kann somit als Anlass zur Kritik an der Zerrissenheitsrhethorik und dem Thema Mehrfachzugehörigkeiten als Alleinstellungsmerkmal von Minderheitenangehörigen verwendet werden.

Pluralität innerhalb von Minderheitengruppen aufzeigen

Mit dem Wissen, dass Mehrfachzugehörigkeiten zunächst einmal eine universelle Normalität darstellen, können die Bedingungen von migrantischen Mehrfachzugehörigkeiten in Deutschland genauer betrachtet werden. Hierzu dienen die Texte von Alper Sendilmen und Navid Kermani. Während Aysel Özakın vorübergehend in Deutschland gelebt hat und sich eher einer internationalen intellektuellen Weltbürgerschicht zugehörig fühlt bzw. seit langer Zeit in England lebt, verstehen sich Kermani und Sendilmen als deutscher Schriftsteller bzw. deutscher Rapper. Sie beleuchten in unterschiedlichen Genres und aus unterschiedlichen deutschen Lebensmilieus heraus die Konfrontation mit Zuschreibungen und deren Einfluss auf den Umgang mit Mehrfachzugehörigkeiten.

Mehrfachzugehörigkeiten als Herausforderung

Zusammenspiel von ethnischen und sozialen Zugehörigkeiten in den Blick nehmen

In dem Songtext von Alper Sendilmen aka Alpa Gun spielen neben ethnischen Zugehörigkeiten auch die sozialen Zugehörigkeiten eine zentrale Rolle. Beides vermischt sich, wie auch die dazugehörigen Zuschreibungen. Es wird deutlich, dass sich beide Zugehörigkeiten mit Blick auf die gesellschaftlich machtvolle Mittel- und Oberschicht und deren Deutungsmacht negativ potenzieren können. Auch hier wird mit dem Titel „Wer bin ich?“ das Thema der Unsicherheit über eigene Zugehörigkeiten aufgegriffen. Im Text wird deutlich, dass sich diese Unsicherheit v.a. im Dialog mit der Gesellschaft bzw. bessergestellten Schichten ergibt. Der Text richtet sich an verschiedene nicht klar benannte Gegenüber, denen die Frage im Titel gestellt wird und denen zum Teil auf anklagende Weise vom eigenen Leben erzählt wird. Der Fokus hierbei liegt auf Widersprüchlichkeiten im persönlichen Empfinden der eigenen Person und von außen an die eigene Person herangetragenen Annahmen. So kann die im Titel gestellte Frage „Wer bin ich?“ zunächst als Zeichen von Zerrissenheit und Verloren-Sein verstanden werden. Im Text wandelt sie sich an einigen Stellen jedoch zu einer Herausforderung im Sinne eines „Was glaubst du eigentlich, wer ich bin bzw. wen du vor dir hast?“ und „Was glaubst du, wer du bist, dass du mich so behandeln kannst?“.

Der Text beginnt mit einem klaren Statement und einer deutlichen Selbstpositionierung als eine Person, die in Deutschland zu Hause ist und das Recht auf dieses Zuhause innehat. Daran anschließend wird zu verstehen gegeben, dass die Anforderungen und Pflichten, die die deutsche Gesellschaft an ihre Mitglieder stellt, bekannt sind und diese vom Erzähler auch eingehalten werden: Er kann Deutsch, hat eine Ausbildung, kann sich ausweisen und akzeptiert, für Fehlverhalten bestraft zu werden. Er positioniert und versteht sich somit als Mitglied der deutschen Gesellschaft, macht jedoch im Folgenden deutlich, dass er von bestimmten Teilen der Gesellschaft nicht als solches anerkannt wird und fragt, woran dies liegt. Hierfür zieht er seine Hautfarbe und seine unangepasste Haltung in Betracht. Gleichzeitig macht er jedoch deutlich, dass dies keine ausreichenden Gründe sind. Er gibt zu bedenken, dass es Menschen in der Gesellschaft gibt, die diese im Gegensatz zu ihm bedrohen, und stellt gleichzeitig die Frage, ob er mit diesen aufgrund seiner sozialen und ethnischen Herkunft auf eine Stufe gestellt wird. Er reagiert auf diese Erfahrungen mit Entrüstung, einer klaren Positionierung seiner Zugehörigkeit zur deutschen Gesellschaft und der Erinnerung an seine Rechte.

Den Blick auf den gesellschaftlichen Umgang mit Mehrfachzugehörigkeiten richten

Im Refrain führen die beschriebenen Erfahrungen und die Abweisung der von außen gestellten Ansprüche und Annahmen zu einer inneren Krise, die zum einen durch die Frage „Was wird eigentlich von mir erwartet?“ und zum anderen von der darauf folgenden Frage „Wer bin ich?“ ausgelöst wird. In der zweiten Strophe tauchen dieselben Themen erneut auf: Die Selbstpositionierung als normales Mitglied der Gesellschaft, die Erfahrung, nicht als solches anerkannt zu werden, die daraus resultierende Wut, gepaart mit Trotz bzw. Beharren, und die darauffolgende innere Krise. Neu ist der Hinweis auf den Rückzug in die persönliche Community bzw. das Verbleiben im sozialen Milieu als Vermeidungs- und Anpassungsstrategie. Der Liedtext setzt sich v. a. mit der Anerkennung von Zugehörigkeiten auseinander und den Folgen, die entstehen, wenn Selbst- und Fremdempfinden einander entgegenstehen. Der Text sagt aus, dass die Anerkennung bestimmter Mehrfachzugehörigkeiten eine Herausforderung an überkommene Normalitätsvorstellungen machtvoller Gesellschaftsgruppen darstellt.

Mehrfachzugehörigkeiten als Denkaufgabe

Die Identitätsfrage als eine gesamtgesellschaftliche Aufgabe verstehen lernen

Kermani thematisiert in seinem Buch „Wer ist wir? Deutschland und seine Muslime" die Identitätsfrage nicht als ein universelles menschliches Phänomen oder als eine durch gesellschaftliche Rahmenbedingungen hervorgerufene individuelle Krise. Er versteht die Auseinandersetzung mit Identitäts- und Zugehörigkeitsvorstellungen als die Aufgabe der deutschen Gesamtgesellschaft und damit insbesondere deutungsmächtiger gesellschaftlicher Gruppen. Diese Thematik beleuchtet er aus dem Blickwinkel eines sozial bessergestellten, international arbeitenden deutschen Wissenschaftlers und Buchautors mit Migrationshintergrund.

Den persönlichen Wunsch nach Eindeutigkeit hinterfragen lernen

Kermani richtet sich in seinem Text gegen die Anforderung der Einheitlichkeit, die nicht zuletzt durch Ansprüche und Zuschreibungen von außen – von einer machtvollen Gruppe – eingefordert werden. Das Resultat sind Vereinfachungen, die, ähnlich wie bereits bei Sendilmen beschrieben, dem Selbstverständnis und der persönlichen Realität nicht gerecht werden. Gleichzeitig verweist Kermani, wie bereits Özakın, auf die Normalität von Mehrfachzugehörigkeiten bzw. der Vielfältigkeit persönlicher Identitäten. Als Beispiel führt er hierzu sich selbst und sein Muslim-Sein an. Er zeichnet hierbei ein Bild, das konträr ist zu dem, das insbesondere nach dem

11. September von Muslimen|as gezeichnet wird. Es dominiert das Bild der Einheitlichkeit und Radikalität in Bezug auf Muslime|as und den islamischen Glauben. Das Zusammendenken bspw. der Anerkennung sexueller Freizügigkeit und des Gläubig-Seins in einer Person, die sich als Muslim|a versteht, irritiert und fordert heraus. Deutsche mit Migrationshintergrund oder Minderheitenzugehörigkeit werden häufig noch immer nicht als ‚vollwertige' Deutsche verstanden. Der Fokus liegt auf ihrem wie auch immer gearteten ‚Anderssein' und nicht selten auf der Frage, ob dieses ‚Anderssein' überhaupt mit ‚dem Deutschsein' zusammengehen kann. Unter dem von Kermani aufgegriffenen ‚Wir' werden häufig noch immer Mehrheitsangehörige verstanden. Kermani antwortet hierauf mit einer klaren Botschaft: Es ist Zeit, dieses ‚Wir' neu zu denken und für Uneinheitlichkeit – sprich innere Pluralität – zu öffnen, um der Lebensrealität gerecht zu werden.

Perspektivenwechsel unterstützen

Kontinuitäten im gesellschaftlichen Umgang mit Pluralität erkennen

Die Teilnehmenden werden in dieser Aufgabe mit dem Blick von Minderheitenangehörigen auf einen sonst von Mehrheitsangehörigen dominierten Diskurs konfrontiert. Nicht die vermutete Zerrissenheit von ersteren steht im Vordergrund, sondern die Rahmenbedingungen, die dazu führen, dass bestimmte plural ausgerichtete Identitäten als problematisch wahrgenommen werden (müssen). Alle drei Texte greifen das Thema Pluralität von Zugehörigkeiten und deren Anerkennung auf und beleuchten ähnliche Aspekte auf unterschiedliche Weise. Da die Texte aus verschiedenen Genres, Zeiten und den Federn unterschiedlich sozial zuzuordnender Autor|innen stammen, lässt sich anhand von ihnen auch aufzeigen, dass dieses Thema über Schichtzugehörigkeiten hinweg unterschiedliche Minderheitenangehörige betrifft und dass dieses Thema schon seit über 30 Jahren aktuell zu sein scheint (s. auch *Theoretische Einführung*, S. 39 ff.).

Texte

• Gedicht

Özakın, Aysel (1985): Die Türken in Deutschland leben zwischen zwei Welten, zit. n.: Rösch, Heidi (1995): Interkulturell unterrichten mit Gedichten. Zur Didaktik der Migrationsforschung. Frankfurt/M., S. 99.

Die Türken in Deutschland leben zwischen zwei Welten

Wir alle leben / Zwischen zwei Welten / Die Welten der fleißigen Mütter / Und die der unzufriedenen Kinder / Die Welt der Liebe / Und die der Gesetze / Jeden Tag leben wir / Zwischen zwei Welten / Nachts auf einer Reise / Ohne Grenze / Tagsüber mit der Ordnung / Des Stundenschlages / Wir alle leben / In zwei Welten / Die Welt der Sprache / Und die der Wirklichkeit./ Bald werden wir / In vielen Welten leben / Wenn die Zeit / Eine Kurve macht.

• Liedtext

Sendilmen, Alper (Alpa Gun) (2010): Wer bin ich? URL: http://www.magistrix.de/lyrics/Alpa%20Gun/Wer-Bin-Ich-1082824.html, letzter Zugriff am: 24.7.2014.

Wer bin ich?

Strophe 1

Ich bin in diesem Land geboren und aufgewachsen / Man, normal, ich kann gut deutsch reden / Schon damals in der Schule hieß es ständig: Deutsch reden! / Mein deutsch ist ganz ok, ich glaub das müsste ausreichen / Natürlich hab ich ein Beruf und kann mich ausweisen / Hab ich was falsch gemacht? / Ist kein Problem, ich zahl die Strafe / Doch das geht über die Jahre, warum diese Schikane? / Ist das die dunkle Haut? / Bin ich politisch unkorrekt? / Ich weiß es einfach nicht, was ihr da oben über uns so denkt / Ich hab doch nichts getan / Bin kein Rassist und auch kein Psychopath / Ich weiß nur, dass ich eure Polizeibeamten nicht so mag / Es tut mir leid, Herr Wachmeister / Ich werd nicht heimfliegen, ich rap und mach weiter / Ihr könnt mich nicht kleinkriegen / Ich hab das alles durchgemacht, ich weiß, wie hart es ist / Du weißt, wovon ich rede, wenn du auch von der Straße bist / Ich hab mich angepasst, hab zugehört / Doch wo sind meine Rechte? / Wer bin ich denn, dass ihr mich so behandelt? / Bitte sag mir

Refrain

Bin ich verrückt oder hab ich etwa 'ne Amnesie? / Was hab ich nur verlorn auf dieser Welt? / Caney, sag mir, wer bin ich? / Ich sag die Wahrheit, doch sie sagen, es sei Blasphemie / Ich weiß nicht, was sie alle von mir wollen / Bitte sag mir, wer bin ich? / Bin ich ein Held, ein Terrorist oder ein Krimineller? / Was habt ihr für ein Problem mit mir? / Bitte sag mir, wer bin ich? / Wer bin ich denn, dass ich alles tun soll, was sie mir sagen / Bin ich für euch nur 'ne Figur? / Ich frage mich: Wer bin ich?

Strophe 2

Wer bin ich? / Das ist wirklich 'ne gute Frage / Ich hab hart geackert, damit ich 'ne gute Zukunft habe / Ich wollt vernünftig sein und wie ein echter Mann denken / Hier und da zum Amt Papiere ausfüllen und mich anmelden / Ich geh zum Arbeitsamt und seh' die Leute warten alle / Oben musst du Nummern ziehen und unten ist 'ne Warteschlange / So ist es, doch sie lassen dich so ein paar Tage quälen / Dann heißt es, dass dir irgendwelche Formulare fehlen / Doch das ist die Art, wie sie mit uns umgehen und diskutieren / Ich könnt genauso unhöflich sein, doch das passt nicht zu mir / Sie schicken dich hin und her / Jetzt sag, wie du die Sache siehst / Herr Doktor, um ehrlich zu sein, macht es mich richtig aggressiv / Ich mein, wer bin ich überhaupt? / Stimmt irgendwas nicht mit mir? / Hab ich mich doch verirrt? / Bin ich etwa nicht richtig hier? / Sie hören mir nicht mal zu und lassen mich nicht ausreden / Wie jedes Mal haben sie irgendwelche Ausreden / Wenn ich was einkaufen will geh ich ins Niketown / Im KaDeWe gucken sie so, als würd ich irgendnen Scheiß klauen / Ich mein, warum müssen sie negativ über mich urteilen? / Ich weiß nicht, was sie wollen / Doch ich werd einfach stur bleiben / Ich mach das alles grade durch / Ich weiß, wie hart es ist / Weißt du eigentlich, wie das Leben draußen auf der Straße ist? / Ich brauche Hilfe, Herr Doktor / Bitte, ich frage dich, sag: / Wer bin ich denn, dass sie mich so behandeln? / Bitte sag mir

- **Buchauszug**

Kermani, Navid (2009): Wer ist wir? Deutschland und seine Muslime. München, S. 17 ff. und S. 27.

„Identität ist per se etwas Vereinfachendes, etwas Einschränkendes, wie jede Art von Definition. Es ist eine Festlegung dessen, was in der Wirklichkeit vielfältiger, ambivalenter, durchlässiger ist. Das ist zunächst nicht schlimm, sondern ein ganz normaler Vorgang. Ich sage von mir: Ich bin Muslim. Der

Satz ist wahr, und zugleich blende ich damit tausend andere Dinge aus, die ich auch bin und die meiner Religionszugehörigkeit widersprechen können – ich schreibe zum Beispiel freizügige Bücher über die körperliche Liebe oder bejahe die Freiheit zur Homosexualität. Das ist ein Widerspruch. Der Islam lehnt Homosexualität ab, und Erzählungen über Sex legt der Koran auch nicht eben nahe. Wahrscheinlich ließe sich eine Interpretation konstruieren, welche die Homosexualität oder die Schilderung sexueller Handlungen islamisch legitimiert. Aber das beschäftigt mich nicht. Nicht alles, was ich tue, steht in Bezug zu meiner Religion. Für mich selbst bin ich durch solche Handlungen und Bekenntnisse in meinem Muslimsein überhaupt nicht eingeschränkt. Das mag sich paradox anhören, aber mit dieser Religiosität bin ich aufgewachsen, mit all diesen Ambivalenzen, Brüchen, Widersprüchen. Gut, keiner meiner Vorfahren hat, soweit ich weiß, Erzählungen über Sex geschrieben, aber dafür hatten sie andere Angewohnheiten, die nun auch nicht sämtlich im Einklang mit der reinen Lehre standen. Manche meiner älteren Verwandten hielten zum Beispiel streng ihr Ritualgebet ein, verzichteten deswegen aber nicht auf den abendlichen Wodka. Niemand wäre auf die Idee gekommen, einem Muslim, der auch Alkohol trinkt, die Zugehörigkeit zum Islam streitig zu machen. Genauso wenig hätte jemand den Alkoholkonsum islamisch begründet. Wenn etwas fehlte, war es Eindeutigkeit.

Der Fundamentalist würde sagen: Das darf nicht sein, der Muslim ist so oder so, alle anderen sind keine Muslime. Und der deutsche Fernsehexperte sagt mir: Sie sind ja gar kein ‚echter', sondern zum Glück nur ein ‚gemäßigter' Muslim, denn ein echter Muslim lehnt die Demokratie ab, will die Einheit von Staat und Religion und nimmt den Koran als Gottes unverrückbares Gesetz. Dem würde ich erstens entgegnen, daß ich meinen Glauben sehr wohl als ‚echt' empfinde. Zweitens würde ich den Fundamentalisten und seinen deutschen Experten bitten, sich einmal in einem islamischen Land umzuschauen (es muss nicht gerade Saudi-Arabien sein). Man könnte die islamische Kultur, Poesie, die Architektur, die Mystik gerade durch den Widerspruch definieren, in dem sie zur sogenannten reinen Lehre steht – aber dadurch, dass dieser Widerspruch möglich ist und ausgehalten wird, genau wie in allen anderen Kulturen, nicht zuletzt der abendländischen: Man muß sich nur einmal in der Sixtinischen Kapelle umsehen, um staunend zu bewundern, welch scheinbar unchristliche Sinnenfreuden und pralle Lüsternheit der Katholizismus nicht nur hinnimmt, sondern in sein eigenes Zentrum rückt. Genauso wie der Islam ist das Christentum immer auch das Gegenteil von dem, was diese oder jene Gelehrten als christlich definieren.

Ich bin Muslim, ja – aber ich bin auch vieles andere. Der Satz ‚Ich bin Muslim' wird also in dem Augenblick falsch, ja geradezu ideologisch, wo ich mich ausschließlich als Muslim definiere – oder definiert werde. Deshalb stört es mich auch, daß die gesamte Integrationsdebatte sich häufig auf ein Für und Wider des Islams reduziert – als ob die Einwanderer nichts anderes seien als Muslime. Damit werden alle anderen Eigenschaften und Faktoren ausgeblendet, die ebenfalls wichtig sind: woher sie stammen, wo sie aufgewachsen sind, wie sie erzogen wurden, was sie gelernt haben." (Kermani 2009, 17 ff.)

„Und wie oft höre ich in Deutschland, daß ‚wir' nichts gegen Muslime haben. Oder alle möglichen Talksendungen zum Islam: Wie können ‚wir' mit dem Islam umgehen, müssen ‚wir' Angst haben vor den Muslimen? Daß zu diesem ‚Wir' auch Muslime gehören könnten, scheint den Talkshowgästen beinahe undenkbar zu sein. Es ist gar nicht einmal böse gemeint, jedenfalls nicht immer. ‚Wir' Deutsche müssen Dialog führen mit den Muslimen, sagen die Gutwilligen. Das ist löblich, nur bedeutet es für etwa 3 Millionen Menschen in diesem Land, daß sie den Dialog mit sich selbst führen müßten." (ebd., 27)

Hintergrundinformationen

- **Vita Aysel Özakın**

Aysel Özakın wurde 1942 in Urfa in der Türkei geboren. Sie studierte Französisch in Ankara und Paris und arbeitete in beiden Städten als Lehrerin. Nach dem Militärputsch 1980 kam Özakın als bereits erfolgreiche Schriftstellerin auf Einladung des Berliner Literarischen Colloquiums nach Westberlin. Sie blieb zehn Jahre in Westdeutschland. In dieser Zeit kämpfte sie immer wieder dagegen an, dass ihre Werke zur Gastarbeiterliteratur gezählt wurden und sie selbst zum stereotypisierten Typus der unterdrückten ungebildeten orientalischen Frau. 1990 zog sie nach England. Sie schrieb u. a. in türkischer, englischer und deutscher Sprache. Die meisten ihrer Bücher und Texte in deutscher Sprache sind nur noch antiquarisch erhältlich.

Quellen:
Soltau, Heide (1986): Verlust von Sprache. Die türkische Erzählerin Asyel Özakin. In: Die Zeit 24/1986. URL: www.zeit.de/1986/24/verlust-von-sprache, letzter Zugriff am: 24.07.2014.
Wikipedia (2014): Aysel Özakın. URL : www.wikipedia.org/wiki/Aysel_Özakın, letzter Zugriff am: 24.7.2014.

MATERIAL

- **Vita Alper Sendilmen aka Alpa Gun**

Alper Sendilmen aka Alpa Gun wurde 1980 in Berlin-Schöneberg geboren und schloss eine Ausbildung zum Restaurantfachmann ab. Seine Eltern kamen als sogenannte Gastarbeiter aus der Türkei nach Deutschland. Erste Beachtung in der Hip-Hop-Szene findet er mit der Crew Außer Kontrolle (AK) und dem Lied „Schöneberg30". Die Crew trennt sich im Streit und er wird Mitglied der Crew „Die Sekte" um Sido und dem Label Aggro-Berlin. 2005 ist er auf beinahe jedem Album des Labels vertreten und 2007 erscheint sein Solodebüt. Darüber hinaus ist er auch als Schauspieler tätig. Weitere Alben und die Abkehr von der „Sekte" folgten.

Quellen:
Alpa Gun (2012): Biografie. Alpa Gun. URL: http://www.alpagun.de/#!alpa-gun-biografie/c1mxq, letzter Zugriff am: 24.7.14.
Laut.de (o. J.): Biographie. Alpa Gun. URL: www.laut.de/alpa-gun, letzter Zugriff am: 24.7.14.

- **Vita Navid Kermani**

Navid Kermani wurde 1967 in Siegen geboren und lebt mit seiner Familie als freier Schriftsteller in Köln. Seine Eltern sind aus dem Iran nach Deutschland migriert. Er habilitierte in Orientalistik und war Gastprofessor in Frankfurt und Darthmouth, USA. Er erhielt darüber hinaus zahlreiche Auszeichnungen für seine akademische und literarische Arbeit.

Quelle:
Kermani, Navid (o. J.): Person. URL: www.navidkermani.de/view.php?nid=183, letzter Zugriff am: 24.7.14.

Reflexionsübungen

Fallreflexion | Schullandheim

■ Quelle

Entwurf nach LeB|in|MiG

■ Ziele

Für die Teilnehmenden

Teil 1:

- Reflexion über die persönlich wahrgenommenen Herausforderungen
- Entwicklung situationsangemessener Lösungsstrategien
- Formulierung von Fragen

Teil 2:

- Reflexion über (workshopbezogene) Veränderungen und Entwicklungen eigener Wahrnehmungen, Meinungen und Herangehensweisen

Für die Teamer|innen

- Erhebung und Analyse von situationsbezogenen Lösungsstrategien der Teilnehmenden
- Herstellung von Anknüpfungspunkten für weitere Übungen

■ Zeit

Teil 1: ca. 20 Min.,

Teil 2: schriftlich: ca. 20 Min., mündlich: ca. 30 Min.

■ Ablauf

Teil 1 | Reflexion

Aufgabenbeschreibung

Die Teilnehmenden verteilen sich im Raum, sodass sie möglichst viel Platz zur Verfügung und keine Tischnachbar|innen haben. Sie bekommen ein Blatt mit der Situation und die Aufgabe, auf die angeführten Fragen einzugehen. Die Blätter werden von den Teamer|innen eingesammelt.

Auswertung (optional)

Die Reflexionen können im Rahmen einer Aufarbeitung in den Gruppen ausgewertet werden, die z. B. am Ende eines Themenblocks stattfindet (s. *Teil 2*).

Teil 2 | Re-Reflexion (optional)

Aufgabenstellung

Die Erstreflexionen zu der Situation „Schullandheim" können den Teilnehmenden zu einem späteren Zeitpunkt im Workshop erneut vorgelegt werden. Die Teilnehmenden sollen nun anhand der Reflexionsfragen (s. *Material*: Reflexionsfragen zu Teil 2) Stellung zu den Erstreflexionen beziehen.

HINWEIS: Ob eine Auswertung für diese Übung notwendig ist, entscheiden die Teamer|innen je nachdem, welche Übungen sie noch in das Workshopprogramm einbeziehen. Ist es z. B. geplant, die Situation „Schullandheim" in einer weiteren Übung (z. B. *Mehrere Meinungen – ein Weg*, S. 325, oder *Strategienwerkstatt*, S. 365) noch einmal aufzugreifen, kann auf die hier beschriebene Auswertung verzichtet werden.

Auswertung

Für die nachfolgende Bearbeitung der Reflexionen wären folgende Varianten denkbar:

- Die Teilnehmenden werden gebeten, schriftlich Stellung zu den Erstreflexionen zu beziehen (s. *Material:* Reflexionsfragen zu Teil 2). Die schriftlichen Reflexionen helfen den Teamer|innen, die Entwicklung der Lösungsstrategien der Teilnehmenden nachzuvollziehen.
- Die Teilnehmenden bekommen ihre Erstreflexionen erneut vorgelegt, lesen diese zunächst in Einzelarbeit durch und schauen sich entsprechende Re-Reflexionsfragen an (S. *Material:* Re-Reflexionsfragen zu Teil 2). Danach besprechen sie die Reflexionen in Zweier- oder Kleingruppen. Der Fokus sollte dabei auf dem gegenseitigen Vergleich der Erfahrungen, Veränderungen und Meinungen der Teilnehmenden liegen.

Danach kann im Plenum besprochen werden, wie sich die eigenen Ansichten bzw. Wahrnehmungen durch den Workshop entwickelt haben bzw., wenn keine Veränderungen festgestellt worden sind, womit es zu tun haben kann.

Kommentar

Vorteile von Problemsituationsanalysen

Sensibilisierung für problematische Situationen im Schulalltag

Eine selbstständige Auseinandersetzung der Teilnehmenden mit einer Problemsituation kann ein guter Weg sein, für potenziell schwierige Fälle aus der Schulrealität sensibilisiert zu werden, indem sie sich in die Rolle der Lehrperson hineinversetzen und situationsangemessene Handlungsstrategien erarbeiten. Für die Teamer|innen bietet eine solche Form der Reflexion einen guten Überblick über die wichtigsten Gedanken und Strategien der Gruppe, aber auch die Möglichkeit, interessante, besonders angemessene oder auch problematische Lösungsstrategien zu finden und diese im weiteren Verlauf des Workshops aufzugreifen. Wichtig ist dabei, dass auf die Anonymität der Reflexionen geachtet wird. Daher sollten die in den Reflexionen vorgekommenen Strategien im Workshop verallgemeinert formuliert werden.

Auswahl von Problemsituationen

Problemsituation möglichst offen für unterschiedliche Interpretationsmöglichkeiten gestalten

Vor allem, wenn die schriftliche Reflexion über eine Problemsituation am Anfang des Workshops ansteht, empfiehlt es sich, die Problemsituation möglichst offen für ganz unterschiedliche Interpretationsmöglichkeiten zu gestalten. In diesem Fallbeispiel wird diese Offenheit u. a. dadurch erreicht, dass Faktoren wie der Migrationshintergrund/die Religionszugehörigkeit der Mutter bewusst ausgeblendet bleiben. Dies hat den Zweck, zu ermitteln, ob die Teilnehmenden der Mutter einen Migrationshintergrund zuschreiben oder nicht, ob sie ihre Vorschläge mit Berücksichtigung dieses Faktors formulieren etc. Solche Erkenntnisse ermöglichen den Teamer|innen, den ‚Sensibilisierungsgrad' der Teilnehmenden zu klären und dementsprechend im weiteren Verlauf des Workshops Akzente zu setzen. Sollte sich der|die Teamer|in jedoch dafür entscheiden, den Deutungsraum für die Problemsituation einzuschränken, ist zu bedenken, dass bei einer eng gefassten Situation leicht Stereotype über Migrant|innen reproduziert werden können. Dies zu vermeiden ist eine Herausforderung.

Reflexionsfragen

Von großer Bedeutung bei der Entwicklung von Übungen dieser Art ist außerdem die Formulierung der Reflexionsfragen:

So kann die Reflexionsfrage „Welche Herausforderungen siehst du in dieser Situation?“, die in den Workshops des Projekts LeB|in|MiG auch in Bezug auf andere problematische Situationen formuliert wurde, durch das Wort „Herausforderung“ lenkend wirken. Je nach Kontext kann sie z. B. implizieren, dass der Umgang einer Lehrperson mit Heterogenität in der Klasse per se eine Herausforderung ist, sich also nicht im Bereich des ‚Normalen‘ befindet (s. z. B. Übung *Fallreflexion|Rektor*, S. 368). Eventuell wäre für solche Fälle eine andere Formulierung notwendig, damit keine Stereotype reproduziert werden.

Für Reflexionsfragen gilt: Bei lenkenden/nicht neutralen Formulierungen vorsichtig sein!

Im ersten Workshopdurchgang des Projekts LeB|in|MiG wurde die zweite Reflexionsfrage („Wie würdest du in dieser Situation reagieren?“) neutraler formuliert („Wie könnte man in dieser Situation reagieren?“). Diese Formulierung hat viele Teilnehmende dazu veranlasst, eher allgemein und losgelöst von der eigenen Person Ratschläge, die an eine imaginäre Lehrperson appellierten, zu formulieren. Da eine solche Deutung der Frage die Selbstreflexion eher verhindert, wurde die Formulierung im zweiten Workshopdurchgang geändert. Durch die direkte Ansprache mit „du“ wurde die Frage konkreter und die Teilnehmenden wussten, dass sie direkt nach eigenen Handlungsmöglichkeiten gefragt werden. Daher sind die Reflexionen im Vergleich mit

Aufpassen: Allgemeine vs. konkrete Frageformulierung

den Reflexionen aus dem ersten Durchgang viel ‚persönlicher' ausgefallen.

Wiederholte Aufarbeitung der Projektsituation

Eine wiederholte Auseinandersetzung mit der Problemsituation kann durchaus sinnvoll sein.

Die Erfahrungen des Projekts LeB|in|MiG haben gezeigt, dass eine wiederholte Aufarbeitung der Reflexionssituation in den Gruppen, die z. B. am Ende eines Themenblocks stattfindet oder in den weiteren Übungen aufgegriffen wird (s. z. B. Übungen *Mehrere Meinungen – ein Weg*, S. 325 und *Strategienwerkstatt*, S. 365), besonders produktiv sein kann. Die Teilnehmenden können dann die in dem Workshop erworbenen Kenntnisse und Fähigkeiten einsetzen und in gegenseitiger Absprache viele weitere Lösungsmöglichkeiten finden, die bei der ersten Reflexion übersehen wurden. In diesem Fall sind die selbstständigen Erstreflexionen als ein ‚Probeversuch' der Teilnehmenden zu verstehen, die nach der wiederholten Bearbeitung derselben Situation auch eine Vergleichsbasis haben.

Situationsbeschreibung mit Reflexionsfragen

LeB|in|MiG in Anlehnung an: Altan, Melahat et al. (2009): Eine Frage der Haltung. Eltern(bildungs-)arbeit in der Migrationsgesellschaft. Eine praxisorientierte Reflexionshilfe. Stuttgart, S. 33.

Frau E. ist Klassenlehrerin in der 9. Klasse an einer Realschule. An einem Elternabend wird die bevorstehende Klassenfahrt in ein Schullandheim besprochen. Eine Mutter spricht die Lehrerin nach der Veranstaltung an und sagt, dass sie ihre Tochter nicht mitfahren lassen will. Von anderen Eltern aus ihrer religiösen Gemeinde hätte sie gehört, dass Kinder in diesem Alter bei solchen Klassenfahrten heimlich Alkohol und Zigaretten konsumieren würden. Außerdem macht sich die Mutter große Sorgen um ihre Tochter, weil diese seit Kurzem sehr an Jungs, Flirten und Beziehung interessiert ist. Neulich hätte die Tochter erzählt, dass sie nun einen Freund hat (der dieselbe Klasse besucht), was zu einem Streitgespräch zwischen ihr und ihren Eltern geführt hat. Daher hat die Mutter Angst, dass es in einem Schullandheim, wo sich die Tochter ohne elterliche Aufsicht aufhält, zu einem sexuellen Verhältnis zwischen ihr und ihrem Freund kommen könnte.

Reflexionsfragen zu Teil 1

- Welche Herausforderungen siehst du in dieser Situation?
- Wie würdest du in dieser Situation reagieren?
- Welche Fragen bleiben bei dir zurück?

Re-Reflexionsfragen zu Teil 2

- Welche Lösungsstrategien, die ich in meiner Erstreflexion vorgeschlagen habe, finde ich auch jetzt angemessen und warum?
- Welche Lösungsstrategien, die ich in meiner Erstreflexion vorgeschlagen habe, würde ich nicht mehr in Erwägung ziehen und warum?
- Welche neuen Lösungsstrategien, die ich angemessen finde, fallen mir jetzt ein?

Von (Mehrfach-)Zugehörigkeiten zu Patchworkidentitäten

■ Quelle

LeB|in|MiG in Anlehnung an: Handschuck, Sabine/Klawe, Willy (2010): Interkulturelle Verständigung in der Sozialen Arbeit. Ein Erfahrungs-, Lern- und Übungsprogramm zum Erwerb interkultureller Kompetenz, 3. Auflage. Weinheim, S. 262

■ Ziele

- Auseinandersetzung mit den Begriffen Zugehörigkeiten, Nicht-Zugehörigkeiten und Mehrfachzugehörigkeiten
- Reflexion über eigene Nicht- bzw. (Mehrfach-)Zugehörigkeiten und den eigenen Umgang mit Nicht- bzw. (Mehrfach-)Zugehörigkeiten anderer
- Differenzierung zwischen selbst gewählten und von außen zugewiesenen Zugehörigkeiten/Rollen, Reflexion der Ursachen für die Ablehnung bestimmter Zugehörigkeiten
- Sensibilisierung für die Komplexität von Zugehörigkeiten und Identitäten
- Sensibilisierung für die unterschiedliche Relevanz von Zugehörigkeiten in verschiedenen Kontexten
- Reflexion über Strategien des Zurechtkommens mit unterschiedlichen Rollenerwartungen
- Meinungs- und Erfahrungsaustausch unter den Teilnehmenden

■ Zeit

ca. 90 Minuten

■ Ablauf

Aufgabenbeschreibung

Schritt 1: Input zum Thema „(Mehrfach-)Zugehörigkeiten“
Erst geben die Teamer|innen einen kurzen Input zu (Mehr-

fach-)Zugehörigkeiten (in Form eines Vortrags, einer Präsentation etc.). Die Teilnehmenden machen sich dabei Notizen und stellen währenddessen bzw. am Ende ggf. Fragen.

Schritt 2: Einzelarbeit „Patchworkidentitäten"
Es erfolgt eine Überleitung, z. B. in Form eines Kurzvortrags (s. *Material*), zum Begriff der Patchworkidentitäten. Die Teilnehmenden erhalten danach ein Arbeitsblatt mit einem Patchwork, in das sie ihre verschiedenen Zugehörigkeiten eintragen. Markiert werden hierbei die Zugehörigkeiten, die für sie besonders wichtig sind. Darüber hinaus reflektieren die Teilnehmenden, welche Zugehörigkeiten sie selbst gewählt haben und welche ihnen von außen zugeordnet wurden. Neben das Bild können Zugehörigkeiten geschrieben werden, die man verweigert.

Auswertung

Sobald die Teilnehmenden mit der Einzelarbeit fertig sind, werden sie in Gruppen eingeteilt, um sich in einer Gruppendiskussion über ihren Zugang und Umgang mit Mehrfachzugehörigkeiten auszutauschen. Hier sind einige Varianten möglich: In einer kleinen Gruppe könnte eine Gruppendiskussion mit Moderation veranstaltet werden. Die Teamer|innen lenken die Diskussion je nach Workshopzielsetzung mehr oder weniger stark. Mögliche Fragen der Teamer|innen sind:

- o Welche Zugehörigkeiten empfindet ihr als besonders relevant für eure eigene Identität? Warum ist das so?
- o Sind diese Zugehörigkeiten immer gleich relevant für euch? Oder gibt es bestimmte Situationen/Kontexte, in denen manche Zugehörigkeiten besonders und andere kaum oder gar nicht wichtig sind?
- o Was oder welche Seite in euch sprechen eure unterschiedlichen Zugehörigkeiten an?

- o Wofür erhaltet ihr in welcher Gruppe z. B. Anerkennung? Was wird in welcher Gruppe nicht akzeptiert oder auch sanktioniert?
- o Scheinbar kommt es hierbei auch immer wieder zu Widersprüchen. Wie geht ihr mit unterschiedlichen Anforderungen an euch aus den verschiedenen Gruppen um? Ist das belastend oder unproblematisch für euch?
- o Was würde euch den Umgang mit solchen Widersprüchen erleichtern?
- o Aus welchem Grund lehnt ihr manche Zugehörigkeiten (eher) ab? Wer trägt diese Zugehörigkeiten an euch heran? Und wie sieht diese Ablehnung aus?
- o Wie geht ihr mit Mehrfachzugehörigkeiten oder auch Nicht-Zugehörigkeiten von anderen um, z. B. in euren Familien, Freundeskreisen, im Studium/Beruf oder allgemein im Alltag?
- o Gibt es noch andere Gedanken zu oder über dieses Thema, über die ihr euch austauschen oder die ihr einfach mitteilen möchtet?

Wichtig: Nicht sofort in die Gruppendiskussion eingreifen, sondern abwarten, bis die Gruppen ihre wichtigsten Eindrücke und Erkenntnisse miteinander ausreichend besprochen haben.

Sollte die gesamte Teilnehmenden-Gruppe zu groß sein, empfiehlt sich eine Aufteilung in zwei oder mehrere kleinere Gruppen. Die Teamer|innen gehen dann von Kleingruppe zu Kleingruppe, beobachten einige Zeit den Diskussionsverlauf in der Gruppe und stellen lenkende Fragen. Oder sie drucken die Diskussionsfragen aus und legen sie einige Minuten nach Beginn der Diskussion jeder Gruppe vor, damit die Teilnehmenden gezielt darüber diskutieren.

Die Auswertung kann auch in Partnerarbeit mit nachfolgender Plenumsbesprechung erfolgen. In diesem Fall tauschen sich die Teilnehmenden zunächst in Zweiergruppen über die Übung aus (mögliche Fragen können vorgegeben werden) und entscheiden dann, welche Erfahrungen sie im Plenum mitteilen (vgl. Handschuck/Klawe 2010, 269) (s. auch *Kommentar*).

■ Kommentar

Die Schwierigkeit der Reflexion über (Nicht-)Zugehörigkeiten und Mehrfachzugehörigkeiten liegt darin, dass sich die meisten Teilnehmenden in ihrem Alltagsleben vermutlich kaum gezielt mit diesen Aspekten auseinandersetzen, sodass es für sie schwierig sein kann, sich in der Übung mehreren Zugehörigkeiten bzw. Gruppen zuzuordnen bzw. eine Abgrenzung von anderen Gruppen vorzunehmen. Daher sollte man während bzw. nach dem theoretischen Input auf alle Fragen bzw. Unklarheiten der Teilnehmenden eingehen und ggf. Verknüpfungen zur Praxis anhand konkreter Beispiele herstellen, sodass die Teilnehmenden eine gute Vorstellung vom Thema bekommen. Bei der Einzelarbeit erhalten die Teilnehmenden ausreichend Zeit für die Reflexion.

Die Auseinandersetzung mit den eigenen (Nicht-) Zugehörigkeiten erfordert v. a. bei Ungeübten gutes Themenverständnis und genug Zeit.

Auswertungsformen

Die Besonderheit dieser Übung liegt v. a. an ihrer sehr persönlichen Ausrichtung, weil eine konstante Selbstreflexion der Teilnehmenden erfolgt und in der Plenumsdiskussion persönliche Themen aufgegriffen und besprochen werden. Je nach Zielsetzung des Workshops und dem ‚Offenheitsgrad' der Gruppe können die Teamer|innen dann entweder die Auswertungsvariante wählen, bei der die Teilnehmenden in den (Klein-)Gruppen (mit mehr oder weniger starken Beteiligung bzw. Lenkung seitens der Teamer|innen) oder im Rahmen einer Partnerarbeit ihre Erfahrungen austauschen. Auch Fragen, die bei der Diskussion vorliegen oder von den Teamer|innen gestellt werden, können entsprechend modifiziert werden.

Die Auswertungsformen sollten je nach Workshopzielen und Besonderheiten der Teilnehmenden-Gruppe gewählt werden.

Gruppendiskussion mit Moderation

Bei der Diskussion in dieser Übung geht es nicht nur darum, einen Austausch zwischen den Teilnehmenden bezüglich der übungsbezogenen Themen zu fördern, sondern auch darum, ihre Reflexion zu vertiefen und Strategien zum Umgang mit eigenen Zugehörigkeiten sowie den Zugehörigkeiten von anderen zu entwickeln. Um dem letzten Aspekt gerecht zu werden, ist eine Gruppendiskussion, bei der die Teamer|innen als Moderator|innen auftreten und mit gezielten Fragen die Diskussion lenken, zielführend. Wie bereits erwähnt, ist dabei eine wichtige Voraussetzung, dass die Teilnehmenden bereit sind, Persönliches über sich gegenüber anderen Teilnehmenden und den Teamer|innen preiszugeben.

Außerdem lässt sich diese Diskussionsform nur bei einer relativ kleinen Gruppengröße umsetzen. Als Alternative bieten sich die im Ablauf beschriebenen Varianten an (die Teamer|innen gehen von Gruppe zu Gruppe oder geben die Fragen als Diskussionsauftrag vor).

Partnerarbeit mit nachfolgender Plenumsdiskussion

Eine Diskussion im Rahmen der Partnerarbeit ermöglicht größere Offenheit seitens der Teilnehmenden.

Bei einer Diskussion als Partnerarbeit diskutieren die Teilnehmenden nur mit einer Person und ohne Eingriff der Teamer|innen. Dadurch kann eine größere Offenheit erzielt sowie Beteiligung jeder|s einzelnen Teilnehmenden an der Diskussion gewährleistet werden. Ein Nachteil könnte sein, dass die Komplexität des Themas die Teilnehmenden irritieren kann, sodass die Diskussionen ohne Kontrolle der Teamer|innen letztendlich von den wichtigen Themen wegkommen und im Endeffekt keine Erkenntnisse hinsichtlich des Umgangs mit den eigenen Zugehörigkeiten und Zugehörigkeiten anderer formuliert werden. Dieser Gefahr kann man teilweise entkommen, wenn abschließend eine kurze Zusammenfassung im Plenum erfolgt, bei der die Teilnehmenden selektiv darauf eingehen, was ihnen am wichtigsten erscheint bzw. die größten Schwierigkeiten bereitet hat. Die Teamer|innen können in dem Fall gezielt Fragen stellen bzw. aus ihrer Sicht wichtige Aspekte betonen.

Texte

- Vortragstext zum Thema Zugehörigkeiten, Nichtzugehörigkeiten, Mehrfachzugehörigkeiten

Zugehörigkeiten, Nichtzugehörigkeiten, Mehrfachzugehörigkeiten
Im Rahmen eines Nationalstaates taucht immer wieder die Frage auf, wo und wie die symbolischen Grenzen der Zugehörigkeit und Nichtzugehörigkeit festgelegt werden. Gerade Migrationsprozesse, die in letzter Zeit immer intensiver werden, führen dazu, dass sich diese Grenzen ändern und folglich permanent neu definiert werden müssen. Somit tritt die Frage der Zugehörigkeit – von Menschen mit und ohne Migrationshintergrund – sowohl auf individueller, als auch auf sozialer und gesellschaftlicher Ebene in den Vordergrund (vgl. Mecheril et al. 2010, 12).

Dabei bezieht sich der Begriff Zugehörigkeit keineswegs nur auf den kulturellen Kontext. Vor allem in der heutigen Zeit, die durch die vielfältigen Prozesse der Globalisierung, zunehmender Mobilisierung und gesellschaftlicher Ausdifferenzierung gekennzeichnet ist, erfolgt die Zuordnung zu bestimmten Gruppen nach den unterschiedlichsten Kriterien. Unsere Zugehörigkeiten beziehen sich z. B. auf Geschlecht/Gender, Art der Ausbildung/Ausbildungsgrad, Religion, sexuelle Orientierung, regionale und nationale Herkunft, Sprache(n), kulturellen/ethnischen Hintergrund, Arbeit/Beruf, soziales Engagement, politische Ausrichtung, gesellschaftlichen Status, juristischen Status, sportliche Interessen, Musikgeschmack, Essgewohnheiten usw.

Jede Person gehört nicht ausschließlich einer, sondern gleichzeitig mehreren, nach bestimmten Kriterien definierten Gruppen an. Eben auf diese vielfältige Zuordnung deutet der Begriff Mehrfachzugehörigkeit(en) hin. Zugleich bedeutet das auch, dass jede Person gleichzeitig mehreren Gruppen nicht angehört. Dies wird durch den Begriff Nichtzugehörigkeit(en) ausgedrückt (vgl. z. B. Mecheril 2003, Kap. IV).

Die Positionierung als Mitglied einer bestimmten Gruppe kann als eine (relativ) freiwillige Entscheidung des Individuums erfolgen (z. B. Essgewohnheiten/Musikgeschmack). Dabei positioniert sich die Person als Mitglied der jeweiligen Gruppe, weil sie sich mit der Gruppe besonders verbunden fühlt/bedeutende Gemeinsamkeiten mit anderen Gruppenmitgliedern hat. Gleichwohl können einer Person bestimmte Zugehörigkeiten auch in gewisser Weise ‚aufgezwungen' werden – entweder dadurch, dass man in bestimmte Verhältnisse ‚hineingeboren' wird (z. B. Geschlecht, Staatsbürgerschaft), oder mittels Zuschreibungen durch Andere. So ist es oft der Fall, dass Menschen mit Migrationshintergrund durch Menschen ohne Migrationshintergrund als

Angehörige der jeweiligen Herkunftsgruppe ihrer Eltern wahrgenommen werden, unabhängig davon, ob sich Migrant|innen selbst mit dieser Gruppe identifizieren. Umgekehrt können Individuen eigene Nichtzugehörigkeit zu bestimmten Gruppen freiwillig markieren – oder durch Andere von der Teilnahme an diesen Gruppen ausgeschlossen werden.

Ähnlich verhält es sich mit der unterschiedlichen Relevanz von verschiedenen Gruppenzugehörigkeiten für das Individuum: Jeder Mensch entscheidet freiwillig, welche Zugehörigkeiten ihm wichtig sind – auf der anderen Seite kann der Einfluss der näheren (Familie, nähere Verwandtschaft, enge Freunde und Communities etc.) und weiteren Umgebung bzw. Gesellschaft für die Bewertung und Gewichtung eigener Zugehörigkeiten eine große Rolle spielen (vgl. Fischer 2012, 20). Somit können die vielfältigen Zugehörigkeiten einer Person sowie die Bedeutung von einzelnen Zugehörigkeiten für die Person nie wirklich völlig freiwillig gewählt sein und verstehen sich immer als Prozess der ständigen Ausbalancierung zwischen den eigenen Wünschen einerseits und den Zuschreibungen bzw. Ausgrenzungen von außen andererseits.

Oft wird der Begriff der Mehrfachzugehörigkeiten benutzt, um eine Erscheinung zu beschreiben, bei der man sich nicht nur einem, sondern zwei oder auch mehreren soziokulturellen – oder, wie der renommierte Migrationsforscher Paul Mecheril es ausdrückt, natio-ethno-kulturellen (vgl. bspw. Mecheril 2003, Kap. IV; Mecheril et.al. 2010, 13) Systemen zugehörig fühlt. Dieses gleichzeitige Existieren in zwei oder mehreren natio-ethno-kulturellen Kontexten wurde in den früheren ausländerpädagogischen und interkulturell pädagogischen Diskursen v. a. als problematisch gesehen. Der in diesen Diskursen oft verwendete Ausdruck „zwischen zwei Stühlen sitzen" weist auf die (angebliche) Hin- und Hergerissenheit, Unsicherheit, Desorientierung und Selbstzweifeln der Personen hin, die gleichzeitig mehreren natio-ethno-kulturellen Kontexten angehören. Heute hat sich der Blickpunkt der Forschung von der defizitären zur ressourcenorientierten Perspektive verschoben. Mehrfachzugehörigkeiten werden dabei als mögliche Lebensform anerkannt, die auch viele Potenziale bietet (vgl. Mecheril 2010). Erwähnenswert ist in diesem Kontext z. B. das Konzept des sogenannten „Dritten Stuhls" von Tarek Badawia, welches auf die Alternativperspektive hindeutet, die dem gängigen ‚Entweder-Oder' ein ‚Sowohl-als auch' gegenüberstellt. Durch diese neue Identitätsposition wird es für die Person möglich, Elemente beider oder mehrerer soziokultureller Systeme zu verbinden und kreativ, aktiv und produktiv mit eigenen Zugehörigkeiten umzugehen (s. auch *Theoretische Einführung,* S. 39 ff., 43 ff.).

Quellen:
Badawia, Tarek (2002): „Der dritte Stuhl“. Eine Grounded-Theory-Studie zum kreativen Umgang bildungserfolgreicher Immigrantenjugendlicher mit kultureller Differenz. Frankfurt/M.
Fischer, Veronika (2012): Im Blickpunkt: Migration. Eltern stärken – Teilhabe verbessern. Eine Expertise im Rahmen des Projekts: Familienbildung während der Grundschulzeit. Sorgsame Elternschaft „fünf bis elf“. Wuppertal: Die Landesarbeitsgemeinschaften der Familienbildung in NRW, S. 20. URL: http://www.familienbildung-in-nrw.de/content/e2153/e3006/e3506/ElternBroschre_web.pdf, letzter Zugriff am: 8.10.2014.
Mecheril, Paul (2003): Prekäre Verhältnisse. Über natio-ethno-kulturelle (Mehrfach-) Zugehörigkeit. Münster.
Mecheril, Paul (2010): Vom „Kulturkonflikt“ zur „Hybridität“. Erziehungswissenschaftliche Anmerkungen zu Sinn und Grenze eines (eher) neuen Blicks. Vortragsabstract für die erste Jahrestagung zur österreichischen Migrations- und Integrationsforschung im Sept. 2010. URL:
http://www.oeaw.ac.at/kmi/Bilder/Jahrestagung/Mecheril.pdf, letzter Zugriff am: 23.3.2014. (Link aktuell nicht mehr verfügbar)
Mecheril, Paul et al. (2010): Migrationspädagogik. Weinheim.

- Überleitungstext zu „Patchworkidentitäten“

Heiner Keupp (1999) beschreibt moderne Identitätsformen mit dem Begriff „Patchworkidentitäten“. So wie bei einem textilen Patchwork Decken aus unterschiedlichen Materialien in unterschiedlichen Formen, Farben und Mustern zusammengesetzt werden, setzt sich die Identität eines Menschen aus den vielen verschiedenen Zugehörigkeiten bzw. Nicht-Zugehörigkeiten zusammen, die sehr unterschiedlich sein bzw. auch eine unterschiedliche Bedeutung für eine Identität haben können. Dennoch sind solche Zugehörigkeiten keinesfalls autonom, sondern stehen in vielfältigen Zusammenhängen zueinander und ergeben zusammen ein sinnvolles Ganzes.

In der folgenden Übung wird versucht, diese Zusammenhänge zwischen einzelnen (Nicht-)Zugehörigkeiten und deren Bedeutung für das Ganze zu veranschaulichen.

Quellen:
Handschuck, Sabine/Klawe, Willy (2010): Interkulturelle Verständigung in der Sozialen Arbeit. Ein Erfahrungs-, Lern- und Übungsprogramm zum Erwerb interkultureller Kompetenz, 3. Auflage. Weinheim, S. 269.
Keupp, Heiner et al. (1999): Identitätskonstruktionen. Das Patchwork der Identitäten in der Spätmoderne. Reinbek bei Hamburg.

MATERIAL

Patchworkschema

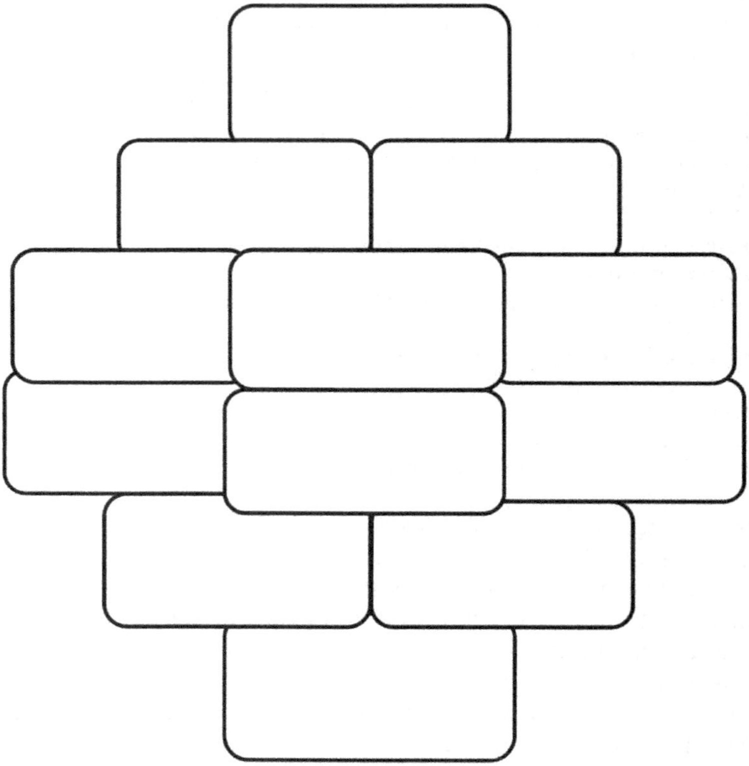

Abb. 7 Quelle: LeB|in|MiG (eigene Grafik)

Arbeitsanweisung zur Einzelarbeit
Trage in die Felder des abgebildeten Patchworks deine unterschiedlichen Zugehörigkeiten ein. Welchen gesellschaftlichen Gruppen fühlst du dich zugehörig bzw. wirst du zugeordnet? Benutze hierfür unterschiedliche Farben. Umrahme die Felder, deren Zugehörigkeiten dir besonders wichtig sind. Zugehörigkeiten, die an dich herangetragen werden, die du selbst aber ablehnst, schreibst du neben das Patchwork. Du kannst dem Patchwork auch noch weitere Felder hinzufügen, falls du das möchtest.

Porträt Duman Sevin

■ Quelle
Entwurf nach LeB|in|MiG

■ Ziele
- Reflexion über Mehrfachzugehörigkeiten, Selbst- und Fremdbilder
- Auseinandersetzung mit eigenen Stereotypen über religiöse Familien
- Sensibilisierung für die Perspektive der Anderen
- Sensibilisierung für individuelle Wahrnehmungsunterschiede
- Analyse von Strategien des Umgangs mit Mehrfachzugehörigkeiten

■ Zeit
60 – 90 Minuten

■ Ablauf
Aufgabenbeschreibung

Schritt 1: Einführung

Die Teamer|innen geben eine kurze Einführung zu dem Buch und den Protagonist|innen (s. *Material*).

TIPP: Um eine gemeinsame Basis zu schaffen, von der die Teilnehmenden bei der späteren Diskussion ausgehen können, sollten neben den Verständnisfragen auch die im Text vorkommenden Begriffe *bikulturell, zweiheimisch, Lebenswelt(en)* geklärt werden.

Schritt 2: Textarbeit

Alle Teilnehmenden erhalten die Textkopien und befassen sich mit dem Text. In Anschluss darauf werden textbezogene (Verständnis-)Fragen geklärt.

Schritt 3: Kleingruppenarbeit

Die Teilnehmenden teilen sich in vier Kleingruppen á drei bis vier Personen auf und suchen in den Gruppen nach den Antworten zu den Fragen nach der Verbindung/Trennung unterschiedlicher Lebenswelten im Text.

- o An welchen Stellen im Text verbinden sich unterschiedliche Lebenswelten miteinander? Was sind die Bedingungen dafür? Wie lässt sich diese Verbindung beschreiben? (Gruppe 1 und 3)
- o An welchen Stellen im Text gehen unterschiedliche Lebenswelten weiter auseinander? Gibt es Unvereinbarkeiten und wenn ja, weshalb? (Gruppe 2 und 4)

Schritt 4: Präsentation und Vergleich der Ergebnisse
Die Kleingruppen tragen ihre Ergebnisse im Plenum vor. Nachdem alle vier Gruppen präsentiert haben, erfolgt der Vergleich der Ergebnisse im Plenum unter folgenden Gesichtspunkten:

- o Wie unterscheiden sich die Ergebnisse der Gruppen mit derselben Fragestellung?
- o Zu welcher der beiden Fragen wurden mehr Textstellen gefunden?
- o Wurden Textstellen konträr zugeordnet?

Auswertung

Nachdem die Ergebnisse der Kleingruppenarbeit verglichen worden sind, erfolgt eine abschließende Diskussion zu den einzelnen Themenaspekten. Mögliche Fragen zur Diskussion:

- o Was sind eurer Meinung nach tieferliegende Mechanismen/Beweggründe für die Haltungen und Handlungen der Personen im Text?
- o Welche Einflussfaktoren könnt ihr benennen, die eine Verbindung kultureller Kontexte/Lebenswelten unterstützen oder erschweren?
- o Was sind die Strategien der Mutter/des Vaters/Dumans, um die unterschiedlichen Lebenswelten zu verbinden?

■ Kommentar

Die Fragen zur Bearbeitung in den Kleingruppen zielen auf die Auseinandersetzung der Teilnehmenden mit einer Person ab, die gleichzeitig mehreren Lebenswelten angehört. Die Übung zielt zum einen darauf, die Teilnehmenden zur Auseinandersetzung mit Strategien zu bewegen, mithilfe derer die als bi- oder mehrkulturell bezeichneten Personen Elemente aus verschiedenen Lebenswelten erfolgreich miteinander verbinden. Zum anderen sollten auch die sich daraus evtl. ergebenden Widersprüche bzw. Schwierigkeiten erläutert werden.

Vergleich im Plenum

Sich selbst fragen: Wie objektiv bin ich denn wirklich? Was beeinflusst meine Interpretationsweise?

Der Vergleich der Ergebnisse von verschiedenen Gruppen bei der Kleingruppenarbeit soll zum einen deutlich machen, dass dieselbe Fragestellung je nach Gruppe bzw. je nach der individuellen Zusammensetzung der Gruppe unterschiedlich beantwortet werden kann. Zum anderen soll auf diesem Wege ermittelt werden, ob von den Teilnehmenden im Verhältnis mehr Stellen zu der Vereinbarkeit oder zu der Unvereinbarkeit der Lebenswelten gefunden wurden. Aufgrund der oft problematisierenden Thematisierung von Bi- und Mehrkulturalität in den Medien sowie im Lehramtsstudium kann es mit hoher Wahrscheinlichkeit dazu kommen, dass die Teilnehmenden eher die im Text vorkommenden Stellen aufgreifen, bei denen über Schwierigkeiten, Widersprüche bzw. Konflikte berichtet wird. Als Teamer|in sollte man daher aufpassen, dass diese Stellen von den Teilnehmenden nicht überbewertet bzw. universalisiert (zum unzertrennlichen Bestandteil des Lebens einer bi-/mehrkulturellen Person erklärt) werden. Dafür könnten die Teamer|innen bei dem Vergleich der Ergebnisse im Plenum stärker auf die Anzeichen der Annäherung der Lebenswelten hinweisen. Es sollte wenn mög-

Vorsicht: Universalisierung problematischer Aspekte

lich analysiert werden, warum solche Stellen von den Teilnehmenden übersehen wurden. Wichtig ist dabei, dass die Teilnehmenden verstehen, wie sehr die Interpretation der Aussagen der Interviewten von ihren eigenen Erwartungen und Stereotypen abhängt.

Aufpassen: Homogene und heterogene Teilnehmer|innen-Gruppen kommen oft zu völlig unterschiedlichen Ergebnissen.

Als letzter Schritt beim Vergleich der Ergebnisse im Plenum wird auf konträr zugeordnete Stellen eingegangen. In einem Workshop des Projekts LeB|in|MiG ist eine solche Zuordnung nicht vorgekommen, was an einer sehr homogenen Zusammensetzung der Teilnehmenden-Gruppe gelegen hat. In einer heterogeneren Gruppe kann es dagegen durchaus der Fall sein, dass dieselben Textstellen von den Teilnehmenden ganz unterschiedlich interpretiert werden. Als Teamer|in könnte man das als Anlass für die Sensibilisierung in Bezug auf die Subjektivität der eigenen Wahrnehmung nehmen.

Diskussion

Siehe dazu auch Übung *Prinz(essinn)en*, S. 217)

Die Subjektivität der eigenen Wahrnehmung lässt sich bei der abschließenden Diskussion, die den Inhalt des Textes in den Blick nimmt, gut veranschaulichen, indem die den Protagonist|innen durch die Teilnehmenden zugeschriebenen Eigenschaften mit konkreten Stellen im Text verglichen werden. Durch so einen Vergleich wird die subjektiv-interpretative Komponente von scheinbaren ‚Eindeutigkeiten' klar. Beispiel: Duman Sevin sagt an einer Stelle, dass es bei ihr in der Familie nie ruhig und sachlich zugehe. Einige Teilnehmende der LeB|in|MiG-Workshops haben diese Aussage sofort als Anlass genommen, Dumans Eltern Tendenzen zur Aggression und sogar Gewalt zuzuschreiben. Daher wurde diese Textstelle genauer unter die Lupe genommen: Was bedeutet dann die Aussage „Bei uns geht es nie ruhig und sachlich zu"? Lässt diese Aussage an sich unbedingt auf Aggres-

Anhand konkreter Textstellen eigene Neigung zur Interpretation verdeutlichen

sion schließen? Kann „nie ruhig und sachlich“ nicht einfach auf eine allgemein hohe Emotionalität hinweisen, die nicht nur in die negative, sondern auch in die positive Richtung gehen kann? Wie beschreibt Duman sonst das Verhältnis zu ihren Eltern? Gibt es im Text Stellen, die auf mögliche Gewalt in der Familie hinweisen? Warum entsteht dann der Eindruck, Dumans Eltern seien aggressiv? Welche Denkmuster stecken hinter dieser Annahme? (s. auch *Theoretische Einführung*, S. 26 und 55 f.)

Wichtig: Von einseitigen Erklärungen abstrahieren

Bei der Frage nach tiefer liegenden Mechanismen/Beweggründen für die Haltungen und Handlungen der Personen im Text werden die Teilnehmenden dazu angeregt, von der kulturellen/religiösen Erklärungsweise zu abstrahieren und nach Erklärungen zu suchen, die beispielsweise vor dem Kontext der allgemeinen Eltern-Kind-Beziehung, der Machtasymmetrie usw. zu deuten sind. So könnte die strenge Erziehung ein Ausdruck der Angst der Mutter um die Tochter sein, die sich in allen Kulturen und Erziehungsstilen finden lässt. Die Einstellung der Eltern zu den schulischen Leistungen Dumans ist mit dem Aufstiegswunsch der Eltern für ihre Kinder verbunden usw. Das Auffinden solcher Universalien nimmt den Fokus vom Kulturellen und öffnet den Blick für die allgemeine Komplexität des menschlichen Verhaltens.

Textausschnitt

Quelle: Kiyak, Mely (2006): Duman Sevin. In: Spohn, Cornelia (Hrsg.): Zweiheimisch: Bikulturell leben in Deutschland. Zwölf Porträts. Hamburg, S. 81-95. (ausgewählte Seiten bzw. Abschnitte)

„Für meine Eltern ist es wichtig, dass wir Kinder studieren. Meine beiden ältesten Brüder haben ihr Fachabitur gemacht und studieren in Essen. Ich habe nach der zehnten Klasse meinen Realschulabschluss mit Qualifikation auf der Hauptschule gemacht. Obwohl ich mich schon längst entschieden habe, Altenpflegerin zu werden, bekniet mich mein Vater immer noch, ob ich es mir nicht doch noch anders überlegen möchte. Er fängt dann immer mit seinem berühmten Satz an: ‚Ich weiß nicht, ob das alles richtig ist.' Wenn er diesen Satz sagt, weiß ich sofort, dass es um meine Ausbildung geht. Bei uns Jesiden ist es unüblich, dass die Mädchen eine höhere Schulausbildung machen, weil man zum Studieren in eine andere Stadt muss und nicht mehr zu Hause sein kann. Aber meine Mutter hat mir Mut gemacht und mir versichert, dass sie mich unterstützen wollen. Ich will aber nicht studieren. Meine Cousine ist auch Altenpflegerin und hat mir den Tipp gegeben, also habe ich ein Praktikum gemacht. Anfangs hatte ich große Sorgen. Ich bin ein Typ, der sich schnell ekelt. Ganz besondere Hemmungen hatte ich bei der Vorstellung, die Patienten nackt zu sehen. Am ersten und zweiten Praktikumstag habe ich das Personal gebeten, mich bloß zuschauen zu lassen, ich wollte auf keinen Fall jemanden anfassen. Am dritten Tag fing ich an nachzudenken. Mir kam einfach so der Gedanke, dass ich es bin, die dort im Bett liegt, alt, krank und auf Hilfe angewiesen. Und dann kommt so ein junges Mädchen und man sieht ihr an, dass sie sich ekelt, und ich liege in diesem Bett und bin der Grund für diesen Ekel. Von einem Moment zum anderen überwand ich meine Abneigung. Zur gleichen Zeit hatte meine Großmutter im Nachbarort einen Schlaganfall bekommen und wurde querschnittsgelähmt. Meine Mutter und ich sind fast täglich zu ihr gefahren, haben sie gewaschen und ihr die Beine massiert. Mir wurde auf einmal so vieles klar: Würde ich wollen, dass sich jemand weigert, meiner Großmutter zu helfen? Natürlich nicht, und da wusste ich, ich will einen Beruf, in dem ich mit alten Menschen arbeite. [...]

In meiner Schulzeit habe ich mich sehr für Sprachen interessiert. Meine Eltern engagierten einen Privatlehrer für mich, der mir Spanisch und Französisch beibrachte. Er hieß Otto und war mit Mitte fünfzig immer noch ledig. Irgendwann gehörte Otto einfach zu unserer Familie, und weil er ein gläubiger Christ war und kein Interesse an materiellen Dingen hatte, verlangte er nur eine ganz kleine Summe für seinen Unterricht. Dafür aß er mit uns, und wenn er einsam war, kam er uns besuchen. Ich glaube, er mochte die lebendige Atmosphäre bei uns zu Hause und das gute Essen. Als er meiner Mutter gestand, dass er sie am liebsten heiraten wolle, hat sich meine Mutter vor Lachen nicht mehr eingekriegt, so herzlich und freundschaftlich war das Verhältnis. Denn normalerweise mag meine Mutter solche Angebote nicht.

In unserer Familie muss jeder etwas beitragen oder mithelfen, auch die Brüder. Da ist meine Mutter gnadenlos. Neben den Sprachen interessiert mich auch der Papierkram, der in einem Haushalt anfällt. Steuern, Anträge und Finanzierungen sind mein Gebiet. Meine anderen Geschwister sind dazu entweder unfähig oder haben keine Lust. Wir teilen auch unser Geld miteinander. Neulich habe ich meinem ältesten Bruder die Studienbücher gekauft, weil er blank war. Dafür hat er mir letzte Woche etwas am Computer installiert. Ich liebe meine Familie sehr. Wenn meine beiden Brüder am Sonntagabend wieder abfahren, habe ich immer ein ganz schweres Herz. In der Woche vermissen wir die beiden und reden viel über sie.

Ich hatte mal eine deutsche Schulfreundin, die nicht einmal ihre Cousine kannte. Das ist doch unglaublich, die eigene Cousine nicht zu kennen. Aber wer weiß, vielleicht findet uns ein Deutscher in dieser Hinsicht auch etwas komisch. Über eines würden sich die Deutschen bestimmt wundern, nämlich dass wir uns ständig umarmen und küssen. Mein ältester Bruder ist etwas schüchtern, er ist der Einzige von uns, der zurückhaltend ist, aber selbst dem kneifen wir ständig in die Wangen. [...]

Das Schlimmste, was meiner Familie passieren könnte, wäre die Beschädigung unseres Rufes. Indem ich zum Beispiel einen Freund hätte und gemeinsam mit ihm Hand in Hand durch die Straßen laufen würde. Das wird aber nicht passieren. Ich möchte mich in einen Mann verlieben und ihn dann heiraten, spätestens mit 25 Jahren. An allem anderen würden unsere Verwandten Anstoß nehmen. Heiraten darf ich, wen ich will, Hauptsache, es ist ein Jeside. Das trifft für meine Brüder genauso wie für uns Mädchen zu.

Schwierig wird es immer dann, wenn ich meinen Eltern klarmachen muss, dass sie mir einige Dinge erlauben müssen, weil sonst mein Ruf unter den Deutschen gefährdet ist. Kurz vor meinem Schulabschluss wurde ich im Religionsunterricht zu einem Referat meiner Wahl aufgefordert. Ich nutzte die Gelegenheit und entschied mich für unseren Glauben. Nach dem Vortrag hatten meine Mitschülerinnen so viele Fragen an mich, dass wir noch in der Pause und nach der letzten Schulstunde weiterredeten. Jetzt endlich verstanden sie, warum ich kein Kopftuch trage und Salamibrötchen esse. Sie dachten, dass die Regeln, die sie von Muslimen kannten, für alle Menschen aus der Türkei gelten. Ich nutzte die Gelegenheit und fragte sie, warum mich nie jemand auf seine Geburtstagsfeier oder zu sich nach Hause eingeladen hatte. Sie dachten, dass ich sowieso nicht gedurft hätte, und so wollten sie mich nicht in Verlegenheit bringen, lautete ihre Antwort. Die waren ganz schön schockiert, als ich ihnen gestand, dass mich das immer verletzt hatte, und auch darüber, dass ich mich tagsüber frei bewegen kann, auch abends, aber eben nicht nachts. Das passierte alles, wie gesagt, im letzten Schuljahr. Zur Abschlussfeier allerdings nahm ich mir fest vor, hinzugehen, um allen zu beweisen, dass ich mich anpassen kann. Meine Mutter war strikt dagegen, weil das Fest erst um acht Uhr abends begann, und nannte die üblichen Argumente: Alkohol, Drogen und so weiter. Wir hatten Diskussionen über Diskussionen, und ich kam nicht weiter. Also rief ich meinen ältesten Bruder Emin zur Hilfe. Er ist von allen Brüdern der diplomatischste und liberalste. Geduldig erklärte er unseren Eltern, wie solch eine Feier funktioniert. Dass man sich trifft, redet, tanzt und unter Umständen auch etwas trinkt. Er erklärte ihnen auch, was es bedeuten würde, wäre ich die Einzige, die nicht anwesend ist. Dass es dann hieße, schau, die Ausländer, die grenzen sich ab und erlauben ihren Kindern nichts. Das saß! Nicht nur, dass ich ausgehen durfte, ich verhandelte auch über die Zeit. Meine Mutter rang mit sich und meinte, bis Mitternacht könnte man ausgiebig genug feiern, ich aber bestand darauf, flexibel sein zu dürfen, und blieb letztendlich bis vier Uhr morgens. Gemeinsam mit meinem Bruder hatte ich gewonnen.

Mein Vater ist viel großzügiger als meine Mutter. Sie ist die Ängstlichste in unserer Familie, die mit den meisten Sorgen und den größten Klagen und dabei auch die Strengste. Ihr Wort ist Gesetz, es nützt gar nichts, wenn mein Vater versucht, uns beizustehen. Das Schwimmbad ist so eine Geschichte. Vor meiner Pubertät habe ich viel Sport gemacht und bin schwimmen gegangen. Eines Tages kam meine Mutter und verbot es mir, weil es sich für ein heranwachsendes Mädchen nicht gehören würde, im Badeanzug im Freibad zu liegen. Sie sorgte sich, dass mich jemand im Wasser anfassen oder vergewaltigen könnte. Jeden Sommer rief mein Vater: ‚Es ist herrliches Wetter, die Mädchen sollten schwimmen gehen', und jeden Sommer verbot es meine Mutter. Vor zwei Jahren allerdings hatten wir sie so weit. Diesmal war es das Argument, dass wir auf uns aufpassen können, dass sie uns endlich vertrauen solle, wir kennen unsere Grenzen. [...]

Meine Mutter ist eine Frau, die mit ihrem ersten Kind angefangen hat zu lernen und jetzt, mit dem letzten Kind, unserem jüngsten Bruder, immer noch dazulernt. Es ist, als ob wir ihr die Welt zeigen. Als sie noch kein Deutsch sprach, war sie noch ängstlicher, aber mit der Sprache bekam sie Sicherheit. Gemeinsam mit unserem kleinsten Bruder hat sie angefangen, lesen und schreiben zu lernen, indem sie zusammen über den Schulbüchern sitzen. Wir älteren Geschwister bestehen darauf, dass sie ausschließlich Deutsch mit ihm redet, damit es beide lernen. Meine Mutter hat ein gutes Gedächtnis, sie hat es sogar geschafft, den Führerschein zu machen, obwohl sie nicht schreiben konnte. Ein Dolmetscher hat ihr die Fragen vorgelesen, und sie hat sie beantwortet. Die Straßenschilder hat sie wie Worte auswendig gelernt.

Untereinander unterhalten wir uns auf Kurdisch und Deutsch. Nur unsere Eltern sprechen manchmal Türkisch miteinander, wenn sie nicht wollen, dass wir sie verstehen. Seit meine Mutter Deutsch sprechen kann, hat sie auch Kontakt zu den Nachbarn. Die Nachbarschaft ist ihr überhaupt das Wichtigste. Sie lässt sich keine Plauderei entgehen und freut sich jedes Mal, wenn sie eine Nachbarin erwischt. Obwohl unsere Mutter eine Frau mit vielen Vorbehalten ist, hat sie großes Interesse an den Deutschen. Es interessiert sie nahezu alles, was wir ihr über die deutsche Kultur erzählen. Ganz besonders interessant findet sie, dass deutsche Paare so gleichberechtigt miteinander leben und der Mann nicht einfach so über die Frau bestimmen darf. Mir gefällt die Gleichberechtigung übrigens auch sehr gut. Ich habe mich sehr gewundert, als ich bei einer deutschen Schulfreundin war und beobachtet habe, wie sie mit ihren Eltern gestritten hat. Sie hat geschrien und gestampft, und die Eltern haben das geduldig ertragen. Ich habe meiner Mutter auch berichtet, wie die Eltern miteinander umgegangen sind, so höflich und sachlich. Auch wenn meine Mutter bei uns zu Hause der Boss ist, haben meine Eltern das nicht so gelernt. Und ruhig und sachlich ist es bei uns nie, eher laut und durcheinander. In unserer Kultur bestimmt der Mann, auch wenn Frauen und Männer prinzipiell gleichgestellt sind.

Die Gleichstellung ist so eine Sache. Meine Familie trifft sich regelmäßig im kurdischen Kulturverein in Duisburg mit anderen Kurden. Neben der Musik, dem Tanz und dem gemeinsamen Essen geht es immer auch um die unterdrückte Stellung der Kurden, also um Freiheit und Menschenrechte. Doch privat sieht das anders aus. Da gelten die Regeln der Familie. Vielleicht kann man es so erklären: Freiheit bedeutet nicht Freizügigkeit. Aber ich betone, wenn es nach meinem Vater ginge, würde die Welt sowieso anders funktionieren, weniger eingeschränkt. Mein Vater hat übrigens eingesehen, dass es nicht zusammenpasst, wenn man für Menschenrechte demonstriert und den Töchtern gleichzeitig nichts erlaubt. Deshalb stellt mein Vater sich immer vor uns, auch und gerade vor unseren Verwandten. Wenn mein Vater sagt: ‚Meine Töchter dürfen studieren, notfalls in einer anderen

Stadt, und dort in einem Studentenwohnheim wohnen‘, dann traut sich niemand, etwas dagegen einzuwenden. Ich weiß aber, dass nicht alle Mädchen so ein Glück haben. So ist das nun einmal bei uns, man muss den Vater auf seiner Seite haben. [...]

Wir lieben unser Haus und mein Vater ganz besonders seinen Garten. In der Türkei hat er seine Zeit lieber mit den Pflanzen geteilt als mit den Schafen. Er geizte lieber Tomaten aus und probierte neue Anbaumethoden. Für Neues ist er heute noch zu haben. Obwohl er den ganzen Tag draußen arbeitet, geht er nach dem Abendessen gleich wieder raus in den Garten. Er hackt Holz für den Ofen, untersucht die Bäume und bei Regen ist er im Schuppen. Dort beschäftigt er sich mit seinem Werkzeug, wir wissen alle nicht so genau, was er da macht, er sagt, er experimentiere. Er beherrscht Fremdwörter, die wir nicht einmal im Kurdischen kennen, damit meine ich die ganzen Fachbegriffe aus der Natur. Ich kann im Namen meiner ganzen Familie sprechen, wenn ich sage, dass wir unseren Vater sehr bewundern.“

Hintergrundinformation

- Kurze Vorstellung des Buches und des ausgewählten Textes

Die Herausgeberin dieses Buches, Cornelia Spohn, ist Bundesgeschäftsführerin des Verbandes binationaler Familien und Partnerschaften, iaf e. V. Das Buch besteht aus Porträts/Geschichten von zwölf Personen, die sich selbst als „zweiheimisch“ bezeichnen – Menschen, die mit zwei Kulturen leben und kreativ mit Vielfalt umgehen können. Eine dieser Menschen ist Duman Sevin, Auszubildende zur Krankenpflegerin in Gladbeck.

Quelle: Spohn, Cornelia (Hrsg.) (2006): Zweiheimisch: Bikulturell leben in Deutschland. Zwölf Porträts. Hamburg, s. Klappentext und S. 81.

Prinz(essinn)en

■ Quelle

Entwurf nach Leb|in|MiG

■ Ziele

- Öffnung und Erweiterung des Zugehörigkeitsbegriffs
- Auseinandersetzung mit (Mehrfach-)Zugehörigkeiten
- Auseinandersetzung mit der Rolle von sozialen und Gender-Zugehörigkeiten
- Reflexion eigener Wahrnehmungsmuster, Stereotype und Fremdbilder

■ Zeit

ca. 120 Minuten

■ Ablauf

Aufgabenbeschreibung

Schritt 1: Einführung zum Film

Zuerst wird von den Teamer|innen eine kurze Einführung zu dem Film gegeben, in der auf den Hintergrund des Films eingegangen wird (s. *Material*).

HINWEIS: Die Einführung zum Film kann als kurzer Vortrag oder Powerpoint-Präsentation erfolgen.

Schritt 2: Analyse der Filmausschnitte

Den Teilnehmenden werden ausgewählte Filmausschnitte gezeigt mit dem Hinweis, dass sich die Teilnehmenden beim Anschauen der Szenen aus dem Film eine erste Meinung über die Protagonistinnen bilden sollen (s. *Material* Szenenliste). Dann bilden die Teilnehmenden drei Kleingruppen. Jede Gruppe erhält die Anweisung, sich noch einmal die Filmausschnitte anzuschauen und gezielt eine Protagonistin unter die Lupe zu nehmen. Dabei sollen Notizen gemacht werden zu:

TIPP: Genug Zeit einplanen, um die Filmszenen noch einmal zu zeigen und auf Rückfragen der Teilnehmenden einzugehen

o dem persönlichen Eindruck von der jeweiligen Protagonistin;

o ihrem Verhältnis zu Jungen;

- o Entwicklungsprozessen, die die jeweilige Protagonistin während des Filmes durchmacht;
- o den Zukunftsperspektiven/-plänen des jeweiligen Mädchens.

Schritt 3: Präsentation der Ergebnisse
Nachdem die Filmszenen noch einmal gezeigt wurden, stellen die Kleingruppen ihre Eindrücke vor. Darauf folgt eine Plenumsdiskussion.

Auswertung

Nach der Präsentation der Ergebnisse durch die Kleingruppen erfolgt eine von den Teamer|innen geführte Diskussion im Plenum. Die Teamer|innen könnten dabei folgende Fragen stellen (s. auch *Kommentar*):

Schritt 1: Fragen zu den Mädchen

HINWEIS: Die Teamer|innen achten darauf, dass die Teilnehmenden nicht vom Thema abweichen.

- o Was für einen Eindruck machen die Mädchen auf euch?
- o Welche Werte äußern die Mädchen?
- o Wer oder was spielt eine Rolle für die Entwicklung der Mädchen?
- o Was denkt ihr, was die Mädchen heute, einige Jahre nach dem Film, machen?

Bei der letzten Frage können die Äußerungen mit der tatsächlichen Entwicklung der Mädchen abgeglichen werden (die Information wird von den Teamer|innen vorgetragen, s. *Material*).

Abschließend zu diesem Teil wird die Reflexionsfrage gestellt:

TIPP: Verknüpfung zum künftigen Lehrer|in-Beruf herstellen

- o Was habt ihr aus der Diskussion mitgenommen und welche Bedeutung hat dies für euch in Bezug auf euren späteren Beruf?

Schritt 2: Fragen zu den Jungen

Nach einer Pause geht man zu dem zweiten Teil der Plenumsdiskussion über, der sich mit dem Verhältnis von Jungen und Mädchen im Film beschäftigt (s. auch *Kommentar*). Mögliche Diskussionsfragen wären:

- o Wie verhalten sich die Jungen gegenüber den Mädchen?
- o Wodurch ist das Verhältnis der drei Protagonistinnen zu den Jungen im Film geprägt?

TIPP: Bei diesen Fragen sollten einige Filmabschnitte nochmal angeschaut werden, um Unterschiede in der ersten und zweiten Wahrnehmung sichtbar zu machen (s. auch *Kommentar*).

Nachdem einige Filmabschnitte noch einmal angesehen wurden:

- o Wie seht ihr das Verhältnis zwischen den Protagonistinnen und den Jungen jetzt?
- o Wie erklärt ihr euch die Unterschiede in eurer ersten und zweiten Wahrnehmung?
- o Was habt ihr aus der Diskussion mitgenommen und welche Bedeutung hat dies für euch in Bezug auf euren späteren Beruf?

Zusätzliche Fragen:

- o Welche Rolle spielt Kultur/Interkulturalität in dem Film?
- o Wann und in welcher Form wird ‚Kultur' im Film relevant gemacht? Wer macht die Kultur relevant und zu welchem Zweck?

■ Kommentar

Subjektivität transparent machen

Subjektivität und Selektivität der eigenen Wahrnehmung bewusst machen

In dieser Übung geht es darum, erste Eindrücke, die bei einer Begegnung entstehen, kritisch in Bezug auf die Wirkung stereotyper und kulturalistischer Wahrnehmungsmuster zu überprüfen und sich dadurch der Selektivität der eigenen Wahrnehmung bewusst zu werden. Durch die Auseinandersetzung mit der Wahrnehmung von Filmprotagonist|Innen durch die Teilnehmenden werden Parallelen zum realen Leben deutlich, in dem wir oft dazu tendieren, unsere Meinung ausgehend von einseitig interpretierten Eindrücken zu bilden. Daher bietet diese Übung eine gute Möglichkeit der Reflexion über unsere alltägliche Wahrnehmung von Vertrautem und Fremdem.

Der Film wird oft mit dem folgenden Zitat beschrieben:

„Es ist das echte Leben, in einem Mulitkulti-Problembezirk mit hoher Arbeitslosigkeits- und Schulabbrecherquote, unsicheren Zukunftsperspektiven und einer komplexen Mischung aus konservativer muslimischer Einschränkung und alternativer Berliner Freiheit. Hier sind die drei Protagonistinnen zu Hause, hier verläuft ihr Weg durchs Erwachsenwerden, den sie für das Publikum sehr unterhaltsam ausloten: forsch und unsicher, rau und charmant, stark und verletzlich." (ursprünglich in: Spiegel Online, 31. Mai 2007, zitiert auf www.kino.de – s. Quellenangabe nach dem *Kommentar*).

Unsicherheiten, Diskrepanzen und Widersprüche explizieren, die während der Auseinandersetzung mit der eigenen Wahrnehmung entstehen

Als Ergebnis der Übung sollen Unsicherheiten, Diskrepanzen und Widersprüche erkannt werden, die sich oft der Wahrnehmung (v. a. wenn es um den ersten Eindruck geht) entziehen. Durch die Auseinandersetzung mit dem Film „Prinzessinnenbad" bekommen die Teilnehmenden die Möglichkeit, sich den Einfluss stereotypen Denkens auf die eigene Wahrnehmung bewusst zu machen und sich zu fragen, welche Denkmuster eine vielseitige, differenzierte Auseinandersetzung mit den Zugehörigkeiten der anderen verhindern.

Eindrücke von den Mädchen

Nachfragen: Wie genau entsteht ein bestimmter Eindruck von einer Person? Welche Faktoren spielen dabei eine Rolle?

Der erste Schritt für die Teilnehmenden bei der Auseinandersetzung mit dem Film „Prinzessinnenbad" ist, ihre Bilder und Einschätzungen zu einzelnen Personen oder Personengruppen zu äußern. Daher wird als Erstes nach dem Eindruck gefragt, den die drei Protagonistinnen auf die Teilnehmenden machen. Unsere Erfahrung im Projekt LeB|in|MiG hat gezeigt, dass die Teilnehmenden die Mädchen vor dem Hintergrund ihres ‚negativen' Milieus wahrnehmen und dazu tendieren, Probleme v. a. vor dem Hintergrund des niedrigen sozialen Status der Mädchen zu deuten (‚normale' Adoleszenzerscheinungen o. Ä. werden dabei nicht thematisiert). Des Weiteren wurde der Eindruck der Teilnehmenden sehr stark von der subjektiv als ‚sympathisch' oder ‚unsympathisch' wahrgenommenen Umgangs- und Redeart der Mädchen beeinflusst. So äußerten die meisten Teilnehmenden für Mina und ihr Verhalten Verständnis und assoziierten eher Positives mit ihr: ehrgeizig, zielstrebig, offen gegenüber anderen Kulturen/Menschen, reifer, abstrahiert vom eigenen Willen, ruhig/introvertiert etc. Eine schrittweise Analyse dieser Einschätzung während der weiterführenden Diskussion ergab, dass diese Einschätzung einerseits aufgrund Minas als ‚erwachsener als die anderen Mädchen' wahrgenommenen Art (wie sie spricht, dass sie gut in der Schule ist und nicht mit ihren Freundinnen um die Häuser zieht, sondern ihre Freizeit mit ihrem älteren Freund verbringt, dass sie und ihr Freund ein Abendessen bei Kerzenlicht und Wein veranstalten – auch wie ‚bei Erwachsenen') getroffen wurde.

Wahrnehmungsmechanismen transparent machen

Zum anderen gaben die Teilnehmenden an, dass Mina ihnen persönlich näher als die zwei anderen Protagonistinnen steht. Dadurch, dass sich die Teilnehmenden kaum mit Klara und Tanutscha, dafür aber mit der ‚braven' Mina identifizieren konnten, haben sie Klaras und Tanutschas Eigenschaften häufiger negativ ausgelegt oder als Show gegenüber erwachsenen Bezugspersonen (und auch gegenüber der Kamera) empfunden. Dies ließ sich bei einer tief greifenderen Analyse und Diskussion nicht nur durch persönliche Eigenschaften, sondern auch durch die eigene kulturelle Orientierung der Teilnehmenden (die in dem konkreten LeB|in|MiG-Workshop vorwiegend Mehrheitsangehörige waren) erklären, die in den Persönlichkeiten der Protagonistinnen – unabhängig von ihrem tatsächlich vorhandenen oder nicht vorhandenen Migrationshintergrund – bestätigt wurde oder eben nicht. Mina, die trotz ihres tatsächlichen Migrationshintergrundes die in Deutschland und anderen westlichen Ländern herrschende Dominanzkultur verkörpert, wirkte in den Augen der Teilnehmenden angepasst und wurde u. a. auch deshalb eher akzeptiert als die beiden anderen Mädchen, die marginalisierte kulturelle Orientierungen artikulieren.

Auf die Wirkung von Kulturalisierungsmustern achten

Diese Erkenntnis ist wichtig und kann einiges über die Mechanismen der Einteilung in Vertrautes (also eher Sympathisches) und Unvertrautes/Fremdes (eher Unsympathisches) aussagen, die unsere Wahrnehmungen steuern. Deswegen ist das Herausfinden dieser Wahrnehmungsmechanismen, welches durch die Teamer|innen angeregt werden soll, ein wichtiger Schritt in dieser Übung. Es gilt dabei v. a., nachzuverfolgen, inwiefern bestimmte, als ‚persönlich' wahrgenommene Eindrücke mit den gesellschaftlichen Dominanz- und Ungleichheitsverhältnissen verwoben sind.

Eindrücke von den Jungen

Konkrete Indizien statt Verallgemeinerung

Besonders interessant kann in diesem Zusammenhang die Auseinandersetzung mit der Rolle der Jungen im Film sein. In einem LeB|in|MiG-Workshop sind Behauptungen gefallen, die Jungen im Film seien „zu alt für die Mädchen" und wollten die Mädchen nur ausnutzen. Dieser Eindruck wurde umso stärker, wenn im Film Jungen mit türkischem Migrationshintergrund vorkamen. Bei den Teilnehmenden im LeB|in|MiG-Workshop ließ sich, obwohl die Meinungen zu der Persönlichkeit dieser Jungen auf der Skala von „machomäßig" bis „nett" variierten, eine eindeutige Interpretationsweise feststellen, bei der ‚türkische' Jungen als „gefährlich" stilisiert wurden. Dies bezog sich vorwiegend auf Klaras Freund, dem von einigen Teilnehmenden die Tiefe seiner Gefühle abgesprochen wurde. Klara selbst wurde Unfähigkeit vorgeworfen, die Situation richtig einschätzen zu können. Sollte diese Stilisierung vorkommen, könnte sie in einer Plenumsdiskussion hinsichtlich der Wirkung von Kulturalisierungsmustern überprüft werden: Warum macht Minas Freund (obwohl er ebenfalls wie Klaras Freund einen Migrationshintergrund hat) einen weniger „gefährlichen" Eindruck im Vergleich zu den ‚türkischen' Jungs? Lassen sich im Film objektive Beweise dafür finden, dass seine Absichten ernsthafter sind als die von Klaras Freund? Welche Rolle spielen die unterschiedlichen sozialen Milieus, denen ‚die Türken' einerseits und George andererseits angehören, bei der Wahrnehmung ihrer Persönlichkeiten durch die Teilnehmenden? etc.

Dabei kann es vorkommen, dass die Teilnehmenden in diesem Kontext Kultur/Nationalität als Erklärung für ihre Überlegungen heranziehen. Für die Teamer|innen ist es eine Herausforderung, keine Stereotypisierungen und Objektivierungen zu reproduzieren bzw. reproduzieren zu lassen. Hilfreich wäre in diesem Fall, die Teilnehmenden keine allgemeinen Diskussionen über ‚Türken' und ‚andere' beginnen zu lassen, sondern ausschließlich bei dem Film zu bleiben und bei der Frage, ob es im Film tatsächlich objektive Indizien dazu gibt, Protagonisten mit türkischem Migrationshintergrund als „gefährlich" für die Mädchen einzustufen.

Nachfragen: Wer darf in unserer Wahrnehmung ‚Opfer' sein? Wer darf ‚Täter|in' sein?

In diesem Zusammenhang könnte die Szene in der Schischa-Bar (Szene 17 in unserem Szenenverzeichnis) ausführlich analysiert werden, bei der Klara und Tanutscha – so eine mögliche Interpretation – über die Jungen dominieren und sie ständig in Rechtfertigungssituation bringen. Diese Dominanz der Mädchen wurde in einem unserer Le3|in|MiG-

Workshops von den Teilnehmenden gar nicht wahrgenommen bzw. verdrängt. Da die meisten Teilnehmerinnen die Jungen für „gefährlich“ hielten, bauten sie weitgehende Interpretationsschemata auf, um Bestätigungen für ihre Position zu finden (so meinte eine Teilnehmerin in Bezug auf das Verhalten der Jungen in der Schischa-Bar, dass sie die Mädchen zwar reden ließen, danach aber bestimmt eh alles so machen würden, wie sie es wollen). Falls solche Behauptungen vorkommen, sollten diese von den Teamer|innen aufgegriffen und hinterfragt werden („Warum hast du diesen Eindruck?“, „Was spricht denn genau dafür?“), um die Teilnehmenden auf den interpretativen Charakter solcher Aussagen aufmerksam zu machen. Letztendlich soll hier geklärt werden, warum Klara und Tanutscha zu Opfern ihrer ‚Jungenfixiertheit‘, ihres Alters und ihrer Naivität stilisiert werden und inwiefern diese Opfer-Position durch den Umgang mit ‚türkischen‘ Jungen verstärkt wird.

Entwicklung der Mädchen

Entwicklungsprozesse in den Blick nehmen

Die Entwicklung der Mädchen durch den Film und über den Film hinaus ist ein weiteres wichtiges Thema, worauf bei dieser Übung eingegangen werden könnte. Oft werden Aspekte der Weiterentwicklung, der Selbstbestimmtheit und des Bildungsinteresses der Mädchen übersehen bzw. nur in Bezug auf Mina eingebracht. Für die Teamer|innen gilt es also, persönliche Entwicklungen jeder Protagonistin ins Gespräch zu bringen, sodass klar wird, dass eine Entwicklung, auch wenn diese nicht unbedingt mit dem dominierenden Verständnis von Erfolg in Verbindung gebracht werden kann, enorm wichtig für die Persönlichkeit der Mädchen ist.

Quelle:

bef (2007): Pressestimmen. URL: http://www.kino.de/kinofilm/prinzessinnenbad/97415, letzter Zugriff am: 26.5.2014.

Film

Ausgewählte Szenen aus: Blümner, Bettina/Schöningh, Mathias (2008): Prinzessinnenbad: ein Berliner Sommermärchen. Senator Home Entertainment. (Deutscher Spielfilm 2007, Originalproduktion Reverse Angel Factory)

Szene 1: Vorstellung: Klara, Mina, Tanutscha (00:02-04:12)
Szene 2: Nachtleben (12:23-14:55)
Szene 3: Tanutschas Zukunftspläne und beste Freundinnen (17:08.18:56)
Szene 4: Klaras Zukunftspläne und Freundinnen (18:57-20:56)
Szene 5: Klaras Strafstunden (20:53-23:07)
Szene 6: Mädchen unterwegs (26:00-27:03)
Szene 7: Zu Hause bei Tanutscha (27:08-29:42)
Szene 8: Klara und Tanutscha in der Bar (29:43-30:00)
Szene 9: George und Mina (40:40-42:28)
Szene 10: Tanutscha im Chat (42:30-43:27)
Szene 11: Klara und ihre Mutter (50:15-54:30)
Szene 12: George und Mina: Abschiedsessen (1:08:57-1:12:07)
Szene 13: Mina und Klara im Café (1:13:14-1:15:33)
Szene 14: Klaras Freund (1:17:08-1:18:46)
Szene 15: Klaras Gespräch mit Sozialarbeiterin (1:20:22-1:21:21)
Szene 16: Klara ist verliebt (1:21:23-1:21:47)
Szene 17: Wasserpfeife rauchen (1:22:01-1:24:53)
Szene 18: „Ich komm aus Kreuzberg, du Muschi!" (1:25:14-1:25:35)
Szene 19: Abschluss und Ausblick (1:25:35-1:28:18)

Hintergrundinformationen

- Kurze Einführung zum Film

Die Filmregisseurin ist Bettina Blümner. Sie wurde 1975 in Düsseldorf geboren, hat v. a. Kurzfilme produziert, von denen der Film „La Vida Dulce" 2005 von der Filmbewertungsstelle mit dem Prädikat „besonders wertvoll" ausgezeichnet wurde. „Prinzessinnenbad" ist ihr Langfilmdebüt. Für den Film „Prinzessinnenbad" wurde zwischen 90 und 150 Stunden Videomaterial gedreht, dann wurde das Material auf 92 Min. gekürzt. Protagonistinnen sind Klara, Mina und Tanutscha aus Berlin-Kreuzberg, beste Freundinnen seit dem Kindergarten, die ihre Freizeit am liebsten im Prinzenbad verbringen, einem Freibad in Kreuzberg (→ Titel). Sie sind während der Dreharbeiten 15 Jahre alt. 2007 fand die Kinopräsentation statt.

Quellen:
Filmportal (o. J.): Bettina Blümner. URL: http://www.filmportal.de/person/bettina-blu emner_2aa833cbe4e949c4a4cd12d6e1bbea6f., letzter Zugriff am: 20.10.2014.
Filmstars (2007): Prinzessinnenbad: Interview mit Regisseurin Bettina Bluemner. URL: http://www.filmstarts.de/specials/677-Prinzessinnenbad-Interview-mit-Regisseurin-Bettina-Bluemner.html, letzter Zugriff am: 20.10.2014.
Schlüter, Stefanie/Reverse Angle Pictures GmbH (2010): Prinzessinnenbad. Ein Film von Bettina Blümner. Filmheft. URL: http://www.kino-ab-10.de/downloads/begleitmaterial/prinzessinnenbad/Prinzessinnenbad_Presseheft.pdf, letzter Zugriff am: 20.10.2014.

- Zukunft der Mädchen

Klara macht Hauptschulabschluss als Klassenbeste, arbeitet im Café, welches zum neuen Treffpunkt der Mädchen geworden ist. Sie lebt allein, ihre Mutter ist mit ihrem Freund ausgewandert.
Tanutscha hat ihren Realschulabschluss nicht geschafft und macht ein freiwilliges soziales Jahr im Altenheim, wo sie eine Ausbildung zur Altenpflegerin angefangen hat. Wohnt bei ihrer Mutter.
Mina ist durch Asien gereist, hat Abitur gemacht, macht eine Ausbildung zur internationalen Tourismusassistentin, lebt mit ihrem Vater zusammen. Mina und George sind nicht mehr zusammen.

Quelle:
Roth, Pamo (2011): Die Geheimnisse der Mädchen. In: Berliner Zeitung (30.5.2011). URL: http://www.berliner-zeitung.de/archiv/als-vor-vier-jahren-der-dokumentarfilm--prinzessinnenbad--in-die-kinos-kam--sahen-tausende-zuschauer-drei-jugendlichen-aus-berlin-kreuzberg-beim-erwachsenwerden-zu--was-ist-aus-klara--mina-und-tanutscha-geworden--die-geheimnisse-der-maedchen,10810590,10789894.html, letzter Zugriff am: 26.5.2014.

Wahrnehmungen wahrnehmen

■ Quelle

Entwurf nach Leb|in|MiG

■ Ziele

- Sensibilisierung für die gesellschaftliche Selbstpositionierungen von Mehrheitsangehörigen
- Kennenlernen und Hinterfragen von Strategien Mehrheitsangehöriger zur Sicherung ihrer gesellschaftlichen Positionierungen
- Sensibilisierung für die Selektivität der Wahrnehmung und deren gesellschaftliche Auswirkungen
- Verständnis für die Notwendigkeit von Selbstreflexion im interkulturellen Kontext

■ Zeit

ca. 60 Minuten

■ Ablauf

Aufgabenbeschreibung

Den Teilnehmenden wird der Kurzfilm „Weißes Ghetto" gezeigt. Mitglieder der Initiative „Kanak Attack" führen in diesem Film Interviews in einem Kölner Wohnbezirk mit mehrheitlich nicht migrantischer Wohnbevölkerung zum Thema Integration und Segregation durch, allerdings unter umgekehrten Vorzeichen. Die Frage lautet nicht „Wie gut integriert sind Migrant|innen in unserer Gesellschaft?", sondern „Wie gut sind Nicht-Migrant|innen in unsere Gesamtgesellschaft integriert?".

Es werden drei Kleingruppen gebildet, die jeweils einen Beobachtungs- und Analyseauftrag erhalten. Zu beobachten sind die Selbstbeschreibungen, Argumentationsstrukturen oder Denkmuster der interviewten Mehrheitsangehörigen. Die Kleingruppen halten ihre Beobachtungen auf Karten fest und präsentieren ihre Analysen mithilfe dieser Karten auf Pinnwänden. Im Plenum wird dann über die Ergebnisse diskutiert. Am Ende der Übung erhalten die Teilnehmenden noch Hintergrundinformationen zur Initiative „Kanak Attack".

Auswertung

Es lohnt sich, den Teilnehmenden den Film zunächst ohne Arbeitsauftrag zu zeigen und seine Wirkung auf sie zu besprechen bzw. festzuhalten. Folgende Fragen können hierbei hilfreich sein:

TIPP: Um das ‚Erlernte' mit der Lebensrealität der Teilnehmenden zu verknüpfen und die Präsenz von Normalitätsvorstellungen zu verdeutlichen, kann die ‚Hausaufgabe' gegeben werden, im eigenen Alltag themenunabhängig gewohnte Bilder und Zuschreibungen bewusst zu irritieren und die Reaktionen darauf zu beobachten. Es kann sinnvoll sein, mögliche Vorgehensweisen vorab zu erarbeiten.

- Beschreibt eure ersten Eindrücke von dem Film.
- Überlegt, was der Film in euch bewegt hat. Seid ihr dem Film bzw. den Interviewer|innen/Interviewten eher ab- oder zugeneigt?

Nachdem die Teilnehmenden ihren Arbeitsauftrag erhalten und bearbeitet haben, können folgende Fragen helfen, gesellschaftlichen Zusammenhängen auf die Spur zu kommen:

Gruppe 1: Beobachtung der Selbstzuschreibungen von Mehrheitsangehörigen

- Welche Haltung bzw. welches Selbstverständnis spricht aus den Beiträgen der Interviewten?
- Wie beurteilt ihr diese Haltung?
- Was vergisst man durch diese Haltung in den Blick zu nehmen?

Gruppe 2: Beobachtung der Argumentations- und Handlungsstrategien von Mehrheitsangehörigen

- Was ist das Ziel der im Film angewandten Strategien? Gibt es ein gemeinsames übergeordnetes Ziel?
- Woher kommt diese Zielsetzung? An was knüpft sie an?
- Was wird durch diese Zielsetzung übersehen?

Gruppe 3: Beobachtung der Irritation von Denkmustern von Mehrheitsangehörigen

- o Weshalb lösen die Begriffe (Ghetto/Abschottung, Integration, (bio-)deutsch) Irritation aus?
- o Welche Gewohnheit der Interviewten wird durch den neuen Blickwinkel ins Wanken gebracht?

Mögliche Abschlussfrage:

- o Der Film wurde ca. 2002 gedreht. Für wie aktuell haltet ihr den Film bzw. das Anliegen des Films heute noch?

■ Kommentar

Den Blick auf die Mehrheit richten

Irritation als Mittel zum Perspektivenwechsel nutzen

In dem Film „Weißes Ghetto" wird der Fokus ganz bewusst auf Mehrheitsangehörige – gemeint sind Deutsche ohne Migrationshintergrund – gelegt, jedoch nicht als Richtwert, sondern um die damit verknüpften Normalitätsannahmen infrage zu stellen. Das ist ungewohnt, das irritiert und es macht unter Umständen auch sauer. Es geht schließlich um nichts Geringeres als die üblichen und nicht hinterfragten Selbstverständnisse. Die Übung lenkt den Blick der Teilnehmenden auf die Reaktionsweisen der Interviewten, um so an unbenannte und unerkannte Wahrnehmungsraster heranzukommen, die den Alltag begleiten, das Handeln und Denken lenken und sich auf Ungleichheitsstrukturen auswirken.

Wahrnehmungen und Nicht-Wahrnehmungen

Wahrnehmung als Raster der Nicht-Wahrnehmung verstehen lernen

Wahrnehmung ist selektiv. Lücken in unserer Wahrnehmung bilden relativ feste Nicht-Wahrnehmungsmuster und sind abhängig von den persönlichen (Gruppen-)Zugehörigkeiten und der persönlichen gesellschaftlichen Positionierung. Beides gehört zur Sozialisation. Um den Blickwinkel zu ändern oder zu erweitern, bedarf es eines Perspektivenwechsels – eines Blicks aus einem anderen sozialen Umfeld oder aus einer anderen sozialen Stellung heraus. Persönliche und gruppeneigene Normalitäten bzw. Vorstellungen von Normalität beinhalten somit stets Leerstellen, die nicht von selbst gesehen werden und somit auch schwer thematisiert werden können.

Wahrnehmungen und Machtverhältnisse

Individuelle und gesellschaftliche Folgen von Normalitätsvorstellungen betrachten

Auf gesellschaftlicher Ebene sind solche Leerstellen in dominante Normalitätsvorstellungen verwoben, die sich in Form von Medienberichten, politischen Entscheidungen oder auch rechtlichen Bedingungen niederschlagen und dadurch ihre Macht nicht nur in der individuellen Begegnung, sondern auch in einem gesamtgesellschaftlichen Kontext wie auch in der Selbstwahrnehmung von Minderheiten entfalten können. In dieser Übung wird versucht, über die Auseinandersetzung mit Fremdzuschreibungen, Anspruchshaltungen und Irritationen von Mehrheitsangehörigen einen Teil der dominanten Normalitätsvorstellungen sichtbar zu machen. Weshalb z. B. irritiert einen etwas? Im Normalfall, weil es nicht ohne Anstrengung ins gewohnte Wahrnehmungsraster, mit dem die persönliche Umwelt gefiltert wird, integriert werden kann. Weshalb glaubt man das Recht zu haben, etwas beanspruchen zu können? Da man sich sicher ist, dass die persönliche Positionierung dieses Privileg mit sich bringt. Und weshalb schreibt man jemand anderem Rollen oder Eigenschaften zu? Höchstwahrscheinlich, um sich der eigenen Rolle und persönlicher Eigenschaften zu vergewissern. All das läuft häufig unbewusst ab, wodurch insbesondere bei den Angehörigen einer dominierenden Gruppe ohne kritische Reflexion das Selbstbild vorherrscht, im Recht zu sein (s. auch *Theoretische Einführung*, S. 25 ff. und 33 ff.).

Wahrnehmungen und Reflexionen

Selbstzuschreibungen als Spiegelbild grundlegender Gesellschaftsbilder interpretieren

Die Übung lässt die Teilnehmenden alltägliche Äußerungen und Reaktionen von Mehrheitsangehörigen in den Blick nehmen und schickt sie somit auf eine Spurensuche nach versteckten Selbstzuschreibungen. Die in den alltäglichen Äußerungen enthaltenen Selbstzuschreibungen geben Auskunft darüber, welche Vorstellung die Sprecher|innen über ihre gesellschaftliche Position und damit über ihre Privilegien haben und welche gesellschaftliche Stellung bzw. welche Privilegien sie Minderheitenangehörigen zuschreiben. Man erhält auf diese Weise also einen Einblick in das grundlegende Gesellschaftsverständnis der Interviewten. Auf diesem Grundverständnis basieren auch die Reaktionsweisen der interviewten Personen, die Emotionen und Strategien zum Ausdruck bringen, wie bspw.: Überraschung, Erstaunen, Ratlosigkeit, Wut, Distanzierung, Empörung, Unverständnis, Lachen, Verantwortungsübertragung u. v. m. Einige der Interviewten versuchen sich der Position ihres Gegenübers anzunähern, andere nehmen Verteidigungspositionen ein und wieder andere scheinen schlicht überfordert zu sein. In jedem der beschriebenen Fälle zeigt sich jedoch eine Irritation der persönlichen Welt- und Selbstbilder.

Reflexionsprozesse anregen

Distanzierungen ernst nehmen und kritisch hinterfragen

Wenn die Teilnehmenden den Film zunächst ohne Arbeitsauftrag gesehen haben, können die zu Beginn geäußerten Eindrücke und Haltungen abschließend dazu genutzt werden, Selbstreflexion nicht nur zum Gesprächsthema zu machen, sondern auch anzuregen. Vielleicht haben die Teilnehmenden zunächst irritiert oder zurückweisend auf den Film reagiert. Zurückweisung kann nicht nur gegenüber den Interviewer|innen geäußert werden, da die Fragen irritieren, sondern auch gegenüber den Interviewten, indem man sich von deren Antworten distanziert. Die Thematik wird bspw. höchstens noch für andere Gesellschaftsteile als bedeutend angesehen, ansonsten aber als überholt und dadurch für einen selbst nicht mehr als relevant empfunden. Dieser Einwand sollte ernst genommen und diskutiert werden, auch da der Film bereits 2002 gedreht wurde. Es gilt dabei jedoch nachzuforschen, ob das Abwälzen des Problems auf andere Gesellschaftsteile bzw. das Verorten der Problematik in der Vergangenheit nicht ebenfalls eine Strategie zur Verteidigung persönlicher Positionierungen und Privilegien ist. Hilfreich ist hierbei zum einen das Sammeln der Reaktionen auf den Film zu Beginn der Übung bzw. deren Festhalten (auf einem Flipchartbogen, einer Pinnwand o. Ä.), da man so Rück- und Querverweise zwischen den Reaktionen der Teilnehmenden und den Personen im Film ziehen kann. Zum anderen kann auch nach den Erkenntnissen aus der Bearbeitung der Beobachtungs- und Analyseaufgaben gefragt werden. Ist das Anliegen unbedeutend, dürfte es auch keine neuen Erkenntnisse aufseiten der Teilnehmenden geben.

Persönliche Verstricktheit in gesellschaftliche Machtstrukturen erfahrbar machen

Durch die Spiegelung von Handlungsweisen, bei denen die Teilnehmenden selbst anwesend und in die sie evtl. involviert sind, wird die persönliche Verstrickung in gesellschaftliche Machtstrukturen in interkulturellen Situationen erfahrbar und greifbar. Die Wirkung einer solchen Konfrontation auf den Einzelnen darf jedoch nicht unterschätzt werden, weshalb eine Auswertungsmoderation angestrebt werden soll, die niemanden persönlich anspricht und für sein (Nicht-)Handeln bloßstellt, und die sich darum bemüht, Angriffe gegenüber sozialen oder ethnischen Gruppen zu verhindern bzw. solche nicht unkommentiert zu lassen.

Film

Kanak TV (2002): Weißes Ghetto. URL: http://www.kanak-tv.de/popup/weisses_ghetto.html, letzter Zugriff am: 7.1.2014.

Arbeitsanweisungen

- Gruppe 1

Wie sprechen die interviewten Personen über Deutsche ohne Migrationshintergrund? Welche Eigenschaften und Attribute schreiben sie Nicht-Migrant|innen direkt oder indirekt zu?

- Gruppe 2

Welche Argumentations- und Handlungsstrategien wenden die Interviewten auf die Fragen nach Integration und Abschottung von Nicht-Migrant|innen in die Gesamtgesellschaft an? Mit welchen Gefühlsäußerungen sind diese Reaktionsstrategien verbunden?

- Gruppe 3

Welche Denkmuster und gesellschaftlichen Vorstellungen irritieren die Moderator|innen bei den Interviewten? Benennt Schlüsselbegriffe, durch die diese Irritationen ausgelöst werden.

Hintergrundinformationen

- Wer ist Kanak Attak?

Die Gruppe Kanak Attak wurde 1988 gegründet und existiert seit Kurzem nicht mehr. Sie war „der selbstgewählte Zusammenschluß verschiedener Leute über die Grenzen zugeschriebener, quasi mit in die Wiege gelegter ‚Identitäten' hinweg. Kanak Attak fragt nicht nach dem Paß oder nach der Herkunft, sondern wendet sich gegen die Frage nach dem Paß und der Herkunft. Unser kleinster gemeinsamer Nenner besteht darin, die Kanakisierung bestimmter Gruppen von Menschen durch rassistische Zuschreibungen mit allen ihren sozialen, rechtlichen und politischen Folgen anzugreifen." (Kanak Attak 1998)

Quelle:
Kanak Attak (1998): Manifest. URL: http://www.kanak-attak.de/ka/about/manif_deu.html, letzter Zugriff am: 21.8.2014.

- Woher kommt der Name Kanak Attak?

„Sprachlich ist die Namensgebung der Gruppierung zum einen hergeleitet von der Bezeichnung für die melanesische Bevölkerung in Neukaledonien (siehe *Kanak (Volk),* seinerseits entlehnt aus dem Hawaiischen *kanaka* für *Mensch*), und zum anderen von *Attacke* (aus dem Französischen *attaque* für *Angriff*). Die Zusammensetzung beider Begriffe impliziert auch eine Anspielung auf das demonstrativ-satirisch als Eigenbezeichnung aufgegriffene, im deutschen Sprachraum in rassistischem Zusammenhang verbreitete Schimpfwort Kanake." (Wikipedia 2014).

Quelle:

Wikipedia (2014): Kanak Attak. URL: http://de.wikipedia.org/wiki/Kanak_Attak, letzter Zugriff am: 7.10.2014.

- Was sind die Ziele von Kanak Attack?

Vor allem die Umkehrung des rassistischen Blicks.

Kanak TV ist die mediale Form der politischen Selbstermächtigung der Gruppe Kanak Attak: „Wir, Kanaken, produzieren die längst überfälligen Gegenbilder zu den ewig gleichbleibenden Bildern von Migranten. Wir konterkarieren die Bilder von den kriminellen Ghetto-Kanaken, schwitzenden Döner-Kanaken oder stummen Kanakinnen mit Kopftuch, die symbolisch für unsere Rückständigkeit und Unterdrückung stehen." (Kanak TV o. J.) Und weiter: „Kanak TV agiert dort, wo rassistische Hierarchien zur Norm erklärt werden. Wir weisen jeden Versuch entschieden zurück, Migranten anzuglotzen, zu vermessen und in Kategorien zu pressen. Stattdessen richten wir den Blick auf Alemannen, die es für selbstverständlich halten, andere zu prüfen, zu fragen, und in ihrem Blick zu verkleinern." (Kanak TV o. J.)

Quelle:

Kanak TV (o. J.): Manifesto. Kanak TV – Migrantische Selbstbemächtigung oder Warum Kanak TV politisch ist. URL: http://www.kanak-tv.de/, letzter Zugriff am: 21.8.2014.

- Weiterführende Informationen:

Gurk, Christoph (2007): Können nicht mal richtig Deutsch, diese Deutschen: Kanak-TV dreht Vorurteile um. In: jetzt. de. URL: http://jetzt.sueddeutsche.de/texte/anzeigen/397478/Koennen-nicht-mal-richtig-Deutsch-diese-Deutschen-Kanak-TV-dreht-Vorurteile-um, letzter Zugriff am: 17.1.2014.

Plenumsdiskussion zu rassistischen Bezeichnungen

■ Quelle

Entwurf nach LeB|in|MiG

■ Ziele

- Sensibilisierung für das Thema rassistischer Sprachgebrauch
- Kennenlernen der Geschichte und Bedeutung ausgewählter rassistischer Bezeichnungen
- Anregung zur Reflexion eigener Haltungen gegenüber rassistischen Bezeichnungen
- Auseinandersetzung mit Möglichkeiten für einen nicht-rassistischen Sprachgebrauch

■ Zeit

30 – 45 Minuten

■ Ablauf

Aufgabenbeschreibung

Die Teilnehmenden bekommen vor dem Workshop (als Hausaufgabe) Informationen zu einigen ausgewählten rassistischen Bezeichnungen zugeschickt, in denen es um Geschichte, Gebrauch und Problematik dieser Bezeichnungen geht. Im Workshop werden zuerst offene Fragen zu den Bezeichnungen geklärt. Die Teamer|innen könnten die Teilnehmenden fragen, wie sie zu den Erklärungen der Bezeichnungen stehen, ob diese schlüssig für die Teilnehmenden sind und ob sich noch Fragen ergeben haben.

Auswertung

Danach folgt eine Diskussionsrunde im Plenum, die inhaltlich als Reflexion über die Möglichkeiten eines nicht-rassistischen Sprachgebrauchs und methodisch als Einstieg in den Workshop, Aktivierung und Sensibilisierung der Teilnehmenden für das Thema gilt. Während der Diskussion wird die Frage besprochen, welche Möglichkeiten und Strategien für einen nicht-rassistischen Sprachgebrauch die Teilnehmenden für sich entdeckt haben bzw. finden können.

■ Kommentar

Vorbereitung auf diese Übung

Beschäftigung mit rassistischen Bezeichnungen als ‚Hausaufgabe' vor dem Workshop

Es könnte sinnvoll sein, den Teilnehmenden Informationen zu rassistischen Bezeichnungen vor der Auseinandersetzung damit im Workshop zukommen zu lassen, sodass die Teilnehmenden die Möglichkeit haben, sich in Ruhe mit diesem komplexen und emotional aufgeladenen Thema zu beschäftigen. Zum einen kann so Workshopzeit gespart werden; zum anderen hat es den Vorteil, dass in diesem Fall zwischen dem theoretischen Input und der Auseinandersetzung damit im Workshop genug Zeit liegt, in der sich die Teilnehmenden erste Gedanken machen und Fragen formulieren können. Eine sofort nach dem Input erfolgende Auseinandersetzung mit den Begriffen würde den Teilnehmenden zu wenig Zeit lassen, über die Hintergründe und die eigene Einstellung zum Thema nachzudenken.

Vorsicht: ‚schwieriges' Thema

Wichtig: Hintergründe offenlegen und Alternativen besprechen statt Moralisierung und Stigmatisierung

Die Besonderheit der Auseinandersetzung mit den Themen Rassismus/Diskriminierung besteht im Fall einer mehrheitlich weißen, relativ homogenen Gruppe der Mehrheitsgesellschaftsangehörigen darin, dass sich die Teilnehmenden leicht angegriffen fühlen können. Deswegen empfiehlt sich eine kurze Einführung der Teamer|innen zu den Zielen dieser Übung. Dabei ist wichtig zu betonen, dass die Idee der Übung nicht darin besteht, Personen, die die als diskriminierend definierte Sprache gebrauchen, pauschal zu stigmatisieren, sondern darin, (geschichtliche) Hintergründe für die Verbreitung und angebliche ,Normalität' diskriminierender bzw. rassistischer Bezeichnungen zu offenbaren, sowie angemessene Alternativen vorzuschlagen.

Fokus auf sich selbst

Die Diskussionsfrage nach Möglichkeiten und Strategien für nicht-rassistischen Sprachgebrauch zielt u. a. darauf ab, zu bestimmen, inwiefern die Teilnehmenden die Notwendigkeit, ihren Sprachgebrauch hinsichtlich der diskriminierenden Komponenten zu revidieren, überhaupt akzeptieren. Als Teamer|in sollte man darauf gefasst sein, dass sich in der Gruppe Teilnehmende finden, die einen rassistischen Gebrauch auf irgendeine Weise zu rechtfertigen versuchen bzw. die Notwendigkeit eines sensiblen Sprachgebrauchs ihrerseits anzweifeln werden. In diesem Fall sollte klargestellt werden, dass der Gebrauch bzw. die Vermeidung von diskriminierenden bzw. rassistischen Bezeichnungen völlig im Ermessen jeder|s Einzelnen liegt und nicht unterbunden werden kann und sollte. Dennoch sollte auch auf die Konsequenzen hingewiesen werden, die sich aus dieser freien Entscheidung gegen oder für einen diskriminierungssensiblen Sprachgebrauch ergeben. Zudem könnte die Frage, warum man sich weigert, eigene Handlungen zu revidieren und anstatt dessen versucht, sich zu rechtfertigen oder den Vorschlägen zur Änderung des eigenen Sprachgebrauchs einen Sinn abzusprechen, den Teilnehmenden einige Denkanregungen geben. Diese Hinwendung zur eigenen Perspektive, zu den Gründen für die eigene Ablehnungs-/Abwehrposition sollte von den Teamer|innen angeleitet werden, wenn es zum Widerstand seitens der Teilnehmenden kommt.

Wichtig: Statt rassistischen/diskriminierenden Sprachgebrauch zu verbieten, sollte man nach Gründen für die Ablehnung von alternativen Bezeichnungen fragen und über die Konsequenzen der Entscheidung für einen bestimmen Sprachgebrauch reflektieren.

Angestrebte Diskussionsergebnisse

Die Diskussion über die Möglichkeiten bzw. Strategien für nicht-rassistischen Sprachgebrauch sollte als Endergebnis idealerweise folgende Erkenntnisse bringen:

Wichtig: Unterscheidung der Selbst- und Fremdbezeichnung

- Dass es wichtig ist, den Unterschied zwischen der Selbstbezeichnung der Minderheiten und der Fremdbezeichnung durch die Mehrheitsgesellschaft zu sehen und die von den Minderheitsangehörigen gewählten Selbstbezeichnungen zu akzeptieren.
- Dass der Fokus bei der Auseinandersetzung mit rassistischer/diskriminierender Sprache nicht darauf liegen sollte, bestimmte Bezeichnungen zu verteufeln oder zu verteidigen, sondern darauf, das eigene Verhältnis zu diskriminierender Sprache zu analysieren und evtl. eigene Abneigung gegen die Veränderung des gewohnten Sprachgebrauchs wahrzunehmen, kritisch zu hinterfragen und ggf. zu überwinden.
- Dass die Entscheidung für oder gegen den diskriminierenden bzw. rassistischen Sprachgebrauch immer im Hinblick auf damit verbundene Folgen getroffen werden sollte (Was bringt es mir/den anderen, wenn ich ‚Zigeuner' sage? Was bringt es mir/den anderen, wenn ich hingegen ‚Sinti und Roma' sage?).
- Viele Lehramtsstudierende haben im durchgeführten Workshop des Projekts LeB|in|MiG die Erläuterung von geschichtlichen Hintergründen, die einem oft nicht bekannt sind, als sehr hilfreich empfunden, und nahmen das als Anlass, die historischen Bedingungen von bestimmten Erscheinungen generell stärker zu beachten.

Arbeitsanweisung

In den folgenden Texten wird die Geschichte, der Gebrauch und die Problematik von ausgewählten rassistischen Bezeichnungen analysiert. Setzt euch mit den Texten auseinander und formuliert Fragen, falls euch etwas nicht klar ist. Im Workshop habt ihr dann die Gelegenheit, diese Fragen zu klären sowie die aus eurer Sicht besonders interessanten Aspekte zu besprechen.

Begriffserläuterungen

- Begriff 1

‚Zigeuner|in'

Der authentische Eigenname der als ‚Zigeuner|innen' bezeichneten Gruppe lautet Sinti und Roma und ist heute die in der Bundesrepublik Deutschland sowie in den internationalen Organisationen (OSZE, Europarat, Europäische Union, Vereinte Nationen) eine offizielle Bezeichnung (vgl. Zentralrat Deutscher Sinti und Roma/Dokumentations- und Kulturzentrum Deutscher Sinti und Roma/Interkultureller Rat in Deutschland e. V./Förderverein PRO ASYL e. V. 2011, 2). Dabei ist die Eigenbezeichnung ‚Sinti und Roma' nicht neu, sondern wird durch Zeugnisse aus mehreren Jahrhunderten belegt (vgl. Solms 2010).

„Als ‚Sinti' bezeichnet sich die Volksgruppe, die Anfang des 15. Jahrhunderts in Deutschland und den Nachbarländern eingewandert ist, als Roma bezeichnen sich die in ost- und südosteuropäischen Ländern lebenden Volksgruppen und als ‚deutsche Roma' diejenigen, die seit Mitte des 19. Jahrhunderts von dort hierher gekommen sind." (Solms 2010)

„Die Sinti wurden bei ihrer Ankunft in Chroniken und anderen Urkunden unter verschiedenen Namen erwähnt: zuerst als ‚Tater' (= Tataren), ‚Heiden' und ‚Ägyptier' und bald darauf als ‚Zigeuner'. Während ihre Anführer sich auch als ‚Graf' oder ‚Herzog von Ägypten' ausgaben, ist ‚Zigeuner' den Quellen zufolge eindeutig eine Fremdbezeichnung. [...] Dieser Name hat sich dann im Lauf des 15. Jahrhunderts im deutschen Sprachraum weitgehend durchgesetzt und ist seit den Reichstagsbeschlüssen von 1498, in denen die ‚Zigeuner' als Spione der Türken verurteilt und für vogelfrei erklärt wurden, zu einer lebensbedrohlichen Kennzeichnung geworden. [...]

Die typischen Zigeunerbilder begegnen uns bereits in Bettlerordnungen des 15. Jahrhunderts und im ‚liber vagatorum' (1510), in denen keine Sinti beschrieben werden. Dort werden nicht einfach ‚Fahrende' oder ‚Vaganten' vorgestellt, sondern ‚Landstreicher' oder ‚Vagabunden', die herumfahren und betteln, statt zu arbeiten, und die Einheimischen belügen, bestehlen und betrügen. Diese Bilder wurden dann im 16. Jahrhundert auf die Sinti, die sich nirgends niederlassen durften und deshalb den Fahrenden anschlossen, übertragen und blieben später, als die anderen Fahrenden allmählich wieder sesshaft wurden, an ihnen hängen." (ebd.)

„Das Wort ‚Zigeuner' ist also ein Synonym für Fahrende und wird sowohl für die Angehörigen der Ethnie, das ‚fahrendes Volk', als auch für andere Fahrende verwendet. ‚Zigeuner' sind in der Vorstellung der sesshaften Bürger Leute, die ‚herumzigeunern' und ein ‚freies' oder gar ‚lustiges Zigeunerleben' führen. Die deutschen Sinti und Roma sind aber seit Jahrzehnten zu über neunzig Prozent sesshaft und deshalb keine ‚Zigeuner'. In den Medien: in Literatur, Malerei, Operetten oder Musicals, Spiel- und Dokumentarfilmen und Illustriertenreportagen werden sie jedoch nach wie vor als ‚Zigeuner' oder Fahrende vorgeführt und allein schon dadurch diskriminiert. Denn ‚Zigeuner' wird eindeutig als Schimpfwort benutzt. Dies zeigt sich besonders deutlich an den ‚schmückenden' Beiwörtern, den Wortzusammensetzungen und den Synonymen, die für ‚Zigeuner' in der wissenschaftlichen und der schönen Literatur verwendet wurden und dann als ‚gesichertes Wissen' in viele Lexika eingingen. Die Angehörigen der Ethnie werden als ‚faule', ‚dreckige' oder ‚diebische Zigeuner' bezeichnet. Eine alte Frau ist eine ‚Zigeunerhexe', eine Familie ein ‚Zigeunerclan', und eine Gruppe ist eine ‚Zigeunerbande', ein ‚Zigeunergesindel' oder ein ‚Zigeunerpack'. Als Synonyme werden ‚Tagedieb', ‚Gauner' und ‚Drecksack' angegeben (Pfälzisches Wörterbuch)" (Solms 2010). Und die im Jahre 1986 erschienene 2. Auflage des Dudens sinn- und sachverwandter Wörter verweist unter dem Stichwort ‚Zigeuner' auf die Begriffe ‚Abschaum' und ‚Vagabund' (vgl. Zentralrat Deutscher Sinti und Roma/Dokumentations- und Kulturzentrum Deutscher Sinti und Roma/Interkultureller Rat in Deutschland e. V./Förderverein PRO ASYL e. V. 2011, 2).

Quellen:

Solms, Wilhelm (2010): Warum die Sinti und Roma keine Zigeuner sind. URL: http://www.sinti-roma-bayern.de/Warum-die-Sinti-und-Roma-keine-Zigeuner-sind_index100.htm, letzter Zugriff am: 01.10.2014. Dieser Text ist eine gekürzte Version von: Solms, Wilhelm (2010): Schützt uns vor „Zigeuner"-Bildern. In: Hinterland Magazin, 13/2010, S. 16-19, URL: http://www.hinterland-magazin.de/pdf/13-16.pdf, letzter Zugriff am: 5.6.2014.

Zentralrat Deutscher Sinti und Roma/Dokumentations- und Kulturzentrum Deutscher Sinti und Roma/Interkultureller Rat in Deutschland e. V./Förderverein PRO ASYL e. V. (2011): Was Sie schon immer über Zigeuner wissen wollten ... URL: http://www.internationale-wochen-gegen-rassismus.de/wp-content/uploads/11_02_09_BD_IKR_Sinti_Roma_Druckvorlage.pdf, letzter Zugriff am: 1.10.2014.

- Begriff 2

‚Farbig'

Der Begriff ‚farbig' stammt aus der Kolonialzeit und spiegelt die Perspektive des dominant weißen Blicks wider, unter dem Personen mit ‚mixed race'-Herkünften als ‚unrein' und minderwertig gesehen werden. Im südafrikanischen Apartheid-Regime diente die Bezeichnung ‚colored' der Herstellung einer abgestuften Hierarchie der Nicht-weißen Bevölkerung. ‚Colored' (ein Begriff für schwarze Menschen, die eine etwas hellere Hautfarbe haben) stand in dieser Hierarchie, deren Eckpunkte ‚Schwarz' und ‚Weiß' waren, höher als ‚Schwarz'. Die Bezeichnung ‚farbig' knüpft deswegen sehr stark an diese ideologische Praxis der Ungleichheit an.

In Deutschland hat der Begriff ‚farbig' in den 1950ern das als rassistisch erkannte Wort ‚Neger' ersetzt. ‚Farbig' wird heute noch oft im (medialen) Alltag als Ersatz für den Begriff ‚Schwarze|r' benutzt, wenn die|der Sprechende den Begriff ‚Schwarz' nicht verwenden möchte (vgl. der braune mob e. V. 2006, 4). Diese Nichtverwendung ist oft mit dem Wunsch verbunden, den als negativ empfundenen Begriff ‚Schwarz' durch einen irrtümlich für ‚neutraler' gehaltenen Begriff ‚farbig' zu ersetzen und somit die Tatsache des Schwarz-Seins ‚beschönigen' zu wollen (vgl. der braune mob e.V. 2006, 5). „Wenn jemand eine ‚Farbige' genannt wird, weil sie ‚ja gar nicht so dunkel' sei, schwingt dabei oft mit, dass man ihr einen Gefallen damit tut, sie nicht als ‚schwarz' zu bezeichnen. Dabei ist jedoch impliziert, dass Schwarzsein schlecht sei – ganz unten auf der Hautfarbenskala, und ‚farbig' klänge ein bisschen besser." (Mysorekar 2013)

‚Farbig' stellt außerdem ein Versuch dar, zu bestimmen, in welchem Grad der Abstufung ‚schwarz' die Hautfarbe einer Person genau ist (vgl. der braune mob e.V. 2006, 5). Dieser „Abstufungs-Drang" (der braune mob e.V. 2006, 5) besteht aber offensichtlich nicht bei allen anderen Gruppen. „Weiße klassifiziert man ja auch nicht nach Abstufungen von ‚hellrosa', ‚dunkelrosa' oder ‚blassbeige', und die meisten weißen Deutschen würden sich zu Recht dagegen verwahren, wenn Schwarze ihnen sagen wollten, wie sie sich zu bezeichnen hätten" (Mysorekar 2013). Es stellt sich also die Frage: Wenn Portugies|innen und Norweger|innen angeblich gleichermaßen ‚weiß' sind, weil dies die Bezeichnung für ihre soziokulturelle Gruppe ist, warum sollte das nicht im selben Maße auch für die Gruppe Schwarzer Menschen zutreffen? (Vgl. der braune mob e.V. 2006, 5)

Aufgrund der starken kolonialen Konnotationen, des klar erkennbaren euphemisierenden Hintergrundes, weil ‚farbig' in biologistische Rassenkonstruktionen verwoben ist, und weil durch die Verwendung dieser Bezeichnung impliziert wird, dass ‚weiß' die Norm sei, plädieren zahlreiche Organisationen (die „Initiative Schwarze Menschen in Deutschland", ADEFRA – Schwarze Frauen in Deutschland, einige Expert|innengruppen und auf diesem Gebiet tätige Medienorganisationen) dafür, auf diese Vokabel zu verzichten (vgl. der braune mob e. V. 2006, 5).

Quellen:
der braune mob e. V. (2006): Informationen für Journalisten zum korrekten sprachlichen Umgang mit rechtsextremistischen oder rassistisch motivierten Straftaten. URL: http://www.derbraunemob.de/shared/download/info_journal_rstraf.pdf, letzter Zugriff am: 1.10.2014.
Mysorekar, Sheila (2013): War doch gar nicht so gemeint! URL: http://www.neuemedienmacher.de/war-doch-gar-nicht-so-gemeint, letzter Zugriff am: 1.10.2014.

- Begriff 3

‚Farbig' vs. ‚Schwarz' vs. ‚People of Color'

Wichtig: Oft wird für die Bezeichnung rassistisch unterdrückter Menschen der Begriff ‚People of Color' verwendet, der eine andere Konnotation als ‚farbig' hat und nicht mit diesem Begriff verwechselt werden sollte!

Während der Begriff ‚farbig'/‚colored' von Beginn an eine Fremdbezeichnung einer herrschenden weißen Gesellschaft für Menschen (subsahara-) afrikanischer Abstammung war und auf deren Hautfarbe bezogen war, entstand ‚People of Color' (PoC) als Selbstbezeichnung von Personen, die zu rassistisch marginalisierten Communities gehörten. Die Intention des Begriffs ‚farbig'/‚colored' war, die Community rassifizierter Menschen zu teilen und nach Gesichtspunkten der weißen Dominanzgruppe in ein hierarchisches Verhältnis zueinander zu positionieren. PoC ist dagegen nach dem oben beschriebenen Verständnis keine Beschreibung der Hautfarbe, sondern ein politischer, solidarisch verstandener Begriff, der versucht, die Mitglieder marginalisierter Communities „über die Grenzen ihrer ‚eigenen' ethnischen, nationalen, kulturellen und religiösen Gruppenzugehörigkeiten" (Ha 2009) zu vereinen und zu mobilisieren. Der Begriff kommt in seiner heutigen Verwendung aus den 1960er Jahren und geht auf die „Black Power"-Bewegung zurück: „We will not fight and kill other people of color in the world who, like black people, are being victimized by the white racist government of America. [...] We want an immediate end to police brutality and murder of black people, other people of color, all oppressed people inside the United States." (Black Panther Party 1966) Die Betonung im damaligen und heutigen Verständnis des Begriffs PoC liegt somit auf dem verbindenden Moment, nicht-weiß sowie rassistisch marginalisiert zu sein. Gleichzeitig wird jedoch im obigen Zitat deutlich, dass auch im antirassistischen Kontext keine vollständige Loslösung vom Aspekt der Hautfarbe möglich ist. Denn wenn Schwarze und Personen, die nicht weiß sind, People of Color, sprich Menschen der Farbe sind, bleibt für Weiße nur die Bezeichnung Menschen ohne Farbe. Wenn Weiß jedoch keine Farbe ist, ist die dominante Gruppe erneut unmarkiert und undefiniert. Das Brennglas der Aufmerksamkeit und der Kategorisierungsneigung verbleibt wieder einmal auf den rassistisch marginalisierten Communities.

Ein weiterer Ankerpunkt für die Konzentration auf Hautfarben ergibt sich aus der Unterscheidung zwischen Schwarzen und PoC. Der Begriff Schwarz ist im antirassistischen Verständnis ebenfalls keine biologische Bezeichnung im Sinne einer Beschreibung von Hautfarben, sondern eine politische Beschreibung für rassistisch marginalisierte Gruppen. Theoretisch müssten dann also alle rassistisch marginalisierten Communities unter dem Begriff Schwarz fassbar sein. Es bleibt also die Frage, warum ist der Begriff PoC ergänzend zum bzw. ersetzend für den Begriff Schwarz notwendig? Wird hier nicht ähnlich dem Begriff farbig/colored erneut nach Hautfarbenschattierungen oder Physiognomie unterschieden?

Wichtig zu ergänzen ist in diesem Kontext, dass es sich hierbei letztendlich nicht um eine Unterscheidung nach Hautfarbenschattierungen handeln kann, da nicht definierbar ist, wo schwarz und weiß aufhört oder anfängt. Relevant ist bei der Verwendung von Schwarz und/oder PoC deshalb auch zum einen der geschichtliche Kontext einer Community, die sich auf die Geschichte von Sklavenwirtschaft, Kolonialisierung, Arbeitsmigration, Flucht/Vertreibung, Illegalität etc. bezieht. Diese Geschichte hat Nachwirkungen auf die Lebenswelt, Identitätsbildung und auf Diskriminierungserfahrungen und bietet zum anderen aktuelle Anknüpfungspunkte des Widerstandes. Während in einem Lebenskontext der Begriff PoC also am tragfähigsten ist, kann er in einem anderen Kontext trennend wirken und ein Begriff wie Schwarz sinnvoller sein: „Nehmen wir z.B. den Begriff Schwarz, wie er sich in Südafrika entwickelt hat [im Gegensatz zum Begriff PoC in den 1960er Jahren in den USA, Anm. d. Verf.]. Es gab dort eine Abstufung von verschiedenen Menschen, wie ‚colored people', ‚Asian people' etc. Mit der Bezeichnung ‚Schwarz' wurde es möglich, diese Unterscheidungen abzuwehren und gemeinsam gegen Apartheid zu kämpfen, sich zu solidarisieren und nicht dem ‚Teile und herrsche' der Mächtigen nachzugeben. Dasselbe sieht man in England, wo ‚Schwarz' als politischer Kampfbegriff von allen verwendet wird, die rassistisch diskriminiert werden. [...] Das entscheidende Moment ist, dass ein Gesamtzusammenhang erkannt wird und eine Solidarisierung einsetzt." (Harkan 2001) Letztendlich ist es nicht möglich, für (alle) rassistisch marginalisierten Subjekte eine angemessene Bezeichnung zu finden, da man dazu auf eine dominante eurozentrierte Sprache zurückgreifen muss, die jeden Versuch der Selbstbenennung an etymologische Tradierungen, historische Hintergründe sowie komplexe Machtformen und -auswirkungen bindet. Deswegen sind sämtliche Bezeichnungen für ein nicht als europäisch markiertes Aussehen in gewisser Weise beschädigt, und die Suche nach einem allgemeingültigen Konsensbegriff bleibt ein sehr schwieriges Unterfangen (vgl. Ha 2007, 38 f.).

Vor diesem Hintergrund ist der Begriff PoC als ein Versuch zu verstehen, sich eine beschädigte Bezeichnung selbstbewusst anzueignen und sich damit zu empowern sowie eine solidarische Praxis der Gleichberechtigung zu schaffen, die sich gegen alle Einteilungen und Zuschreibungen wehrt. Es dient auch der Kommunikation nach innen, d. h. für diejenigen, die Diskriminierungserfahrungen machen und sich darüber untereinander verständigen. Nach außen wird damit keine Korrektheit erreicht, sondern ein Anstoß gegeben, Erfahrungen zur Kenntnis zu nehmen. Wenn von weißer Seite derartige Bezeichnungen als unangemessen deklariert werden, kommt es wiederum zur Ausblendung von Machtverhältnissen.

Quellen:

Black Panther Party (1966): The Ten-Point Program. URL: https://www.marxists.org/history/usa/workers/black-panthers/1966/10/15.htm, letzter Zugriff am: 11.6.2014, zit. n.: Huey P. Newton (1980): War Against the Panthers: A Study of Repression in America. Harlem River Press, 1996: the published version of Newton's PhD thesis.

Gürses, Hakan (2001): „Schwarz ist eine politische Identität". Interview mit Araba Evelyn Johnston-Arthur über die „black community" in Österreich, die schwarze österreichische Geschichte und den Differenz-Begriff. In: STIMME von und für Minderheiten, 39/2001. URL: http://minderheiten.at/stat/stimme/stimme39c.htm, letzter Zugriff am: 1.10.2014.

Ha, Kien Nghi (2009): ‚People of Color' als Diversity-Ansatz in der antirassistischen Selbstbenennungs- und Identitätspolitik. URL: http://www.migration-boell.de/web/diversity/48_2299.asp, letzter Zugriff am: 8.10.2014.

Ha, Kien Nghi (2007): People of Color. Koloniale Ambivalenzen und historische Kämpfe. In: Ha, Kien Nghi u. a. (Hrsg.): re/visionen. Postkoloniale Perspektiven von People of Color auf Rassismus, Kulturpolitik und Widerstand in Deutschland. Münster, S. 31-41.

- Begriff 4

'Neger|in'

Historischer Hintergrund:
Der Begriff ,Neger|in' (im Weiteren ,N ...') hat im Zuge der Verbreitung und Popularisierung der modernen Rassentheorien Eingang in die deutsche Sprache gefunden. Die Phänomene des Rassismus, des deutschen Imperialismus und Kolonialismus brachten einen zunehmend abwertenden Blick auf Menschen dunkler Hautfarbe hervor. Dieser Blick stützte sich auf damals noch als wissenschaftlich geltende Thesen, die besagten, dass den ,N ...' bestimmte Eigenschaften ,angeboren' seien, wie z. B. ,naturnah', ,wenig intelligent', ,impulsiv', ,wild' (vgl. der braune mob e. V. 2011, 1). „Diese aus heutiger Sicht klar rassistischen und unwissenschaftlichen *An-Sichten*[1] trugen ihre Spuren bis in die Zeit des Faschismus und zweiten Weltkrieges, in der sie als Grundlage dafür genommen wurden, Schwarze Menschen als ,minderwertige Rasse' zu zwangssterilisieren und in Konzentrationslagern zu ermorden." (ebd., 1)

Diese Konnotationen des Begriffes ,N ...' sind für Überlebende und heute lebende Schwarze Menschen in Deutschland durchaus präsent. Ungeachtet dessen galt er in Deutschland noch bis in die 1980er Jahre des 20. Jahrhunderts als eine ,normale' und scheinbar ,neutrale' Bezeichnung von Weißen für Schwarze Menschen jeglicher Herkunft. Die Legitimation des Ausdrucks ,N ...' ergab sich jedoch nie aus einem Prozess der Selbstbestimmung und -benennung Schwarzer Menschen, sondern aus der ,Benennungsmacht' ausschließlich Weißer Deutscher. Der Diskurs über die Selbst-Benennungen und die Emanzipation rassistisch marginalisierter Personengruppen hat in Deutschland nie stattgefunden (im Unterschied z. B. zu den USA, in denen solche Themen seit den 1950er Jahren des vorigen Jahrhunderts im öffentlichen, medialen und politischen Diskurs präsent sind). Bezeichnend für Deutschland ist auch, dass jegliche Diskussionen über rassistische Bezeichnungen meistens vereinzelt bzw. unter Ausschluss der betroffenen Gruppe stattfinden (vgl. der braune mob e. V. 2011, 1).

Psychologischer Hintergrund:
Der Begriff ,N ...' knüpft an eine Reihe von rassistischen und eurozentristischen Stereotypen an. Einige Elemente des eurozentristischen Blicks auf die ,N ...' sind:

- Inferiorität (die ,N ...' seien den ,Weißen' unterlegen);
- Viktimisierung (die Darstellung der ,N ...' als Opfer bzw. als schwach);

1 Hervorhebung im Original

- Infantilisierung (,N ...' seien in ihrem Naturell wie Kinder, unreif und abhängig);
- Triebhaftigkeit und Naturhaftigkeit (v. a. die übertriebene Darstellung von Sexualität und Aggression);
- Kulturlosigkeit (der Beitrag Afrikas zur Zivilisation wird geleugnet).

Bis heute werden solche Bilder in Deutschland u. a. in der Werbung und in anderen Medien reproduziert (vgl. der braune mob e. V. 2011, 2).

Linguistischer Hintergrund:
Der Begriff ,N ...' ist ein Lehnwort nach dem französischen ,nègre' und dem spanischen ,negro', die Nachfolgeformen des lateinischen Wortes ,niger' (,schwarz') sind. Das Wort ,N ...' wurde im Zuge der kolonialistischen Eroberungen im 17. Jahrhundert entlehnt. Die Tatsache, dass sich das Wort ,N ...' aus ,negro' (schwarz) ableitete, wird oft als Rechtfertigung für seinen Gebrauch benutzt, ebenso wie die Argumentation, es bestehe eine Art ,Gewohnheitsrecht' für diesen Gebrauch. Das Wort ,Negro' befand sich dennoch nie im deutschen Sprachgebrauch und Schwarze Menschen wurden auch nicht als ,Negro', sondern eben als ,N ...' bezeichnet. Zudem zeigt die Alltagsrealität deutlich, dass auch im 20. Jahrhundert der Gebrauch des deutschen ,N ...' auf verschiedenen Diskursebenen vielmehr mit dem englischen ,Nigger' (ebenfalls eine Abwandlung eines ursprünglich ,harmlosen' Wortes) und nicht mit dem spanischen ,negro' vergleichbar ist (vgl. der braune mob e. V. 2011, 2).
Als Pendant zu „Weiße" gilt also nicht das Wort ,N' ..., sondern „Schwarze". Dies ist eine selbstgewählte soziopolitische Bezeichnung, die auf einen gemeinsamen Erfahrungshintergrund hinweist und sich nicht auf rassi(sti)sche Theorien stützt (vgl. ebd.) (s. auch den Text *,Farbig' vs. ,Schwarz' vs. ,People of Color'*, S. 242).

Aktuell rassistischer Hintergrund:
Seit vielen Jahren ist es im gesellschaftlichen Konsens verankert, dass das Wort ,N ...' aufgrund seines rassistischen Hintergrundes sich als gewaltfreie Bezeichnung von Menschen nicht eignet. Schon auf dem Schulhof gilt ,N ...' ausschließlich als Beleidigung oder Beschimpfung. Auch im medialen Bereich fällt es auf, dass diese Bezeichnung ab dem Ende 20. Jahrhunderts nicht mehr kritiklos verwendet wird – und wenn doch, dann kann bei solchen Publikationen meistens gleichzeitig ein offen rassistischer Hintergrund festgestellt werden. Das alles ist ein Zeichen des wachsenden gesellschaftlichen Bewusstseins dafür, dass das Wort ,N ...' eine Beleidigung und Abwertung darstellt (vgl. der braune mob e. V. 2011, 3).

Die Schwarze media-watch-Organisation „der braune mob e.V." schreibt dazu: „Dass vereinzelte Autor_innen und Publikationen einem gewissen reaktionären Drang nachgeben und dennoch darauf bestehen, ihr vermeintliches Recht zu verteidigen, beleidigende Bezeichnungen von rassistisch diskriminierten Menschen zu publizieren, bewerten wir als ein Instrument zum Dominanzerhalt. Für die Wirksamkeit von Gewalt, auch einer Gewalt, die sprachlicher Natur ist, ist die Intention der ‚Sender' unmaßgeblich. Rassismus und seine sprachlichen Konstrukte entfalten ihre Wirkungsmacht bei jeder Verwendung rassistischer Vokabeln, vollständig unabhängig davon, ob die Autorenschaft damit angeblich Rassismus dekonstruieren oder ‚satirisch sein' wollte." (der braune mob e.V. 2011, 3)

Quelle:

der braune mob e.V. (2011): Warum nicht „Neger"? – Informationen für Redaktionen und Journalismus. URL: http://www.derbraunemob.de/shared/download/warum_nicht.pdf, letzter Zugriff am: 1.10.2014.

Rassismus in der Klasse – Rassismus in der Gesellschaft

■ Quelle

Entwurf nach LeB|in|MiG

■ Ziele

- Erkennen rassistischer Denkmuster und deren Einflusses auf das Verhalten von Personen in problematischen Situationen
- Bewusstwerden von Verknüpfung individueller rassistischer Denkmuster und gesellschaftlicher Diskurse über Rassismus
- Entwicklung von (Handlungs-)Strategien für Lehrpersonen, mit Rassismus in der Klasse umzugehen

■ Zeit

45 – 60 Minuten

■ Ablauf

Aufgabenbeschreibung

TIPP: Je nach Ziel der Teamer|innen kann die Auseinandersetzung mit der Situation als Einzel-, Partner- oder Kleingruppenarbeit erfolgen.

Die Teilnehmenden bekommen die Situationsbeschreibung, bei der es sich um eine offen rassistische Diskriminierung eines afrodeutschen Mädchens durch andere Kinder in der Klasse und eine aus der Sicht der Mutter des Mädchens unangemessene Reaktion der Klassenlehrerin sowie Eltern anderer Kinder handelt. Die Teilnehmenden setzen sich mit der Situation auseinander. Sie können dabei ihre ersten Eindrücke untereinander austauschen.

Auswertung

Danach erfolgt eine Diskussion im Plenum, bei der folgende Fragen durch die Teamer|innen eingebracht werden:

- o Wie erklärt ihr das Verhalten anderer Schüler|innen (einschließlich der Schüler|innen mit Migrationshintergrund):

Warum helfen sie dem betroffenen Mädchen nicht bzw. werden selbst zu Beleidigenden?
- Wie bewertet ihr das Verhalten der Lehrperson und der Eltern? Was könnten die Gründe für dieses Verhalten sein?
- Wie würdet ihr als Lehrer|innen die Situation lösen?

■ Kommentar

Übungsvarianten

Die Auseinandersetzung mit der Situation, so wie diese oben beschrieben ist, versteht sich als Vorschlag, für den sich je nach Zielsetzung des Workshops und Erwartungen der Teamer|innen unzählige Alternativen finden lassen. So könnte ein reales Beispiel (wie hier) durch ein fiktives Beispiel ersetzt werden. Eine andere Möglichkeit wäre, eine reale Situation entsprechend den Zielsetzungen zu modifizieren bzw. auszubauen. So kann ebenfalls gezielt an einzelnen ausgewählten Aspekten gearbeitet werden, der Eindruck der Authentizität bleibt aber möglicherweise stärker als bei einem ganz fiktiven Beispiel.

Situationsbeispiele können entsprechend den Workshopzielen modifiziert werden.

Übungsform

Als Übungsform wurde hier eine Plenumsdiskussion mit starker Beteiligung der Teamer|innen gewählt. Die Beteiligung der Teamer|innen an der Diskussion scheint bei dieser Übung notwendig zu sein, da manche Aspekte, von denen ausgehend die Problemsituation gedeutet werden kann, einen tieferen Einblick in die gesamtgesellschaftlichen Verhältnisse erfordern, die den Teilnehmenden zum Zeitpunkt der Übung evtl. noch nicht bekannt sind. Diese Aspekte sollten dann von den Teamer|innen kontextgemäß thematisiert und ggf. erläutert werden (s. u.).

Wichtig bei dieser Übung: eine stärkere Lenkung der Diskussion durch die Teamer|innen

Wichtige Aspekte, die bei der Diskussion angesprochen werden sollten

– Gesellschaftliche Normalität des Rassismus

Eines der Ziele dieser Übung ist das Erkennen rassistischer Denkmuster, die den Handlungen und Haltungen der an der Problemsituation beteiligten Personen zugrunde liegen, und deren Einordnung in den allgemeingesellschaftlichen Kontext.

Rassismus geht nicht nur von ‚Täter|innen' aus, sondern wird oft durch nicht unmittelbar Beteiligte reproduziert und verstärkt.

Beim Erkennen rassistischer Denkmuster sollte sich die Aufmerksamkeit nicht nur auf die unmittelbaren ‚Täter|innen' selbst (bzw. die Frage, was die Kinder dazu veranlasst, ihre Mitschülerin rassistisch zu beleidigen) gerichtet werden, sondern auch auf diejenigen, die Rassismus durch die Verharmlosung der Situation (Lehrerin) oder durch die Verschiebung der Perspektive (Eltern) vermitteln und reproduzieren. Es gilt zu hinterfragen, welche Faktoren eine solche Reaktion ihrerseits überhaupt möglich machen bzw. begünstigen. Dabei ist es wichtig, im Auge zu behalten, dass sich hinter den ‚offensichtlichen' Gründen wie Unsicherheit, Unaufmerksamkeit, Überfragtsein etc. oft eine Vorstellung von Rassismus als etwas, was mit körperlicher Gewalt und Nazi-Ideologie verbunden ist, verbirgt. Gerade diese Einstellung der Eltern und der Lehrerin in dem o.g. Beispiel macht es den Beteiligten möglich, die Beschwerde der Mutter als unverhältnismäßig übertrieben abzustempeln und sich selbst einer kritischen Auseinandersetzung mit eigenen Haltungen zu entziehen.

Wichtig: Rassismus im gesamtgesellschaftlichen Zusammenhang, und nicht ausschließlich als Attribut eines rechten Milieus sehen

Das Übungsziel, rassistische Denkmuster zu erkennen und in einen gesamtgesellschaftlichen Kontext einzuordnen, bedeutet, dass die oben erläuterte Vorstellung von Rassismus als verbunden mit (vorwiegend körperlicher) Gewalt nicht als eine individuelle Einstellung verstanden, sondern in ihrem Zusammenhang mit dem gesellschaftlichen Diskurs gesehen wird. Für diesen Diskurs ist z.B. die Schwierigkeit der Thematisierung von Rassismus in Deutschland oder die Versuche, Rassismus ausschließlich als Attribut eines rechten Milieus zu inszenieren, bezeichnend. Die Herstellung einer Verbindung zwischen individuellen Einstellungen und dem gesellschaftlichen Diskurs setzt einen sehr hohen Sensibilisierungs- und Wissensgrad der Teilnehmenden voraus und wird wahrscheinlich nur bei fortgeschrittenen Gruppen von den Teilnehmenden selbst vorgenommen. In anderen Fällen könnten die Teamer|innen die Teilnehmenden an diesen Aspekt heranführen, z. B. indem die Teilnehmenden bei Antworten wie „Die Eltern merken gar nicht, dass ihre Kinder rassistisch handeln" gefragt werden, warum die Eltern das nicht merken bzw. verdrängen und ob dies irgendwas mit der Art und Weise, wie Rassismus in der deutschen Gesellschaft behandelt wird, zu tun haben könnte.

– Rassistische Bezeichnungen vs. übliche Beleidigungen

Es ist möglich, dass unter den Teilnehmenden eine Diskussion darüber entsteht, warum rassistische Bezeichnungen nicht mit den üblichen Beschimpfungen gleichgesetzt werden können. Dieser Aspekt sollte dann von den Teamer|innen aufgegriffen und erklärt werden. Es sollte auf den historischen Hintergrund eingegangen werden, der veranschaulicht, dass rassistische Bezeichnungen immer den Zweck erfüllten, die Herrschaft einer Gruppe über andere zu manifestieren. Durch die Verknüpfung von abwertenden Konnotationen mit entsprechender Äußerungsform wurde die Konstruktion der anderen als unterlegen möglich, die sich durch den allgemeinen Gebrauch von auf solche Weise hergestellten Bezeichnungen verbreitete und verfestigte.

Rassistische Bezeichnungen können und sollten nicht mit üblichen Beleidigungen gleichgesetzt werden.

Wenn sich die Teilnehmenden vor dieser Übung bereits mit der Übung *Plenumsdiskussion zu rassistischen Bezeichnungen* (S. 235) auseinandergesetzt haben, ist es wahrscheinlich, dass ihnen die oben erläuterten Zusammenhänge bereits bekannt sind.

Situationsbeschreibung

Quelle: Adébodou, Anna-Sophie (2008): Rassismus eskaliert schon in den Schulen. URL: http://de.indymedia.org/2008/07/223379.shtml, letzter Zugriff am: 13.3.2014.

„Meine 11-jährige afrodeutsche Tochter kam unmittelbar vor den Sommerferien gehäuft mit rassistischen Beleidigungen (‚Negerin', ‚Negernutte', ‚Bimbofotze' usw.) und Sticheleien nach Hause, die ihr dort widerfahren sind. Dass so etwas in einer ‚weißen' Gesellschaft leider durchaus gängig ist, darüber müssen wir nicht sprechen. Sie kommt auch ganz gut damit klar, weil Mbahamwe und ich sie und ihre Identität gegen solche ‚normalen' gesellschaftlichen Hiebe auf Minderheiten frühzeitig gestärkt und imprägniert haben. Doch während sowas in der Vergangenheit vielleicht ein, zwei Mal im Jahr vorkam, artete es vor den Ferien in ein regelrechtes Mobbing gegen meine Tochter und ein weiteres afrodeutsches Kind in der Klasse aus.

Die Beleidigungen kamen übrigens nicht nur von ‚weißen deutschen' Kindern, sondern auch von solchen mit türkischem oder arabischem Hintergrund, was ich so nicht für möglich gehalten hätte und mich deshalb besonders traurig macht! Ich hatte im Stillen immer gehofft, dass meine Tochter gerade bei diesen Menschen einmal Unterstützung und Solidarität im Kampf gegen den Rassismus finden würde.

Besonders schlimm für meine Tochter war zudem, dass die übelsten Angriffe von einem Jungen kamen, mit dem sie jahrelang befreundet war und der schon oft auf Kindergeburtstagen bei uns zu Gast war und nie negativ aufgefallen ist. Die Eltern des Jungen sind genauso schockiert und können sich das neue Verhalten ihres Sohnes überhaupt nicht erklären. Auch andere Kinder scheinen plötzlich rassistische Ausfälle irgendwie ‚cool' zu finden. Ich finde diese Entwicklung in höchstem Maß alarmierend und bedrohlich!

Aus diesen Gründen war es mir ein Bedürfnis, das Problem beim letzten Elternabend anzusprechen. Ich fragte die anderen Eltern, ob es

- einen Grund dafür gäbe, dass rassistische Beschimpfungen in der letzten Zeit häufiger als sonst vorkämen
- ob ihnen das überhaupt aufgefallen sei und
- wie sie damit umgehen würden.

Auf diese Fragen reagierten die anwesenden Eltern folgendermaßen:

- mein Kind ist kein Rassist!
- wir sind keine Nazis!
- meine Tochter hat auch Segelohren und eine Brille, also was wollen Sie?!
- IHRE TOCHTER hat gar kein Problem damit, SIE reden ihr ein, dass das Wort ‚Neger' schlimm sei, sonst käme sie gar nicht darauf!

Schade fand ich, dass die Klassenlehrerin ebenfalls die übliche Beschimpfungen (‚Fettsack', ‚Arschloch', ‚Brillenschlange') mit rassistischen Beschimpfungen (‚Neger', ‚Kanacke', ‚Bimbo') gleichstellte: Sie meinte nur, dass sie darauf natürlich eingeht und ihren SchülerInnen erklärt, dass solche Begriffe ‚negative Schwingungen' hervorrufen. (...)

Am allerschlimmsten war aber ein Vater (Berufsmusiker, Mitglied eines Berliner Sinfonieorchesters), der meine Tochter vor der versammelten Elternschaft völlig ungeniert als ‚rassenhygienischen Störfall' bezeichnet hat. Keiner der anwesenden Eltern fühlte sich angehalten zu protestieren; man schaute lieber verschämt auf den Boden! Eine Beschwerde bei der Schulleitung blieb erfolglos, weil dieser Vater ein ‚sehr engagierter Elternvertreter' sei und es ‚sicher nicht so gemeint' habe. Auch wolle man ‚nicht polarisieren' ..."

Inputübungen

Inputübungen

Headline

■ Quelle

Entwurf nach LeB|in|MiG

■ Ziele

Methode

- Wissensvermittlung zum Thema des Textes
- Wissensaustausch zwischen den Teilnehmenden
- Angleichung des Vorwissens
- Anleitung einer kritischen Auseinandersetzung mit interkulturellen Themen

Text

- Vermittlung von Wissen über die Zielsetzung und Funktionsweise von Diskriminierung
- Reflexion eigener Denkweisen in Bezug auf Diskriminierung und Diversität
- Auseinandersetzung mit und Überdenken von gesellschaftlichen und persönlichen Normalitätsvorstellungen
- Benennung und Reflexion der Vorteile dominierender Gruppen
- Anregung eines Perspektivenwechsels

■ Zeit

ca. 60 Minuten

■ Ablauf

Aufgabenbeschreibung

Die Teilnehmenden werden in vier Kleingruppen eingeteilt. Der zu bearbeitende Text wurde zuvor ebenfalls in vier Einheiten unterteilt. Jede Gruppe erhält eine Einheit des Textes, in der die Unterüberschriften durch Platzhalter ersetzt wurden. Die Kleingruppen sind dafür verantwortlich, dass jede|r in ihrer Gruppe den Text verstanden hat. Der erste Teil der Arbeit besteht daraus, dass die Gruppen die wichtigsten Aussagen und Zusammenhänge der einzelnen Textabschnitte in Thesen zusammenfassen. Im zweiten Schritt fassen sie diese Thesen zu Kernaussagen zusammen, aus denen sie die fehlenden Überschriften bilden. Die Thesen werden auf einem Flipchartbogen gesammelt und im Plenum präsentiert, sodass alle Teilnehmenden die Hauptaussagen des Textes kennenlernen.

Auswertung

Die Auswertung erfolgt in erster Linie durch die Präsentationen der Kleingruppen. Im Anschluss an diese können noch allgemeine Diskussionspunkte zur Textarbeit und zum Textinhalt besprochen werden. Im Verlauf der Präsentationen können unter Umständen bereits folgende inhaltliche Diskussionspunkte angesprochen werden:

VARIANTE: Die vorgeschlagenen Auswertungsfragen können auch als Arbeitsaufträge in Kleingruppen gegeben werden.

Gruppe 1:

- Was bedeutet Respekt für euch? Erzählt, auf welche Art und Weise ihr jemandem Respekt zeigt und was ihr von anderen erwartet.
- Welche Begriffe könnten als Gegenposition zu Diskriminierung genutzt werden? Überlegt, was sich dadurch verändert.
- Der Autor zeigt die Gefahren auf, die der Drang, für Gruppen von Menschen Begriffe zu finden, mit sich bringt. Welche Gefahr birgt dagegen der Vorschlag des Autors, nur in der Kategorie Mensch zu sprechen?

Gruppe 2:

- Der Autor kritisiert den „Blick mit der Lupe“ auf Minderheitenangehörige. Überlegt, wann diese Problematik im

Schulalltag oder im Kontext Bildung auftritt und wie es dazu kommt.
- Was kann man tun, um diesen einseitigen Blick zu verändern?

Gruppe 3:
- Was ist der Unterschied zwischen dem Verständnis von Diversität, welches der Autor vertritt, und einem traditionellen Diversitätsverständnis?
- Welche Möglichkeiten werden durch den vom Autor vorgenommenen Perspektivenwechsel eröffnet?

TIPP: Um das ,Erlernte' mit der Lebensrealität der Teilnehmenden zu verknüpfen, kann die ,Hausaufgabe' gegeben werden, Beispiele aus dem eigenen Alltag für ausgewählte Diskriminierungsmechanismen (diese sollten zuvor klar herausgearbeitet werden) zu sammeln.

Gruppe 4:
- Welches Handeln schlägt der Autor im Umgang mit Diskriminierung vor? Überlegt, was durch dieses Vorgehen unberücksichtigt bleibt.

Allgemeine Diskussionspunkte:
- Welche Blickwinkel oder Erkenntnisse habt ihr durch die Präsentationen in Bezug auf den Text noch hinzu gewonnen?
- Welche Aspekte, die der Text behandelt, waren neu für euch? Überlegt, für wie relevant ihr diese Punkte für den Schulalltag haltet.
- Welche Fragen, die ihr vor der Lektüre hattet, konnte der Text euch beantworten?
- Welche Zielsetzungen/Fragen sind neu dazu gekommen?

■ Kommentar

Textarbeit gestalten

Individuelle Zugänge zum Thema ermöglichen und dennoch einen kollektiven Wissensstand erreichen

Textarbeit ermöglicht den Teilnehmenden im Gegensatz zu Vorträgen und anderen frontalen Inputformen, sich einer Thematik in ihrer spezifischen Art zu nähern. Sie können sich zumindest innerhalb des vorgegebenen Zeitrahmens in ihrem persönlichen Lerntempo mit einem Thema auseinandersetzen. Komplexe Zusammenhänge lassen sich wiederholt lesen und durch die Kleingruppenarbeit auch besprechen. Die Bearbeitungsvorgaben in dieser Übung sollen die Teilnehmenden darin unterstützen, sich auf die Kernaussagen des Textes zu konzentrieren, indem sie diese als Thesen formulieren und in Form von Überschriften auf den Punkt bringen. Dieses anfängliche nahe Arbeiten am Text und das spätere Präsentieren der eigenen Ergebnisse sollen sicherstellen, dass die Teilnehmenden sich ein Grundlagenwissen erarbeiten und eine Angleichung von Vorwissen stattfinden kann. Erst in der Auswertungsdiskussion im Plenum wird ein freies und kritisches Arbeiten mit dem Text angestrebt.

Über was spreche ich (nicht)?

Reichweiten und Grenzen alltagsweltlicher Begriffe und Argumentationen beleuchten

Der hier ausgewählte Text setzt sich mit dem Zusammenspiel von gesellschaftlichen Normalitätsvorstellungen und Diskriminierung auseinander. Er versucht, durch das Aufzeigen von Mechanismen und Zusammenhängen eine kritische Kontext- und Selbstreflexion anzuleiten sowie Ansatzpunkte für Veränderungsschritte aufzuzeigen. Der Autor Dieter Schindlauer versteht Respekt zwischen Interaktionspartner|-innen als die handlungsleitende Basis einer gelebten Diversität und dadurch als Gegenpol von Diskriminierung. Als gemeinsamen Nenner für die Herstellung von Gleichheit schlägt der Autor das Menschsein vor. „Behandele andere, wie du selbst behandelt werden möchtest“ könnte die zusammenfassende Handlungsanweisung und „Wir sind alle gleich“ die Losung lauten. Diese Zusammenfassung ist mit Blick auf den gesamten Text vereinfacht, dennoch tauchen im Alltag gerade Formulierungen wie diese bzw. Begriffe wie Respekt oder Toleranz häufig als Lösungsstrategien im interkulturellen Kontext auf und werden nur selten nach ihrer Bedeutung, Reichweite und ihren Grenzen befragt.

Dethematisierung als Mittel zur Privilegiensicherung erkennen

Dieser Teil des Textes bietet die Möglichkeit, die Teilnehmenden hinter alltagsweltliche Begriffe und Floskeln blicken zu lassen und die Vielfalt von Perspektiven sowie deren Reichweiten und Grenzen kennenzulernen. Hinter dem Begriff Respekt steht bspw. ein sehr stark individualisierter Zugang zum Themenbereich Gleichberechtigung und Interkulturalität. Im Aufmerksamkeitszentrum steht allein das Anerkennen zwischen Individuen. Strukturen wie rechtliche, soziale oder bildungsspezifische Rahmenbedingungen wirken jedoch auf diese Begegnungen ein, indem sie die Lebenswelten der sich begegnenden Individuen nicht nur unterschiedlich, sondern v. a. ungleich gestalten. Denn rechtliche, soziale, politische, ökonomische oder bildungsspezifische Unterschiede zeigen ihre Wirkung in Form ungleicher Partizipationschancen in allen gesellschaftlichen Bereichen. Durch den subjektorientierten bzw. individualisierten Blick wird der strukturelle Rahmen nur noch verschwommen wahrgenommen. Ungleiches wird häufig als vordergründig gleich ausgegeben, wenn alltagsweltlich in diesem Kontext mit der Bezeichnung „Mensch" gearbeitet wird, so als seien damit alle Ungleichheiten aus der Welt verschwunden. Ein solches Vorgehen nützt der dominierenden Gruppe, da ihre privilegierten Teilhabechancen und ihre weiterhin wirksame Diskurs- und Deutungshoheit aus dem Blickfeld gerückt werden und dadurch unangesprochen bleiben. Was jedoch nicht an- bzw. ausgesprochen werden kann, kann auch nicht zur Disposition gestellt werden und bleibt somit unabänderlich.

Was ist das Gegenteil von Diskriminierung?

Vielgestaltigkeit von Diskriminierung und möglicher Gegenhaltungen kennenlernen

Die Teilnehmenden können darüber hinaus dazu angeregt werden, nach weiteren Gegenbegriffen zu Diskriminierung zu suchen und diese mit dem Begriff Respekt in Beziehung zu setzen. Die autoritären Anteile im Begriff Respekt sollten diskutiert werden. Diese bleiben meistens unerwähnt, wenn Respekt als Lösungsformel gegen Ausgrenzung eingesetzt wird. Die Forderung nach Respekt verlangt immer auch eine Unterwerfung. Anders verhält es sich, wenn mit Respekt eine Anerkennung erreicht werden soll im Sinne einer Gleichwertigkeit. Dann akzentuiert der Begriff eine Annäherung, die das Verbindende zwischen Individuen betont. Dagegen liegt der Bedeutungsschwerpunkt bei den Begriffen Toleranz und Akzeptanz eher auf dem Befremdlichen, das man gewähren lässt. Hier findet somit eine Distanzierung statt, die zugleich ein Gefälle beinhaltet. Solidarität bringt dagegen den Aspekt des Kollektiven, des Gemeinschaftlichen und des Teilens mit ein. Über die Auseinandersetzung mit möglichen Gegenbegriffen lässt sich in einem weiteren Schritt der Facettenreichtum von Diskriminierung und möglichen Gegenhaltungen darstellen.

Für was öffne ich meinen Blick (nicht)?

Strukturell bedingte Wahrnehmungsmuster in der persönlichen Perspektive erkennen

Einen weiteren thematischen Ansatzpunkt für freies Arbeiten mit dem ausgewählten Text bietet der Autor mit konkreten Hilfestellungen für die Praxis. Diese können als Ausgangspunkt für einen Transfer in den Schulkontext genutzt werden. Hierbei sollte Wert darauf gelegt werden, dass die Teilnehmenden nicht nur in subjektorientierten Zugängen verweilen, sondern sowohl die strukturellen Rahmenbedingungen des Bildungs- und Schulsystems, als auch des gesellschaftlichen Kontextes lernen als Teil ihrer Perspektiven zu erkennen. Hilfreiche Reflexionsfragen für die Teilnehmenden könnten hierbei sein: „Warum möchte ich das über meine Schüler|innen wissen?“, „Was bewirkt dieses Wissen?“, „Welche Interpretationen außer der zunächst naheliegenden gibt es noch?", „Was bewegt mich dazu, diese Interpretation und keine andere automatisch anzuwenden?", „Wie würde ich mit der Situation umgehen, wenn es sich (nicht) um Mehrheitsangehörige handeln würde?" (s. auch *Theoretische Einführung*, S. 26, 55 f. u. a.)

Vielfalt als eine Eigenschaft der Gesamtgesellschaft anerkennen lernen

Der Diversitätszugang, den der ausgewählte Text vorstellt, kann dabei helfen, den Blick nicht nur auf die Minderheiten, sondern auch auf die ‚Mehrheit' bzw. die Interpretierenden zu richten. Ein Blick auf die ‚Mehrheit' fokussiert v. a. die vielfältigen Privilegien, die sich für die Mehrheitsangehörigen aus den diskriminierenden Systemen ergeben. Die Marker Herkunft, Hautfarbe, Sprache, Religion, Alter, Behinderung, sozialer Status, sexuelle Orientierung etc. sind nicht nur als relevant für Minderheiten, sondern auch als relevant bzw. nicht neutral für Mehrheitsangehörige zu verstehen. Vielfalt ist keine Eigenschaft von Minderheiten, sondern eine Eigenschaft der Gesamtgesellschaft. Das Ziel von Diversität als Konzept ist es also, den Vorteil der ‚Mehrheit', als ‚normal' zu gelten, aufzulösen, um von einem gesellschaftlichen ‚Wir' sprechen zu können, das sich nicht nur auf die ‚Mehrheits'- oder ‚Minderheitsgesellschaft', sondern generell auf Mehrheits- und Minderheitsangehörige unterschiedlichen Alters, Geschlechts, kulturellen/religiösen Hintergrunds etc. bezieht.

Diskussionen gestalten

Zugehörigkeiten und Selbstbeschreibungen ernst nehmen

Die Teamer|innen sollten darüber hinaus gerade in der Auswertung dieses Textes darauf achten, nicht selbst der allgemeinen Praxis zu erliegen und die Teilnehmenden, die Mehrheitsangehörige sind, als Norm zu behandeln. Fragen und Aussagen sollten aus diesem Grund so formuliert werden, dass jede|r Teilnehmende unabhängig von seinen|ihren Zugehörigkeiten sich darin wiederfinden und Selbstbeschreibungen einbringen kann, die ernst zu nehmen sind.

Arbeitstext

Schindlauer, Dieter (2010): Respekt! Oder warum Diversität wirklich ein sinnvolles Konzept ist. Vortrag anlässlich des Forums 2010, Fachtagung der Jugendarbeit, Brixen/Bressanone. URL: http://www.integrationsstelle-ooe.at/xbcr/SID-E6482DFC-621F9B27/RespektBrixen.pdf, letzter Zugriff am: 8.10.2014.

Dieter Schindlauer

Respekt! Oder warum Diversität wirklich ein sinnvolles Konzept ist

Respekt ist das Gegenteil von Diskriminierung

Respekt ist ein vielschichtiges Wort. In der Alltagssprache wird Respekt gerne als ein Mechanismus verwendet, um Hierarchien sichtbar zu machen. PädagogInnen, PolizistInnen, WürdenträgerInnen aller Art, – sie möchten oft als „Respektspersonen" behandelt werden. Diese Variante des angeblichen Respekts mag hilfreich sein, um Machtstrukturen zu festigen und Disziplin aufrechtzuerhalten. Mich interessiert sie nicht sehr.

Respekt kann aber ein sehr interessantes, wesentliches und hilfreiches Mittel sein, um die Begegnung zwischen Menschen zu gestalten. Wenn ich Respekt als re-spectare verstehe, als „zurückbetrachten", dann kann ich etwas damit anfangen. Dieses Zurückbetrachten ist dabei nicht etwa auf die Vergangenheit gerichtet, sondern darauf, dass es eine Haltung beschreibt, in der ich in der Betrachtung eines anderen Menschen etwas entdecke, das mir vertraut ist – mich selbst. Was von anderen zurückkommt, ist ein Blick auf mich selbst, auf unser gemeinsames Menschsein. Ich erkenne den/die andere/n als Menschen wie mich und orientiere mich daher an diesen Gemeinsamkeiten. Die Menschenrechtskonzepte enthalten dieses Konzept auch und nennen es „die Würde des Menschen", die sie gleichzeitig für „unantastbar" erklären. Respekt ist also das Bewusstsein, dass wir Menschen einander als Menschen widerspiegeln und damit ganz grundsätzlich und wesenhaft gleich sind in unserem Menschsein. Das mag auf den ersten Blick wie eine leicht esoterisch verbrämte Binsenweisheit wirken. Das ist es nicht. Denn das Gegenteil von Respekt ist Diskriminierung.

Respekt als Mensch-Sein

Wenn Respekt das (Wieder-)Erkennen von ganz grundlegenden Gemeinsamkeiten bedeutet, dann ist klar, dass Diskriminierung sein Gegenteil ist. Diskriminierung ist immer darauf gerichtet, reale oder erfundene Unterschiedlichkeiten zwischen Menschen zu entdecken und diese so lange mit Bewertungen aufzuladen, bis letztlich das „Andere", das „Fremde" die Gemeinsamkeiten zu übertünchen vermag. Große totalitäre Systeme haben es in der Geschichte unserer Menschheit immer wieder zustande gebracht, dass letztlich Menschen mit bestimmten „Markern" (sehr beliebt: Hautfarbe, Sprache, Religion, „Rasse" und „Kultur", Geschlecht, Behinderung) nur noch als „anders" gesehen wurden und letztlich ihr Mensch-Sein für die verhetzten Massen nicht mehr erkennbar war. Wir sprechen hier etwa von Kolonialismus, Sklaverei und Holocaust, aber auch von der Selbstverständlichkeit, mit der Frauen bis in das gerade erst vergangene Jahrhundert hinein von einem Wahlrecht ausgeschlossen waren, das sich dennoch als „allgemeines" verstand. Diesen Systemen ist es also gelungen, die Menschen (vereinfacht ausgedrückt) in zwei Gruppen zu teilen und sie ihr gemeinsames Menschsein vergessen zu lassen. Als Ergebnis haben wir dann zwei Gruppen von „Unmenschen" – eine Gruppe, denen das Menschsein abgesprochen wird, und eine andere, die sich durch „unmenschliche" Taten selbst „entmenscht". Wer also den Respekt verliert, – sich im Anderen oder der Anderen nicht mehr selbst entdeckt – läuft Gefahr, auch das eigene Menschsein aus den Augen zu verlieren.

Offenbar ist es also doch keine allzu selbstverständliche Binsenweisheit, dass wir alle Menschen sind.

Wie Diskriminierung funktioniert, wirkt und warum sie so gut funktioniert

Wenn wir von Respekt reden, dann müssen wir auch über Diskriminierung reden. Diskriminierung ist da in unseren Gesellschaften und wir alle kennen sie gut, auch wenn wir nicht immer gern daran erinnert werden.

Diskriminierung ist sehr mächtig, sie löst Mechanismen und Denkmuster aus, die beinahe reflexartig unsere Reaktion bestimmen. In Workshopsituationen – also in kleinen zwischenmenschlichen Labors – lässt sich rasch und effizient eine diskriminierende Situation herstellen. Die Zutaten sind einfach:

1. Jemand muss die Diskriminierung wollen und anstoßen.
2. Ein möglichst realer Unterschied wird gefunden.
3. Die Bewertung des Unterschiedes muss emotional eingängig sein.

[...]

Das diskriminierende System

– Ein diskriminierendes System braucht keine „bösen" Menschen

Die Annahme, Diskriminierung ginge nur von böswilligen, frustrierten, dummen und aggressiven Menschen aus, erweist sich ein ums andere Mal als falsch. Diskriminierung funktioniert mit Menschen, die nett, wohlgesonnen und humanistisch gebildet sind, ganz hervorragend. Es braucht keine Nazis, Skinheads, Hooligans etc.

– Begrifflichkeiten erleichtern die Diskriminierung
In der Laborsituation ist es immer wieder auffällig, wie rasch sich auch völlig neue und eigentlich sinnlose Begrifflichkeiten durchsetzen. Offenbar sind wir sehr dankbar dafür, rasch ein Wort für „die da" angeboten zu bekommen. Das macht es leichter, über „die" und „uns" zu reden. Wir kennen das ja auch aus der öffentlichen Diskussion. Da wird verzweifelt versucht, noch neuere und „richtigere" Begriffe – speziell für „die anderen" – zu finden. Freilich hilft es mir in der Begegnung recht wenig, wenn ich über mein Gegenüber etwa weiß, dass er oder sie „AusländerIn", „MigrantIn" oder ein „Mensch mit Migrationshintergrund" ist. Das einzig Relevante an letzterer Bezeichnung ist „Mensch". Trotzdem gibt es ein Bedürfnis, sich solcher Begrifflichkeiten zu bedienen, weil wir das Gefühl bekommen, dann die Wirklichkeit ein bisschen besser im Griff zu haben. Dafür nehmen wir in Kauf, ganze Menschen mit ihren vielfältigen Identitätsanteilen nur noch als „Behinderte", „Schwarze", „Muslime" etc. zu bezeichnen.

– Die große „Lupe" schwebt über der „Minderheit"
In allen diskriminierenden Systemen wird mehr oder weniger sofort die ganze Aufmerksamkeit auf die „Minderheit" – also die diskriminierte Gruppe gelenkt. Die „Minderheit" wird als das speziellere, interessantere Objekt der Neugier etabliert. Plötzlich reden wir nur mehr über „die da" – und das „wir", das ist die „Mehrheit". Es ist rasch interessant, was denn „die da" so speziell macht; wie sie leben; wie viele sie sind; und plötzlich reden wir darüber, wie gefährlich sie sind und wie „wir" ihnen helfen können. Eigentlich verdrängen wir dann, dass das diskriminierende System aus beiden Gruppen besteht, und tun so, als ob es ja nur um die Minderheit gehen könne. Es kommt zu der logisch unmöglichen Schlussfolgerung, dass nur die „Minderheit" anders sei.

Der Mehrwert für die „Mehrheit"
Wenn diskriminierende Systeme so unlogisch und schädlich sind, warum sind sie dann so stark und dauerhaft? Die Antwort auf diese Frage hängt ganz stark mit dem oben zuletzt beschriebenen Mechanismus zusammen, wonach die Aufmerksamkeit ganz auf die diskriminierte Gruppe gelenkt wird. Wir werden in dem Glauben bestärkt, bei Diskriminierung gehe es um „Minderheiten", „Randgruppen" und „Spezialfälle". Tatsächlich entfalten diskriminierende Systeme ihre Kraft dadurch, dass sie so gekonnt verschleiern, worum es geht: Es geht um die Konstruktion der „Mehrheit". Die Macht der Diskriminierung erlaubt es der konstruierten „Mehrheit", sich „nicht betroffen" und ganz einfach „normal" zu fühlen. Dabei geht es gar nicht um Über-

höhung als „Übermenschen" oder ums besonders toll sein, sondern wirklich darum, „normal", langweilig, uninteressant und „unsichtbar" zu sein. Aus diesem Gefühl heraus entsteht die Entspannung, die den Mehrwert für die „Mehrheit" bildet. In den Workshopsituationen ist immer wieder gut erkennbar, dass den TeilnehmerInnen in der Gruppe der Nicht-Diskriminierten recht rasch langweilig wird, weil sie ja bald erkennen, dass es ohnehin nicht um sie gehe, und sie ja auch dem diskutierten diskriminierenden Merkmal keine Bedeutung zumessen. Die Diskriminierten dagegen werden zusehends angespannter, da sie, dem gleichen Mechanismus folgend, ganz klar das Gefühl haben, es gehe um sie.

Der Diversitäts-Zugang

Diese Überlegung bringt uns dem Zugang, den ich unter „Diversität" verstehe, näher. Diversität beschäftigt sich ganz grundlegend mit den Privilegien, die der angeblichen „Mehrheit" aus den diskriminierenden Systemen erwachsen. Ich selbst bin nach den Maßgaben der derzeit am stärksten wirksamen diskriminierenden Systeme einer der normalsten, langweiligsten und „undiversesten" Menschen in Österreich. Ich bin männlich, weiß, in Österreich geboren und aufgewachsen, oberösterreichische Umgangslautsprache ist meine Erstsprache, deutsche Schriftsprache kann ich auch; ich lebe offen heterosexuell, bin römisch-katholisch getauft und gefirmt, bin im Moment 39 Jahre alt und nicht sichtbar behindert, bin gut – auch akademisch – ausgebildet und noch nie arbeitslos gewesen, ja ich habe sogar Blutgruppe Null Negativ.

Nach den Regeln der diskriminierenden Systeme müsste ich also glauben, die Themen Herkunft [betrifft nur MigrantInnen], Hautfarbe [hab ich keine], Geschlecht [ist was für Frauen], Sprache [ich kann „die Sprache" eh], Religion [was für Muslime], sexuelle Orientierung [Thema für schwu/Les/Bi/Trans], Alter [bin eh nicht zu jung oder zu alt], Behinderung [was für Behinderte] und sozialer Status [da geht's um Arme] gingen mich nichts an. Ja, ich könnte sogar glauben, diese sozialen Marker hätten mit meiner Identität gar nichts zu tun und ich wäre als geradezu prototypischer „Mehrheitsangehöriger" für Vielfalt und Diversität halt nicht zu gebrauchen.

Die Wahrheit ist, dass diese Marker mein Leben ganz wesentlich bestimmen, mir unaufdringlich Zugänge und Vorteile verschaffen, ohne die mein Leben ganz anders aussehen könnte.

Die diskriminierenden Systeme erzeugen also eine Reihe von recht komfortablen Vorteilen für eine angebliche „Mehrheitsgesellschaft", die allerdings nicht so benannt werden müssen, weil wir lieber glauben, das wäre halt „normal" und „die Anderen" wären halt leider manchmal benachteiligt.

Die angeblichen „Mehrheitsangehörigen" halten sich für „neutral", für „unmarkiert", was uns wieder zu der unlogischen Schlussfolgerung bringt, es gäbe einseitiges Anderssein. Aus dieser Grundhaltung kommen auch viele unstimmige Bilder zu der Thematik von Diversität. Oft wird auch dieses Konzept mit einem gründlich missverstandenen und exotistisch aufgeladenen „Multikulturalismus" verwechselt. Viele „Mehrheitsangehörige" sehen sich selbst als Teil einer völlig neutralen Grundmenge der Gesellschaft – bildhaft so wie eine weiße Wand – und freuen sich dann darüber, dass ein paar „Andere" für die notwendigen „Farbtupfer" auf der Wand sorgen, damit das Ganze ein bisschen „bunter" wird, oder ärgern sich, dass „wegen der Anderen" alles immer komplizierter werde. Das ist nicht Diversität, das ist Diskriminierung mit freundlichem oder unfreundlichem Gesicht.

Diversität hat mit mir selbst zu tun, damit, mich als Teil einer vielfältigen Gesellschaft zu sehen und zu spüren und mich nicht mit der Zuschreibung zu Gruppen zufriedenzugeben. Diversität hat zum Ziel, dass wieder klar wird, dass es genauso eigenartig, speziell und interessant ist, ein männlicher, weißer, heterosexueller Mitteleuropäer zu sein, wie eine schwarze, lesbische Rollstuhlfahrerin muslimischen Glaubens zu sein. Dieses Ziel ist nicht überzogen, auch wenn es vielleicht auf den ersten Blick so scheint.

Normalität für alle

Das Ziel von Diversität als Konzept ist es also, den Vorteil, den sich zurzeit nur die konstruierte „Mehrheit" verschafft, nämlich als „normal" zu gelten, aufzulösen, indem wir erkennen, dass „Anderssein" normal ist. Es geht darum, das hegemoniale „wir" der „Mehrheitsgesellschaft" auf alle Menschen auszudehnen. Wir sollten uns darüber im Klaren sein, dass wir unterschiedlich alt sind, dass wir verschiedengeschlechtlich sind und unterschiedliche „ethnische" und religiöse Hintergründe haben, dass wir unterschiedliche sexuelle Orientierungen und Hautfarben haben und dass wir mehr oder weniger mit Behinderungen konfrontiert sind und uns in einer letztlich unendlichen Menge von Dingen voneinander unterscheiden. Diese Vielfalt ist jedoch keine Krise, die vorübergehend ist, sondern anhaltende Normalität. Dieses größere Wir bietet viel mehr Platz für das „Ich", weil ich mich nach meinen tatsächlichen Wünschen und Talenten entwickeln kann, anstatt in den mir zugeschriebenen Rollen zu agieren. Weil ich selbstbewusster zu dem stehen kann, was mich wirklich ausmacht.

Den Zauber der Diskriminierung durchbrechen

Damit wir ein Stück auf diesem Weg weiterkommen, hilft es, sich klarzumachen, dass die bestehenden diskriminierenden Systeme nur auf Geschichten – auf Mythen und Sagen – beruhen, die einer konkreten Überprüfung nicht standhalten und schon gar nichts „Natürliches“ haben. Pierre Bourdieu hat erkannt: „Gesellschaftliches Handeln kann am Ende einen Unterschied erzeugen, wo keiner existierte. ‚Soziale Magie‘ kann Menschen dadurch verändern, dass sie ihnen sagt, sie seien anders.“

Nach diesem Prinzip funktioniert auch Diskriminierung. Sie erzählt uns, dass Männer wertvoller seien als Frauen, eine weiße Hautfarbe mehr Wert hätte als eine dunkle, usw. In der Realität ist das blanker Schwachsinn, der aber im System für ganz reale Vorteile sorgt. In unserer ach so aufgeklärten und rationalen Zeit lassen wir uns also weiterhin von Sagen und Märchen verzaubern und nehmen ihre Botschaften als Wahrheit an. Ich denke, es ist Zeit, sich ein paar gute Zaubersprüche einfallen zu lassen, um diesen sozialmagischen Vorhang zur Seite zu schieben und einmal zu schauen, was ist. Wir brauchen neue und bessere Geschichten, damit wir mit der Realität der Vielfalt wieder auf gleich kommen.

Ein paar der „Zaubersprüche“, die wir uns in der SinnFabrik als persönliche Mantren überlegt haben, um eine entspannte Haltung zu stärken, möchte ich Ihnen noch mitgeben:

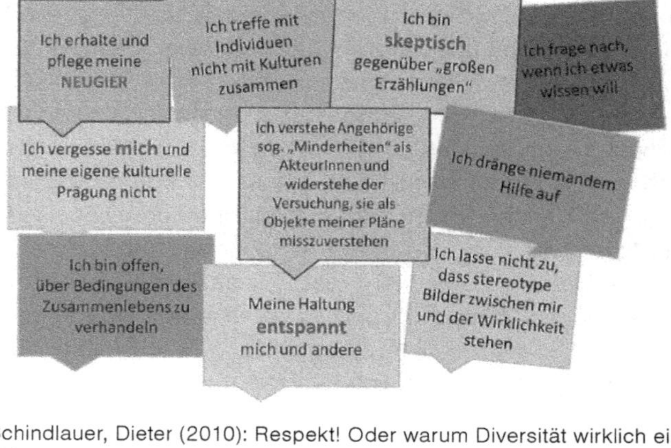

Quelle: Schindlauer, Dieter (2010): Respekt! Oder warum Diversität wirklich ein sinnvolles Konzept ist. Vortrag anlässlich des Forums 2010, Fachtagung der Jugendarbeit, Brixen/Bressanone. URL: http://www.integrationsstelle-ooe.at/xbcr/SID-E6482DFC-621F9B27/RespektBrixen.pdf, letzter Zugriff am: 8.10.2014.

Abb. 15

Über diese Haltungen hinaus, denke ich, dass mich in der persönlichen Begegnung mit Menschen der immer wieder geübte Respekt im oben beschriebenen Sinne am besten vor den Verlockungen der Diskriminierung schützt.

Arbeitsanweisung

Lest euch den Text durch und besprecht die Punkte, die für euch noch unklar oder besonders relevant sind. Fasst die wichtigsten Aussagen und Zusammenhänge des Textes zu Thesen zusammen und überlegt euch Überschriften für die Textabschnitte mit Platzhalter. Konzentriert euch hierbei auf das Verständnis, die Mechanismen und Folgen von Diskriminierung. Sammelt eure Thesen auf einem Flipchartbogen.

Hintergrundinformation zum Autor

Mag. Dieter Schindlauer ist Jurist und u. a. Mitarbeiter des „Ludwig Boltzmann Instituts für Menschenrechte" in Wien, Vorsitzender des Vereins „ZARA – Zivilcourage für Menschenrechte", Mitglied einer Expert|innengruppe der Europäischen Kommission zur Überwachung der Umsetzung der Antidiskriminierungsrichtlinien und Diversity-Trainer.

Quelle:
Gleiche Chancen (o. J.): Mag. Dieter Schindlauer. URL: http://www.gleiche-chancen.at/htm/team/schi.htm, letzter Zugriff am: 22.10.2014.

Expert|innenkonferenz

Quelle

LeB|in|MiG in Anlehnung an: Weidenmann, Bernd (2008): Handbuch Active Training. Die besten Methoden für lebendige Seminare, 2. Auflage. Weinheim, S. 29 ff.

■ Ziele

Methode

- Auseinandersetzung mit wissenschaftlichen Positionen und Angleichung von Vorwissen zum Thema des Textes
- Greifbarmachung von Multiperspektivität durch die verschiedenen Lesarten des Textes

Text

- Herstellung von Schulbezug
- Kennenlernen von Minderheitenperspektiven
- Einführung in die Grundmechanismen von Ausgrenzung, Fremd- und Selbstethnisierung sowie Rassismus
- Erkennen von Machterhalt als Grundfunktion von Ausgrenzung und Fremdethnisierung
- Auseinandersetzung mit Wechselwirkungen zwischen gesellschaftlicher und schulischer Ebene

■ Zeit

ca. 90 Minuten

■ Ablauf

Aufgabenbeschreibung

TIPP: Die Teilnehmenden sollten sich in max. vier Kleingruppen aufteilen lassen, da bei mehr Kleingruppen die Gefahr besteht, dass die Präsentations- und Auswertungsphase zu langatmig wird.

Die Teilnehmenden werden in Kleingruppen aufgeteilt. Jedes Gruppenmitglied sollte, wenn möglich, seine eigene Texteinheit erhalten und alle Textteile einer Kleingruppe müssen zusammen den vollständigen Text ergeben. Die Teilnehmenden versuchen dann den Text zu verstehen und zu einem sinnvollen Ganzen zusammenzufügen. Die Teilnehmenden fungieren als Expert|innen für ihren jeweiligen Textteil. Danach wird auf einem Flipchartbogen anhand einer Strukturgrafik aufgezeigt, wie die wichtigsten Begriffe und Aussagen zusammenhängen.

Auswertung

Die Strukturgrafiken werden im Plenum von den Kleingruppen vorgestellt. Nachfragen und Kommentare sind erwünscht. Nach den Präsentationen erhalten die Teilnehmenden den vollständigen Originaltext in kopierter Form ausgeteilt. Entsprechend den inhaltlichen Zielen sind im Folgenden genannte Diskussionspunkte für die Auswertung denkbar. Da diese komplex sind, kann es sinnvoll sein, innerhalb des Plenums Flüstergruppen zu ermöglichen. Dadurch haben die Teilnehmenden die Möglichkeit, sich mit ihren Nebensitzer|innen auszutauschen, bevor die Diskussionspunkte im Plenum besprochen werden.

Allgemeine Diskussionspunkte:

- Welche Blickwinkel oder Erkenntnisse habt ihr durch die Präsentationen in Bezug auf den Text hinzu gewonnen?
- Welche Aspekte, die der Text behandelt, waren neu für euch? Überlegt, für wie relevant ihr diese Punkte für den Schulalltag haltet.
- Welche Fragen, die ihr vor der Lektüre hattet, konnte der Text euch beantworten?
- Welche Zielsetzungen/Fragen sind neu dazu gekommen?

TIPP: Es kann sinnvoll sein, den Teilnehmenden erst nach den Präsentationen mitzuteilen, dass sie denselben Text bearbeitet haben. Sie werden erstaunt sein, wie viele unterschiedliche Lesarten und Perspektiven möglich sind.

Inhaltliche Diskussionspunkte zum Text:

- Im Text wird davon gesprochen, dass in unserer Gesellschaft eine Trennung zwischen ‚Wir' und ‚Sie' besteht. Diese Einteilung verläuft entlang verschiedener Differenzierungslinien. Beschreibt, auf welche Art und Weise euch solche Einteilungen auch im Alltag begegnen. Wie wirkt sich das auf die konkrete Situation/die betroffene Person(-engruppe) aus?

- o Der Text handelt u. a. über die Funktionsweisen von Ethnisierung. Tragt zusammen, wie man vorzugehen hat, wenn man eine Person(-engruppe) ethnisieren möchte.
- o Überlegt, was man tun muss, um Ethnisierungsprozessen entgegenzuwirken.

VARIANTE: Die vorgeschlagenen Auswertungsfragen können auch als Arbeitsaufträge in Kleingruppen gegeben werden.

- o Ethnisierung bedeutet, man konzentriert sich nur auf ausgewählte Eigenschaften und Merkmale, um nicht die ganze Komplexität einer Person oder Gruppe überblicken zu müssen. Sammelt, welche Eigenschaften und Aspekte von ethnisierenden/ethnisierten Personen(-gruppen) durch dieses Vorgehen verschleiert bzw. unsichtbar werden.
- o Wie ist das in der Schule? Überlegt, welche Abläufe, Vorstellungen und Gewohnheiten zu überdenken sind, wenn man den Kreislauf von Fremd- und Selbstethnisierung durchbrechen möchte.
- o Der Text erklärt Selbstethnisierung als Reaktion auf Fremdzuschreibungen einer gesellschaftlich dominierenden Gruppe. Was sind die Ziele von Selbstethnisierung?
- o Welche Widerstandsstrategien sind außer Selbstethnisierung noch als Reaktion auf Fremdzuschreibungen vorstellbar? Denkt über die Auswirkungen der verschiedenen Strategien nach.

■ Kommentar

Textarbeit gestalten

Individuelle Zugänge zum Thema ermöglichen und dennoch einen kollektiven Wissensstand erreichen

Textarbeit ermöglicht den Teilnehmenden im Gegensatz zu Vorträgen und anderen frontalen Inputformen, sich einer Thematik in ihrer spezifischen Art zu nähern. Sie können sich zumindest innerhalb des vorgegebenen Zeitrahmens in ihrem persönlichen Lerntempo mit einem Thema auseinandersetzen. Komplexe Zusammenhänge lassen sich wiederholt lesen und durch die Kleingruppenarbeit auch besprechen. Die Puzzlearbeit und Darstellung in Strukturgrafiken sollen die Teilnehmenden darin unterstützen, die Kernaussagen und Schlüsselbegriffe des Textes zu erfassen und einen sinnvollen Zusammenhang zwischen diesen zu erarbeiten. Dieses anfängliche nahe Arbeiten am Text und das spätere Präsentieren der eigenen Ergebnisse sollen sicherstellen, dass die Teilnehmenden sich ein Grundlagenwissen erarbeiten und eine Angleichung von Vorwissen stattfinden kann. Ein freies und kritisches Arbeiten mit dem Text wird erst in der Auswertungsdiskussion im Plenum angestrebt. Das inhaltliche Ziel der Übung ist, dass sich die Teilnehmenden mit der Funktionsweise, Entstehung und den Folgen von Ethnisierungen kritisch auseinandersetzen und am Ende ein eigenes Verständnis des Phänomens erarbeitet haben.

Fremd- und Selbstethnisierung als Kreislauf

Die Zielsetzungen von Ethnisierungen durchschauen lernen

Der Text von Kemal Bozay setzt sich mit dem Thema (Selbst-)Ethnisierung auseinander und verortet es im Kontext Schule. Er thematisiert anhand von Beispielen aus dem Schul- und Bildungssystem die Verbindungslinien zwischen Fremdbildern, Zuschreibungen, Ab- bzw. Ausgrenzung, Diskriminierung und gesellschaftlicher Privilegienverteilung. Der Text ermöglicht den Teilnehmenden somit eine Auseinandersetzung mit den Ursachen und Folgen von Ethnisierungsprozessen. Als zentral versteht der Autor hierbei die Wechselwirkungen zwischen Fremd- und Selbstethnisierungen. Die Ethnisierung anderer als der eigenen Gruppe führt dazu, sich seiner eigenen (Gruppen-)Identität durch Abgrenzung zu vergewissern. Im Kontext von Migration und Integration führt dieser Abgrenzungs- und Identitätsbildungsprozess zu einer gesellschaftlichen Trennung zwischen einem ‚Wir' und einem ‚Sie'. Das ‚Wir' steht für die Gruppe der deutschen weißen Mehrheitsangehörigen ohne Migrationshintergrund und wird mit positiven Attributen belegt. Das

'Sie' wiederum wird mal mehr, mal weniger stark mit negativ bewerteten Merkmalen in Verbindung gebracht.

Folgen von Ethnisierung erkennen lernen

Beispielhaft hierfür sind öffentliche Debatten über ,die Kriminalität und Gewaltbereitschaft unter migrantischen Jugendlichen', ,Integrationsverweigerer', ,Kopftuchmädchen' oder über den Bau von Moscheen. In diesen Debatten steht die religiöse Zugehörigkeit und ethnisierte Herkunft der Minderheiten im Vordergrund, nicht die sozialen, rechtlichen, politischen oder wirtschaftlichen Rahmenbedingungen und auch nicht die Rolle der gesellschaftlichen Mehrheit. Es werden gesamtgesellschaftliche Vorgänge und soziale Probleme durch das Mittel der Ethnisierung zu inneren Angelegenheiten von Minderheiten gemacht. Gesellschaftliche Probleme entstehen nach dieser Logik nicht durch das Zusammenspiel von bspw. Wirtschaft, Politik, rechtlicher Stellung und gesellschaftlichen Teilhabechancen, welche verschiedene Gruppen unterschiedlich positionieren in der Gesellschaft. Sie entstehen nach dieser Logik vielmehr innerhalb bestimmter Menschengruppen, die selten Teil der gesellschaftlichen Dominanzgruppe sind. Haltungen und Einstellungen wie diese führen zu Diskriminierungserfahrungen und dem Wissen, aufgrund der familiären Herkunft oder religiösen Orientierung nicht zur dominierenden ,Wir'-Gruppe zu gehören. Eine Reaktion hierauf ist die Herstellung einer eigenen ,Wir'-Gruppe durch die Überführung negativer und ausgrenzender Stigmatisierungen in positive Identitätsaspekte und Zugangskriterien zur persönlichen ,Wir'-Gruppe. Die Umdeutung negativer Zuschreibungen ermöglicht die Entwicklung eines neuen und positiven Selbstverständnisses und ist daher eine Widerstandsstrategie gegen gesellschaftlich dominierende Wahrnehmungsmuster. Es schließt sich an dieser Stelle ein Kreis, der erst aufgebrochen wird, wenn kulturalisierende und essentialisierende Perspektiven auf gesellschaftliche Zusammenhänge durch einen mehrperspektivischen und machtkritischen Blick ersetzt werden (s. *auch Theoretische Einführung*, S. 37 ff. und 43 ff.).

Ethnisierung als Aspekt des Bildungs- und Schulsystems

Schulisches Alltagshandeln als Katalysator für Ethnisierung erkennen lernen

Die Übung bietet eine gute Möglichkeit, die Teilnehmenden darüber reflektieren zu lassen, welche Vorstellungen, Gewohnheiten und strukturellen Rahmenbedingungen innerhalb und außerhalb des Bildungssystems den Kreislauf von Fremd- und Selbstethnisierung im Kontext Schule aufrechterhalten bzw. begünstigen. Phänomene, die in diesem Zusammenhang angesprochen werden können, sind bspw. das Othering durch eine Fixierung auf die Herkunft von Schüler|innen, die Viktimisierung von Minderheitenangehörigen, die Ethnisierung von sozialen, politischen, rechtlichen oder anderen machtasymmetrischen Wirkungszusammenhängen, die Homogenitätsorientierung des Bildungs- und Schulsystems, die weitgehende lebensweltliche Trennung von Schüler|innen entlang verschiedener Differenzierungslinien oder auch die Anzahl von Minderheitenangehörigen im Schuldienst (s. auch *Theoretische Einführung*, S. 37 ff.).

Ethnisierung als Mittel der Verschleierung

Zielsetzungen von Zuschreibungen durchschauen lernen

Bei der Betrachtung der Funktionsweisen und Folgeerscheinungen von Ethnisierung sollte Wert darauf gelegt werden, dass nicht nur eine Auseinandersetzung mit den Zuschreibungen selbst, sondern auch mit dem, was durch diese aus dem Blickfeld gerät, stattfindet. Denn Zuschreibungen existieren, damit man sich nicht mit der gesamten Komplexität eines Sachverhalts auseinandersetzen muss, und erzeugen Leerstellen im Denken (s. auch *Theoretische Einführung*, S. 33 ff.). Fremdzuschreibungen verdecken nicht selten Haltungen und Realitäten, die Minderheiten und Mehrheiten näher zusammenrücken lassen würden. So ist das Interesse an einem Bildungsaufstieg der Kinder bei minderheits- und mehrheitsangehörigen Eltern nicht annähernd so unterschiedlich wie häufig dargestellt und auch das Freizeitverhalten oder die Antworten auf die Frage, was für Zufriedenheit im Leben notwendig ist, sind ähnlich. Was sich evtl. unterscheidet, sind die Wege, die zum Ziel führen.

Ein aktivierender Einstieg für die Auseinandersetzung mit diesen Aspekten kann u. a. das Einbringen von Faktenwissen sein, das allgemeine gesellschaftliche Zuschreibungen und Annahmen irritiert, wie bspw. die Ergebnisse von Studien zu Bildungs- und Aufstiegsinteressen von Familien mit Migrationshintergrund, der prozentuale Anteil von Menschen mit Migrationshintergrund in bestimmten Berufen und gesellschaftlichen Schlüsselpositionen im Vergleich zu ihrem Anteil an der Gesamtbevölkerung (Schuldienst, Journalismus, Politik etc.) (s. z. B. Übung *‚Fakten' deuten*, S. 285), ‚postmigrantische' Lebensrealitäten in globalisierten Gesellschaften, weltweite Migrationsbewegungen und Einwanderungsverhältnisse zwischen unterschiedlich industrialisierten Staaten u. v. m.

Material gestalten

Durch Minderheitenperspektiven Möglichkeiten zum Perspektivenwechsel bieten

Da der Text von einem türkeistämmigen deutschen Autor geschrieben wurde, ermöglicht er zudem einen Einblick in die Sichtweise eines Minderheitenangehörigen und bricht den dominierenden Mehrheitsblick und somit das vorherrschende Sprechen über Minderheiten auf. Darüber hinaus ist es wichtig, dass die Teilnehmenden Minderheitenangehörige nicht als Untersuchungsobjekte kennenlernen, sondern als Subjekte und Vertreter|innen der deutschen Gesellschaft. Grundlegend ist hierfür die Verwendung von Materialien, aus denen die Sichtweisen von Minderheitenangehörigen sprechen und in denen sie in ihrer gesellschaftlichen Relevanz bspw. als Wissenschaftler|innen, Künstler|innen, Politiker|innen, Schriftsteller|innen, Journalist|innen, Lehrer|innen usw. in Erscheinung treten (s. auch *Theoretische Einführung*, S. 44, 46).

Arbeitstext

Bozay, Kemal (2012): Probleme und Ursachen der Re-Ethnisierung und Selbstethnisierung im Klassenzimmer. In: Fereidooni, Karim (Hrsg.): Das interkulturelle Lehrerzimmer. Perspektiven neuer deutscher Lehrkräfte auf den Bildungs- und Integrationsdiskurs. Wiesbaden, S. 117-124.

Kemal Bozay

Probleme und Ursachen der Re-Ethnisierung und Selbstethnisierung im Klassenzimmer

Oft klagen im Schulalltag Lehrer(innen), Pädagog(inn)en und Sozialarbeiter(innen) darüber, dass sich Migrationsjugendliche nicht als „Deutsche", sondern mehr als „Türken", „Araber" oder „Russen" definieren. Dabei ist es nicht zuletzt die hiesige Mehrheitsgesellschaft selbst, die versucht, sich ihrer eigenen Identität zu vergewissern, indem man sich von der Tradition und Kultur der Einwanderungsgesellschaft verstärkter abgrenzt. Diese Selbstvergewisserung der Mehrheitsgesellschaft begünstigt unter vielen Menschen mit Migrationshintergrund eine Tendenz zur Selbstethnisierung, das heißt zur Abgrenzung von der deutschen und zur stärkeren Identifikation mit der jeweiligen Herkunftsgesellschaft. Das gilt selbst für Migrationsjugendliche, die in Deutschland geboren und aufgewachsen sind. Für sie sind es auch alltägliche Begegnungen mit Diskriminierung und Rassismus, die (Rück-)Besinnungen auf tatsächlich oder vermeintlich geteilte Werte und Normen der Herkunftsgesellschaft befördern. Gerade Jugendliche erfahren über die Selbstethnisierung als „Türke", „Araber" oder „Russe" ein neues konstruiertes Wir-Gefühl.

Der 25-jährige Mehmet aus Duisburg zieht für sich folgendes Resultat:

> „In Deutschland haben sie uns immer daran erinnert, dass wir Türken sind. (...) Ich habe dann stärker mein Türkisch-Sein erkannt und betont, dass ich anders als die Deutschen bin. Jetzt fühle ich mich in meiner türkischen Gruppe wohl und bin nur noch mit türkischen Freunden unterwegs."

Auch weil er arbeitslos und ohne Ausbildungsplatz ist, sieht Mehmet sich nicht als anerkannter Teil der Gesellschaft. Ähnliche Erfahrungen machte die 17-jährige Marokkanerin Meryem aus Köln, die als Kind im Zuge der Familienzusammenführung nach Deutschland kam:

> „Als ich in Deutschland zur Schule ging, habe ich erst richtig erfahren, dass ich Marokkanerin bin. Viele kamen zu mir und fragten, wie das in Marokko wäre. Auch meine Lehrer. Erst dann habe ich meinen Unterschied zu ihnen erkannt und das hat sich bis heute nicht geändert. Man wird hier zu richtigen Ausländern gemacht."

Diese beiden Interviewaussagen zeigen, dass gerade durch ethnische Zuschreibungen die Re-Definition als „Türke“ oder „Marokkaner“ erst möglich gemacht wird.

Neben der Herkunftsregion ist die Religion bei vielen Jugendlichen ein wichtiger Bezugspunkt bei der Suche nach Zugehörigkeit und Identität. Dahinter steht nicht selten die Wahrnehmung, als Migrant nicht akzeptiert zu werden. Als Beleg für diese Ablehnung gelten hier öffentliche Debatten u. a. um Kriminalität, Gewalt, Integrationsunwilligkeit, Kopftuch und Moscheebau. Der starke Bezug auf die religiöse oder ethnische Herkunft ist häufig auch ein Versuch von Jugendlichen, die aus verschiedenen Gründen als fragil erfahrene eigene Person zu stärken, indem sie sich auf eine kollektive Identität beziehen. Negative Stigmata werden dabei positiv umgedeutet und im Gegenzug die Mehrheitsgesellschaft abgewertet: „Schweinefleischfresser“ heißt es dann mitunter abfällig oder einfach nur „Deutsche“.

Auch Beispiele aus Schulbüchern zeigen, dass Migrationskinder und -jugendliche gerne als „hilfsbedürftige Opfer“ dargestellt werden (vgl. Höhne/Kunz/Radtke 2005, 526 ff.). Geklemmt zwischen zwei Stühlen, belastet mit vielseitigen Problemen der türkischen und deutschen Gesellschaft wird das hilfsbedürftige türkische Mädchen Fatma mit Kopftuch abgebildet. Ihr soll aus der Sicht der „christlichen Nächstenliebe“ die Hand gereicht und geholfen werden. In den Spalten dieser Gesellschaftskundebücher werden Jugendliche entweder als Problem dargestellt oder zum Problem gemacht. Weiterhin findet eine gesellschaftliche Trennung zwischen „Wir“ und „Sie“ statt. Mit „Wir“ wird die moderne und hochkultivierte Mehrheitsgesellschaft definiert, ihm gegenüber steht „Sie“ repräsentativ für Unmoderne und unzivilisierte Kultur. Bewusst oder unbewusst wird durch das Medium Schulbuch eine diskriminierende und ausgrenzende Haltung eingenommen. So entstehen „Schieflagen im Bildungssystem“ (vgl. Auernheimer 2006).

Eine andere Facette der Ethnisierungsdiskussion zeigt sich in den letzten Jahren auch unter Lehrkräften mit Zuwanderungshintergrund, deren Anzahl im Gegensatz zu den vergangenen Jahren gestiegen ist und durch den gesellschaftlichen Wandel auch weiterhin steigen wird. Ein türkischstämmiger Referendar, der die deutsche Staatsangehörigkeit besitzt, berichtete mir im letzten Jahr, dass er sich als Lehrer für die Fächer Sozialwissenschaften und Geschichte an nordrhein-westfälischen Schulen beworben hätte. Als er an einer weiterführenden Schule zum Bewerbungsgespräch eingeladen wurde, hatte ihn im Wartebereich ein deutscher Lehrer angesprochen. Im vertiefenden Gespräch stellte er ihm reflexartig die Frage, dass die Schule nach seinem Informationsstand aber keinen Lehrer für den Türkisch-Unterricht suche. Daraufhin antwortete der Lehrkandidat, dass er keinerlei Qualifikationen für den sog. muttersprachlichen Türkisch-Unterricht besitze, sondern an der Universität Essen das Studium der Fächer Sozialwissenschaften und Geschichte auf Lehramt absolviert hatte. Auch dieses Beispiel steht klassisch für eine Form der ethnischen Zuschreibung, die bewusst oder unbewusst in der Mitte der Gesellschaft – somit auch unter elitären Kreisen – verwurzelt ist.

Wenn sich in den Klassenzimmern mit hohem Migrantenanteil verschiedene Probleme zeigen, sind nach Erfahrungen nicht kulturelle, sondern eher soziale Faktoren ausschlaggebend. Noch immer ist insbesondere für Menschen mit Migrationsgeschichte die gemeinsam geteilte Erfahrung des „Ausländerseins" in Deutschland zentral – unabhängig davon, ob sie einen deutschen Pass besitzen oder nicht. Es ist die Erfahrung, nicht richtig dazuzugehören und anerkannt zu werden. In vielen Klassen gibt es eine Kluft zwischen „deutschen" und „ausländischen" Schülern, die sich in der Freizeit noch vertieft. Von vielen Jugendlichen wird sie als soziale Trennlinie wahrgenommen: Es geht hierbei um gute und schlechte Wohnviertel, um unterschiedliche Bildungs- und Karrierechancen, um Stigmatisierungserfahrungen in Beruf und Ausbildung, um den Genuss selbstverständlicher Freiheiten auf der einen Seite und die Erfahrung von Alltagsrassismus und Diskriminierung auf der anderen Seite.

In der Institution Schule schafft auch die Auffassung von der „Homogenität in der Schule" eine Legitimation für die Benachteiligung und Stigmatisierung von Arbeiterkindern, Dorfbewohnern – nicht zuletzt von Eingewanderten.

> „Persönliches Scheitern wird nicht mehr individuell, sondern kollektiv begründet, und zwar mit kulturellen oder psycho-sozialen Eigenschaften, die der jeweiligen Herkunftsgruppe zugeschrieben werden und die offenbar in einer Weise unzureichend sind, dass sie zu einem Scheitern in der Schule führen." (Leiprecht/Lutz 2005, 218)

Ethnisierung als sozialer Ausgrenzungsprozess

Hierzulande hat sich die Ethnisierung als ein sozialer Ausgrenzungsprozess herausgeprägt, der Minderheiten schafft, diese negativ etikettiert und dadurch Privilegien einer dominanten Mehrheit zementiert. Vor allem bedeutet Deutsch-Sein unter den Bedingungen der gesellschaftlichen Spaltungsprozesse, den eigenen Wohlstand zu verteidigen und Ansprüche anderer Gruppen zurückzudrängen und zu delegitimieren: Je mehr die Konkurrenz ins Zentrum zwischenstaatlicher und -menschlicher Beziehungen rückt, desto leichter lässt sich die ethnische Kulturdifferenz politisch aufladen.

Insbesondere im Rahmen der Globalisierungsdiskussionen rückt daher in den letzten Jahren die Problematik kultureller und politischer Identitäten in das Blickfeld der gesellschaftlichen Auseinandersetzungen. Diskutiert wird v. a. die Frage, welche Auswirkungen ethnisch-kulturelle und nationale Differenzen auf die gesellschaftlichen Beziehungen haben. So bedient Thilo Sarrazin in „Deutschland schafft sich ab. Wie wir unser Land aufs Spiel setzen" (Sarrazin 2010) sowohl aktuelle Vorstellungen von Sozialrassismus und kultureller Differenz als auch alte Denkmuster des Biologismus. Den „unerwünschten" Anderen werden hierbei negative kulturelle und ethnisierende Merkmale zugeschrieben, um deren Ausgrenzung zu legitimieren. Zweifelsohne schürt Sarrazin mit seinen Äußerungen Hass auf Fremde und schafft damit einen Nährboden für die Reproduktion von Feindbildern und für Rassismus. Insbesondere in Krisenphasen einer Gesellschaft wird das Spannungsfeld interkultureller Kontraste verschärft. Zunehmende Tendenzen immer manifester werdenden Fremdenhasses und brutaler Angriffe auf Zuwanderer zeigen, dass der Prozess der Ausgrenzung, Stigmatisierung und „Feindbildproduktion" zunimmt (vgl. Hamburger 1995, 246 f.).

Im Rahmen der Kulturalisierung der Ethnizitätsdiskussion hebt Ursula Apitzsch hervor, dass über das Signal „Kultur" homogene Einheiten von Menschen konstruiert werden, die sich auf hegemoniale nationalstaatliche Normen und Werte stützen (Apitzsch 1990a, 7). In diesem Zusammenhang wird v. a. „Kultur" durch folkloristische Elemente geprägt und nicht als prozessuales und sozial gewordenes Gebilde verstanden. Dabei bleiben die sozialen Implikationen der Konstruktion des „ethnisierten kulturellen Anderen" nicht hinterfragt. Ausgehend davon wird eine „ethnische Grenzziehung" zwischen „Ausländer – Inländer" auf die Ebene des Kulturellen übertragen. Die „kulturelle Differenz" ist dabei nicht Effekt eines politischen Aushandlungsfeldes, sondern „Ausländer" werden erst so zu „Fremden" und zu „kulturell Differenten" gemacht. Gerade mit dem Fokus auf „unterschiedliche kulturelle Mentalitäten" wird deren Fremdheit und Andersartigkeit betont und als Ursache für sog. Integrationsprobleme und Konflikte dargestellt.

Die Sozialwissenschaftler Wolf-Dietrich Bukow und Roberto Llaryora prägen dabei den Begriff „Ethnogenie", in der die unterschiedlichen sozialen Strategien in Ethnisierungsprozessen zusammengefasst und die Bestimmung der Migrantenfamilien als „Kulturenklaven" definiert werden. Migranten würden auf der Basis der Modernitäts-Differenz-Hypothese als „Relikte feudaler Gesellschaften" gedeutet, die erst durch die Einwanderung in die Bundesrepublik mit modernen Gesellschaften in Kontakt kämen. Im Gegensatz dazu stellt Apitzsch fest, dass Migrantenfamilien bereits vor ihrer Migration in ihren Herkunftsländern mit gesellschaftlichen Modernisierungsprozessen konfrontiert waren (ebd. 1990b, 156ff.).

Anstelle der Verschleierung dieses Phänomens setzen sich Bukow und Llaryora für Studien in der Migrationsforschung ein, die eine Auseinandersetzung mit den Politiken der Ethnisierung zum Ausgangspunkt haben, bevor sie auf ein „ethnisches Subjekt“ schließen (vgl. Bukow/Llaryora 1988, 127). In der weiteren Frage des Umgangs der Einwanderungsgesellschaft mit dem Ethnisierungsprozess erkennen sie eine „sekundäre Ethnogenese“. Darin kommt zum Vorschein, dass die als ethnisch und kulturell homogen konstruierten nationalen Gruppen in der Dynamik der Ethnisierung die ihnen von der Dominanzgesellschaft zugeschriebenen „sozialen Räume“ produzieren und reproduzieren. Hier kommt der „Folklorisierung des Sozialen“ eine bedeutende Rolle bei der Darstellung ihres Alltages zu. So werden regionale Praktiken aus den Herkunftsländern als nationales Kulturgut verallgemeinert. Zum Beispiel sehen sich die türkeistämmigen Staatsbürger im Ausland – so auch in Deutschland – mit dem Bild der Türkei als Urlaubsland, Sieger der WM-Spiele und auch als Hit für die *Eurovisions*-Nominierung konfrontiert. So kommt es in der Migration zu einem *„Revival“* dieser Komponenten und diese kulturellen Elemente fungieren als Instrument für die Herstellung eines Gemeinschafts- bzw. Zugehörigkeitsgefühls. Sie ist zugleich eine Reaktion auf den Anpassungs- und Assimilationsdruck im Aufnahmeland.

Ethnisierung durch Zuschreibung

Die Migrationsforscherin Annette Treibel weist zu Recht darauf hin,

> „(...) daß es nicht nur das Zugehörigkeitsgefühl oder das Festhalten an kulturellen, sprachlichen, religiösen Gewohnheiten der Gruppenmitglieder selbst sind, die eine ethnische Gruppe ausmachen. Die ethnische Identifikation wird durch Zuschreibung zu einer ethnischen Gruppe oder Minderheit, die andere vornehmen, mit konstruiert (...).“ (Treibel 2003, 199)

In der bundesdeutschen Ethnizitätsforschung bemerken Bukow und Llaryora kritisch zum Zuschreibungsprozess, dass bei kulturell oder ethnisch „abweichenden“ Migranten der sog. Eingewöhnungsprozess unter negativem Einfluss stünde und die Aufnahmegesellschaft nur ein minimales Maß an Akzeptanz zeige. In diesem Etikettierungs-Ansatz *(labeling-approach)* ist die ethnische Re-Definition der Migranten eine Reaktion auf die Ethnisierung der Eingesessenen und führe zu einer verstärkten Minoritätenbildung. Zweifelsohne wird hier die Ethnisierung als ein wechselseitiger Prozess betrachtet, der nicht von der ethnischen Herkunft als solcher abhängt, sondern auch von der Politik dominiert wird. So führen insbesondere restriktive Maßnahmen (z. B. Verschärfungen im Zuwanderungsgesetz) zur Ausgrenzung und Diskriminierung von „ethnischen Minoritäten".

Selbstethnisierung als Reaktion auf Diskriminierung und Zuschreibungen
Das Resultat dieser Verflechtung und Diffamierung ist in diesem Kontext immer eine Negativspirale: Je mehr sich Angehörige der Mehrheitsgesellschaft gegenüber Zuwanderern abschotten, desto mehr verstärkt sich auch der Rückzug der Zuwanderer aus den Strukturen und Werten der Aufnahmegesellschaft. Gegenüber der „Fremdethnisierung" der Mehrheitsgesellschaft ist ein Rückzug von Migranten in die eigenen „ethnischen Nischen" zu verzeichnen. Dieser Prozess ist in erster Linie als eine Reaktion auf Zuschreibungen zu verstehen. Zweifelsohne ist davon auszugehen, dass gerade in einem solchen Klima Fremd- und Selbstethnisierung sich gegenseitig bedingen: Durch vielseitige ökonomische, politische und soziale Differenzierungen hindurch werden die Migranten kollektiv zu im Grunde fiktiven Gemeinschaften und als solche zu einer ethnischen Auseinandersetzung mit der Aufnahmegesellschaft gedrängt – nicht zuletzt in den Schulen und Klassenzimmern.

Wolf-Dietrich Bukow und Roberto Llaryora gehen sogar davon aus, dass ethnische Minoritäten sich unter den Bedingungen der Marginalisierung und Ausgrenzung „selbst"-ethnisieren bzw. ethnisch re-definieren: „Infolgedessen werden Migranten, die eher aus peripheren Zonen kommen, und im Zentrum auf neuartige Lagen stoßen und deshalb krisenhafte Situationen erleben, genau solche Bestände reaktivieren; es werden Italiener oder Türken in der Bundesrepublik eine intensive Religiosität zeigen, sie werden sogar religiöser werden, als sie früher jemals waren." (Bukow/Llaryora 1988, 45)

Allerdings bleibt auch das klassische Modell der „Interkulturellen Pädagogik" außerordentlich umstritten. Bukow und Llaryora kritisieren, dass durch Zuschreibungen („Askription") in der „Interkulturellen Pädagogik" angebliche kulturelle Identität erst in Form von „Ethnogonie" produziert würde, die dann pädagogisch wieder aufgearbeitet werden müsse. Dadurch werde „Fremdheit" nicht abgebaut, sondern durch „Pädagogisierung" ständig neu erzeugt (vgl. ebd., 19 ff.). Demnach kann sich die aktuelle Diskussion über „Migranten", „Ethnizität" und „Interkulturalität" keineswegs nur auf Integrations-, Assimilations- oder Akkulturationsprozesse von Individuen oder Gruppen unterschiedlicher ethnischer Herkunft beziehen, sondern muss die Realität der Migrationssituation und die Faktizität einer Migrationsgesellschaft Bundesrepublik Deutschland kritisch bearbeiten (vgl. Bozay 2005, 123 ff.).

Schlussüberlegungen

Die Problematisierung und Thematisierung von sozialer Heterogenität in Schulen und im Klassenzimmer bildet gegenwärtig eine wichtige Herausforderung für Lehrer(innen) und Pädagog(inn)en. Vor diesem Hintergrund sollten in der pädagogischen Arbeit mit Migrationsjugendlichen kulturelle Eigen- und Besonderheiten weniger als Problem denn als Kompetenz und Bereicherung anerkannt werden. Dies geht nur in einem Dialog, in dem kulturell konnotierte Konflikte offen, auf gleicher Augenhöhe und im Bemühen darum behandelt werden, unterschiedliche Perspektiven wahrzunehmen und zu respektieren. Auf diese Weise können pauschale Abgrenzungen von Jugendlichen in homogene Gruppen („Wir" und ‚Sie") infrage gestellt und gegenseitige Abwertungen vermieden werden. Zudem sollten pädagogische Maßnahmen im Klassenzimmer darauf zielen, dass Jugendliche Erfahrungen von Selbstwirksamkeit machen: Sie sind besonders dazu geeignet, das Individuum unabhängig von der Zugehörigkeit zu einer bestimmten Gruppe zu stärken. Diesen Balanceakt herzustellen unter Zunahme des Blickwinkels von existierenden gesellschaftlichen Diskriminierungs- und Ausgrenzungsprozessen von Jugendlichen erfordert von allen Lehrer(innen) und Pädagog(inn)en ein hohes Maß an interkultureller Sensibilität und Kompetenz.

Darüber hinaus geht es aber auch um politische Signale: Die bisherige Praxis stellte „Deutsche" und „Migranten" meist einander gegenüber und war v. a. darauf ausgerichtet, Zuwanderer in die deutsche Gesellschaft zu integrieren. Gefordert ist aber vielmehr die Bereitschaft, ernst zu machen mit der „Einwanderungsgesellschaft". Und dabei eröffnet gerade die pädagogische Arbeit mit Jugendlichen, die sich unterschiedlichen Herkunftskulturen verbunden fühlen, die Chance, wechselseitigen Zuschreibungen vorzubeugen und miteinander zu lernen, statt nur übereinander zu sprechen.

Quellen:

Apitzsch, Ursula (1990a): Kultur und Migration. In: Sozialwissenschaftliche Literatur Rundschau, 23/1990, S. 5-23.

Apitzsch, Ursula (1990b): Lernbiographien zwischen den Kulturen. In: Giesecke, Wiltrud u. a. (Hrsg.): Ethische Prinzipien der Erwachsenenbildung. Verantwortlich für was und für wen? Kassel, S. 156-169.

Auernheimer, Georg (Hrsg.) (2006): Schieflagen im Bildungssystem. Die Benachteiligung der Migrantenkinder. Wiesbaden.

Bozay, Kemal (2005): „... ich bin stolz, Türke zu sein " Ethnisierung gesellschaftlicher Probleme im Zeichen der Globalisierung. Schwalbach/Ts.

Bukow, Wolf-Dietrich/Llaryora, Roberto (1988): Mitbürger aus der Fremde. Soziogenese ethnischer Minoritäten. Opladen.

Hamburger, Franz (1995): Wider die Ethnisierung des Alltags. In: Neue Praxis Heft 25/3/1995, S. 246-248.
Hamburger, Franz u.a. (Hrsg.) (2005): Migration und Bildung. Über das Verhältnis von Anerkennung und Zumutung in der Einwanderungsgesellschaft. Wiesbaden.
Höhne, Thomas u.a. (2005): Bilder von Fremden. Was unsere Kinder in Schulbüchern über Migranten lernen sollen. Frankfurt/M.
Leiprecht, Rudolf/Kerber, Anne (Hrsg.) (2005): Schule in der Einwanderungsgesellschaft. Schwalbach/Ts.
Leiprecht, Rudolf/Lutz, Helma (2005): Intersektionalität im Klassenzimmer: Ethnizität, Klasse, Geschlecht. In: ders./Kerber, Anne (Hrsg.): Schule in der Einwanderungsgesellschaft. Schwalbach/Ts.
Sarrazin, Thilo (2010): Deutschland schafft sich ab. Wie wir unser Land aufs Spiel setzen. München.
Treibel, Annette (2003): Migration in modernen Gesellschaften. Soziale Folgen von Einwanderung, Gastarbeit und Flucht, 3. Auflage. Weinheim.

Hintergrundinformationen zum Autor

Dr. Kemal Bozay ist Sozial-, Politik- und Erziehungswissenschaftler sowie Vertretungsprofessor an der Fachhochschule Dortmund. Er war u.a. Geschäftsführer des „IFAK e.V. – Verein für multikulturelle Kinder- und Jugendhilfe“ in Bochum, Projektleiter des Vereins „Schulen ans Netz e.V.“ und Lehrbeauftragter an der Universität zu Köln.

Quellen:

Fachhochschule Dortmund (o.J.): Dr. Kemal Bozay. URL: http://www.fh-dortmund.de/de/fb/8/personen/lehr/bozay/index.php, letzter Zugriff am: 22.10.2014
Fereidooni, Karim (2012): Das interkulturelle Lehrerzimmer. Perspektiven neuer deutscher Lehrkräfte auf den Bildungs- und Integrationsdiskurs. Wiesbaden, S. 257.
Kompetenzzentrum (2009): Dr. Kemal Bozay. URL: http://www.internetpaten.info/Digitale-Integration/Migrantinnen/Expertise/Projektbeirat/Profile/Bozay, letzter Zugriff am: 22.10.2014.

‚Fakten' deuten

■ Quelle

Entwurf nach LeB|in|MiG

■ Ziele

- Auseinandersetzung mit wichtigen Begriffen rund um die Migrationsgesellschaft, Reflexion der Unterschiede zwischen scheinbar synonymen Begriffen
- Überblick über einige Fakten und Daten zu Migration in Deutschland
- Sensibilisierung für die eingeschränkte Aussagekraft von Statistiken, Reflexion über die Hintergründe bestimmter ‚Fakten', Entwicklung der Fähigkeit zum kritischen Hinterfragen scheinbar objektiver Gegebenheiten (s. auch *Kommentar*)

■ Zeit

Je nach Umfang des Materials/Anzahl der Stationen ca. 90-120 Minuten

■ Ablauf

Aufgabenbeschreibung

Bei der Übung ‚*Fakten' deuten* wird die Methode des ‚Stationenlernens' verwendet. Dabei wird ein Thema in mehrere Themenbereiche gegliedert, die an sogenannten Stationen bearbeitet werden. Die Teilnehmenden gehen in den Kleingruppen von Station zu Station und setzen sich mit den vorbereiteten Stationen-Materialien auseinander.

TIPP: Es ist ratsam, dass jede|r Teilnehmende ein eigenes Blatt mit dem Arbeitsauftrag hat. Es kann und sollte jedoch zur Hilfe innerhalb der Kleingruppe gegriffen werden.

In dem hier angeführten Beispiel sind insgesamt fünf Stationen vorgesehen. In diesem Fall bilden die Teilnehmenden fünf Kleingruppen (je eine Gruppe für eine Station) und verteilen sich auf die Stationen. Jede Gruppe geht dann von Station zu Station, wobei die Bewegung z. B. im oder gegen den Urzeigersinn stattfinden kann. Die ‚Aufenthaltszeit' an einer Station beträgt 15 Minuten, während derer sich die Teilnehmenden mit der Information vertraut machen und entsprechende Arbeitsaufträge (die für jede|n einzelne|n Teilnehmende|n an den jeweiligen Stationen ausgelegt sind) bearbeiten.

Die Teamer|innen geben das Signal für den Anfang und das Ende jeder Arbeitsphase. Die Arbeit an Stationen ist beendet, wenn jede Gruppe alle Stationen besucht hat.

Auswertung

Abschließend finden sich die Teilnehmenden im Stuhlkreis wieder und es erfolgt eine Zusammenfassung der Ergebnisse im Plenum. Mögliche Fragen für die Plenumsdiskussion, die die Teamer|innen an die Teilnehmenden richten können, wären:

- Gibt es Fragen bzw. Unklarheiten zu den ‚Begriffsstationen' 1, 2 und 3? Was habt ihr als besonders wichtig/interessant empfunden?

Zu den Stationen 4 und 5 (s. *„Statistische Zahlen I"*, S. 297 und *„Statistische Zahlen II"*, S. 301):

- Gibt es Anmerkungen zu den Statistiken? Was erschien euch merkwürdig?
- Ihr habt vielleicht gemerkt, dass es zum Teil erhebliche Abweichungen bei unterschiedlichen Statistiken gibt (s. *„Ausländer|innenanteil in Deutschland"*). Wie kann es sein, dass solche unterschiedlichen Zahlen zustande kommen?

Bezogen auf das Schaubild „Anteil der Personen mit Migrationshintergrund in Deutschland" (*Station 5*, S. 301):

- In dem Schaubild ist die Rede von den sogenannten ‚Personen mit Migrationshintergrund'. Aber was bedeutet eigentlich ‚Personen OHNE Migrationshintergrund'? Warum bleibt diese Kategorie im Vergleich mit der Kategorie der ‚Personen mit Migrationshintergrund' nicht ausdifferenziert?
- War euch die Unterscheidung zwischen Personen mit Migrationshintergrund im weiteren und im engeren Sinn

bereits bekannt? Welchen Einfluss könnte diese Unterscheidung auf statistische Ergebnisse haben? (s. auch *Kommentar*)

Bezogen auf das Schaubild „Anteil der Personen mit Migrationshintergrund nach ausgewählten Merkmalen" (*Station 5*, S. 301):

- Wie würdet ihr die unverhältnismäßig (zu hoch/zu niedrig) auffälligen Prozentanteile bei der Bevölkerung mit Migrationshintergrund erklären? (s. auch *Kommentar*)

Zu der Station 6 (*„Anteil der Personen mit Migrationshintergrund an ausgewählten gesellschaftlichen Bereichen"*, S. 305):

- Was war überraschend/neu/merkwürdig für euch?
- Die Statistiken zeigen, dass nur ein sehr geringer Anteil von Personen mit Migrationshintergrund in öffentlichen Medien vertreten ist. Welche Phänomene lassen sich dadurch erklären?
- Wie kommt die geringe Konzentration von Personen mit Migrationshintergrund in gesellschaftlich privilegierten bzw. einflussreichen Bereichen zustande?

■ Kommentar

Materialumfang einschätzen

Die Methode des ‚Stationenlernens' eignet sich sehr gut zur Auseinandersetzung mit Fakten, Daten und Begriffen. Diese Wissensaneignung ist zunächst das offensichtliche Übungsziel. Wichtig für die Teamer|innen dabei ist, die Menge an Informationen und Materialien, die an den Stationen vorliegen, genau einzuschätzen, damit die Teilnehmenden nicht überfordert werden. Deswegen stellen die Anzahl der Stationen und der Umfang des jeweiligen Infomaterials nur eine Variante dar, die entsprechend den Workshopzielen und Besonderheiten der Teilnehmenden-Gruppe erweitert, reduziert und auch ander-

Das Stationenmaterial und die Aufgaben, so wie sie hier angeführt sind, stellen nur eine unter vielen möglichen Varianten dar.

weitig modifiziert werden kann. So wäre es z. B. möglich, den Umfang des Materials für diese Übung zu reduzieren, indem entweder weniger Stationen organisiert werden oder das Stationen-Material reduziert wird. Der Inhalt der Stationen könnte auch erweitert werden, indem bestimmte Aspekte ausführlicher beschrieben werden – oder man organisiert zusätzliche Stationen zu weiteren Themen. Die Arbeitsaufträge müssen in diesen Fällen dementsprechend angepasst werden.

Statistiken hinterfragen

Die Vorstellung von Statistiken als vollkommen objektiver Darstellung der Tatsachen revidieren

Ein weniger offensichtliches, aber umso wichtigeres Ziel dieser Übung ist, den Eindruck einer objektiven Tatsachendarstellung durch Statistiken zu durchbrechen und auf damit einhergehende Ungenauigkeiten sowie auf die relativ große Deutungsoffenheit von Statistiken einzugehen. Dies könnte z. B. im Rahmen der nachfolgenden Plenumsdiskussion verwirklicht werden:

Migrationshintergrund im weiteren oder engeren Sinn?

- Die Frage nach der Unterscheidung zwischen Personen mit Migrationshintergrund im weiteren und im engeren Sinn verweist darauf, dass unterschiedliche Forschungen möglicherweise uneinheitliche Kriterien für die Bestimmung der untersuchten Gruppe setzen. Das wirft eine weitere Frage nach der Aussagekraft bzw. Vergleichbarkeit von verschiedenen Statistiken, Umfragen, Studien usw. auf. Die Ergebnisse verschiedener Forschungen können nämlich, je nachdem, ob es um Personen mit Migrationshintergrund im weiteren oder im engeren Sinn geht, mehr oder weniger stark variieren.

Strukturelle Hintergründe von den in den Statistiken dargestellten Gegebenheiten hinterfragen

- Bezogen auf das Schaubild „Anteil der Personen mit Migrationshintergrund nach ausgewählten Merkmalen“ (S. 303) (welches aufgrund seiner hohen Komplexität nur bei Teilnehmenden-Gruppen angewendet werden sollte, die mit Statistiken sehr gut vertraut sind) könnte es hilfreich sein, die Frage nach den Gründen für die unverhältnismäßig (zu hoch/zu niedrig) auffälligen Prozentanteile bei der Bevölkerung mit Migrationshintergrund zu stellen. Zum einen kann auf solche Weise ein Hinweis auf die zum Teil sehr geringe gesellschaftliche Teilhabe von Migrant|innen (das Thema, welches in weiteren Übungen noch einmal aufgegriffen und ausführlich behandelt werden soll) oder auf die sich von der Mehrheitsgesellschaft unterscheidende Zusammensetzung der Bevölkerungsgruppe mit Migrationshintergrund gegeben werden (z. B. ist aus der Statistik ersichtlich, dass es unter Migrant|innen im Vergleich mit Mehrheitsangehörigen weniger Rentner|innen gibt, was sich darauf zurückführen lässt, dass die Bevölkerung mit Migrationshintergrund im Schnitt jünger ist als die ohne Migrationshintergrund).

Für statistische Ungenauigkeiten aufmerksam sein

- Zum anderen kann in diesem Zusammenhang auf die statistischen Ungenauigkeiten hingewiesen werden. Je nach Zusammensetzung der untersuchten Gruppe können einige Positionen in der Statistik mehr oder weniger stark variieren – z. B. je nachdem, ob es um Personen mit Migrationshintergrund im weiteren oder im engeren Sinn geht (s. o.). Ähnlich verhält es sich mit der Unterscheidung zwischen Arbeits- und Erwerbslosen: Je nachdem, wie hoch das Verhältnis von Arbeitslosen und Erwerbslosen, die Zusammensetzung von Erwerbslosen-Gruppen etc. unter der Bevölkerung mit Migrationshintergrund ist, können die Erwerbslosigkeitszahlen unterschiedlich interpretiert werden. Es ist daher wichtig, bei der Auswertung auf die Interpretationsoffenheit von Statistiken explizit hinzuweisen.

Über ‚Fakten' reflektieren

Zahlen und Fakten hinterfragen

Ein anderes Übungsziel ist, bei den Teilnehmenden eine tiefere Reflexion und ein genaueres Hinterfragen von Zahlen und Fakten, die von Statistiken etc. geliefert werden, anzuregen. Zum Beispiel könnte bei der Beschäftigung mit zahlreichen Statistiken über die Bevölkerung mit Migrationshintergrund auf das ständige Unter-die-Lupe-nehmen, Objektivieren und Ausdifferenzieren der so bezeichneten Gruppe und die gleichzeitige völlige Ausblendung der Kategorie ‚Personen ohne Migrationshintergrund' hingewiesen werden. Die Auseinandersetzung mit den Zielen und Mechanismen dieser (De-)Thematisierung soll dann eine Auseinandersetzung damit anregen, wie die bestehenden gesellschaftlichen Macht- und Herrschaftsverhältnisse zementiert werden bzw. wodurch sie sich verändert haben und verändern lassen.

Verbindungen und Verknüpfungen erkennen

Auch könnte aufgrund der Statistiken nach den möglichen tiefer liegenden Ursachen für die geringere Beteiligung von Personen mit Migrationshintergrund an gesellschaftlich privilegierten/einflussreichen Bereichen gefragt werden. Es können Verbindungen zwischen einem sehr geringen Anteil der Bevölkerung mit Migrationshintergrund an öffentlichen Medien und Besonderheiten des medialen Diskurses über die Migration (Beleuchtung entsprechender Themen vorwiegend aus Weißer, privilegierter, mehrheitsgesellschaftlicher Sicht, Ausblendung/Verneinung oder Vereinfachung von Rassismus etc.) hergestellt werden. Es kann zudem besprochen werden, wo und wie sich diese Verhältnisse bereits geändert haben.

Weiterführende Links

Bundesagentur für Arbeit (2012): Arbeitslosigkeit und Erwerbslosigkeit. URL: http://statistik.arbeitsagentur.de/Navigation/Statistik/Grundlagen/Arbeitslosigkeit-Unterbeschaeftigung/Arbeitslosigkeit-Erwerbslosigkeit-Nav.html, letzter Zugriff am: 2.10.2014.

Statistisches Bundesamt (2014): Erwerbslosigkeit. URL: https://www.destatis.de/DE/ZahlenFakten/GesamtwirtschaftUmwelt/Arbeitsmarkt/Erwerbslosigkeit/Erwerbslosigkeit.html, letzter Zugriff am: 2.10.2014.

Informationstexte zu den einzelnen Stationen

- Station 1

Station 1: Ausländer|innen/Personen mit Migrationshintergrund

Ausländer|innen
Alle Personen, die nicht Deutsche im Sinne des Art. 1 16 Abs. 1 GG sind, d. h. nicht die deutsche Staatsangehörigkeit besitzen, sind Ausländer|innen. Dazu gehören auch die Staatenlosen und die Personen mit ungeklärter Staatsangehörigkeit. Personen mit deutscher Staatsangehörigkeit, die gleichzeitig eine andere Staatsangehörigkeit besitzen, zählen nicht zur ausländischen Bevölkerung (vgl. Statistisches Bundesamt 2012, 5).

Personen mit Migrationshintergrund
Zur Bevölkerung mit Migrationshintergrund zählen:
- alle, die nach 1949 auf das heutige Gebiet der Bundesrepublik Deutschland zugezogen sind,
- alle in Deutschland geborenen Ausländer|innen
- alle in Deutschland mit deutscher Staatsangehörigkeit Geborene mit zumindest einem zugezogenen oder als Ausländer|in in Deutschland geborenen Elternteil (vgl. Statistisches Bundesamt 2014).

„Der Migrationsstatus einer Person wird somit sowohl aus ihren persönlichen Merkmalen zu Zuzug, Einbürgerung und Staatsangehörigkeit wie auch aus den entsprechenden Merkmalen der Eltern abgeleitet. Dies bedeutet, dass in Deutschland geborene Deutsche einen Migrationshintergrund haben können, sei es als Kinder von Spätaussiedlern, als Kinder ausländischer Elternpaare (sogenannte Ius soli-Kinder[1]) oder als Deutsche mit einseitigem Migrationshintergrund. Dieser Migrationshintergrund leitet sich dann ausschließlich aus den Eigenschaften der Eltern ab. Die Betroffenen können diesen Migrationshintergrund aber nicht an ihre Nachkommen vererben. Dies ist dagegen bei den Zugewanderten und den in Deutschland geborenen Ausländer/-innen der Fall. Nach den heutigen ausländerrechtlichen Vorschriften umfasst diese Definition somit üblicherweise Angehörige der 1. bis 3. Migrantengeneration (das heißt: Zuwanderer, Kinder von Zuwanderern und Enkel von Zuwanderern).“ (Statistisches Bundesamt 2014)

Hintergrundinformation:
„Das deutsche Staatsangehörigkeitsrecht (§ 4 Absatz 3 StAG) kennt seit dem 1. Januar 2000 neben dem Abstammungsprinzip auch den Erwerb

1 s. Hintergrundinformationen

nach dem Geburtsortsprinzip (lateinisch ius soli). Danach erwerben Kinder, deren beide Elternteile nicht die deutsche Staatsangehörigkeit besitzen, unter bestimmten Voraussetzungen mit der Geburt in Deutschland automatisch die deutsche Staatsangehörigkeit." (Statistisches Bundesamt 2014)

Quellen:
Statistisches Bundesamt (2012): Bevölkerung und Erwerbstätigkeit. Ausländische Bevölkerung. Ergebnisse des Ausländerzentralregisters. URL: https://www.destatis.de/DE/Publikationen/Thematisch/Bevoelkerung/MigrationIntegration/AuslaendBevoelkerung2010200117004.pdf?__blob=publicationFile, letzter Zugriff am: 2.10.2014.
Statistisches Bundesamt (2014): Personen mit Migrationshintergrund. URL: https://www.destatis.de/DE/ZahlenFakten/GesellschaftStaat/Bevoelkerung/MigrationIntegration/Migrationshintergrund/Aktuell.html;jsessionid=7184F34FC796F1AAF36EDCDF1EE1F677.cae1#Fussnote1, letzter Zugriff am: 2.10.2014.

- Station 2

Station 2: Migrationsgesellschaft/Einwanderungsgesellschaft/ Zuwanderungsgesellschaft

„Die Tatsache der Migration betrifft und bestimmt in entscheidendem Maße gesellschaftliche Wirklichkeit. Wie soll diese Wirklichkeit bezeichnet werden? ‚Einwanderungsgesellschaft'? ‚Zuwanderungsgesellschaft'? ‚Migrationsgesellschaft'? [...]

[Der Begriff] ‚Einwanderungsgesellschaft' [legt] den Eindruck nahe, dass Phänomene der Migration auf den Migrationstyp der Immigration beschränkt seien, also jenen Typ, bei dem die transnationale Wanderung im Wesentlichen als einmalige Überschreitung einer relevanten Grenze gedacht wird. Neben dem ‚klassischen' Typ der Immigration gibt es aber eine Zahl weiterer Migrationstypen, wie die sogenannte Transmigration und die Pendelmigration [...]. Auch der in Deutschland politisch eingeführte Ausdruck der ‚Zuwanderung' ist irreführend, da auch er eine Perspektive darstellt, die Migrationsphänomene nur eingeschränkt thematisiert und zudem suggeriert, dass es sich bei Migrationsphänomenen um Phänomene handle, die zusätzlich und additiv zu dem bereits Bestehenden hinzukämen. Die Bezeichnungen ‚Einwanderung' und ‚Zuwanderung' blenden bestimmte Migrationsphänomene aus.

Der Ausdruck ‚Migration' ist somit allgemeiner und ermöglicht, dass eine Vielfalt gesellschaftlicher Phänomene zum Thema werden kann. Mit dem Ausdruck ‚Migration' ist eine allgemeine Perspektive verbunden, mit der Phänomene erfasst werden, die für die gesellschaftliche Wirklichkeit kennzeichnend sind, wie beispielsweise:

- Phänomene der Ein- und Auswanderung sowie der Pendelmigration
- Formen regulärer und irregulärer Migration
- Vermischung von Sprachen und kulturellen Praktiken als Folge von Wanderungen
- Entstehung von Zwischenwelten und hybriden Identitäten [...]
- Strukturen und Prozesse des alltäglichen Rassismus
- Konstruktionen des und der Fremden
- Erschaffung neuer Formen von Ethnizität
- migrationsgesellschaftliche Selbstthematisierungen: Diskurse über Migration oder ‚die Fremden'." (Mecheril 2010, 11).

Der Begriff ‚Migrationsgesellschaft' verschiebt den Fokus weg von den Einwanderer|innen auf die gesamte Gesellschaft, die sich durch das Phänomen Migration wandelt und dadurch zu etwas ‚Neuem' wird. Deswegen ist bei einer Migrationsgesellschaft nicht von der einseitigen Anpassung von Zugewanderten an die Einheimischen die Rede, sondern es wird ein Anspruch an die Mehrheitsangehörigen gestellt, sich mit diesen veränderten Realitäten auseinanderzusetzen und sich in diese zu integrieren.

Quelle:
Mecheril, Paul (2010): Migrationspädagogik. Hinführung zu einer Perspektive. In: Mecheril u.a. (2010): Bachelor|Master Migrationspädagogik. Weinheim.

- Station 3

Station 3: Rassismus/Fremdenfeindlichkeit/Ausländerfeindlichkeit/ Rechtsextremismus

Rassismus

„Kurzformel für Rassismus: Rassismus = Ethnisierte Gruppenbildung + Abwertung + Durchsetzungsmacht.

- Ethnisierte Gruppenkonstruktion

[...] Anhand von bestehenden und/oder eingebildeten Unterschieden werden Gruppen als ‚ethnisch', ‚kulturell' oder gar ‚biologisch/genetisch' ‚anders' wahrgenommen. Im Gegensatz dazu entsteht ein ‚Wir', das in Abgrenzung von ‚den Anderen' als ‚normal' und selbstverständlich gilt. Für diese ethnisierten Gruppenkonstruktionen werden nationale Zugehörigkeit, Herkunft oder ‚Kultur', Religion oder Hautfarbe herangezogen. Unterschiede innerhalb einer Gruppe sowie Gemeinsamkeiten zwischen den Gruppen werden übersehen. (Haben eine schwarze und eine weiße Frau ähnliche Augen oder Gesten, so fällt dies bestenfalls auf den zweiten Blick auf – während die Hautfarbe sofort registriert wird).

- Zuschreibungen, Vorurteile, Wertungen

Die ‚den Anderen' zugeschriebenen Eigenschaften sind meistens negativ, können aber auch positiv sein – in jedem Fall treffen sie die gesamte Gruppe (Ausnahmen bestätigen nur die Regel). Das Verhalten einzelner Menschen wird mit ihrer ‚Rasse', Herkunft, Religion, ‚ethnischen Zugehörigkeit' oder ‚Kultur' erklärt. Die Gruppenmerkmale werden zu unveränderlichen Eigenschaften, hinter denen der/die Einzelne nicht mehr wahrgenommen wird und die andere Erklärungsansätze für Verhalten und Verhältnisse überflüssig machen.

- Gesellschaftliche Macht

Wenn eine gesellschaftliche Gruppe die soziale, ökonomische oder politische Macht hat, die oben genannten (Ab-)Wertungen gegenüber einer anderen Gruppe durchzusetzen und damit eine gesellschaftliche Ungleichbehandlung zu erzeugen, sprechen wir von Rassismus. Rassistische Diskriminierung findet sowohl im Bereich der individuellen Nicht-Anerkennung und Benachteiligung statt als auch auf der Ebene des nationalstaatlich-rechtlichen Ausschlusses und der ökonomischen Ausbeutung." (DGB-Bildungswerk Thüringen e.V. 2008, 198)

Beispiele:
- Über Studien belegbar ist die Tatsache, dass Personen mit ausländisch klingendem Namen schlechtere Chancen haben, zum Vorstellungsgespräch eingeladen zu werden (vgl. Karriere-Spot 2010).
- Gesetzlich verankert ist die rechtliche Benachteiligung von Migrant|innen aus den sogenannten Drittstaaten bei der Arbeitssuche. Es geht dabei um die sogenannte ‚Vorrangprüfung', bei der von der zuständigen Agentur für Arbeit geprüft werden muss, ob für einen bestimmten Arbeitsplatz bevorrechtigte Bewerber|innen zur Verfügung stehen (Deutsche, EU-Bürger, Bürger aus EWR-Staaten, Bürger|innen aus der Schweiz sowie Drittstaatsangehörige mit unbeschränktem Arbeitsmarktzugang in Deutschland) (s. auch *Hintergrundinformation,* S. 295).

Ausländerfeindlichkeit

„Der Begriff ‚Ausländerfeindlichkeit' geht am Problem vorbei: Auch Menschen mit deutschem Pass und Lebensmittelpunkt in der BRD sind mit Diskriminierung konfrontiert (z.B. Schwarze Deutsche oder SpätaussiedlerInnen, weiße FranzösInnen hingegen in der Regel nicht)." (DGB-Bildungswerk Thüringen e.V. 2008, 198).

Fremdenfeindlichkeit

„Fremdenfeindlich ist eine Tat nur, wenn sie gegenüber einem *Fremden*[2] verübt wurde, beispielsweise einem Touristen oder kürzlich Zugezogenem. Ein Politiker oder Lehrer, der seit 20 Jahren in der Gegend wohnt, ist ***kein*** Fremder (und dies unabhängig davon, ob dieser nun die deutsche Staatsbürgerschaft besitzt oder nicht) und sollte auch nicht so bezeichnet werden. Der Ausdruck ‚fremdenfeindlich' birgt zudem die Gefahr, dass fälschlicherweise ein Zusammenhang zwischen ‚fremd sein' und der Tat hergestellt wird, d.h. dass unterschwellig der Eindruck entstehen kann, dass die Tat verübt wurde, weil jemand fremd war, und somit als defizitär konstruiert wird. In Wirklichkeit ist es jedoch selbstverständlich so, dass eine Tat nicht verübt wird, weil das Opfer eine bestimmte Eigenschaft oder Herkunft hat, sondern weil der *Täter* eine bestimmte *Einstellung* zu diesen Eigenschaften des Opfers hat. Dies klingt nur auf den ersten Blick nach Wortklauberei. Würde statt ‚fremdenfeindlich', das zunächst impliziert, dass jemand fremd ist und daher der Täter nur darauf *reagiert*, eine Begrifflichkeit gewählt, die zweifelsfrei alle Defizite dem Täter zuschreibt, könnte vieles in der gesellschaftlichen Diskussion differenzierter und sachlicher gestaltet werden. Menschen, die in der Region leben, können *nicht* aus *Fremden*feindlichkeit zu Opfern werden." (der braune Mob e.V. 2006, 2f.)

Rechtsextremismus

„Eine Tat hat einen rechtsextremistischen Hintergrund, wenn die Täter dies bekennen oder explizit rechtsextrem-politisches Gedankengut äußern und sich in spezifischen Vereinigungen organisieren. Eine Tat aus purem ‚persönlichem' Rassismus ist ***keine***[3] rechtsextremistische Tat und kann daher nicht rechtsextrem(istisch)en Bewegungen zugeordnet werden, sondern ausschließlich den privaten rassistischen Einstellungen des Täters." (der braune Mob e.V. 2006, 3)

Hintergrundinformation

„§ 9 der Beschäftigungsverfahrensverordnung (BeschVerfV) sieht vor, dass Drittstaatsangehörige, die eine Aufenthaltserlaubnis besitzen, nach zwei Jahren rechtmäßiger Beschäftigung oder drei Jahren ununterbrochenen rechtmäßigen Aufenthalts in Deutschland einen unbeschränkten Arbeitsmarktzugang erhalten." (BMAS o.J., 17).

---

2 Hervorhebungen im Original

3 Hier und weiter in diesem Zitat: Hervorhebung im Original

Quellen:
Bundesministerium für Arbeit und Soziales (BMAS) (o. J.): Fragen und Antworten zur Beschäftigung ausländischer Arbeitnehmer in Deutschland. URL: http://www.bmas.de/SharedDocs/Downloads/DE/faq-beschaeftigung-auslaendischer.pdf?__blob=publicationFile, letzter Zugriff am: 1.10.2014.
Der Braune Mob e. V. (2006): Informationen für Journalisten zum korrekten sprachlichen Umgang mit rechtsextremistischen oder rassistisch motivierten Straftaten, 2-3. URL: http://www.derbraunemob.de/shared/download/info_journal_rstraf.pdf, letzter Zugriff am: 1.10.2014.
DGB-Bildungswerk Thüringen e. V. (2008): Baustein zur nicht-rassistischen Bildungsarbeit. 3. teilw. überarbeitete Auflage. URL: http://baustein.dgb-bwt.de/PDF/C3-VonRassismusSprechen.pdf, letzter Zugriff am: 1.10.2014.
Karriere Spot (2010): Diskriminierung bei der Bewerbung: Haben Menschen mit Migrationshintergrund weniger Chancen? URL: http://www.karriere-spot.com/diskriminierung-bei-der-bewerbung-haben-menschen-mit-migrationshintergrund-weniger-chancen-N16020.html, letzter Zugriff am: 8.4.2014 (Link aktuell nicht mehr verfügbar)

- Station 4

Station 4: Statistische Zahlen I

Ausländer|innenanteil in Deutschland

Bevölkerung auf Grundlage des Zensus 2011: Zahlen für 2013

2013 | 2012 | 2011

Bevölkerung nach Geschlecht und Staatsangehörigkeit

Bevölkerungsstand	31.03.2013[2]	30.06.2013[2]	30.09.2013[2]	31.12.2013[2]
	1 000			
Insgesamt	80 511,3	80 585,7	80 716,0	80 767,5
männlich[1]	39 389,6	39 444,1	39 527,8	39 557,1
weiblich[1]	41 121,7	41 141,5	41 188,2	41 210,4
Deutsche[1]	73 807,0	73 773,8	73 775,7	73 755,7
männlich[1]	35 991,5	35 982,3	35 989,3	35 984,3
weiblich[1]	37 815,5	37 791,5	37 786,5	37 771,4
Nichtdeutsche[1]	6 704,4	6 811,9	6 940,2	7 011,8
männlich[1]	3 398,1	3 461,8	3 538,5	3 572,8
weiblich[1]	3 306,3	3 350,1	3 401,7	3 439,0

[1] Vorläufiges Ergebnis.
[2] Zensusdaten mit dem Stand vom 10.04.2014.

Quelle: Ergebnisse der Bevölkerungsfortschreibung auf Grundlage des Zensus 2011.

Quelle: Statistisches Bundesamt (2014): Bevölkerung auf Grundlage des Zensus 2011. URL: https://www.destatis.de/DE/ZahlenFakten/GesellschaftStaat/Bevoelkerung/Bevoelkerungsstand/Tabellen/Zensus_Geschlecht_Staatsangehoerigkeit.html, letzter Zugriff am: 1.10.2014.

Abb. 8 (Tabelle: Statistisches Bundesamt 2014)

MATERIAL

Zum Vergleich: **Bevölkerung auf Grundlage des Zensus 2011** – Zahlen für 2012

2013 | **2012** | 2011

Bevölkerung nach Geschlecht und Staatsangehörigkeit

Bevölkerungsstand	31.03.2012[2]	30.06.2012[2]	30.09.2012[2]	31.12.2012[2]
	1 000			
Insgesamt	80 333,7	80 399,3	80 493,0	80 523,7
männlich[1]	39 249,4	39 299,0	39 360,6	39 381,1
weiblich[1]	41 084,3	41 100,3	41 132,5	41 142,6
Deutsche[1]	73 932,9	73 908,6	73 906,1	73 883,5
männlich[1]	36 022,7	36 018,4	36 023,9	36 019,9
weiblich[1]	37 910,2	37 890,2	37 882,2	37 863,5
Nichtdeutsche[1]	6 400,8	6 490,7	6 586,9	6 640,3
männlich[1]	3 226,7	3 280,6	3 336,7	3 361,2
weiblich[1]	3 174,1	3 210,1	3 250,3	3 279,1

[1] Vorläufiges Ergebnis.
[2] Zensusdaten mit dem Stand vom 10.04.2014.

Quelle: Ergebnisse der Bevölkerungsfortschreibung auf Grundlage des Zensus 2011.

Quelle: Statistisches Bundesamt (2014): Bevölkerung auf Grundlage des Zensus 2011. URL: https://www.destatis.de/DE/ZahlenFakten/GesellschaftStaat/Bevoelkerung/Bevoelkerungsstand/Tabellen/Zensus_Geschlecht_Staatsangehoerigkeit.html, letzter Zugriff am: 1.10.2014.

Abb. 9 (Tabelle: Statistisches Bundesamt 2014)

Bevölkerung auf Grundlage des Zensus 2011: Zahlen für 2011

2013 | 2012 | **2011**

Bevölkerung nach Geschlecht und Staatsangehörigkeit

Bevölkerungsstand	30.06.2011[2]	30.09.2011[2]	31.12.2011[2]
	1 000		
Insgesamt	80 233,1	80 305,3	80 327,9
männlich[1]	39 158,7	39 212,7	39 230,1
weiblich[1]	41 074,4	41 092,6	41 097,8
Deutsche[1]	74 018,1	74 014,6	73 989,0
männlich[1]	36 041,5	36 046,8	36 041,8
weiblich[1]	37 976,6	37 967,8	37 947,2
Nichtdeutsche[1]	6 215,0	6 290,7	6 338,9
männlich[1]	3 117,2	3 165,9	3 188,3
weiblich[1]	3 097,8	3 124,8	3 150,6

[1] Vorläufiges Ergebnis.
[2] Zensusdaten mit dem Stand vom 10.04.2014.

Quelle: Ergebnisse der Bevölkerungsfortschreibung auf Grundlage des Zensus 2011.

Quelle: Statistisches Bundesamt (2014): Bevölkerung auf Grundlage des Zensus 2011. URL: https://www.destatis.de/DE/ZahlenFakten/GesellschaftStaat/Bevoelkerung/Bevoelkerungsstand/Tabellen/Zensus_Geschlecht_Staatsangehoerigkeit.html, letzter Zugriff am: 1.10.2014.

Abb. 10 (Tabelle: Statistisches Bundesamt 2014)

Interessant in Bezug auf die oben angeführten Angaben ist: Laut Zensus hatte Deutschland 2011 1,5 Millionen Einwohner|innen weniger als bisher gedacht, wobei die größte Abweichung bei den Ausländer|innen bestand – es waren 6,2 statt 7,3 Millionen – eine Überraschung für Statistiker|innen (vgl. Erdmann 2011). Laut Angaben des Statistischen Bundesamtes betrug die Anzahl der Ausländer|innen in Deutschland zum Ende des Jahres 2012 etwas mehr als 6,4 Millionen. Gleichzeitig fanden sich in anderen Erhebungen deutlich andere Zahlen: So berichtete das Ausländerzentralregister (AZR) darüber, dass zum Jahresende 2012 insgesamt mehr als 7,2 Millionen Menschen mit ausschließlich ausländischer Staatsangehörigkeit erfasst waren. (vgl. Spiegel online 2013)

Quellen:

Erdmann, Lisa (2011): Zensus 2011: Die Nation schrumpft. In: Spiegel online. URL: http://www.spiegel.de/politik/deutschland/in-deutschland-leben-deutlich-weniger-auslaender-als-angenommen-a-903022.html, letzter Zugriff am: 1.10.2014.
Spiegel Online (2013): Zuwanderung: Zahl der Ausländer in Deutschland steigt massiv. URL: http://www.spiegel.de/politik/deutschland/statistik-zahl-der-auslaender-in-deutschland-steigt-massiv-a-929195.html, letzter Zugriff am: 1.10.2014.
Statistisches Bundesamt (2014): Bevölkerung auf Grundlage des Zensus 2011. URL: https://www.destatis.de/DE/ZahlenFakten/GesellschaftStaat/Bevoelkerung/Bevoelkerungsstand/Tabellen/Zensus_Geschlecht_Staatsangehoerigkeit.html, letzter Zugriff am: 1.10.2014.

- Station 5

Station 5: Statistische Zahlen II

Anteil der Personen mit Migrationshintergrund in Deutschland

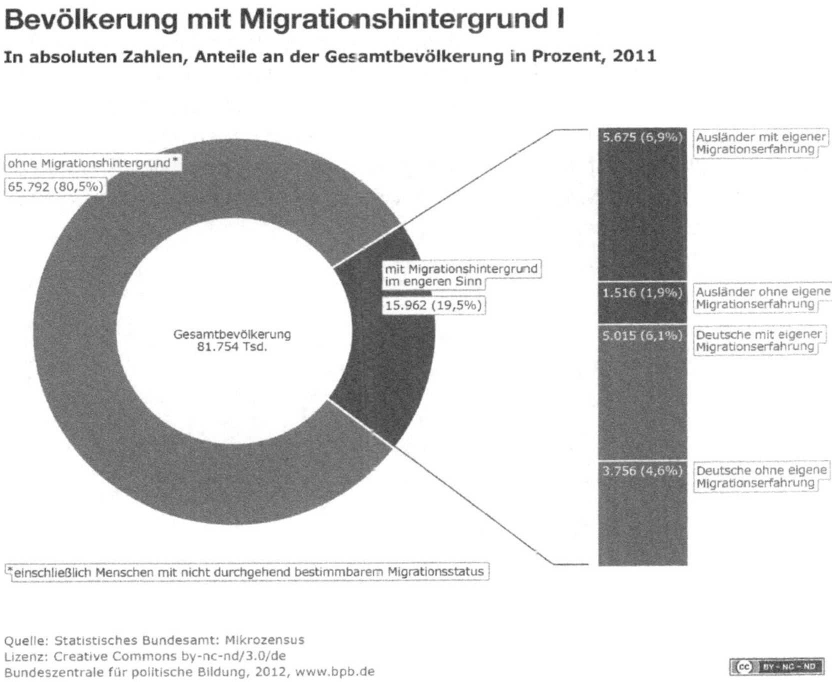

Quelle: Bundeszentrale für politische Bildung (bpb) (2012a): Zahlen und Fakten. Die soziale Situation in Deutschland. Bevölkerung mit Migrationshintergrund I. URL: http://www.bpb.de/nachschlagen/zahlen-und-fakten/soziale-situation-in-deutschland/61646/migrationshintergrund-i, letzter Zugriff am: 1.10.2014. Lizenz: cc by-nc-nd/3.0/de/

Abb. 11 (Grafik: Bundeszentrale für politische Bildung 2012a, Lizenz: cc by-nc-nd/3.0/de/)

„Zur besseren Vergleichbarkeit im Zeitablauf wird zwischen der Bevölkerung mit Migrationshintergrund im engeren und im weiteren Sinn unterschieden.

Zur Bevölkerung mit Migrationshintergrund im engeren Sinne gehören *alle zugewanderten und alle in Deutschland geborenen Ausländer/-innen.*[4]

4 Hier und weiter in diesem Zitat: eigene Hervorhebungen

Von den Deutschen mit Migrationshintergrund, die ihre deutsche Staatsangehörigkeit seit Geburt besitzen, haben nur jene einen Migrationshintergrund im engeren Sinne, *die mit ihren Eltern oder einem Elternteil im selben Haushalt leben,* weil nur dann die für die Zuordnung entscheidende Elterninformation vorliegt.

Zur Bevölkerung mit Migrationshintergrund im weiteren Sinne gehören zusätzlich jene Deutsche mit Migrationshintergrund, die *ihre deutsche Staatsangehörigkeit seit Geburt besitzen und nicht (mehr) mit den Eltern im selben Haushalt leben.* Sie sind ausschließlich durch die bislang nur 2005 und 2009 gestellten Zusatzfragen zum Migrationsstatus der nicht im Haushalt lebenden Eltern als Menschen mit Migrationshintergrund identifizierbar.“ (Statistisches Bundesamt 2012)

Quelle: Bundeszentrale für politische Bildung (bpb) (2012b): Zahlen und Fakte
Die soziale Situation in Deutschland. Bevölkerung mit Migrationshintergrund
URL: http://www.bpb.de/nachschlagen/zahlen-und-fakten/soziale-situation-in-deutsc
land/61649/migrationshintergrund-ii, letzter Zugriff am: 1.10.201
Lizenz: cc by-nc-nd/3.0/d

Abb. 12 (Grafik: Bundeszentrale für politische Bildung 2012b, Lizenz: cc by-nc-nd/3.0/de/)

Anteil der Personen mit Migrationshintergrund nach ausgewählten Merkmalen

Bevölkerung mit Migrationshintergrund II

Nach ausgewählten Merkmalen, Anteile der Personengruppen in Prozent, Personen in absoluten Zahlen, 2011

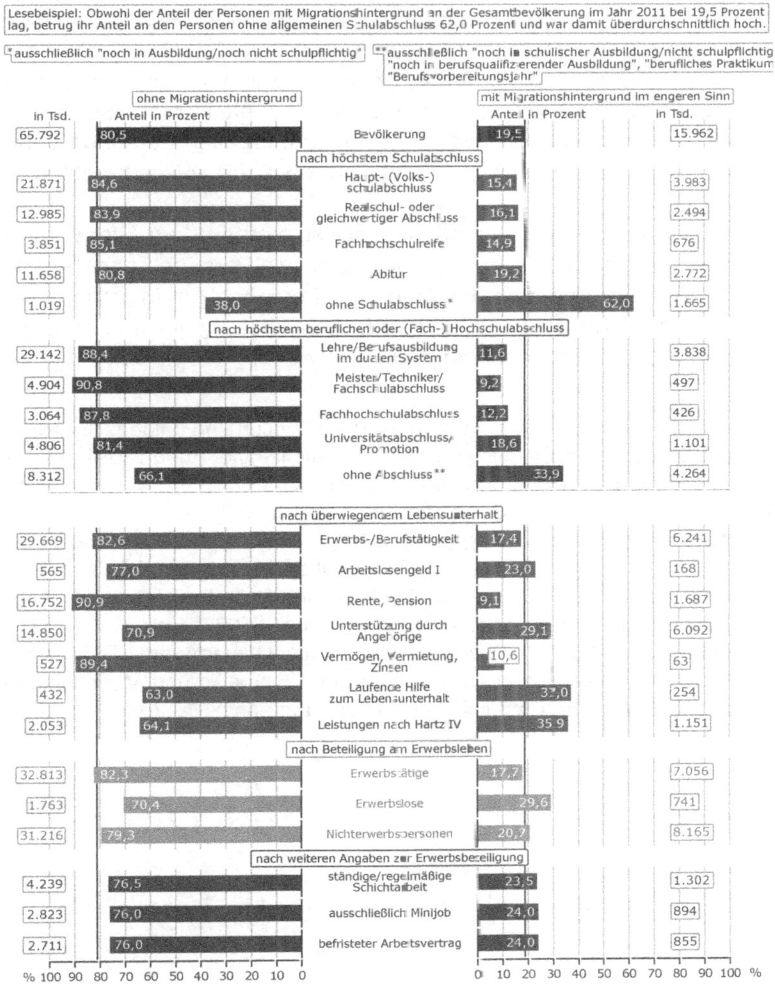

Quelle: Statistisches Bundesamt: Mikrozensus

„Nach den Ergebnissen des Mikrozensus 2011 sind Personen mit Migrationshintergrund im Vergleich zur Bevölkerung ohne Migrationshintergrund geringer qualifiziert und schlechter in den Arbeitsmarkt integriert." (Bundeszentrale für politische Bildung 2012b). Die Grafik veranschaulicht, dass der Anteil der Personen mit Migrationshintergrund an der Bundesbevölkerung im Jahr 2011 bei 19,5 Prozent lag, während der Anteil der Bevölkerung mit Migrationshintergrund an den Personen ohne allgemeinen Schulabschluss 62,0 Prozent betrug. Das bedeutet, dass der Anteil der Bevölkerung mit Migrationshintergrund an den Personen ohne allgemeinen Schulabschluss überdurchschnittlich hoch war. Zum Vergleich hatten die Personen ohne Migrationshintergrund einen Anteil von 38,0 Prozent an allen Personen ohne allgemeinen Schulabschluss (vgl. Bundeszentrale für politische Bildung 2012b).

Im Jahr 2011 waren Personen mit Migrationshintergrund im Alter von 25 bis 65 Jahren fast doppelt so häufig erwerbslos wie Personen ohne Migrationshintergrund. Außerdem ist der Anteil der Personen mit Migrationshintergrund an geringfügig Beschäftigten (z. B. Minijobs) signifikant höher als bei Personen ohne Migrationshintergrund (vgl. ebd.).

Quellen:

Bundeszentrale für politische Bildung (bpb) (2012a): Zahlen und Fakten. Die soziale Situation in Deutschland. Bevölkerung mit Migrationshintergrund I. URL: http://www.bpb.de/nachschlagen/zahlen-und-fakten/soziale-situation-in-deutschland/61646/migrationshintergrund-i, letzter Zugriff am: 1.10.2014.

Bundeszentrale für politische Bildung (bpb) (2012b): Zahlen und Fakten. Die soziale Situation in Deutschland. Bevölkerung mit Migrationshintergrund II. URL: http://www.bpb.de/nachschlagen/zahlen-und-fakten/soziale-situation-in-deutschland/61649/migrationshintergrund-ii, letzter Zugriff am: 1.10.2014.

Statistisches Bundesamt (2012): Personen mit Migrationshintergrund. URL: https://www.destatis.de/DE/ZahlenFakten/GesellschaftStaat/Bevoelkerung/MigrationIntegration/Migrationshintergrund/Aktuell.html, letzter Zugriff am: 1.10.2014.

- Station 6

Station 6: Anteil der Personen mit Migrationshintergrund an ausgewählten gesellschaftlichen Bereichen

Anteil an ausländischen Lehrer|innen

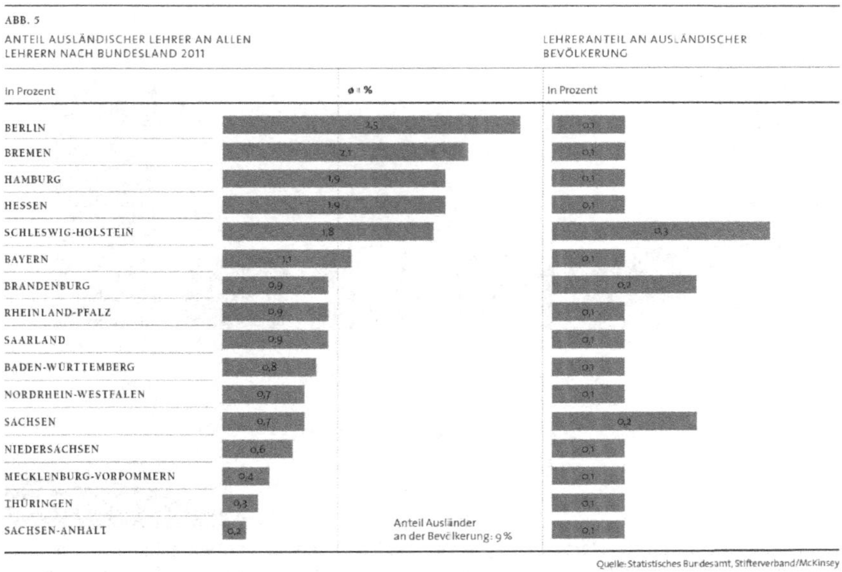

Quelle: Stifterverband für die deutsche Wissenschaft (2013): HOCHSCHUL-BILDUNGS-REPORT 2020. URL: http://www.stifterverband.de/bildungsinitiative/hochschulbildungsreport.pdf, S. 90, letzter Zugriff am: 1.10.2014.

Abb. 13 (Grafik: Stifterverband 2013, 90)

Der Anteil ausländischer Lehrer|innen an allen Lehrkräften in der Bundesrepublik beträgt ein Prozent. Vergleicht man das mit dem allgemeinen Ausländer|innenanteil an der Bevölkerung (knapp neun Prozent), so kann man feststellen, dass der Anteil ausländischer Lehrer|innen in Deutschland unproportional gering ist. In fast allen Bundesländern übt nur eine|r von 1.000 Ausländer|innen den Lehrer|innenberuf aus (vgl. Stifterverband 2013, 89).

Es fallen außerdem relativ große Unterschiede in der Beschäftigung ausländischer Lehrkräfte zwischen den Bundesländern auf, die von 0,2 Prozent in Sachsen-Anhalt bis 2,5 Prozent in Berlin reichen. Dies lässt sich einfach erklären: Je mehr Ausländer|innen in einem Bundesland leben, umso höher ist der Anteil ausländischer Lehrer|innen (vgl. ebd.).

Anteil der Lehrer|innen mit Migrationshintergrund

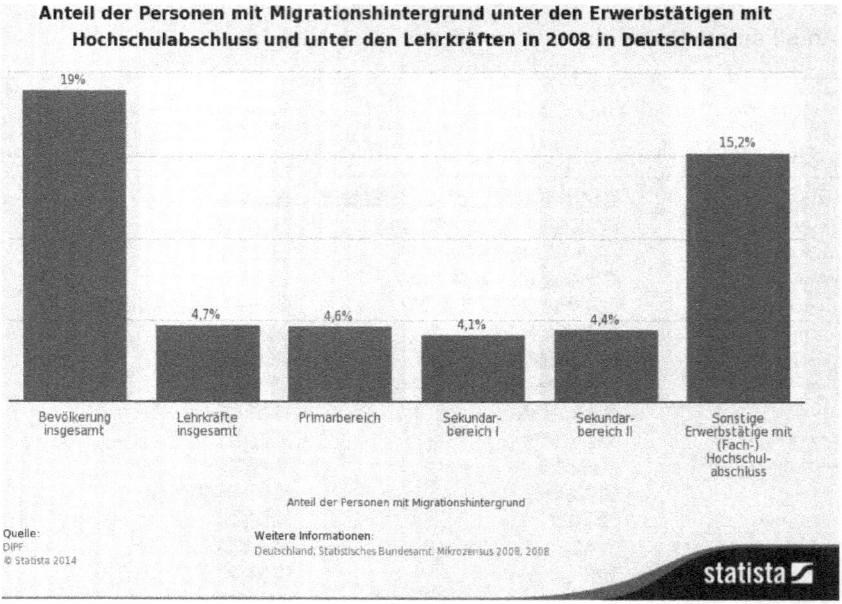

Statista. Das Statistik-Portal (2014): Anteil der Personen mit Migrationshintergrund unter den Erwerbstätigen mit Hochschulabschluss und unter den Lehrkräften in 2008 in Deutschland. URL: http://de.statista.com/statistik/daten/studie/159409/umfrage/personen-mit-migrationshintergrund-bei-lehrkraeften/, letzter Zugriff am: 1.10.2014.

Abb. 14 (Grafik: Statista 2014)

Abgeordnete mit Migrationshintergrund im Bundestag

In dem 2013 neu gewählten Bundestag sitzen 34 Parlamentarier|innen mit Migrationshintergrund bzw. mindestens einem eingewanderten Elternteil. Laut Recherchen des Mediendienstes Integration in Berlin stammen somit 5,4 Prozent der insgesamt 630 Abgeordneten aus Einwandererfamilien. In der vorigen Legislaturperiode waren es noch 21 (3,4 Prozent) von insgesamt 622 Abgeordneten (vgl. SWR 2013a).

Die Anzahl der Parlamentarier|innen mit türkischem Migrationshintergrund ist von fünf auf elf gestiegen. Zum ersten Mal sitzen auch zwei afrodeutsche Politiker im Parlament: Karamba Diaby und Charles M. Huber, die jeweils über die Landesliste der SPD in Sachsen-Anhalt bzw. die Landesliste der CDU in Hessen in das neue Parlament einziehen (vgl. ebd.).

Menschen mit Migrationshintergrund im öffentlichen Dienst

Die Studie der Organisation für wirtschaftliche Zusammenarbeit und Entwicklung (OECD) hat ergeben, dass der Anteil der Migrant|innen in der Verwaltung, im Gesundheitswesen, im Bildungssystem und anderen öffentlichen Sektoren in keinem der 34 OECD-Länder geringer ist als in Deutschland (vgl. Siems 2012). Genaue Zahlen zu Personen mit Migrationshintergrund im öffentlichen Dienst stehen leider nicht zur Verfügung. Lediglich findet man Informationen, dass der Anteil der Beschäftigten mit Migrationshintergrund im öffentlichen Dienst im Vergleich mit ihrem Anteil an den Erwerbstätigen in Deutschland gering ist (vgl. Bundesregierung 2013).

Menschen mit Migrationshintergrund in öffentlichen Medien

Der Anteil von Journalist|innen mit Migrationshintergrund in deutschen Medien liegt zwischen einem und drei Prozent (vgl. Bax 2013). Vor allem der Anteil der Personen mit Migrationshintergrund in den Gremien und Räten des öffentlich-rechtlichen Rundfunks ist sehr gering, wobei sich die Situation dank dem Engagement einiger Medienunternehmen langsam ändert.

So unterschrieb SWR im Sommer 2013 mit den Ministerpräsidenten von Baden-Württemberg und Rheinland-Pfalz, Winfried Kretschmann (Grüne) und Malu Dreyer (SPD), einen neuen Staatsvertrag, der ab 2014 in Kraft treten sollte. Nach diesem Vertrag sollten sich die Landesregierungen von Baden-Württemberg und Rheinland-Pfalz aus dem Rundfunkrat zurückziehen. Umweltverbände, Gewerkschaften und Minderheiten sollten stärker im Kontrollgremium vertreten sein. Außerdem sollten in dem Rundfunkrat erstmals in der Geschichte der öffentlich-rechtlichen Medienunternehmen Sinti und Roma sowie Muslime|as vertreten sein. Bisher hatte nur Bremen eine ähnliche Regelung. Dort hat 2012 erstmals ein Vertreter der Muslime|as einen Sitz in einer Landesmedienanstalt bekommen – wenn auch mit Einschränkungen (nur im Bereich der Privatsender) (vgl. Migazin 2013).

Zufriedenheit der Personen mit Migrationshintergrund mit dem Leben in Deutschland

Laut einer Studie von Forscher|innen aus Freiburg unter der Leitung von Prof. Bernd Raffelhüschen sind v. a. jüngere Migrant|innen, die über gute Deutschkenntnisse verfügen, mit ihrem Leben in Deutschland zufrieden Die Frage „Leben Sie gerne in Deutschland?“ beantworteten 78 Prozent der Gesamtbevölkerung und 84 Prozent der Migrant|innen mit „Ja“. Unter den

Migrant|innen sind ältere Zuwanderer|innen, die vor 1980 nach Deutschland kamen, etwas weniger mit ihrem Leben in Deutschland zufrieden als der gesamtdeutsche Durchschnitt. Jedoch ist die Zufriedenheit der jüngeren Migrant|innengeneration zum Teil sogar besser als der Durchschnitt (vgl. SWR 2013b).

Allerdings besteht in Deutschland laut der Studie ein Diskriminierungsproblem: 57 Prozent der Migrant|innen – v. a. allem Personen mit türkischem Migrationshintergrund – haben sich schon einmal aufgrund ihrer Herkunft ungerecht behandelt gefühlt (vgl. ebd.).

Quellen:
Bax, Daniel (2013): Die andere Parallelgesellschaft. In: taz.de. URL: http://www.taz.de/!116962, letzter Zugriff am: 1.10.2014.
Die Bundesregierung. Beauftragte für Migration, Flüchtlinge und Integration (2013): Migranten im öffentlichen Dienst. URL: http://www.bundesregierung.de/Webs/Breg/DE/Bundesregierung/BeauftragtefuerIntegration/arbeitsmarkt/migranten/_node.html, letzter Zugriff am: 1.10.2014.
Migazin (2013): Neuer SWR Staatsvertrag. Erstmals Muslime und Roma in einem Rundfunkrat. In: Migazin. URL: http://www.migazin.de/2013/07/05/neuer-swr-staatsvertrag-muslime/, letzter Zugriff am: 1.10.2014.
Siems, Dorothea (2012): Öffentlicher Dienst sperrt sich gegen Migranten. In: Die Welt. URL: http://www.welt.de/wirtschaft/article111777436/Oeffentlicher-Dienst-sperrt-sich-gegen-Migranten.html, letzter Zugriff am: 1.10.2014.
Statista. Das Statistik-Portal (2014): Anteil der Personen mit Migrationshintergrund unter den Erwerbstätigen mit Hochschulabschluss und unter den Lehrkräften in 2008 in Deutschland. URL: http://de.statista.com/statistik/daten/studie/159409/umfrage/personen-mit-migrationshintergrund-bei-lehrkraeften/, letzter Zugriff am: 1.10.2014.
Stifterverband für die deutsche Wissenschaft (2013): HOCHSCHUL-BILDUNGS-REPORT 2020. URL: http://www.stifterverband.de/bildungsinitiative/hochschulbildungsreport.pdf, letzter Zugriff am: 1.10.2014.
SWR (2013a): Bundestagswahl 2013. Deutlich mehr Abgeordnete mit Migrationshintergrund. URL: http://www.swr.de/international/de/-/id=233334/nid=233334/did=12107786/15pvmyp/index.html, letzter Zugriff am: 1.10.2014.
SWR (2013b): Glückatlas. Junge Migranten ziemlich zufrieden. URL: http://www.swr.de/international/de/gluck-atlas-migranten/-/id=233334/nid=233334/did=12337130/14jysnq/index.html, letzter Zugriff am: 1.10.2014.

Arbeitsanweisungen zu den Stationen

- Station 1

Arbeitsauftrag 1: Ausländer|innen/Personen mit Migrationshintergrund

Finde heraus,

worin der Unterschied zwischen „Ausländer|in“ und „Person mit Migrationshintergrund“ besteht;

inwiefern sich der alltägliche Gebrauch von „Ausländer|in“ von dem offiziellen Begriff unterscheidet.

- Station 2

Arbeitsauftrag 2: Migrationsgesellschaft – Einwanderungsgesellschaft – Zuwanderungsgesellschaft

Finde heraus,

inwiefern sich der Begriff „Migration“ von „Einwanderung“ und „Zuwanderung“ unterscheidet;

welche Aspekte/Eigenschaften für eine Migrationsgesellschaft kennzeichnend sind.

- Station 3

Arbeitsauftrag 3: Rassismus – Fremdenfeindlichkeit – Ausländerfeindlichkeit – Rechtsextremismus

Finde heraus,

was die wichtigsten Komponenten von Rassismus sind;

warum die Unterscheidung zwischen Rassismus, Fremdenfeindlichkeit und Ausländerfeindlichkeit wichtig ist.

- Station 4

Arbeitsauftrag 4: Daten/Fakten: Teil I (Statistische Zahlen I)

Halte wichtige Informationen stichwortartig fest.

Notiere zwei bis drei Aspekte (bezüglich der Fakten, Schaubilder, Darstellungen ...), die dir merkwürdig erscheinen.

- Station 5

Arbeitsauftrag 5: Daten/Fakten: Teil I (Statistische Zahlen II)

Halte zu jedem Punkt wichtige Informationen stichwortartig fest.

Notiere zwei bis drei Aspekte (bezüglich der Fakten, Schaubilder, Darstellungen ...), die dir merkwürdig erscheinen.

- Station 6

Arbeitsauftrag 6: Daten/Fakten: Teil II (Anteil der Menschen mit Migrationshintergrund an ausgewählten gesellschaftlichen Bereichen)

Halte zu jedem Punkt wichtige Informationen stichwortartig fest.

Notiere zwei bis drei Aspekte (bezüglich der Fakten, Schaubilder, Darstellungen ...), die dir merkwürdig erscheinen.

Input- und Transferübungen

Begründete Blickwinkel

■ Quelle

Entwurf nach LeB|in|MiG

■ Ziele

- Sensibilisierung für unterschiedliche Sichtweisen und Perspektiven in der Migrationsgesellschaft
- Erkennen der Grenzen der jeweiligen Perspektiven
- Reflexion über die Konsequenzen der jeweiligen Perspektiven, Wahrnehmungen und Handlungen
- Erprobung und Einübung der Auseinandersetzung mit problematischen Situationen im schulischen Kontext

■ Zeit

Je nach Durchführungsvariante 90 – 150 Minuten

■ Ablauf

Teil 1 | Perspektiven/begründete Blickwinkel kennenlernen

Aufgabenbeschreibung

Schritt 1: Plenumsarbeit

Alle Teilnehmenden arbeiten zusammen in der Gruppe. Sie bekommen einen großen Papierbogen sowie die Textkopien mit der Schilderung der problematischen Situation und der Aufgabe, gemeinsam im Plenum möglichst viele Problemursachen/relevante Faktoren zu ermitteln, die zur Entstehung dieser Situation geführt haben könnten. Die Problemursachen/relevanten Faktoren werden von den Teilnehmenden auf die linke Seite des Bogens aufgeschrieben.

Schritt 2: Textarbeit

Die Teilnehmenden bekommen nun die Texte zu unterschiedlichen Perspektiven sowie Kärtchen mit den ‚Namen' der jeweiligen Perspektiven. Bei den Perspektiven handelt es sich um unterschiedliche ‚Brillen', die wir aufsetzen, wenn wir bestimmte Situationen interpretieren. So könnte man z. B. die problematische Situation im vorliegenden Beispiel ausgehend von der kulturellen, sozialen, subjektorientierten, Rassismus- und Migrationsperspektive deuten (s. *Material*).

VARIANTE: Das hier beschriebene Vorgehen eignet sich am besten für eine kleinere Teilnehmenden-Gruppe von ca. 10, maximal 12 Personen. Bei einer größeren Anzahl der Teilnehmenden bzw. in dem Fall, wenn die Teamer|innen einen großen Wert auf die Beteiligung jeder|s einzelnen Teilnehmenden legen, empfiehlt es sich z. B., den ersten Schritt in Teil 1 in der Einzelarbeit und den zweiten Schritt mithilfe der ‚Schneeballmethode' zu verwirklichen (s. auch *Kommentar*).

Jede|r Teilnehmende setzt sich zunächst alleine mit dem Text auseinander. Danach kommen alle Teilnehmenden wieder zusammen, klären mit den Teamer|innen eventuelle Fragen zu dem Text und tauschen sich kurz untereinander aus.

Als Nächstes schauen sich die Teilnehmenden noch einmal die von ihnen ermittelten Problemursachen bzw. Faktoren an und bestimmen im nächsten Schritt anhand der Textbeschreibungen, von welchen Perspektiven sie bei der Formulierung von jeweiligen Problemursachen/Faktoren ausgegangen sind. Schließlich werden entsprechende Kärtchen mit Perspektiven auf den Papierbogen rechts gegenüber den ermittelten Erklärungen gepinnt oder geklebt und der Bogen wird an der Tafel befestigt.

Auswertung

Die Teilnehmenden wählen eine Person, die die Ergebnisse vorträgt. Interessante Aspekte bzw. Fragen (z. B. welche Perspektiven dominieren und wie man das erklären könnte) werden von den Teamer|innen aufgegriffen und im Plenum mit den Teilnehmenden besprochen.

Teil 2 | Perspektiven/Blickwinkel anwenden

Aufgabenbeschreibung

Die Teilnehmenden werden nun in fünf Zweier- bzw. Kleingruppen aufgeteilt. Jede Zweier-/Kleingruppe bekommt eine Perspektive zugeteilt, für die sie ‚zuständig' ist. Danach verteilen die Teamer|innen Blätter mit der Aufgabe, die Situation ausgehend von der jeweiligen Perspektive zu analysieren und dabei über die Konsequenzen für die Lehrperson und die Schüler|innen, die sich aus der jeweiligen Perspektive ergeben, zu reflektieren. Die Teilnehmenden notieren in den Zweier- bzw. Kleingruppen die Ergebnisse ihrer Überlegungen und wählen eine Person, die die Ergebnisse anschließend im Plenum präsentieren wird.

TIPP: Kleine Bewegungsphasen während der Übungen schaffen nicht nur eine kurzweilige Entspannung, sondern haben auch eine aktivierende Funktion. Möglich bei dieser Übung wäre auch, kleine Bewegungspausen zwischen allen drei Teilen der Übung einzulegen, damit sich die Teilnehmenden erholen können.

Auswertung

Die jeweilige Gruppe trägt ihre Ergebnisse vor den anderen Gruppen vor. Nach jeder Präsentation gibt es für alle die Möglichkeit, Stellung zu beziehen, Einwände einzubringen etc.

Teil 3 | Perspektivenwechsel einüben (optional, s. *Kommentar*)

Aufgabenstellung

Die Teilnehmenden werden aufgefordert, aufzustehen und die Rolle als Lehrer|in wie folgt ‚abzuschütteln' (die Teamer|innen führen die Bewegungen vor): erst wird der eine Arm geschüttelt, dann nimmt man den zweiten dazu, dann wird ein Bein geschüttelt usw.

Die Übung wird mit Applaudieren durch die Teamer|innen beendet, dann setzen sich alle wieder in den Kreis.

Die Teamer|innen fassen zusammen, was bisher gemacht wurde, und informieren die Teilnehmenden über den weiteren Übungsverlauf. Danach wird ein|e Freiwillige|r gewählt, die|der die während der Diskussion aufkommenden Gedanken auf dem Flipchart festhält.

Folgende Fragen könnten durch die Teamer|innen ins Plenum zur Diskussion eingebracht werden:
- o Wie sieht die Situation aus der Sicht des Schülers aus? Wo sieht er die Problemursachen/relevante Faktoren?
- o Von welchen Perspektiven geht der Schüler bei seinen Erklärungen aus?

Auswertung

Abschließend wird im Plenum das Fazit gezogen, indem die Teilnehmenden aufschreiben, was sie aus dieser Übung für sich ‚mitnehmen' wollen. Die Blätter werden eingesammelt und am Ende des gesamten Workshops den Teilnehmenden wieder ausgeteilt (s. auch *Kommentar*). Es kann auch ein kurzes mündliches Feedback zu der Übung im Plenum erfolgen (was einem gefallen oder nicht gefallen hat, was die Schwierigkeiten waren etc.).

■ Kommentar

Die Übung ist ziemlich lang und erfordert eine gute Konzentration v. a. von den Teilnehmenden. Dennoch hat die Erfahrung im Projekt LeB|in|MiG gezeigt, dass durch die Variation der Arbeitsmethoden und des Materials während der Übung eine notwendige Abwechslung erreicht werden kann, sodass die Teilnehmenden während der gesamten Übung in hohem Maße aktiv und involviert sind.

Teil 1 | Perspektiven/begründete Blickwinkel kennen lernen

Variante für Teil 1: Einzelarbeit + Schneeballmethode + Plenumsdiskussion

Die oben dargestellte Durchführungsvariante für Teil 1 der Übung eignet sich nicht bei einer größeren Anzahl von Teilnehmenden. Außerdem kann es bei einer Plenumsarbeit für einzelne Teilnehmende zu leicht werden, sich zurückzuziehen und die Formulierung von Problemursachen sowie die nachfolgende Zuordnung anderen, aktiveren Teilnehmenden zu überlassen. Wenn die Teamer|innen dieser Gefahr entgehen wollen, können sie alternativ auf die im Folgenden beschriebene Variante zurückgreifen, die sich aus den Komponenten Einzelarbeit, Schneeballmethode und Plenumsdiskussion zusammensetzt.

Entsprechende Übungsvariante sollte je nach Workshopzielen bzw. Fokus der Teamer|innen eingesetzt werden.

Schritt 1: Zuerst setzen sich die Teilnehmenden in Einzelarbeit mit der Problemsituation auseinander. Sie versuchen dabei, möglichst viele verschiedene Problemursachen/relevante Faktoren zu ermitteln. Danach lesen sie wiederum in Einzelarbeit die Texte zu unterschiedlichen Perspektiven.

Schritt 2: Nachdem die Texte gelesen wurden, werden Fragen und Unklarheiten im Plenum (mithilfe des|der Teamers|in) geklärt. Der nächste Schritt ist, die durch die gesamte Teilnehmenden-Gruppe ermittelten Problemursachen zusammenzufassen und dabei gleichzeitig die Zuordnung von Erklärungen zu den Perspektiven vorzunehmen. Dies könnte z. B. mithilfe der sogenannten Schneeballmethode erfolgen.

Die Schneeballmethode kann gut in den Fällen eingesetzt werden, wenn eine Übung bzw. ein Übungsabschnitt das Ziel hat, bei einer größeren Gruppe von Teilnehmenden ein gemeinsames Ergebnis unter Berücksichtigung der Meinung möglichst vieler Gruppenmitglieder zu bekommen.

Die ‚Schneeballmethode' ermöglicht die Gewinnung von gemeinsamen Ergebnissen bei gleichzeitiger Beteiligung möglichst vieler Teilnehmender.

Die Teilnehmenden werden je nach der Anzahl in vier bis fünf Gruppen à vier bis fünf Personen aufgeteilt. In den Gruppen sollen dann die von den Gruppenmitgliedern in der vorherigen Einzelarbeit ermittelten Ursachen bzw. Faktoren kurz diskutiert und ggf. aussortiert und zusammengetragen werden. Danach werden die restlichen Ursachen bzw. Faktoren den entsprechenden Perspektiven zugeordnet. Im nächsten Schritt werden die Gruppen zu größeren Gruppen vereint, sodass nun nicht vier bis fünf, sondern zwei bis drei Gruppen bestehen. Das Vorgehen mit dem Zusammentragen, Aussortieren und Zuordnen wiederholt sich. Schließlich wird aus den restlichen Gruppen ein Plenum gebildet.

Die Auswertung erfolgt dann im Plenum ähnlich wie im Teil 1 (s. *Teil 1*: Auswertung) beschrieben.

Widersprüche bei der Zuordnung

Wichtig: Beispiele einbringen, ohne zu lenken

Erfahrungsgemäß könnte es für die Teilnehmenden schwierig werden, ihre Erklärungen vor dem Hintergrund der jeweiligen Perspektiven zu deuten und zu analysieren. Um möglichen Schwierigkeiten bei der Zuordnung vorzubeugen, könnten die Teamer|innen ein Beispiel für die Zuordnung einbringen. In diesem Fall muss man aufpassen, dass die Teilnehmenden nicht in eine bestimmte Interpretationsrichtung gelenkt werden.

Einseitige Darstellung erkennen

Die Einseitigkeit der Darstellung kann oft leicht übersehen werden, v. a. wenn die Teilnehmenden sich selbst mit der Person identifizieren können bzw. wenn die Interpretation dieser Person ihnen nachvollziehbar/vertraut/gesellschaftlich verbreitet vorkommt.

Sehr wichtig ist bei dieser Übung, auf die Schwierigkeiten einzugehen, die sich aus der ziemlich einseitigen Darstellung der Situation im Text ergeben (die Formulierungen lassen darauf schließen, dass die Situation aus der Perspektive von nur einer beteiligten Seite – nämlich der Lehrerin – beleuchtet wird). Der Text ist bewusst einseitig gehalten – v. a. weil diese Darstellung die Realität widerspiegelt, in der bei Erzählungen über Problemsituationen selten beide Parteien gleichermaßen zu Wort kommen (v. a. wenn es sich bei den Beteiligten um Personen handelt, die einen ungleichen gesellschaftlichen Status haben). Die Situation spiegelt die vorherrschende Wirklichkeit der deutschen Migrationsgesellschaft wider, in der Funktionstragende wie bspw. Lehrer|innen überwiegend dominanzgesellschaftliche Zugehörigkeiten repräsentieren und diese auch verteidigen. Das macht die spezifische Machtkonstellation hier aus. Durch die bewusst einseitige Formulierung der Problemsituation soll thematisiert werden, wie die Teilnehmenden diese Einseitigkeit – v. a. falls sie sich selbst mit der Person identifizieren können, von der die Erzählung ausgeht – wahrnehmen (bezogen auf dieses Beispiel also: ob sich die Teilnehmenden mit den Erklärungen der Lehrerin zufriedengeben oder Einwände formulieren). Bei einer sensibilisierten Gruppe ist die Wahrscheinlichkeit groß, dass die einseitige Darstellung der Situation die Suche nach Erklärungen wesentlich erschwert. Wird diese Schwierigkeit von den Teilnehmenden angesprochen, dann sollen sie die Perspektive des Schülers einbeziehen, um Erklärungen für die Situation unter Berücksichtigung beider Seiten zu geben. Sollten die Teilnehmenden die Darstellung der Situation aus der Perspektive der Lehrerin nicht in Zweifel ziehen, bietet Teil 3 der Übung die Möglichkeit, die Wahrnehmung der Teilnehmenden für die Perspektive des Schülers zu öffnen.

Dominanz einzelner Perspektiven

Wichtig: Perspektive des Schülers einbringen!

Bei der Diskussion über die bei der Erklärung dominierenden Perspektiven ist es wichtig, die Frage nach den Gründen für diese Dominanz zu stellen. Die Teamer|innen sollten dabei jedoch die Kontrolle über den Diskussionsverlauf behalten. Sollten die Teilnehmenden z. B. behaupten, die kulturelle Perspektive würde dominieren, weil alle Probleme mit und von Schüler|innen mit Migrationshintergrund in ihrer anderen Kultur wurzeln, wäre es sinnvoll, auf diese Meinung (verallgemeinert) im weiteren Verlauf des Workshops ausführlich einzugehen.

Teil 2 | Perspektiven/Blickwinkel anwenden

Rolle der Teamer|innen

Durch die Analyse der Ursachen für die Dominanz bestimmter Perspektiven bestehende Verhältnisse kritisch hinterfragen

Die Diskussionsfragen zu den Konsequenzen, die sich für Lehrer|innen und Schüler|innen ergeben, erfordern eine tief greifende Reflexion seitens der Teilnehmenden und sind nicht unbedingt leicht zu beantworten. Als Erstes sollten sich die Teamer|innen deswegen vergewissern, dass die Fragen für die Teilnehmenden verständlich sind und bei Notwendigkeit erklären, was unter Konsequenzen verstanden wird.

Bei der Frage nach Konsequenzen einzelner Perspektiven auf Schwierigkeiten bzw. Probleme, aber auch auf die Chancen sowohl für die Lehrperson als auch für die Schüler|innen eingehen

Es geht bei diesen Fragen um die allgemeine Reflexion der Grenzen der jeweiligen Perspektiven sowie um die Reflexion eventueller Nachteile für die Lehrperson selbst und für die Schüler|innen, die sich aus der einseitigen, fest an eine bestimmte Perspektive gebundenen Deutung der Situationen ergeben können. Es geht aber auch um die verschiedenen Chancen und Möglichkeiten, die die jeweilige Sichtweise mit sich bringt. Dies sollte in der Diskussion unbedingt angesprochen werden. Wichtig ist dabei, sich zu merken, dass die Übung nicht das Ziel verfolgt, eine universelle Entscheidung darüber zu treffen, welche Perspektive für welche Situationen am besten ‚geeignet' ist. Die Übung soll vielmehr Anregungen schaffen und die Teilnehmenden dafür sensibilisieren, wo die Grenzen der jeweiligen Perspektive sind, was die jeweilige Perspektive leisten kann, was die jeweilige Perspektive verschleiert und was sie sichtbar macht.

Teil 3 | Perspektivenwechsel einüben

Schülerperspektive

Die Betrachtung der Situation aus der Perspektive des Schülers ist notwendig, wenn die Teilnehmenden im ersten Übungsteil die Erzählperspektive der Lehrerin fraglos akzeptiert haben sollten. Wenn die Perspektive des Schülers in die Überlegungen der Teilnehmenden im ersten Teil einbezogen wird, ist keine ‚Nachbearbeitung' im dritten Teil nötig.

Strukturierendes Auswertungsverfahren

Den Teilnehmenden die Möglichkeit geben, sich mit der Übung erneut auseinanderzusetzen

Für die Auswertung in dieser Übung wurde die Variante gewählt, bei der die Teilnehmenden ihre Gedanken darüber, was sie aus dieser Übung ‚mitnehmen' wollen, aufschreiben und abgeben. Am Ende des gesamten Workshops bekommen sie ihren Text zurück. Dieses Auswertungsverfahren ermöglicht den Teilnehmenden, sofort nach der Übung ihre Gedanken zu strukturieren. Ein späteres Austeilen am Ende des Workshops soll den Teilnehmenden die Möglichkeit geben, die Übung noch einmal mit Einbezug der neuen Erkenntnisse zu analysieren und ggf. weitere Einschätzungen vorzunehmen.

Teil 1|Perspektiven/begründete Blickwinkel kennenlernen

- Situationsbeschreibung

Quelle: LeB|in|MiG

Frau Steier, Klassenlehrerin in der 8. Klasse an einer Hauptschule, hat immer wieder Probleme mit einem Schüler (Aslan). Er scheint kein Interesse am Lernen zu haben, ist ständig abgelenkt und lenkt andere Schüler|innen ab, verweigert die Hausaufgaben etc. Die Lehrerin hat ein paarmal versucht, mit ihm darüber zu reden. Dabei wiederholte er nur, dass ihm die Noten egal seien, da es eh klar ist, dass er kein Akademiker wird. Frau Steier vermutet, dass eine solche Haltung durch seine familiären Verhältnisse bedingt ist: Seine Eltern sind Arbeiter|innen, die nie studiert haben. Bei den Elternabenden hat die Lehrerin den Eindruck bekommen, dass die Eltern nur wenig Interesse an dem schulischen Vorankommen ihres Sohnes haben.

Von manchen Äußerungen Aslans, die in einem der Gespräche gefallen sind, ist Frau Steier wirklich irritiert. So meint er, die deutschen Lehrer|innen würden nur freundlich und lachend sprechen, wenn sie mit deutschen Schüler|innen sprechen. Über die türkischen Schüler|innen würden sich die Lehrer|innen mehr ärgern als über die deutschen. Und wenn ein Streit passiere, würden die türkischen Schüler|innen sofort beschuldigt. Generell merkt Frau Steier bei Aslan eine sehr negative Einstellung gegenüber Deutschen.

Ein Gespräch mit Aslan zu führen fällt Frau Steier schwer, da er ihr gegenüber verschlossen ist, Augenkontakt meidet und nur ungern mit ihr zu reden scheint. Frau Steier hat sich daher schon überlegt, einen männlichen Kollegen zur Hilfe zu holen. Allerdings hat sie von anderen Schüler|innen in der Klasse mitbekommen, dass Aslan den einzigen männlichen Lehrer, der in seiner Klasse unterrichtet, als „Frau" bezeichnet, da er in seiner Art/seinem Verhalten scheinbar nicht männlich genug sei. Zudem fällt Frau Steier die herabwertende Einstellung Aslans zu Mädchen auf, die sich z.B. darin äußert, dass er sich weigert, mit einigen Mädchen aus der Klasse bei Gruppenarbeiten in einer Gruppe zu sein.

Aufgaben:

- Lest den Text und schätzt die dort geschilderte Situation ein: Wo liegt hier das Problem?
- Findet Problemursachen/relevante Faktoren, die eurer Meinung nach zur Entstehung dieser Situation geführt haben. Schreibt diese auf die linke Seite des Papierbogens auf.

• Informationstext

Leb|in|MiG in Anlehnung an: Foitzik, Andreas (2013): ajs-Kompaktwissen. Interkulturelle Kompetenz. Aktion Jugendschutz Landesarbeitsstelle Baden-Württemberg (ajs). URL: http://www.ajs-bw.de/media/files/aktuell/2013/KW-Interkultur2013_L10.pdf, letzter Zugriff am: 27.3.2014.

Verschiedene Perspektiven

Wir betrachten bestimmte Situationen oft durch eine oder mehrere ‚Brillen', gehen also bei der Einschätzung der Situation von einer oder mehreren bestimmten Perspektiven aus. Vor allem, wenn das ‚Interkulturelle' im Spiel ist, beeinflussen diese Perspektiven unsere Wahrnehmung sehr stark. Im Folgenden werden einige diese Perspektiven dargestellt.

Kulturelle Perspektive

Bei der Betrachtung einer Situation ausgehend von der kulturellen Perspektive versucht man das Verhalten und Handeln der Beteiligten vorwiegend vor dem Hintergrund der als kulturspezifisch gedeuteten Faktoren zu erklären. Dabei wird ‚Kultur' im Alltagsverständnis vorwiegend oder ausschließlich auf ethnische und nationale Herkunft von Personen gebunden. Das in der Gesellschaft vorherrschende Bild kultureller Differenz suggeriert, dass alle Mitglieder einer ‚Kultur' einander in ihrer Denk- und Lebensweise gleichen und anderen homogenen Gruppen in Bezug auf bestimmte Aspekte (Geschlechterrollen, Familienbilder, Lebensziele etc.) gegenübergestellt werden können. Bezogen auf den schulischen Kontext bedeutet diese Haltung z. B., dass die Lehrer|innen oft Probleme im Umgang mit Kindern mit Migrationshintergrund auf ihre ‚Herkunftskultur' zurückführen. Die Lehrer|innen gehen in diesem Fall davon aus, dass solche Kinder bzw. ihre Familien aus einer ganz anderen Kultur stammen, die mit der deutschen Kultur schwer bis gar nicht kompatibel ist.

Bei dieser Herangehensweise bleiben zahlreiche andere, für die Interaktion genauso bedeutende (oder noch wichtigere) Faktoren unbeachtet, die das Verhalten der Akteure je nach Kontext mehr oder weniger stark beeinflussen können (v. a. wenn es um Schüler|innen mit Migrationshintergrund geht, die schon länger in Deutschland leben). Außerdem stellt sich gerade heute, in Zeiten von zunehmender Migration und Globalisierung, die Frage, ob man überhaupt objektives Wissen über ‚Kulturen' vermitteln kann. Wenn man darüber nachdenkt, wie z. B. die Stellung der Frau in der deutschen Familie ist oder wie Deutsche ihre Kinder erziehen, versteht man, dass dieses unflexible, geschlossene, national fokussierte Kulturverständnis wenig Hilfe im Umgang mit einem konkreten Menschen bietet.

Damit der Blick auf die kulturelle Differenz produktiv ist, sollte man versuchen,

- den Kulturbegriff weit, offen und nicht national zu fassen,
- ‚Kultur' im Zusammenhang mit Sozialisationserfahrungen einer Gruppe zu behandeln,
- sich dessen bewusst zu sein, dass die Unterschiede innerhalb jeder Gruppe größer sind als die Unterschiede zwischen den Gruppen.

Migrationsperspektive

Die Migrationsperspektive ermöglicht den Blick auf Migration als Prozess, bei dem die Lebenssituation der Akteure grundlegend verändert wird. Diese Veränderung der Lebenssituation äußert sich zum einen in der erhöhten Unsicherheit bei alltäglichem Handeln (da gewohnte Handlungsmuster in einer neuen Umgebung nicht unbedingt wirkungsvoll sind). Auch soziale Kontakte fallen weg bzw. gestalten sich neu. Zum anderen können sich gewohnte Generationen- und Geschlechterrollen ändern, sodass z. B. die Frau schneller als der Mann oder die Kinder schneller als die Eltern sozial bzw. gesellschaftlich aktiv werden (z. B. wenn eine 14-jährige Tochter für ihre Eltern den Kontakt mit dem Vermieter übernimmt, da die Eltern nicht ausreichend die Sprache des Landes beherrschen).

Bedeutend für das Leben jedes Einzelnen sind auch Unsicherheiten, Brüche in den Lebensbiografien (etwa wenn ein|e Ingenieur|in nicht mehr seinem|ihrem Beruf nachgehen kann, weil sein|ihr Abschluss nicht anerkannt wird, und wieder ganz neu anfangen muss) sowie Diskriminierungserfahrungen. Je nach Situation und Persönlichkeit gehen die Menschen unterschiedlich damit um. Es ist deswegen wichtig, für individuelle und familiäre Bewältigungsformen der Migration aufmerksam zu sein, denn auf solche Weise kann man vorhandene Ressourcen und Potenziale besser einschätzen. So kann exemplarisch die Bildung ethnischer Communities als eine solche Bewältigungsform angesehen werden. Die Mitglieder dieser Communities teilen die gemeinsamen Migrationserfahrungen, was einen Informationsaustausch und gegenseitige Unterstützung möglich macht.

Soziale Perspektive

Eine Situation ausgehend von der sozialen Perspektive zu betrachten bedeutet, dass der Blick auf die ungleich positionierten gesellschaftlichen Schichten, auf unterschiedliche materielle Verhältnisse, ungleiche Verteilung der Macht und des Einflusses etc. gerichtet wird. Die Berücksichtigung der sozialen Lage der Person ist ein wichtiges Korrektiv für die Betrachtung der Situation ais der kulturellen Perspektive, da sich viele Phänomene (die oft auch von den Migranti|nnen selbst kulturell gedeutet werden) nicht auf die andere ‚Kultur', sondern auf nicht ausreichende Teilnahme am gesellschaftlichen Leben, prekäre finanzielle und Bildungsverhältnisse etc. zurückführen lassen.

Rassismusperspektive

Rassismuserfahrungen und strukturelle Diskriminierung sind Ursachen für prekäre und potenziell krisenhafte Lebensbedingungen. Unter ‚Rassismus' wird hier ein gesellschaftliches Machtverhältnis verstanden, in dem Personen aufgrund ihrer Zugehörigkeit zu einer bestimmten Gruppe benachteiligt werden (indem ihnen z. B. der Zugang zu bestimmten Ressourcen – Bildung, Arbeit etc. – gänzlich verwehrt oder wesentlich erschwert wird). Die Benachteiligung bestimmter gesellschaftlicher Gruppen geht mit der Bevorteilung anderer Gruppen einher. Um die ungerechte Verteilung von Ressourcen und Privilegien zu erklären, wird den Betroffenen die Schuld an ihrer Lebenssituation zugewiesen (sie seien selbst zu faul, nicht leistungsorientiert, unzuverlässig etc.). So werden die komplexen strukturellen Ungleichheitsmechanismen ausgeblendet und die Situation der Ungleichheit als logisch und gerechtfertigt dargestellt. Rassistisch begründete Machtverhältnisse beziehen sich auf gesellschaftlich verankerte Vorstellungen der Ungleichwertigkeit von Personen, die zu einer Gruppe gemacht werden. Nationale Abstammung und körperlich sichtbare Merkmale werden dabei so gewertet, dass sie als defizitär erscheinen. Die abgewertete Gruppe wird als in sich homogen betrachtet. Neben den nationalen und abstammungsbezogenen Zuschreibungen sind Wertungen von Kultur, Religion und Sprache in den letzten Jahren eingesetzt worden, um Nichtzugehörigkeit und Nichtgleichwertigkeit gegenüber Gruppen, die als ‚anders' betrachtet werden, zu signalisieren.

Wird eine Situation aus der Rassismusperspektive betrachtet, nimmt man Rassismuserfahrungen, Erfahrungen struktureller Diskriminierung, Othering etc. wahr, sowie die Art und Weise, wie die Gesellschaft bzw. die Betroffenen mit diesen Erfahrungen umgehen. Für das pädagogische Handeln bedeutet es v. a., dass die Lehrer|innen die Ausgrenzungserfahrungen der Betroffenen nicht a priori als übertrieben, sinnlos etc. abstempeln, sondern diese erst einmal wahrnehmen und akzeptieren.

Subjektorientierte Perspektive

Die subjektorientierte Perspektive fokussiert die jeweiligen individuellen Erfahrungen und den Umgang der Personen damit sowie die individuellen Wünsche und Bedürfnisse. Es geht hier auch um den kreativen Umgang der

Einzelnen mit widersprüchlichen Rollenerwartungen und der damit einhergehenden Erweiterung ihrer Rollenvielfalt. Die subjektorientierte Perspektive ist ein wichtiges Korrektiv für alle o. g. Perspektiven.

Gleichzeitig fehlt dieser Perspektive aber der Blick auf gesellschaftliche Zusammenhänge, insofern ein personalisierter Subjektbegriff zugrunde liegt. Subjektorientierung kann dann sinnvoll sein, wenn die Bedingungen der Subjektivierung mitgedacht werden, da nur so der Zusammenhang zwischen individueller Situation und gesellschaftlich-struktureller Realität begreifbar wird. Subjektivierung bezeichnet eine machtreflexive Begrifflichkeit, die nach den Strukturen fragt, in denen es in dieser Gesellschaft erst möglich ist, überhaupt Subjekt zu sein. Die Zwänge der Selbstvermarktung und die Notwendigkeit, sich selbst auf eine bestimmte Weise zu einem Subjekt zu machen, werden dabei reflektiert. Der in pädagogischen Zusammenhängen gebrauchte Begriff der Subjektorientierung bezieht sich demgegenüber meistens auf eine Orientierung am Einzelnen.

Aufgaben:
- Lest den Text zu unterschiedlichen Perspektiven.
- Von welcher Perspektive seid ihr bei der Suche nach Erklärungen ausgegangen? Ordnet die jeweiligen Erklärungen/Faktoren den verschiedenen Perspektiven zu.

Teil 2 | Perspektiven/Blickwinkel anwenden

- Arbeitsanweisungen
- Analysiert die Situation aus der jeweiligen Perspektive. Welche Aspekte des Problems können mithilfe der jeweiligen Perspektive erklärt werden?
- Welche Konsequenzen hat es für euch als Lehrpersonen, wenn ihr in eurem pädagogischen Handeln vorwiegend von dieser Perspektive ausgeht und (Problem-)Situationen dementsprechend analysiert und bewertet?
- Welche Konsequenzen hat es für die Schüler|innen, wenn die Lehrperson in ihrem Handeln überwiegend von dieser Perspektive ausgeht?

Mehrere Meinungen – Ein Weg

■ Quelle

LeB|in|MiG in Anlehnung an: Große Boes, Sefanie/Kaseric, Tanja (2011): Trainer-Kit. Die wichtigsten Trainings-Theorien, ihre Anwendung im Seminar und Übungen für den Praxistransfer. 5. Auflage. Bonn, S. 94-108.

■ Ziele

- Entwicklung von kommunikativer Sensibilität
- Reflexion eigener Haltungen und Einstellungen und Bewusstseinsbildung für deren Wirkungen
- Verdeutlichen des Einflusses von Machtpositionen auf Verhandlungen und deren Lösungsfindung
- Vermittlung von Basiswissen als Grundlage für eine persönliche Weiterentwicklung eigener Interaktionsstrategien

■ Zeit

ca. 120 Minuten

■ Ablauf

Aufgabenbeschreibung

Die Teilnehmenden erhalten zu einem früheren Zeitpunkt des Workshops angefertigte (s. z. B. Übung *Fallreflexion|-Schullandheim*, S. 192), Fallbeispielbesprechungen zurück. Im ersten Schritt erhalten die Teilnehmenden Zeit, sich ihre Reflexionen noch einmal durchzulesen. Im zweiten Schritt werden die Teilnehmenden anhand eines Kurzvortrags in die Entstehung und das Ziel der Harvard-Methode nach Roger Fisher, William Ury und Bruce Patton eingeführt. Im Anschluss daran wird den Teilnehmenden ein Informationstext zur Anwendung der Methode mit der Anweisung ausgeteilt, das Fallbeispiel in Kleingruppen nach einem der vier Gesprächsprinzipien der Harvard-Methode erneut zu bearbei-

T PP: Die Fallbeispiele können auch aus dem Erfahrungsschatz der Teilnehmenden kommen. Es kann sinnvoll sein, diese Beispiele vor Workshopbeginn schriftlich einzufordern. Bei diesem Vorgehen sollte jedoch bedacht werden, dass dann auch möglichst alle Beispiele besprochen werden sollten.

ten. Der Fokus liegt hierbei auf der Weiterentwicklung eigener Bewertungsrahmen und Interaktionsstrategien.

Auswertung

Die Kleingruppen stellen zunächst ihre eigenen auf das Fallbeispiel bezogenen Interaktionsstrategien und Argumente vor, die sie in der Gruppe gesammelt haben, und zeigen auf, wie sie diese anhand eines der Gesprächsprinzipien der Harvard-Methode weiterentwickelt oder verworfen haben. Im Anschluss daran findet eine Plenumsdiskussion statt. Falls die Kleingruppen nicht automatisch auf folgende Aspekte eingehen, sollte noch einmal nachgefragt werden.

VARIANTE: Es kann auch nur eines der vier Gesprächsprinzipien in Kleingruppen bearbeitet werden. Das ermöglicht den Teilnehmenden bessere Vergleichsmöglichkeiten und macht die Aufgabe weniger komplex.

Checkliste:

- o Gesprächsprinzip 1: Wurde ein tiefer liegendes Problem der Aushandlung herausgearbeitet?
- o Gesprächsprinzip 2: Wurden die Interessen der Aushandlungspartner|innen erkannt und benannt?
- o Gesprächsprinzip 3: Wurde ein gegenseitiger Nutzen für die Beteiligten herausgearbeitet?
- o Gesprächsprinzip 4: Wurden neutrale Beurteilungskriterien erkannt und benannt?

Für die Plenumsdiskussion im Anschluss bieten sich folgende Diskussionspunkte an:

- o Beschreibt, inwiefern sich die Wahrnehmung eurer Rolle als Lehrer|in in der Diskussion durch die Anwendung der Methode gewandelt hat.
- o Beschreibt, inwiefern sich eure Einschätzung eures|r Konfliktpartners|in durch die Anwendung der Gesprächsprinzipien geändert hat.
- o Welche Änderungen in eurer Zielsetzung konntet ihr durch die Methode evtl. feststellen?
- o Erklärt, was ihr hilfreich an dem vorgestellten Kommunikationskonzept findet.

- Überlegt, welche Aspekte des Falls von der Kommunikationsmethode unberührt bleiben.
- Überlegt, inwieweit die Methode im Schulkontext einsetzbar ist.

Kommentar:

Warum ein Verhandlungstraining?

Verhandlungen sind Teil unseres Alltags und auch im Schulalltag präsent. In den LeB|in|MiG-Workshops wurde deutlich, dass die Teilnehmenden als angehende Lehrer|innen sich häufig unklar darüber sind, wie sie insbesondere bei Meinungsverschiedenheiten mit Eltern, aber auch im eigenen Kollegium oder mit Schüler|innen vorgehen sollten. Wir haben uns aus diesem Grund dafür entschieden, eine Übung in die LeB|in|MiG-Workshops aufzunehmen, die sich mit dem Thema Verhandlung auseinandersetzt.

Selbstkenntnis und Selbststeuerung als Mittel für eine erfolgreiche Kommunikation erkennen

Gelingende Kommunikation im Verhandlungsfall bedarf eines gewissen Maßes an Selbstkenntnis und Selbststeuerung. Die Übung versucht den Teilnehmenden dies zu vermitteln, indem sie ins Bewusstsein ruft, dass der eigene Standpunkt immer nur ein Blickwinkel von vielen ist und dadurch immer begrenzt und für bestimmte Aspekte blind. Die Fähigkeit, sich selbst und dadurch auch die eigene Position zurückzunehmen, um auch den Verhandlungspartner|innen Raum zu gewähren, ist deshalb für eine faire Kommunikationsweise unabdingbar.

Kommunikation in Verhandlungssituationen als strukturier- und gestaltbar verstehen lernen

Es geht in dieser Übung um die Sensibilisierung für die Entstehungs- und Wirkungsweise von Kommunikationsprozessen im Verhandlungsfall und die Erfahrung, dass Kommunikation durch Leitlinien strukturiert und gestaltet werden kann. Es soll somit ein Grundstein dafür gelegt werden, dass die Teilnehmenden ihre persönlichen Interaktions- und

Kommunikationsstrategien während einer Verhandlung reflektieren und weiterentwickeln können.

Die Harvard-Methode soll hierbei als eine Möglichkeit von vielen verstanden werden. Sie wurde gewählt, um die Anerkennung der Gesprächspartner|innen zu betonen. Ihre Grenzen hat sie dort, wo es um gesellschaftliche Bedingungen der Kommunikation geht. Die Verhandlungsmethode ist klar konsensorientiert, was aus der Logik ihres Entstehungskontextes herrührt. Sie ist erarbeitet worden, um Abläufe in Unternehmen oder politisch-institutionellen Zusammenhängen aufrechtzuerhalten und zu optimieren. Die Reflexion und Minimierung gesellschaftlicher Macht- und Ungleichheitsverhältnisse ist nicht dezidierter Bestandteil der Harvard-Methode. Wird dieses Ziel verfolgt, muss es als persönliche Haltung in die Anwendung der Methode miteingebracht werden.

Wie wird im Verhandlungsfall kommuniziert?

Den Einfluss subjektiver Haltungen auf Aushandlungsprozesse anerkennen lernen

Erhalten die Teilnehmenden Fallbeispiele zur Bewertung, fokussieren sie fast ausschließlich auf den Gegenstand der Kommunikation – also darauf, was verhandelt wird. Persönliche Orientierungen, genauso wie Haltungen, Einstellungen und Meinungen beeinflussen die Sichtweise auf den Verhandlungsgegenstand. In interkulturellen Themenkontexten spielen Vorurteile, Ängste, Erwartungen und Fremdheitsgefühle zudem eine Rolle. Entscheidungen werden dadurch auf der Grundlage unreflektierter emotionaler Haltungen getroffen, wodurch die Faktenlage, der eigene Kompetenzbereich und die Sichtweise der Verhandlungspartner|innen unter Umständen übergangen werden. Ein kurzes Durchatmen, um den eigenen Blick auf die Metaebene der Verhandlung richten zu können, ist in jeder Kommunikationssituation hilfreich: Was ist mein Interesse und das der Verhandlungspartner|innen? Wo liegen Gemeinsamkeiten und Anschlussmöglichkeiten? Welche unveränderlichen Rahmensetzungen sind auf beiden Seiten zu beachten? Welche Lösungswege gibt es abseits der besten oder üblichen Lösungsmöglichkeit?

Die vorliegende Übung fordert die Teilnehmenden dazu auf, nicht *was*, sondern *wie* verhandelt wird, in den Vordergrund zu stellen. Durch diesen Zugang findet eine Öffnung für die Position der Verhandlungspartner|innen und eine Reflexion der eigenen Haltung bzw. dessen, was für die Wahrheit gehalten wird, statt. Es wird somit Mehrperspektivität, Empathie und Selbstreflexion angeregt.

Mechanismen entwickeln, sich subjektiver Haltungen bewusst zu werden

Reflexionsprozesse anregen und gestalten

Die persönliche Entwicklung sichtbar und nachvollziehbar machen

Ein dreischrittiges Vorgehen von Einzel-, Kleingruppen- und Plenumsarbeit hat sich für diese Übungsziele als besonders wirkungsvoll herausgestellt. Die erste Auseinandersetzung mit dem Fallbeispiel sollte in Einzelarbeit stattfinden. Dies bietet den Teilnehmenden einen geschützten Rahmen, in dem sie sich nach ihrem Tempo mit der Materie auseinandersetzen und ihren Gedanken freien Lauf lassen können. Das Ergebnis der Einzelarbeit sollte eine schriftliche Ausführung der persönlichen Situationseinschätzungen und möglicher Lösungswege sein. Diese Ausführungen können von den Teamer|innen anonym eingesammelt werden. Das Anfertigen, Einsammeln und spätere erneute Vorlegen schriftlicher Reflexionen ist ein sehr hilfreiches Mittel in der Anregung von Selbstreflexionsprozessen bei den Teilnehmenden. Wichtig ist bei diesem Vorgehen, dass ausreichend Zeit für neuen Input und Reflexion zwischen der Anfertigung und dem späteren Vorlegen der persönlichen verschriftlichten Ausführungen liegt. Die Teilnehmenden erhalten so die Möglichkeit, die Entwicklung ihrer persönlichen Sichtweisen nachverfolgen zu können.

Persönliche Einstellungen in Beziehung setzen, überprüfen und weiterentwickeln

Diese Methode ist variabel einsetzbar. Bei der vorliegenden Übung erhalten die Teilnehmenden ihre schriftlichen Ausführungen mit ausreichend Zeit zur Durchsicht und Reflexion vor Beginn der Kleingruppenarbeit und haben hier das erste Mal die Möglichkeit, sich mit ihren Haltungen auseinanderzusetzen. In den Kleingruppen folgt eine zweite intensive Auseinandersetzung durch den Austausch zwischen den Gruppenmitgliedern. Die Teilnehmenden lernen andere Situationseinschätzungen und Lösungsmöglichkeiten kennen und müssen ihre persönlichen erklären. Aus diesem Grund ist es von Vorteil, wenn die Kleingruppen möglichst heterogen zusammengesetzt sind. Die Auswertung der Übung im Plenum und unter Anleitung der Teamer|innen bildet den dritten Schritt. Die Überlegungen aus den Kleingruppen müssen der gesamten Gruppe präsentiert und zur Diskussion gestellt werden, wodurch erneut Anregungen zur Reflexion gegeben werden sowie die Möglichkeit, Fragen zu stellen und Kommunikationsleitlinien im Verhandlungsfall zu diskutieren. Die Teilnehmenden können durch dieses Vorgehen Schritt für Schritt und unter Zuhilfenahme der „Harvard-Methode“ ihr Verständnis der Beispielsituation und damit ihre Haltungen und Einstellungen in Beziehung setzen, überprüfen und weiterentwickeln. Sie durchlaufen aufeinander aufbauende Beobachtungs- und Beurteilungsebenen.

• Vortragstext zur Verhandlungsmethode von Roger Fisher, William Ury & Bruce Patton

Der dritte Weg

Verhandlungen sind ein fester Bestandteil unseres alltäglichen Lebens. Sie beginnen unter Umständen schon morgens beim Aufstehen – „Nur noch fünf Minuten!" – und gehören zum Alltag jeder Familie, jedes Freundeskreises und jeder Arbeitsstelle. Wir möchten schließlich Einfluss nehmen auf Entscheidungen, die unser Leben und Dasein beeinflussen. Doch trotz dieses täglichen Trainings kann es schwer sein, im Konfliktfall der Komplexität der Situation und den Interessen aller Beteiligten gerecht zu werden wie auch, die Beziehungsebene intakt zu halten. Besonders schwierig wird es, wenn unterschiedliche Normalitätsvorstellungen – sprich Werte und Grundhaltungen – zusammenfinden sollen. Auf welcher Grundlage, nach welchen Maßstäben fällt man die Entscheidung?

Standardmäßig fallen uns meistens zwei Kommunikations- und Verhandlungsstrategien ein: der harte und der weiche Weg. Diese Unterteilung ist schematisch zu verstehen und damit als eine Vereinfachung der Realität. Wahrscheinlich wird sich jeder in der einen als auch in der andere Beschreibung wiederfinden.

Bei einem weichen Verhandlungsstil wird die Beziehung stärker gewichtet als der Verhandlungsgegenstand. Man sucht nach einer friedlichen Lösung und ist bereit, dafür dem|r Verhandlungspartner|in auch sehr weit entgegenzukommen, um die Beziehung zu diesem r zu schützen. Das Problem hierbei ist, dass man am Ende oft merkt, dass man sich selbst und seine eigenen Interessen übergangen hat (vgl. Fisher u. a. 1998, 16, 28).

Das würde jemandem, der den harten Verhandlungsweg wählt, nicht freiwillig passieren. Diese Person möchte gewinnen, ob nun aus der Überzeugung heraus, dass ihre Sichtweise am Ende eben doch die bessere, wenn nicht sogar die einzig richtige ist, oder weil es um den persönlichen Vorteil geht. Das Ziel bleibt, als Sieger|in aus der Verhandlung hervorzugehen. Das tatsächliche Resultat sind jedoch meistens verhärtete Fronten, da die Gegenüber sich gezwungen sehen, zu den gleichen Mitteln zu greifen (vgl. ebd.)

Zufriedenstellend scheinen beide Strategien in letzter Konsequenz nicht zu sein. Weshalb u. a. drei Wissenschaftler – Roger Fisher, William Ury und Bruce Patton – sich auf die Suche nach alternativen Verhandlungswegen gemacht haben. Sie riefen hierfür 1979 das „Harvard Negotiation Project" an der Harvard Law School ins Leben. In ihrer gemeinsamen Publikation „Getting to Yes" fassen Fisher, Ury und Patton ihre Ergebnisse zu einem dritten Verhandlungsweg zusammen. Unter dem Namen „Harvard-Konzept" wurde diese Verhandlungsmethode zu einer der weltweit bekanntesten.

Ziel der Methode ist, zu einer Übereinkunft zu kommen, die die Interessen aller Beteiligten berücksichtigt, umsetzbar ist und das Verhältnis der Verhandlungspartner|innen nicht beeinträchtigt. Der Weg dorthin ist die strikte Trennung zwischen der Sache, über die verhandelt wird, und den Menschen, die miteinander verhandeln. Letztere sollen aus diesem Grund auch Seite an Seite nach einer Lösung suchen und nicht versuchen, den jeweils anderen von ihrem Standpunkt zu überzeugen (vgl. ebd., 31).

Dieses Abrücken von Standpunkten bedeutet auch, hierarchisch begünstigte Positionen, die man durch institutionelle Rahmensetzungen oder auch privilegierte Wertesysteme innehat, nicht auszuspielen bzw. sich darauf zurückzuziehen. Handlungsleitend sollte also nicht das eigene Durchsetzungspotenzial sein, das einem durch strukturelle Bedingungen gegeben ist und mit dem man auch Regeln zu seinem Vorteil aufstellen oder interpretieren kann, sondern die Bereitstellung von Verhandlungsräumen, in denen ein Austausch abseits von strukturellen Asymmetrien möglich wird. Indem man den Orientierungs- und Beurteilungssystemen aller Verhandlungspartner|innen möglichst den gleichen Raum und Wert gewährt, entsteht ein Austausch, der freier und unaufgeregter ist als eine Verhandlung, die durch das Voranstellen eines Systems von Beginn an deutlich eingeschränkte Möglichkeitsräume absteckt. Lösungswege beschränken sich dann hauptsächlich auf diesen abgesteckten Raum, der von einer Seite vordefiniert ist.

Quelle:

Fisher, Roger u.a. (1998): Das Harvard-Konzept: sachgerecht verhandeln – erfolgreich verhandeln. 17. Auflage. Frankfurt/M.

- Informationstext

Vier Gesprächsprinzipien

Das Harvard-Konzept ist eine Methode, die zu einem kooperativen Verhandeln anleiten soll. Ziel ist es, die Interessen aller Beteiligten wertzuschätzen und in der Lösungsfindung zu berücksichtigen, statt auf Standpunkten zu beharren. Leitend sind hierbei nach Roger Fisher, William Ury und Bruce Patton vier Gesprächsprinzipien:

1. Trennung der Sach- und Beziehungsebene

Die Trennung von Verhandlungspartner|innen und Verhandlungsgegenstand versucht der Tendenz entgegenzuwirken, sachliche Schwierigkeiten mit emotionalen und persönlichen Aspekten zu vermischen. Wenn unterschiedliche Grundhaltungen aufeinandertreffen, ist es bereits schwer, eine gemeinsame Sprache zu finden. Wird diese Situation jedoch zusätzlich noch emotional aufgeladen, ist eine Verständigung fast unmöglich. Es gilt also, die Verhandlungspartner|innen und den Verhandlungsgegenstand getrennt voneinander zu behandeln und möglichst zu erreichen, dass der Umgang von gegenseitiger Wertschätzung, Respekt, Verständnis und Vertrauen geprägt ist. Hilfreich ist hierbei u. a., zwischen persönlichen Ängsten bzw. Mutmaßungen und den Intentionen der Verhandlungspartner|innen klar zu trennen, die Werte und Haltungen der Gegenüber auch in die eigenen Überlegungen einzubeziehen sowie eigene Emotionen und die der Beteiligten versuchen zu erkennen und anzusprechen. Kurz: Die Verhandlungspartner|innen sollten zusammen nach einer Lösung suchen.

Beispielsituation:
Die Lehrerin Frau Lehmann führt mit den Eltern eines Schülers ein Gespräch über dessen Teilnahme an Biologiestunden, die sich mit der Evolutionstheorie beschäftigen. Die Eltern möchten aus religiösen Gründen nicht, dass ihr Sohn daran teilnimmt. Frau Lehmann ist Atheistin und hat nur wenig Verständnis für religiöse Glaubensgrundsätze, die wissenschaftlichen Erkenntnissen entgegenstehen. Darüber hinaus empfindet sie die Erziehungsmethoden der Familie im Allgemeinen als nicht mehr zeitgemäß und hinderlich für die Entwicklung ihres Schülers. Die Eltern haben es dagegen satt, gerade von nicht religiösen Menschen und insbesondere den Lehrer|innen ihrer Kinder aufgrund ihrer Weltanschauungen verurteilt zu werden.

Reflexionsfragen:
- Neutral betrachtet: Worum geht es in dieser Situation?
- Welche Emotionen und Erfahrungen werden von den Beteiligten eingebracht?
- Welche Rechte (nicht im strikt juristischen Sinn) fordern die Beteiligten für sich ein?

2. Konzentration auf Interessen statt Positionen
Hinter Verhandlungspositionen stehen immer auch Interessen. Wie nah oder weit Verhandlungspositionen voneinander entfernt sind, sagt nichts über die Nähe und Entfernung der dahinterstehenden Interessen aus. Man kann das gleiche Ziel verfolgen und zum Erreichen dieses Ziels entgegengesetzte Wege einschlagen. Ebenso kann man einen Weg gemeinsam gehen und dennoch unterschiedliche Ziele vor Augen haben. Einigt man sich zwischen Po-

sitionen, ist es unter Umständen möglich, dass die dahinterstehenden Interessen, die die Positionen erst hervorgebracht haben, unbefriedigt bleiben. Aus diesem Grund ist es essenziell, für eine erfolgreiche Verhandlung die Interessen der Beteiligten herauszufinden und nach Lösungswegen zu suchen, die diesen gerecht werden.

Beispielsituation:
Herrn Wolf ärgert als Sportlehrer schon länger, dass Befreiungen vom Sportunterricht viel zu leichtfertig ausgesprochen und hingenommen werden. Er setzt sich deshalb in seiner Schule dafür ein, es Schüler|innen und Eltern so schwer wie möglich zu machen, eine Befreiung zu erlangen. Jeder, der körperlich dazu in der Lage ist, sollte auch am Sportunterricht teilnehmen. Sport ist schließlich nicht nur ein geeignetes Mittel, den Klassenverbund zu stärken, sondern ist gerade im Hinblick auf einen um sich greifenden Bewegungsmangel und damit einhergehende gesundheitliche Risiken unter den Schüler|innen schlicht notwendig.

Reflexionsfragen:
- Was ist das Interesse von Herrn Wolf?
- Zu welcher Position führt dieses Interesse Herrn Wolf?
- Welche Durchsetzungsmittel leitet er aus seiner Position ab und wie groß ist das Konfliktpotenzial dieser Mittel?

3. Entwicklung von Entscheidungsalternativen
Im Normalfall geht man mit klaren Zielvorstellungen und Lösungsstrategien in Verhandlungen und möchte, dass die Verhandlungspartner|innen diese ebenfalls als sinnvoll ansehen und annehmen. Die Basis dieser Vorgehensweise ist der Glaube daran, dass es nur eine äußerst begrenzte Anzahl an Lösungswegen gibt. Häufig wird sogar davon ausgegangen, dass es nur einen richtigen Weg zur Lösung des Konflikts geben kann, welcher im Normalfall natürlich der eigene ist. Es wird also versucht, den eigenen bzw. ‚richtigen' Lösungsweg zur Angelegenheit aller Beteiligten zu machen, während jedoch die Schwierigkeiten, die sich unter Umständen für die Verhandlungspartner|innen daraus ergeben können, als Privatangelegenheit von diesen verstanden werden. Übereinkünfte sind jedoch nur dann tragfähig, wenn neben den eigenen Interessen auch die der Verhandlungspartner|innen berücksichtigt werden. In Pattsituationen ist es aus diesem Grund essenziell, die vorab festgelegten Möglichkeitsbegrenzungen aufzubrechen und neue Lösungswege zu ermitteln. Hierfür eignet sich ein Brainstorming, in dem Ideen gesammelt und nicht beurteilt werden, sowie der Versuch unternommen wird, Vorteile und Entscheidungshilfen für beide Seiten zu erarbeiten.

Beispielsituation:
Die Klasse 4a hat seit einiger Zeit eine neue Schülerin aus dem Ausland. In Mathe war Dana immer gut, doch sie hat noch Schwierigkeiten mit der deutschen Sprache, weshalb sie die Aufgabenstellungen nicht immer richtig versteht. Die Eltern fragen bei der Lehrerin nach, ob die Möglichkeit besteht, für ihre Tochter zusätzliche Bewertungskriterien in der Notengebung geltend zu machen oder ob ihr in sonst einer Weise entgegengekommen werden kann. Die Lehrerin erklärt, dass alle Kinder gleich bewertet werden müssen, da sonst Ungerechtigkeiten entstehen und ihr im Übrigen allein schon rechtlich die Hände gebunden sind. Sie habe alle Möglichkeiten, Danas Situation zu berücksichtigen, ausgeschöpft. Sie müsse sich eben noch mehr Mühe beim Deutschlernen geben bzw. das Jahr wiederholen.

Reflexionsfragen:
- Was sind die jeweiligen Fakten der Verhandlungspartner|innen, die den Rahmen für ihr Handeln bilden?
- Welche Lösungen favorisieren die beiden Seiten?
- Welche kreativen Lösungsmöglichkeiten wären für diese Situation denkbar?

4. Anwendung neutraler Beurteilungskriterien
Es wird immer Verhandlungen geben, in denen, unabhängig davon, ob man die Interessen des Gegenübers nachvollziehen kann oder einem viel an der Beziehung zu den Verhandlungspartner|innen liegt, sich die Zielsetzungen und Interessen der Beteiligten widersprechen. Dann ist die Gefahr groß, dass am Ende nur noch über das verhandelt wird, was jede Seite will. Übereinkünfte auf Grundlage des Willens sind jedoch immer mit unverhältnismäßigen Kosten für alle verbunden. Zielführender ist deshalb das Verhandeln auf Basis unabhängiger Bewertungskriterien, wie bspw. Präzedenzfälle, wissenschaftliche Analysen, ethische Kriterien, Gesetze, Expert|innenmeinungen oder auch die möglichen Folgen von Entscheidungen. Zur Entwicklung von neutralen Beurteilungskriterien ist es wichtig, sich nicht unter Druck setzen zu lassen, evtl. Dritte dazuzuholen und anstatt um Positionen zu feilschen, sich und das Gegenüber zu fragen, auf welcher Grundlage die jeweiligen Angebote beruhen bzw. beruhen sollten.

Beispielsituation:
In der Klasse 10b wird gerade das Thema ziviler Ungehorsam, Protest, Unruhen und Revolution behandelt. Die Schüler|innen sollen dazu Referate halten. Alexej ist bei der Themenverteilung krank. Herr Klopp, der Politiklehrer, teilt ihm mit, dass er zum Thema Krim-Krise referieren soll, da dieses The-

ma übrig geblieben ist. Alexej möchte lieber ein anderes Thema, da es ihn schon seit Längerem nervt, durch die Herkunft seiner Familie immer wieder Auskunft über die russische (Macht-)Politik im Allgemeinen und Putins Regierungs- bzw. Politikstil im Speziellen geben zu müssen. Er fühlt sich diskriminiert. Herr Klopp sieht das anders, schließlich ist das Thema übrig geblieben und soll auch referiert werden, da es ein aktuelles Beispiel ist. Darüber hinaus hat Alexej seiner Meinung nach mit dem Thema ja auch große Vorteile, da er aufgrund seiner Sprachkenntnisse vielfältiger darüber berichten kann, was eine gute Note wahrscheinlich macht.

Reflexionsfragen:
- Um welche Interessen geht es den Verhandlungspartnern?
- Was könnten die Folgen sein, wenn sich ein Verhandlungspartner stur stellt?
- Über welche Beurteilungskriterien für die Situation könnten Alexej und Herr Klopp verhandeln?

Was tun, wenn das Gegenüber nicht mitmacht?
Sobald eine Seite in einer Verhandlung auf der eigenen Position besteht, ist die andere Seite versucht, diese zu widerlegen und die eigene Sichtweise hervorzuheben. Spricht man der Gegenposition jedoch die Berechtigung ab, zwingt man die Verhandlungspartner|innen dazu, auf ihrer Sicht zu beharren. Verteidigt man die eigene Position, schließt man sich selbst ein. Man errichtet eine Spirale aus Angriff und Verteidigung, die kraft- und zeitraubend ist. Durchbrechen kann man diesen Kreislauf, indem man auf einen Angriff nicht mit einer Verteidigung oder einem Gegenangriff reagiert, sondern diesen ins Nichts laufen lässt. Die Position des Gegenübers sollte man weder abwehren noch ihr zustimmen, sondern mit gezielten Fragen und Beobachtungen nach den Interessen und Prinzipien dahinter fahnden. Ebenfalls sinnvoll bei der Suche nach den Interessen der Verhandlungspartner|innen ist der Verzicht auf die Verteidigung der eigenen Vorschläge. Zielführender ist es, danach zu fragen, was an den eigenen Vorschlägen störend ist und ob sich etwas daran ändert, wenn an bestimmten Stellschrauben gedreht wird. Denkbar ist auch, das Gegenüber darum zu bitten, Vorschläge zu machen, die die Lage, in der man selbst steckt, berücksichtigen. Sollte der|die Verhandlungspartner|in einen persönlich angreifen, ist es schwer, sich nicht zu verteidigen, jedoch bewegt man mehr, wenn man den Angriff über sich ergehen lässt und den Grund für den Angriff – z. B. die Sorge um ein Kind – als Gemeinsamkeit aufgreift und thematisiert. Kurz: Man sollte möglichst Fragen stellen, statt Statements zu formulieren.

Quellen:
Große Boes, Sefanie/Kaseric, Tanja (2011): Trainer-Kit. Die wichtigsten Trainings-Theorien, ihre Anwendung im Seminar und Übungen für den Praxistransfer. 5. Auflage. Bonn, S. 94-108.
Fisher, Roger et al. (1998): Das Harvard-Konzept: sachgerecht verhandeln – erfolgreich verhandeln. 17. Auflage. Frankfurt/M.

Situationsbeschreibung mit Arbeitsanweisungen

Quelle: LeB|in|MiG in Anlehnung an: Altan, Melahat u. a. (2009): Eine Frage der Haltung. Eltern(bildungs-)arbeit in der Migrationsgesellschaft. Eine praxisorientierte Reflexionshilfe. Stuttgart, S. 33.

Schullandheim

Frau E. ist Klassenlehrerin in der 9. Klasse an einer Realschule. An einem Elternabend wird die bevorstehende Klassenfahrt in einen Schullandheim besprochen. Eine Mutter spricht die Lehrerin nach der Veranstaltung an und sagt, dass sie ihre Tochter nicht mitfahren lassen will. Von anderen Eltern aus ihrer religiösen Gemeinde hätte sie gehört, dass Kinder in diesem Alter bei solchen Klassenfahrten heimlich Alkohol und Zigaretten konsumieren würden. Außerdem macht sich die Mutter große Sorgen um ihre Tochter, weil diese seit Kurzem sehr an Jungs, Flirten und Beziehung interessiert ist. Neulich hätte die Tochter erzählt, dass sie nun einen Freund hat (der dieselbe Klasse besucht), was zu einem Streitgespräch zwischen ihr und ihren Eltern geführt hat. Daher hat die Mutter Angst, dass es in einem Schullandheim, wo sich die Tochter ohne elterliche Aufsicht aufhält, zu einem sexuellen Verhältnis zwischen ihr und ihrem Freund kommen könnte.

Aufgabe:
Sammelt zunächst Argumente, die ihr bei einem Gespräch mit der Mutter vorbringen könntet, um der Tochter die Teilnahme am Schullandheimaufenthalt zu ermöglichen (max. 10 Minuten).

Arbeitsanweisungen zu den Gesprächsprinzipen

- Gesprächsprinzip 1

Der dritte Verhandlungsweg setzt sich aus vier zentralen Handlungsstrategien zusammen (s. Informationstext). Gleicht eure Argumente mit den Anforderungen der ersten Handlungsstrategie „Menschen und Probleme getrennt voneinander behandeln“ ab und überlegt, welche Argumentationslinien Gefahr laufen, persönlich zu werden, oder negativ behaftete Haltungen und Handlungen unterstellen könnten. Sortiert diese Argumentationslinien aus oder arbeitet an ihnen weiter, bis sie sich gezielt dem eigentlichen Problem zuwenden. Falls ihr noch Zeit habt, könnt ihr euch auch überlegen, welche Vorgehensweisen während der Aushandlung helfen könnten, der Mutter zu verdeutlichen, dass die menschliche Ebene zwischen ihr und der Lehrerin von der Aushandlung nicht beeinflusst wird. Haltet die Entwicklung eines eurer Argumente auf einem Flipchartbogen fest.

- Gesprächsprinzip 2

Der dritte Verhandlungsweg setzt sich aus vier zentralen Handlungsstrategien zusammen (s. Informationstext). Gleicht eure Argumente mit den Anforderungen der zweiten Handlungsstrategie „Konzentration auf Interessen, nicht auf Positionen" ab und überlegt, welche Argumentationslinien Gefahr laufen, das eigentliche Interesse der Aushandlung bzw. der Beteiligten aus den Augen zu verlieren und versuchen, allgemeine Meinungspositionen zu verteidigen. Sortiert diese Argumentationslinien aus oder verändert sie so, dass sie sich dem eigentlichen Interesse zuwenden. Falls ihr noch Zeit habt, könnt ihr euch auch überlegen, welche Vorgehensweisen während der Aushandlung helfen könnten, der Mutter zu zeigen, dass auf die Situation bezogenen Interessen und nicht allgemein angeeignete Meinungen im Vordergrund stehen sollten. Haltet die Entwicklung eines eurer Argumente auf einem Flipchartbogen fest.

- Gesprächsprinzip 3

Der dritte Verhandlungsweg setzt sich aus vier zentralen Handlungsstrategien zusammen (s. Informationstext). Gleicht eure Argumente mit den Anforderungen der dritten Handlungsstrategie „Den gegenseitigen Nutzen in den Vordergrund stellen" ab und überlegt, welche Argumentationslinien Gefahr laufen, einer Seite übermäßig zu nützen und damit die Handlungs- und Lösungsoptionen der beteiligten Diskutant|innen einengen. Sortiert diese Argumentationslinien aus oder verändert sie so, dass die Suche nach einem gegenseitigen Nutzen im Vordergrund steht und den Beteiligten Handlungsspielräume eröffnet werden. Falls ihr noch Zeit habt, könnt ihr euch auch überlegen, welche Vorgehensweisen während der Aushandlung eine win-win-Lösung begünstigen könnten. Haltet die Entwicklung eines eurer Argumente auf einem Flipchartbogen fest.

- Gesprächsprinzip 4

Der dritte Verhandlungsweg setzt sich aus vier zentralen Handlungsstrategien zusammen (s. Informationstext). Gleicht eure Argumente mit den Anforderungen der vierten Handlungsstrategie „Neutrale Beurteilungskriterien anwenden“ ab und überlegt, welche Argumentationslinien Gefahr laufen, der ganzen Situation die Beurteilungskriterien eines|r Verhandlungspartners|in überzustülpen und so das Wertesystem des Gegenübers für nicht tragfähig erklären. Sortiert diese Argumentationslinien aus oder verändert diese so, dass die Beurteilungskriterien der Beteiligten gleichermaßen einfließen oder neue entstehen. Falls ihr noch Zeit habt, könnt ihr euch auch überlegen, welche Vorgehensweisen während der Aushandlung helfen könnten, neutrale bzw. von allen Beteiligten akzeptierte Beurteilungskriterien herauszuarbeiten. Haltet die Entwicklung eines eurer Argumente auf einem Flipchartbogen fest.

Transferübungen

Lehrwerkauswertung

■ Quelle

Entwurf nach LeB|in|MiG

VARIANTE: Die hier dargestellte Lehrwerkauswahl bezieht sich auf Geografie-Lehrwerke. Bei dieser Übung können auch Darstellungen in Lehrwerken anderer Fachrichtungen (Geschichte, Deutsch, Fremdsprachen ...) unter die Lupe genommen werden. In diesem Fall werden die einzelnen Aufgaben der Übung entsprechend angepasst

■ Ziele

- Entwicklung eines kritischen Zugangs zu Lernmaterialien
- Transfer der erworbenen theoretischen Kenntnisse in die Praxis
- Erkennen von rassistischen/diskriminierenden Mustern
- Erkennen von einseitigen Darstellungen
- Erkennen von Autor|innen-Perspektiven
- Entwicklung der Fähigkeit zur Modifikation von bestehenden Lernmaterialien

■ Zeit

ca. 90 Minuten

■ Ablauf

Aufgabenbeschreibung

VARIANTE: Bei einer größeren Anzahl der Teilnehmenden können zwei bzw. drei Gruppen gebildet werden. In diesem Fall: Mehr Kapitelzusammenfassungen vorbereiten oder jeder Gruppe dieselben Zusammenfassungen geben und danach die Ergebnisse zwischen den Gruppen vergleichen lassen.

Die Teilnehmenden arbeiten zusammen in einer Gruppe und stehen um einen größeren Tisch herum. An dem einen Ende des Tisches liegt die Karte √ (steht für ‚positiv'/‚differenzierte Darstellung') und an dem gegenüberliegenden Ende die Karte X (steht für ‚negativ'/‚undifferenzierte Darstellung'). Auf dem Tisch finden sich auch ca. zehn Kapitelzusammenfassungen (auf ein Blatt kopierte Sammlung von Kapitelausschnitten) aus verschiedenen Geografie-Lehrwerken, die aus Überschriften, Bildern und evtl. kurzen Texten aus den jeweiligen Kapiteln bestehen. Dazu erhalten die Teilnehmenden Arbeitsaufgaben, die sie immer vor Augen haben sollten.

Die Teilnehmenden verorten die Kapitelzusammenfassungen frei zwischen den beiden Polen ‚differenziert' und ‚undifferenziert'.

Als Variante können die Kärtchen auf dem Boden platziert werden. So haben die Teilnehmenden evtl. mehr Platz.

Auswertung

Nach jeder Aufgabe fassen die Teilnehmenden für die Teamer|innen zusammen, was sie diskutiert haben, wie sie zu ihrem Ergebnis gekommen sind und was ihnen aufgefallen ist.

■ Kommentar

Diese Übung bietet den Teilnehmenden die Möglichkeit, einen kritischen Blick auf bestehende Lernmaterialien zu werfen. Wichtig ist dabei, dass nicht nur Kritik geübt wird, sondern auch Optimierungsvorschläge gemacht werden.

Lehrwerkauswahl

Bücher von unterschiedlichen Verlagen/für unterschiedliche Schultypen etc. analysieren

Bei der Lehrwerkauswahl wäre es spannend, Materialien von verschiedenen Verlagen für die gleiche Altersstufe und den gleichen Schultyp einzubeziehen. Denkbar ist auch ein Vergleich zwischen den Lehrbüchern desselben Verlags für verschiedene Schultypen bzw. verschiedene Bundesländer. Nach der Präsentation werden die Unterschiede zwischen den Verlagen/Lehrbüchern für verschiedene Schultypen/Bundesländer besprochen.

Materialumfang

Die in dieser Übung vorgeschlagenen Kapitelauszüge (s. *Material*) sind als Anregung zu verstehen. Je nach thematischem Kontext bzw. abhängig von den Studienfächern der Teilnehmenden, Zugangsmöglichkeiten zu Lehrwerken etc. sind auch andere Materialzusammenstellungen möglich.

Die Menge des Materials genau planen

Die Menge des im Workshop eingesetzten Materials sollte vor dem Workshop genau geplant werden. Erfahrungen im Projekt LeB|in|MiG haben gezeigt, dass die Teilnehmenden schnell müde werden, wenn man ihnen zu viele Kapitelzusammenfassungen auf einmal vorlegt. Außerdem erschwert eine zu umfangreiche Palette an Beispielen die Diskussion in der Gruppe/den Gruppen, da zu viele Aspekte besprochen werden müssen.

Schwierigkeiten bei der Einordnung

Keine Angst vor Widersprüchen und Uneindeutigkeiten bei der Zuordnung des Materials!

Bei der Einordnung der Kapitelzusammenfassungen zwischen ‚differenziert' und ‚undifferenziert' ergeben sich oft Schwierigkeiten für die Teilnehmenden. Das kann damit zusammenhängen, dass in den Lehrbuchtexten differenzierte und undifferenzierte Zugänge oft verschwimmen, was eine eindeutige Zuordnung des Materials unmöglich macht. Dies ist völlig normal und den Teilnehmenden soll auch klar sein, dass es in der Übung nicht um die eindeutige Zuordnung geht, sondern darum, die eventuellen Uneindeutigkeiten zu erkennen und sich in der Gruppe darüber auszutauschen.

Die Einordnung der Kapitelzusammenfassungen zwischen den Polen ergibt sich vordergründig aus dem Vergleich der Materialien miteinander. Hier ist es wichtig, dass sich die Teilnehmenden dessen bewusst sind, warum sie das eine oder andere Kapitel als weniger oder mehr differenziert im Vergleich zu den anderen einstufen.

Wichtig: Auch auf Bilder achten

Wichtig bei der Einordnung ist, nicht nur auf die Texte, sondern explizit auch auf die Bilder zu achten. Oft ergibt sich aus dem Vergleich von Text und Bild eine Spannung – so wie beispielsweise in dem Kapitel über die Karibik (TERRA Geographie für Sachsen – Mittelschule, 8. Schuljahr, 122-123), in dem die Bilder von den Teilnehmenden als nicht passend zum Text wahrgenommen wurden, da der Text differenzierter mit den Themen Tourismus etc. umging, als die Bilder es suggeriert haben.

Modifikation der Beispiele

Wichtig: Möglichkeiten ermitteln, wie man mit weniger differenzierten Materialien umgeht

Eines der Übungsziele ist, die Fähigkeit bei den Teilnehmenden zu entwickeln, Materialien aus den Lehrbüchern umzugestalten. Hierbei ist zum einen wichtig, dass sich die Teilnehmenden nicht nur dazu äußern, wie man die Materialien anders hätte gestalten sollen, sondern auch Wege aufzeigen, wie man als Lehrer|in die bereits vorhandenen weniger differenzierten Materialien ändern könnte. So könnte die Lehrkraft beispielsweise zusätzlich zu dem Kapitel über die Karibik Bilder finden und mitbringen, die den Einfluss des Tourismus deutlicher machen als die bereits vorhandenen ‚paradiesischen' Bilder. Beim Thema Armut könnte auf die Unterschiede der Armut in verschiedenen Ländern eingegangen werden usw. Selbstverständlich sollte die Suche nach ‚Gegenpolen' für die einseitige Darstellung nicht ausschließlich den Lehrer|innen selbst überlassen werden. Es bietet sich in diesem Kontext eine gute Möglichkeit an, die Schüler|innen selbstständig recherchieren zu lassen. Das Ziel dabei sollte sein, die Einseitigkeit der Darstellungen zu durchbrechen und andere Sichtweisen auf die in den Lehrbüchern beschriebenen Tatsachen zu präsentieren.

Kapitelzusammenfassungen: Ein Beispiel

- Bierwirth, Joachim et al. (2009): TERRA Erdkunde für Hessen – Ausgabe für Haupt- und Realschulen: TERRA Erdkunde 2 Hessen. Band 2. Stuttgart.

Bilder und Texte auf S. 146-147,
Bild auf S. 148-149+Überschrift „Viele Völker – viele Konflikte“
Bild auf S. 152+Überschrift „Sibirien – Erschließung und Krise“
Absatz auf S. 148 (von „Eine Reise durch Russland ...“ bis „... in einem Staat leben“)
Absatz auf S. 148 „Pulverfass Kaukasus“
Absatz auf S. 150 (von „Nach den Reformen ...“ bis „besser ausgestattet sind“)
Absatz auf S. 151 (von „Etwa im Jahre ...“ bis „der Arbeitsplatzabbau erheblich“)
Absatz auf S. 152 (von „Seit 1991 ...“ bis „... verseucht werden“).

- Brodengeier, Egbert u. a. (2009): TERRA Geographie für Sachsen – Mittelschule: TERRA Geographie, Ausgabe Sachsen, 8. Schuljahr. Stuttgart.

Bild „Afrika im Überblick“, S. 4-5
Bild „Oberflächenformen Afrikas“, S. 8
Bilder zur Illustrierung der Geschichte Afrikas, S. 16-17
Text „Unser Bild von Afrika“, S. 6
Absatz „An den König von Portugal von Nzinga, dem König des Kongo“, S. 15
Überschriften auf S. 14-17
Absatz auf S. 17 (von „Staaten wurden ...“ bis „Staaten oder Volksgruppen“
Überschriften „Ein Kontinent – zwei Kulturerdteile“, „Schwarzafrika“, „Orient“, S. 18
Sämtliche Texte und Bilder auf S. 19
Bild „Raumnutzung Afrikas“, S. 52-53
Überschriften „Wasser in der Wüste?“, S. 54, „Oasen im Wandel“, S. 56, „Zu wenig Niederschläge?“, S. 60, „Zu viele Tiere?“, S. 62, „Zu wenig Geld?“, S. 64, „Zu viele Menschen?“, S. 66 – und dazu gehörende Bilder sowie Texte
Bilder „vor und nach der Desertifikation“, S. 68
Überschrift „Nigeria – reiches, armes Land“, S. 74
Bild von Abuja, S. 75
Überschrift „Äthiopien – das Herkunftsland des Kaffees“ auf S. 72, und dazugehörige Texte bzw. Bilder
Überschrift „Bürgerkrieg im Sudan“ auf S. 78 und dazugehörige Bilder sowie Texte

Überschrift „Kenia – ein Tourismusmagnet“ und Bild „Abenteuer Busch und weiße Strände“, S. 80
Bild „Australien, Ozeanien und Polargebiete“, S. 98-99
Bild vom Kiwi-Vogel, S. 101
Überschrift „Kontinent der Einwanderer“, S. 102
Text „geliebte Vielfalt“, S. 102
Schaubild „Der trockene Kontinent“, S. 104
Text „Die Natur in Gefahr“, S. 107
Überschrift „Leben im Outback“, S. 108
Text „Unterricht per Satellit“, S. 109
Auszüge aus dem Text „Die Wirtschaft Australiens“, S. 110
Text „Die Ureinwohner Australiens verstehen“, S. 114-115
Bilder „Ureinwohner“ und „Aboriginal People“ auf S. 115
Überschrift „Vulkaninseln und Koralleninseln“, S. 120
Überschrift „Paradies Südsee“, S. 122, und dazugehörige Texte und Bilder auf S. 122-123

- Hoffmann, Reinhard (2006): Diercke Geography for bilingual classes – Workbook Basic. Braunschweig.

Bilder, Überschriften und Texte auf S. 34-35

Arbeitsanweisungen

- Vor euch liegen ausgewählte Kapitelausschnitte aus verschiedenen Geografiebüchern. Diskutiert, wie die jeweiligen Themen in den Kapiteln bearbeitet werden. Ordnet den Zusammenfassungen von Kapitelausschnitten danach einen Platz zwischen den beiden Polen ‚differenzierte Darstellung‘ und ‚undifferenzierte Darstellung‘ zu.
- Schaut euch nun die gekennzeichneten Zusammenfassungen noch einmal genauer an und überlegt, aus welcher Perspektive das jeweilige Thema in den Kapiteln bearbeitet wurde (z. B. westliche/nicht-westliche Perspektive, dominante/untergeordnete Perspektive, ...). Wird diese Perspektive reflektiert und hinterfragt? Wenn ihr wollt, könnt ihr die Anordnung zwischen den Polen verändern.
- Einigt euch auf ein Kapitel, das ihr gerne umgestalten würdet. Überlegt euch, was ihr anders machen würdet, warum und wie ihr es anders machen würdet.
- Wie könnt ihr weniger differenzierte/reflektierte Materialien trotzdem im Unterricht einsetzen? Was ist dabei zu beachten? Veranschaulicht das am Beispiel eines ausgewählten Kapitels.

Mehrsprachige Schule

Quelle

LeB|in|MiG in Anlehnung an: Schader, Basil (2004) Sprachenvielfalt als Chance. Das Handbuch. Hintergründe und 101 praktische Vorschläge für den Unterricht in mehrsprachigen Klassen. Zürich, S. 87 f.

Ziele

- Erarbeitung von und Reflexion über konkrete Möglichkeiten, Mehrsprachigkeit in der Klasse/Schule präsent bzw. sichtbar zu machen

Zeit

ca. 40 Minuten

Ablauf

Aufgabenbeschreibung

HINWEIS: In der Brainstorming-Phase werden alle geäußerten Ideen zunächst unkommentiert aufgeschrieben. Das Ziel dabei ist, möglichst viele Ideen zu sammeln, damit genug ‚Material' für den nachfolgenden Schritt vorhanden ist.

Die Teilnehmenden bilden drei bis vier Kleingruppen und bekommen die Aufgabe, zunächst in einem Brainstorming möglichst viele Ideen darüber zu sammeln, wie man die in der Klasse bzw. Schule vorhandene Mehrsprachigkeit fördern könnte. Es geht dabei konkret um folgende Fragen:

- Wie kann man die zahlreichen in der Klasse/Schule gesprochenen Sprache sichtbar machen?
- Wie kann man Respekt gegenüber diesen Sprachen zum Ausdruck bringen?
- Wie kann man andere Sprachen in den Unterricht bzw. in die Aktivitäten außerhalb des Unterrichts einbeziehen?

Nach dem Brainstorming werden die Ideen von den Teilnehmenden noch einmal durchgegangen, um die Vorschläge auszuwählen, die den Teilnehmenden am geeignetsten und am sinnvollsten erscheinen bzw. sich am besten umsetzen lassen. Diese werden im Anschluss von den Kleingruppen präsentiert.

Auswertung

Nach der Präsentation der Ergebnisse werden die geäußerten Vorschläge im Plenum besprochen.

■ Kommentar

Die Teamer|innen und andere Teilnehmende können sich nach der Präsentation zu den eingebrachten Vorschlägen äußern bzw. die Angemessenheit der Vorschläge diskutieren und ggf. weitere Vorschläge machen. Einige Ideen:

Im Klassenzimmer

- Willkommensplakat an der Eingangstür in verschiedenen Sprachen
- große Sprechblasen mit Begrüßungsformeln in verschiedenen Sprachen an den Wänden
- Tabelle mit/Verzeichnis von allen Sprachen, die in der Klasse gesprochen werden oder Visualisierung der in der Klasse gesprochenen Sprachen durch Zeichnungen, Schemata etc.
- Schülertexte (z. B. Beschriftung von Bildern und Objekten) in verschiedenen Sprachen
- Kalender mit Wochentagen und Monatsnamen in allen Sprachen der Klasse, in das Feste, Feier, Geburtstage eingetragen werden
- In der Klassenbibliothek: Einbeziehung von Büchern, Zeitschriften etc. in anderen Sprachen

Wichtig: Die Vorschläge zielen nicht so sehr darauf, dass alle Schüler|innen in der Lerngruppe mehrere Sprachen lernen, sondern eher darauf, dass Mehrsprachigkeit allgemein als Normalität anerkannt und wertgeschätzt wird

Im Schulgebäude

- Mehrsprachige Wegweiser im Schulgebäude
- In der Schulbibliothek: Einbeziehung von Büchern, Zeitschriften etc. in anderen Sprachen

Im Unterricht

- Begrüßung/Verabschiedung auch mit den Formeln aus unterschiedlichen Herkunftssprachen
- ‚Hör- und Leseproben' in verschiedenen Sprachen
- Einbezug von mehrsprachigen Texten

Wichtig dabei: Über Vorschläge reflektieren

Vorschläge für die Darstellung der Mehrsprachigkeit in der Klasse nicht unreflektiert einsetzen!

Die oben angeführten Ideenbeispiele versuchen, das im Schulkontext noch immer übliche negative Verständnis lebensweltlicher Mehrsprachigkeit zu überwinden. Mehrsprachigkeit wird stattdessen als Normalität und gleichzeitig als Ressource gesehen, von der alle Schüler|innen in der Klasse unabhängig von ihrem Hintergrund profitieren können. Dennoch sind diese Vorschläge nicht per se kritikfrei und universell einsetzbar. Je nach der konkreten Situation in der Klasse bzw. der Umsetzung durch Lehrer|innen können einige dieser Ideen zu Kulturalisierungen und Festschreibungen führen. Diese Gefahren sollten deshalb mit den Teamer|innen bei einer Ideenbesprechung im Plenum unbedingt thematisiert werden.

Auf mögliche Kulturalisierungen bzw. Festschreibungen achten

Wenn z. B. bei der Visualisierung von den in der Klasse gesprochenen Sprachen zu der auf den ersten Blick naheliegenden Darstellung mittels nationaler Fahnen/Symbolen gegriffen wird, wird ein festschreibender Automatismus stark, der bestimmte Sprachen an bestimmte Staaten bindet und die Vielfältigkeit und Uneindeutigkeit der nationalsprachlichen Konstellationen in vielen Ländern vernachlässigt (so stellt sich z. B. in diesem Kontext die Frage, wie denn Kurdisch, Sorbisch oder auch die Sprachen in der Schweiz dargestellt werden sollen). Daher sollte man nach Möglichkeiten suchen, andere, stärker individuelle/assoziative Darstellungsformen für Sprachen zu benutzen (Bilder von berühmten Persönlichkeiten, die die jeweilige Sprache gesprochen haben; Zitate, Transkriptionsschemen, abstrakte Darstellungen etc.).

Pros und Kontras je nach konkreter Situation erwägen

Auch haben die Unterrichtssituationen, bei denen Schüler|innen mit Migrationshintergrund ihre Sprachkenntnisse einbringen und als ‚Expert|innen' für bestimmte Sprachen fungieren sollen, immer zwei Seiten: Zum einen kann auf solche Weise die mitgebrachte Mehrsprachigkeit der Kinder gewürdigt werden. Durch die Versetzung in die ‚Experten|in'-Rolle können die Motivation und das Selbstbewusstsein der Schüler|innen gesteigert werden. Auf der anderen Seite ist es für Lehrer|innen wichtig, die Beiträge der mehrsprachigen Schüler|innen als eine freiwillige Leistung und nicht als eine Pflicht anzusehen, um kulturalisierenden Festschreibungen zu entkommen. Der Wunsch vieler Schüler|innen, nicht ausschließlich auf einen bestimmten sprachlichen Hintergrund festgelegt zu werden, sollte respektiert werden. Eine Möglichkeit könnte sein, generell keine Regeln darüber aufzustellen, wer die Expert|innenrolle für welche Sprache übernimmt bzw. zu welchem Grad mehrsprachige Schüler|innen ihre ‚Expert|innen'-Kenntnisse einbringen müssen.

Analyse von Fallbeispielen zu Mehrfachzugehörigkeiten

■ Quelle

Entwurf nach LeB|in|MiG

■ Ziele

- Herstellen eines Bezugs zur Schulpraxis
- Entwicklung von Strategien für Lehrpersonen, mit Mehrfachzugehörigkeiten in der Klasse umzugehen

■ Zeit

Mündlich: ca. 40 Min.,
schriftlich (als Reflexionsaufgabe): ca. 30 Min.

■ Ablauf

Aufgabenbeschreibung

Die Teilnehmenden bekommen drei Arbeitsaufträge, die Situationen bzw. Fragen aus dem Schulalltag in Bezug zu Interkulturalität und Mehrfachzugehörigkeiten vorgeben. Sie müssen Lösungen für die Situationen erarbeiten, ohne hierbei Kulturalisierungen Vorschub zu leisten. Dann nehmen die Teilnehmenden dazu Stellung.

Übungsform und Auswertung

Diese Übung lässt sich je nach Zeitrahmen und Zielsetzung in mehreren Varianten durchführen. Einige davon sind beispielsweise:

In Kleingruppen:
Die Teilnehmenden bilden drei Kleingruppen. Jede Kleingruppe bekommt eine Frage, zu der sich die Teilnehmenden begründete ‚Lösungsstrategien' überlegen. Diese können auf dem Flipchart oder einem großem Papierblatt festgehalten werden. Danach stellt jede Gruppe ihre Ergebnisse vor und andere Gruppen nehmen Stellung dazu. Ggf. werden die Strategien auf dem Flipchart ergänzt.

Im Plenum:
Die Situationen werden nacheinander im Plenum diskutiert. Dieses Verfahren eignet sich gut bei einer relativ kleinen Anzahl von Teilnehmenden. Die Diskussion kann je nach Zielen der Teamer|innen stärker oder weniger stark gesteuert stattfinden.

Als schriftliche Reflexionsaufgabe:
Diese Übungsvariante ist angemessen, wenn die Teamer|innen Wert auf die Reflexion aller Teilnehmenden zu dem Thema legen. In diesem Fall ist allerdings eine nachfolgende Besprechung der Lösungen wichtig, da ansonsten die Gefahr besteht, dass unreflektierte Strategien von den Teilnehmenden verinnerlicht werden.

■ Kommentar

Kann man ,richtig' handeln?

Die Auseinandersetzung mit den Fallbeispielen veranschaulicht sehr gut, dass es keine eindeutigen bzw. ,richtigen' Handlungsanweisungen für interkulturelle (oder als interkulturell gedeutete) Situationen geben kann. Es können lediglich – und das ist eines der Ziele dieser Übung – Entscheidungs- und Handlungsgrundlagen begreifbar gemacht werden, die den Teilnehmenden die Lösungsfindung erleichtern können (s. auch *Theoretische Einführung*, S. 24 ff.).

Wichtig: Es gibt keine eindeutigen/,richtigen' Lösungen!

Mögliche Lösungsvarianten

Hier sind einige Beispiele für konkrete Lösungsvarianten, die die Teamer|innen mit den Teilnehmenden besprechen können:

Arbeitsauftrag 1: Die wichtigste Frage ist bei dieser Situation, warum das Kind den|die Lehrer|in überhaupt nach seiner

Zeitlich begrenzte bzw. einmalige Lösungen (ein Vortrag zum Thema/ein Elterngespräch usw.) haben keinen nachhaltigen Effekt und sind daher weniger sinnvoll.

natio-ethno-kulturellen Zugehörigkeit fragt. Daher könnte der erste Schritt für die Lehrperson sein, den Jungen selbst zu fragen, warum diese Frage für ihn wichtig ist. Sollte ein Konflikt des betroffenen Schülers mit den Klassenkameraden vorliegen (z. B. diskriminierende Äußerungen seitens anderer Schüler|innen), sollte man sich als Lehrer|in überlegen, die Themen Mehrfachzugehörigkeit, Migrationshintergrund und Diskriminierung mit der gesamten Klasse losgelöst von dem konkreten Fall (!) zu thematisieren. Dabei ist wichtig, dass diese Thematisierung keine einmalige Sache ist, sondern konsequent und auf unterschiedliche Art und Weise während und außerhalb des Unterrichts stattfindet. Des Weiteren sollte eine Strategie überlegt werden, die Klasse nach und nach für den Umgang mit migrationsbezogenen Realitäten zu sensibilisieren. Hierbei bedarf es einer Kooperation mit anderen Lehrer|innen an der Schule und der Schulleitung.

Unabhängig von der individuellen Problemlösung soll die gesamte (!) Klasse für das jeweilige Thema sensibilisiert werden.

Sollte das Kind einen Widerspruch feststellen zwischen den Zugehörigkeitsfestschreibungen, die zu Hause einerseits und in der Schule andererseits vorgenommen werden, könnte der Lehrer|die Lehrerin mit dem Kind darüber sprechen, dass es nicht ungewöhnlich ist, mit mehreren Zugehörigkeiten gleichzeitig aufzuwachsen und dass man lernen muss, bewusst damit umzugehen. Natürlich sollte dies mit Beispielen, die für einen Zwölfjährigen verständlich sind, veranschaulicht werden. Sollte das Kind unter den unterschiedlichen Anforderungen vonseiten der Familie und der Schule leiden, empfiehlt sich ein klärendes Gespräch mit den Eltern, bei dem idealerweise eine gemeinsame Strategie im Umgang mit den Mehrfachzugehörigkeiten des Kindes erarbeitet werden sollte.

Traditionelle Vorstellung von ‚interkulturellen Festen‘ revidieren

Arbeitsauftrag 2: Bei der Aufarbeitung dieser Situation ist es für die Teamer|innen wichtig, den traditionellen Ablauf der sogenannten interkulturellen Schulfeste (jedes Kind mit Migrationshintergrund soll in landes- bzw. kulturtypischer Kleidung kommen/ein typisches Gericht aus seinem ‚Heimatland' mitbringen/einen Vortrag über das Herkunftsland seiner Eltern halten etc.) kritisch zu beleuchten und die Teilnehmenden auf die Gefahren hinzuweisen, die sich aus einer Festschreibung der Kinder auf ihre Herkunftsregion ergeben. Die Teilnehmenden können dann nach geeigneten Alternativen suchen. Folgende Ideen könnten in diesem Zusammenhang besprochen werden:

- Erstens könnte man Kinder fragen, welche Art Fest sie sich wünschen.
- Feiertage aus anderen Ländern (z. B. der Kindertag in der Türkei) könnten als Anlass für ein Schulfest genommen werden. So wird die Partizipation von Minderheiten erwirkt und eine Wertschätzung gegenüber anderen Traditionen und Religionen erbracht. Dabei sollte allerdings versucht werden, typisierte Beschreibungen des ‚traditionellen' Festablaufs zu vermeiden und stattdessen kreativ mit der Gestaltung des Festes umzugehen, indem z. B. bestimmte Aspekte hervorgehoben, modifiziert, mit Elementen anderer Feste verknüpft werden etc.
- Denkbar wäre auch, ein Fest unter dem Motto „Kinderspiele aus aller Welt" zu organisieren und es so zu gestalten, dass nicht nach dem ‚typisch Kulturellen' gesucht wird. Auf jeden Fall sollten die Schüler|innen frei entscheiden, aus welchem Land/aus welcher ‚Kultur' sie ein Spiel vorstellen.

Wichtig: Den Schüler|innen möglichst viele Möglichkeiten zur selbstständigen Entscheidung und Mitgestaltung geben

Sollte im Rahmen des Festes ein ‚interkulturelles Frühstück' o. Ä. veranstaltet werden, wäre es eine gute Möglichkeit, dem traditionellen Verständnis von Interkulturalität ein kritisches entgegenzusetzen. Die Kinder entscheiden sich dann ganz unabhängig von ihrem Hintergrund, welches Essen sie mit-

Erweitertes Verständnis von ‚Interkulturellem' fördern

bringen (z.B. einfach ihr Lieblingsessen oder ein Gericht, was ihnen besonders originell, pfiffig oder simpel bei der Zubereitung vorkommt). Auch wäre es gut, bei der Zusammenstellung des Menüs die Pluralität moderner Essgewohnheiten zu berücksichtigen, indem vegane/vegetarische, laktose-/glutenfreie, koschere, halal, bio-Gerichte mitgebracht werden. So offenbart sich die vollständige Bedeutung von ‚interkulturell', die u. a. auch auf die Diversität und Heterogenität einer traditionell als homogen gedachten Gruppe hinweist (s. auch *Theoretische Einführung*, S. 31, 39 ff., 43 ff. u. a.).

Elemente aus verschiedenen ‚Kulturen' verknüpfen

Arbeitsauftrag 3: Eine Möglichkeit ist, traditionelle religiöse Feste unter Einbezug von Elementen aus anderen Ländern, Religionen, Kulturen und Traditionen zu modifizieren. Zum Beispiel wäre eine Idee für den Nikolaustag, eine Theaterszene zu spielen, in der der Nikolaus, der ein Bischof in der Stadt Myra (heute Kale, liegt im Süden der Türkei) war, über seine Reise von der Türkei nach Deutschland berichtet.

Eine Möglichkeit, anders als dominanzkulturelle Feste und Feiertage zu berücksichtigen, ist zum Beispiel, zu Beginn der Stunde die Schüler|innen mit einem für dieses Fest typischen Gruß in der jeweiligen Sprache willkommen zu heißen und die Schüler|innen herausfinden zu lassen, was dieser Gruß und das Fest bedeuten (Primarstufe). Für die Schüler|innen der Sekundarstufe I kann eine Vorlesung organisiert werden, in der Verknüpfungen zwischen verschiedenen religiösen Festen gezeigt werden (z.B. hinduistisches Laternenfest und St. Martin, hebräisches Lichterfest und Weihnachten etc.). Schüler|innen der Sekundarstufe II kann man zu den Verknüpfungen zwischen verschiedenen Festen selbst recherchieren lassen.

Arbeitsanweisungen

- Du bist Klassenlehrer|in in einer 6. Jahrgangsstufe. Ein Junge mit türkischem Migrationshintergrund fragt dich, ob er ein Deutscher oder ein Türke sei. Überlege, wie du darauf reagieren könntest.
- Du wirst von der Schulleitung beauftragt, ein interkulturelles Schulfest zu organisieren. Welche Ideen hast du? Überlege dir auch, wie du Stereotypisierungen, Kulturalisierungen etc. dabei vermeiden kannst.
- Sammle Ideen, wie du als Lehrer|in mit der Thematisierung verschiedener religiöser Feiertage in der Klasse umgehen kannst.

Analyse von Beispielen aus der Schulpraxis

■ Quelle

Entwurf nach LeB|in|MiG

■ Ziele

- Erkennen von und Reflexion über pädagogische Handlungsoptionen und -grenzen in einer (Alltags-)Rassismussituation
- Verknüpfung von Erkenntnissen aus dem früheren Workshopverlauf mit der Praxis bzw. konkreten schulischen Situationen
- Wahrnehmen von positiven Voraussetzungen, auf denen Lösungsvorschläge aufbauen können
- Befähigung der Teilnehmenden zum kritischen Überprüfen von Lösungsstrategien

■ Zeit

ca. 90 Minuten

■ Ablauf

Aufgabenbeschreibung

TIPP: Die Diskussion sollte nicht nur auf die präsentierenden Gruppenmitglieder beschränkt, sondern für alle Teilnehmenden offen sein, sodass jede|r z. B. seine Einschätzung der Situation vorstellen oder einen Kommentar zu der Wirksamkeit der angebotenen Lösungen abgeben kann.

Jede|r Teilnehmende erhält die Beispielsituation und hat fünf Minuten Zeit, sich damit vertraut zu machen. Wenn für die Teilnehmenden alles klar ist und es keine Verständnisfragen zu der Situation gibt, werden drei Kleingruppen gebildet. Jede Gruppe bekommt entsprechende Aufgaben (s. *Material*), um einen bestimmten Aspekt der Situation zu analysieren und Lösungsvorschläge zu unterbreiten. Die Vorschläge werden innerhalb der Kleingruppen diskutiert und das Ergebnis wird auf dem Flipchart festgehalten. Danach kommen die Gruppen im Plenum zusammen, um ihre Lösungsvorschläge zu präsentieren.

Auswertung

Nach den Präsentationen und ggf. Fragen/Kommentaren anderer Kleingruppen erfolgt die Analyse der dargestellten Lösungsvorschläge. Dafür können die Teamer|innen u. a. folgende Fragen an die jeweilige Gruppe stellen:

- Was verändert sich konkret an der Situation durch den Einsatz eurer Lösungsstrategien?
- Welche Komplikationen können sich für die Beteiligten an der Situation ergeben?
- Welche Ansätze bzw. Strategien (aus den früheren Übungen) konntet/könntet ihr für die Lösungsfindung nutzen?

■ Kommentar

Diese Übung ist eine gute Möglichkeit für den Transfer von Workshoperkenntnissen zum Thema Diskriminierung/Rassismus in die Schulpraxis. Die Basis für den Transfer sollte vorher durch die Übungen geschaffen werden, in denen die Teilnehmenden Alltagsrassismus-Situationen analysiert haben und nun wissen, was genau an bestimmten Haltungen und Handlungen problematisch ist bzw. sein könnte.

Siehe dazu z. B. Übung Perspektivenwechsel (S. 164), Übung Rassismus in der Klasse-Rassismus in der Gesellschaft (S. 248,) Übung Begründete Blickwinkel (S. 311).

Universelle Lösungen?

Die Erfahrungen im Projekt LeB|in|MiG zeigen, dass diese Transferübung gut bei den Teilnehmenden ankommt, da sie durch die Simulation einer Praxissituation die Möglichkeit haben, theoretische Kenntnisse in einer praxisnahen, authentisch wirkenden Situation anzuwenden. Dabei wurde bei der Formulierung der Aufgaben der Versuch unternommen, aufzuzeigen, dass es keine universal einsetzbaren Lösungsstrategien geben kann (die von Studierenden oft gewünscht werden), sondern dass eventuelle Entscheidungen, selbst wenn sie vor einem diskriminierungsbewussten, theoretisch fundierten Hintergrund getroffen werden, oft nicht geeignet

Kreativ, flexibel und situationsbezogen mit erworbenen Strategien umgehen

sind, alle an der problematischen Situation Beteiligten zufriedenzustellen und ggf. (v. a., wenn ein starkes Machtgefälle im Spiel ist) sogar Nachteile für eine beteiligte Partei mit sich bringen können. Wichtig ist also, dass die Teilnehmenden verstehen, dass auch (oder gerade) die im Workshop erworbenen Strategien je nach Situation modifiziert und immer mit einer gewissen Vorsicht angewandt werden sollten.

Wichtig: Positive Voraussetzungen finden!

Fokussierung auf Negatives überwinden und Situationen in Bezug auf positive Voraussetzungen analysieren können

Die Frage nach positiven Voraussetzungen in den Problemsituationen ist für diese Übung von großer Bedeutung. Wenn man Problemsituationen ausgehend von einem rassismus- bzw. diskriminierungskritischen Hintergrund betrachtet, ist die Tendenz groß, sich auf die Kritik der bestehenden Verhältnisse zu beschränken. Es findet also leicht eine Konzentration auf das Negative statt. Dabei ist für den Erwerb der interkulturell-migrationsgesellschaftlichen Professionalität neben der Fähigkeit, bestehende Verhältnisse kritisch wahrzunehmen, auch die Fähigkeit wichtig, positive Aspekte an schwierigen Situationen sehen zu können, an die bei der Lösungsfindung angeknüpft werden könnte. In Bezug auf die in der Übung aufgeführten Beispielsituationen wären es Aspekte wie

- die Offenheit des Schülers D., seine Bereitschaft, mit dem Klassenlehrer zu kooperieren.
- Die Sorge von Frau W. um ihre Schülerin kann Ausdruck dessen sein, dass sie allgemein gegenüber ihren Schüler|innen aufmerksam ist und sich Sorgen um ihr Wohlbefinden macht.
- Herr B. hat die nette Absicht, Schüler|innen mit Migrationshintergrund zu unterstützen und sie für ihre Leistung zu loben, also sie zu empowern.

Auswertungsfragen

Die Teilnehmenden sollen durch die Frage nach den Veränderungspotenzialen bestimmter Strategien dazu angeregt werden, Handlungs- bzw. Lösungsstrategien vor ihrem Einsatz kritisch auf deren Folgen und Auswirkungen zu überprüfen. Die Frage nach Strategien aus dem Workshop, auf die man bei der Lösungsfindung zurückgreifen könnte, zielt auf einen Transfer der Workshopinhalte direkt in die Praxis ab.

Situationsbeschreibung

LeB|in|MiG in Anlehnung an: Beiträge via Twitter (#SchauHin), URL: https://twitter.com/schauhin, letzter Zugriff am: 10.4.2014.

Herr F. ist Klassenlehrer in der 8. Klasse an einer Realschule, in der ‚interkulturelle Öffnung' und Förderung von Schüler|innen mit Migrationshintergrund immer stärker zum Thema wird. Trotzdem hat Herr F. oft den Eindruck, dass diese Zielsetzungen von vielen seinen Kolleg|innen nicht zum Vorteil der betroffenen Schüler|innen interpretiert werden.

So kam vor Kurzem D., ein Schüler mit arabischem Hintergrund, auf Herrn F. zu und berichtete von einer Situation, die ihm Unbehagen bereitet. Er erzählte, dass er immer, wenn es um Islam geht, von seinen Mitschüler|innen sowie von Lehrer|innen als Experte für dieses Thema gesehen wird. Damit hätte er sich mittlerweile abgefunden, auch wenn es oft anstrengend sei. Richtig unangenehm sei für ihn aber, dass bei den Themen Terrorismus oder radikale religiöse Gruppierungen alle (inklusive Lehrer|innen) sofort zu ihm herschauen und von ihm eine ‚kompetente' Stellungnahme erwarten. So hat er neulich in der Gemeinschaftskunde die Aufgabe bekommen, einen Vortrag über Salafist|innen zu halten. Als er die Lehrerin gefragt hat, ob nicht jemand anders den Vortrag machen könnte, hat sie geantwortet, dass sie (und andere Schüler|innen in der Klasse) es besser fänden, wenn jemand, „der sich mit dem Islam auskennt", einen solchen Vortrag halten würde. D. wusste nicht so richtig, wie er der Lehrerin klarmachen soll, dass er keine Lust hat, sich ständig mit dem Thema zu befassen, ohne dass sie den Eindruck bekommt, der Schüler wolle sich nur von der Arbeit drücken. Deswegen bat er seinen Klassenlehrer um Hilfe.

Herr F. findet, dass v. a. muslimische Schüler|innen von den Lehrer|innen oft unsensibel behandelt werden. Besonders markant war für ihn in diesem Zusammenhang die Situation, über die neulich eine Kollegin (Frau W.) bei einer Lehrerversammlung erzählt hat. Ein Mädchen aus ihrer Klasse (5. Klasse) kam an einem Tag mit Kopftuch in die Schule. Daraufhin hat Frau W. versucht, zu erfahren, ob dies ihre freiwillige Entscheidung war oder ob ihr das Kopftuchtragen von den Eltern aufgezwungen wurde. Die Schülerin reagierte beleidigt und am nächsten Tag bekam Frau W. Besuch von den Eltern des Mädchens, die ziemlich empört über die „Unterstellungen" seitens der Lehrerin waren. Frau W. zog daraufhin das Fazit, dass die Eltern ignorant und uneinsichtig seien. Sie fand es „einen Skandal", dass sich die Eltern „so aufführen", obwohl so eine Frage ja total berechtigt sei, da es im Islam bekanntlich Phänomene der Frauenunterdrückung gäbe. Für Herrn F. war es in dem Moment schwierig, etwas einzuwenden, da seine Kollegin sofort verbale Unterstützung von einigen anderen Lehrer|innen bekam.

Herr F. sieht ein, dass seine Kolleg|innen Schüler|innen mit Migrationshintergrund keineswegs absichtlich diskriminieren wollen, findet aber, dass auch eine wohlgemeinte Betonung des Andersseins der Schüler|innen zu einer Diskriminierung beitragen kann. Als ein weiteres Beispiel dazu sieht er den Wunsch des Deutschlehrers, Herrn B., Schüler|innen, die eine andere Muttersprache als Deutsch haben, für ihre Leistungen mit den Aussagen wie „Das beste Deutsch in dieser Klausur kommt ausgerechnet von einer Inderin!" zu loben. Eine Mutter mit russischem Migrationshintergrund, die etwas unzufrieden mit den Leistungen ihrer Tochter war, bekam von ihm an einem Elternabend zu hören: „Seien Sie doch froh, dass Ihre Tochter die Note bekommt. Das ist besser als viele deutsche Mitschüler!" Als Herr F. Herrn B. daraufhin ansprach, war er ganz erstaunt, warum er kritisiert wird. Er wolle doch auf diese Weise nur den Schüler|innen mit Migrationshintergrund Stärkung geben und ihnen zeigen, dass sie schon viel erreicht haben!

Arbeitsanweisungen

- Gruppe 1

Analysiert die Situation mit dem Schüler, der einen Vortrag über Salafist|innen halten muss.

Geht dabei wie folgt vor:
Arbeitet positive Voraussetzungen aus der vorliegenden Situation heraus, an die bei der Suche nach Lösungsmöglichkeiten angeknüpft werden kann.

Erarbeitet Reaktionsmöglichkeiten, die man als Lehrer|in, die|der von betroffenen Schüler|innen auf eine solche Situation angesprochen wird, vorschlagen kann.

Überlegt euch, wie Herr F. seiner Kollegin die Problematik der Situation erklären kann, ohne dass sie sich bevormundet bzw. angegriffen fühlt.

- Gruppe 2

Analysiert die Situation mit der Lehrerin, die einen Konflikt mit den Eltern ihrer Schülerin hatte.

Geht dabei wie folgt vor:
Arbeitet positive Voraussetzungen aus der vorliegenden Situation heraus, an die bei der Suche nach Lösungsmöglichkeiten angeknüpft werden kann.

Erarbeitet Reaktionsmöglichkeiten, die man als Lehrer|in, die|der von betroffenen Schüler|innen auf eine solche Situation angesprochen wird, vorschlagen kann.

Überlegt euch, wie Herr F. seiner Kollegin die Problematik der Situation erklären kann, ohne dass sie sich bevormundet bzw. angegriffen fühlt.

- Gruppe 3

Analysiert die Situation mit dem Deutschlehrer.

Geht dabei wie folgt vor:
Arbeitet positive Voraussetzungen aus der vorliegenden Situation heraus, an die bei der Suche nach Lösungsmöglichkeiten angeknüpft werden kann.

Erarbeitet Reaktionsmöglichkeiten, die man als Lehrer|in, die|der von betroffenen Schüler|innen auf eine solche Situation angesprochen wird, vorschlagen kann.

Überlegt euch, wie Herr F. seinem Kollegen die Problematik der Situation erklären kann, ohne dass er sich bevormundet bzw. angegriffen fühlt.

Strategienwerkstatt

■ Quelle

Entwurf nach LeB|in|MiG

■ Ziele

- Transfer von Erkenntnissen aus den Übungen *Begründete Blickwinkel* (S. 311) und *Kommunikationswege* (S. 85)
- Entwicklung von Lösungsstrategien für problematische Schulsituationen

HINWEIS: Zwischen der *Fallreflexion|Schullandheim* (S. 192), den Übungen *Begründete Blickwinkel* (S. 311), *Kommunikationswege* (S. 85) und dieser Transferübung sollte genug Zeit liegen.

■ Zeit

ca. 60 Minuten

■ Ablauf

Aufgabenstellung

Die Teilnehmenden bilden drei Kleingruppen, setzen sich mit der vorgegebenen Situation auseinander und ermitteln passende Lösungen dafür. Dabei folgen sie dem in der Aufgabe vorgegebenen Schema.

Auswertung

Schritt 1:

Jede Kleingruppe befestigt das Blatt mit Ergebnissen an der Tafel, präsentiert ihre Lösungen und begründet dabei die endgültige Wahl von Lösungsstrategien. Nach der Präsentation haben andere Kleingruppen die Möglichkeit, dies zu kommentieren bzw. Fragen zu stellen.

Schritt 2:

Wenn alle drei Kleingruppen fertig sind, werden die Ergebnisse zwischen den Gruppen verglichen: Die Teilnehmenden ermitteln die ‚populärsten' Lösungsvorschläge und nehmen ggf. Stellung dazu.

■ Kommentar

Wichtig: Herstellung des Bezugs zu den vorigen Übungen

Diese Übung soll einen Transfer von Erkenntnissen aus den Übungen *Begründete Blickwinkel* (S. 311) und *Kommunikationswege* (S. 85) ermöglichen. Außerdem wird hier die Situation aufgegriffen, die von den Teilnehmenden in der *Fallreflexion|Schullandheim* (S. 192) bereits bearbeitet wurde, sodass die Teilnehmenden die Chance haben, ihren ‚Anfangsstand' mit dem aktuellen Stand zu vergleichen. Selbstverständlich könnten die Teilnehmenden in den beiden Übungen statt der hier vorgeschlagenen Situation auch ein anderes Fallbeispiel analysieren.

Wichtig ist, dass möglichst viele Erkenntnisse aus den vorigen Übungen zur Entwicklung der Lösungsvorschläge einbezogen werden. So könnten die Teamer|innen beispielsweise eine Diskussion anregen und eine Verknüpfung zur Übung *Begründete Blickwinkel* (S. 311) herstellen. Hierfür könnte auf folgende Fragen eingegangen werden:

- Welche Perspektiven (s. Übung *Begründete Blickwinkel*, S. 311) wurden bei der Entwicklung von Lösungsvorschlägen bevorzugt verwendet? Wovon zeugt das?
- Gibt es Perspektiven, die bei der Entwicklung von Lösungsvorschlägen von keiner Gruppe berücksichtigt wurden? Worauf ist das zurückzuführen?
- Welche Konsequenzen hat der Einbezug der jeweiligen Perspektive für die Lehrperson und die Schüler|innen?

Situationsbeschreibung

Quelle: LeB|in|MiG in Anlehnung an ein Beispiel aus: Altan, Melahat u. a. (2009): Eine Frage der Haltung. Eltern(bildungs-)arbeit in der Migrationsgesellschaft. Eine praxisorientierte Reflexionshilfe. Stuttgart, S. 33.

Schullandheim

Frau E. ist Klassenlehrerin in der 9. Klasse an einer Realschule. An einem Elternabend wird die bevorstehende Klassenfahrt in ein Schullandheim besprochen. Eine Mutter spricht die Lehrerin nach der Veranstaltung an und sagt, dass sie ihre Tochter nicht mitfahren lassen will. Von anderen Eltern aus ihrer religiösen Gemeinde hätte sie gehört, dass Kinder in diesem Alter bei solchen Klassenfahrten heimlich Alkohol und Zigaretten konsumieren würden. Außerdem macht sich die Mutter große Sorgen um ihre Tochter, weil diese seit Kurzem sehr an Jungs, Flirten und Beziehung interessiert ist. Neulich hätte die Tochter erzählt, dass sie nun einen Freund hat (der dieselbe Klasse besucht), was zu einem Streitgespräch zwischen ihr und ihren Eltern geführt hat. Daher hat die Mutter Angst, dass es in einem Schullandheim, wo sich die Tochter ohne elterliche Aufsicht aufhält, zu einem sexuellen Verhältnis zwischen ihr und ihrem Freund kommen könnte.

Arbeitsanweisungen

Helft der Lehrerin dabei, Lösungsstrategien zu entwickeln, sodass die Situation für alle Beteiligten zufriedenstellend gelöst wird. Geht dabei wie folgt vor:

- Analysephase:

Überlegt euch, warum die Situation schwierig ist und was die Beteiligten (Mutter, Lehrerin, Mädchen, ihr Freund, andere Schüler|innen in der Klasse) jeweils als problematisch ansehen.

- Sammelphase:

Schreibt in der Gruppe Ideen auf, was die Lehrerin in dieser Situation machen könnte. Überlegt euch erst einmal nicht, inwiefern die Lösung passend/realisierbar ist – lasst eurer Fantasie freien Lauf. Das Ziel ist, möglichst viele verschiedene Vorschläge zu sammeln. Notiert die Vorschläge auf einem der beigelegten Papierblätter.

- Sortierungsphase:

Geht eure Vorschläge noch einmal durch, um die aus eurer Sicht geeignetsten Lösungsstrategien zu finden. Achtet darauf, dass möglichst das Interesse aller Beteiligten an der Situation berücksichtigt wird.

- Entscheidungsphase:

Übertragt eure ‚besten' Vorschläge auf das andere Blatt und wählt eine Person aus der Gruppe, die die Ergebnisse vortragen wird.

Fallreflexion | Rektor

■ Quelle

Entwurf nach LeB|in|MiG

■ Ziele

Für die Teilnehmenden

– Einsatz der im Workshop erworbenen Kenntnisse und Fertigkeiten für die Problemlösung

Für die Teamer|innen

– Erkennen von Entwicklungen, die bei den Teilnehmenden stattgefunden haben
– (optional) Erhebung und Analyse des Hintergrundwissens, der Meinungen und Positionen der Teilnehmenden zu den situationsbezogenen Aspekten

■ Zeit

Ohne Auswertung: ca. 20 Minuten, mit Auswertung: ca. 40–50 Min.

■ Ablauf

Aufgabenstellung

Die Teilnehmenden bekommen Material mit einer Problemsituation und entsprechenden Fragen dazu vorgelegt. Sie sollen die Situation ausgehend von den Fragen analysieren und passende Lösungsvorschläge unterbreiten.

Auswertung

Die Teamer|innen stellen nach der Analyse der Reflexionen wahlweise einige Strategien anonymisiert den Teilnehmenden vor bzw. machen eine Liste aller Strategien, die in den Reflexionen angesprochen wurden. Die Teilnehmenden diskutieren dann im Plenum oder auch in Kleingruppen über den Einsatz dieser Strategien in Hinblick auf deren Effektivität. Es könnte auch spannend sein, mit den Teilnehmenden

Strategien zu besprechen, die in den Reflexionen gar nicht vorgekommen sind, bzw. zu hinterfragen, warum bestimmte Lösungsstrategien bevorzugt bzw. ausgeschlossen werden.

■ Kommentar

Thematisierung von Rassismus

Es ist wichtig, dass die Situation mit dem Rektor nicht als eine Einstiegs-, sondern als eine Abschlussreflexion eingesetzt wird, denn gerade dieses konkrete Fallbeispiel knüpft sehr gut an die im Workshop zu vermittelnden Kenntnisse und Handlungsfähigkeiten v. a. in Bezug auf den Umgang mit Rassismus an. Die ausführliche Behandlung des Themas Rassismus in den vorhergehenden Übungen bietet erst die notwendige Grundlage für eine differenzierte Auseinandersetzung der Teilnehmenden mit einer Situation, in der rassistische Haltungen thematisiert werden. Dabei sollten rassistische Haltungen von den Teilnehmenden nicht nur erkannt, sondern auch als solche benannt werden. Dies erweist sich allerdings oft (so zeigen die Erfahrungen des Projekts LeB|in|MiG) als schwierig für die Teilnehmenden, selbst wenn das Wissen über verschiedene Formen von Rassismus vorhanden ist. Diese Hemmschwelle ist eng verbunden mit der gesellschaftlichen Tabuisierung solcher Themen. Man sollte sich als Teamer|in dessen bewusst sein und dies bei der Interpretation berücksichtigen bzw. – wenn eine Auswertung vorgesehen ist – die Teilnehmenden darauf ansprechen und mit ihnen zusammen über die Ursachen und Folgen der Nichtbenennung des Rassismus sowie Konsequenzen für eigenes Handeln diskutieren.

Rassistische Haltungen sollten idealerweise nicht nur erkannt, sondern auch als solche benannt werden.

Unsicherheit

Wichtig: Im Workshop die Basis für einen konstruktiven Umgang der Teilnehmenden mit eigenen Unsicherheiten schaffen

Vielen Teilnehmenden fällt nach dem Workshop auf, dass das Hinterfragen von gewohnten Denkmustern bei ihnen eine erhöhte Unsicherheit ausgelöst hat. Wenn sie dann versuchen, innerhalb einer begrenzten Zeit eine Problemsituation zu lösen, merken sie, dass die bisherigen einfachen Lösungen nicht mehr angemessen sind. Alternative Vorschläge, die in den vergangenen Übungen angesprochen wurden, sind aber möglicherweise noch nicht im Bewusstsein der Teilnehmenden gefestigt und es braucht ggf. viel Zeit, um diese in Erinnerung zu rufen und zu reflektieren. Außerdem kann es dazu kommen, dass eine durch die Übungen entwickelte Reflexionskompetenz die Teilnehmenden zu einem ständigen Hinterfragen eigener Gedanken bewegt, was in permanentem (Selbst-)Zweifeln enden kann. Dieser Zustand ist Ausdruck einer erhöhten Reflexionskompetenz und der Fähigkeit, die Komplexität und Vielschichtigkeit von Situationen im interkulturell-migrationsgesellschaftlichen Kontext zu begreifen. Dies sollte von den Teamer|innen thematisiert bzw. diskutiert werden. Außerdem sollte auf den Umgang mit der eigenen Unsicherheit eingegangen werden (s. auch *Theoretische Einführung*, S. 27 f.). Schließlich sollten die durch die Übungen gewonnenen Perspektiven von den Teilnehmenden als Gewinn an Wissen bzw. Kompetenzen angesehen und bei der Problemlösung aktiv mit einbezogen werden.

Situationsbeschreibung mit Reflexionsfragen

Erfahrung einer Teilnehmenden aus den LeB|in|MiG-Workshops

„Tagesfachpraktikum, in der Klasse waren seit einigen Wochen zwei Schüler (Geschwister, ein Mädchen & ein Junge), welche aus Frankreich ausgewiesen worden waren und welche einen Sinti- und Roma-Hintergrund (genaues weiß ich nicht) hatten. Beide sprachen kein Wort Deutsch, die Klasse war eine 8. Klasse einer Hauptschule in einer ländlichen Gegend. Weder der Fachlehrer (der Rektor der Schule) noch die Mitschüler/innen konnten irgendetwas mit den beiden anfangen, sie wurden in keinster Weise in den Unterricht oder soziale Aktivitäten innerhalb der Klasse eingebunden. Der Rektor, welcher unser Mentor war, wies uns an, die beiden einfach zu ignorieren, sprach abfällig von den ‚Zigeunerkindern' und beklagte sich, nicht zu wissen, wie er die beiden losbekommen könne (wörtlich). Ich selbst war darüber empört, wie sich der Rektor verhielt und wie er über die Situation und die Kinder dachte und fragte mich, wieso er sich das als Person, die in der Öffentlichkeit steht, erlauben kann. Gleichzeitig war ich aber auch ratlos, wie ich es in meinem Unterricht genau handhaben sollte, denn die beiden waren zudem auch noch sehr zurückhaltend und wirkten regelrecht eingeschüchtert. Wie also mit ihnen umgehen? Den Rat des Rektors zu befolgen war für mich eigentlich keine Option. Jedoch muss ich zugeben, dass ich vermute, dass mein Unterricht letztlich doch an den beiden vorbeiging, ich bezweifle, dass die Stunde sie in irgendeiner Weise weitergebracht hat. (Wobei es natürlich auch schwierig ist, in einem Tagespraktikum auf solche Umstände zu reagieren.)"

Reflexionsfragen:

- Wo siehst du Herausforderungen in dieser Situation?
- Wie würdest du darauf reagieren?
- Welche Fragen bleiben bei dir zurück?

Abschlussübungen

Abschlussübungen

Reflexionsspaziergang

■ Quelle

LeB|in|MiG in Anlehnung an: Dürrschmidt, Peter u. a. (2011): Methodensammlung für Trainerinnen und Trainer. 7. Auflage. Bonn, S. 339 f.

■ Ziele

- Anregung zu Austausch und Reflexion
- Anheben des Energielevels durch Bewegung an der frischen Luft
- Stärkung der Gruppenzusammengehörigkeit

■ Zeit

ca. 15 Minuten

■ Ablauf

Aufgabenbeschreibung

VARIANTE: Den Teilnehmenden kann auch eine Aufgabe oder Frage als Themeneinstieg zur Bearbeitung gegeben werden

Die Teilnehmenden werden in Zweier- und Dreier-Gruppen eingeteilt und zu einem Spaziergang übers Gelände oder durch das Gebäude geschickt, um sich über ihre Eindrücke, Schlussfolgerungen, Fragen etc. zu einer zuvor gemachten Übung oder einem bestimmten Themenkomplex auszutauschen.

Auswertung

Im Plenum wird schlaglichtartig gefragt, was auf dem Spaziergang besprochen wurde und was gemacht wurde.

■ Kommentar

Wenn die Aufmerksamkeit und das Energielevel der Teilnehmenden sinkt, ist diese Übung sehr passend. In Workshops genügend Zeit zur Verarbeitung, zum freien Austausch und zur Reflexion einzuräumen, ist nicht einfach und wird leicht vernachlässigt. Diese Übung schafft den Teilnehmenden sowohl Denk- als auch Bewegungsfreiraum, den sie je nach Aufgabenstellung frei nützen können, insbesondere da bei dieser Form der Auswertung nichts präsentiert werden muss.

Was nehme ich mit?

■ Quelle

Entwurf nach LeB|in|MiG

■ Ziele

- Zusammenfassen von Erkenntnissen aus dem Workshop
- Verknüpfung von wichtigen Workshoperkenntnissen mit einzelnen Workshopthemen

■ Zeit

25 – 30 Minuten

■ Ablauf

Aufgabenbeschreibung

Die Teilnehmenden bekommen die Aufgabe, das, was sie aus dem Workshop mitnehmen können bzw. was für sie besonders wichtig war, stichwortartig auf Karteikarten aufzuschreiben. Während die Teilnehmenden die wichtigen Aspekte auf den Karteikarten festhalten, schreiben die Teamer|innen das Verzeichnis von den im Workshop durchgenommenen Themen an die Tafel.
Wenn die Teilnehmenden mit ihren Karten fertig sind, werden diese von den Teamer|innen eingesammelt.

Auswertung

Die Teamer|innen ordnen die Stichworte der Teilnehmenden den jeweiligen Workshopthemen zu oder lassen die Teilnehmenden die Zuordnung vornehmen (indem die Karteikarten unter/neben die jeweiligen Themenüberschriften angebracht werden). Anhand der Zuordnung kann im nächsten Schritt bestimmt werden, welche Workshopthemen am häufigsten, welche weniger und welche gar nicht vorkamen. Die Teilnehmenden können ggf. Stellung dazu nehmen.

■ Kommentar

'Beliebte' und ‚weniger beliebte' Themen ermitteln

Diese Übung stellt für die Teamer|innen ein gutes Instrument zur Kontrolle der eigenen Workshopplanung dar, denn anhand der Verknüpfung zwischen dem, was die Teilnehmenden als wichtig für sich erachten, und den einzelnen Workshopthemen wird klar, wie die jeweiligen thematischen Angebote ‚angekommen' sind. Die Teamer|innen können dann ausgehend von den Ergebnissen dieser Übung künftige Workshops entsprechend modifizieren, indem z. B. die ‚schlechter angekommenen'/gar nicht thematisierten Themen abgeändert bzw. intensiver behandelt werden.

Workshopaufbau kontrollieren und ggf. modifizieren

Manche Aspekte, die die Teilnehmenden als wichtig für sich erachten (z. B. Selbstreflexion etc.), lassen sich nicht einem bestimmten Thema des Workshops zuordnen. In diesem Fall könnte man bei den Teilnehmenden nachfragen, anhand welcher Übungen ihnen die Bedeutung des jeweiligen Aspekts am besten veranschaulicht wurde. So erhalten die Teilnehmenden Informationen über die ‚Effektivität' einzelner Übungen, die auch ihrerseits den übergreifenden Workshopthemen zugeordnet werden können.

Mein Bild

■ Quelle

LeB|in|MiG in Anlehnung an: Dürrschmidt, Peter u. a. (2011): Methodensammlung für Trainerinnen und Trainer, 7. Auflage. Bonn, S. 71.

■ Ziele

Teilnehmende

- Reflexion der eigenen Erlebnisse und Eindrücke
- Möglichkeit, Bedürfnisse mitzuteilen

Teamer|innen

- Einblick in die aktuelle Stimmungs- und Bedürfnislage der Teilnehmenden
- Feedback und Anregung zur Weiterentwicklung des Workshops

■ Zeit

Je nach Gruppengröße,
idealerweise nicht länger als 10 – 15 Minuten

■ Ablauf

Aufgabenbeschreibung

TIPP: Das Applaudieren kann in den Übungen als Ausdruck der Anerkennung, die eine Person gegenüber anderen Teilnehmenden erbringt, eingesetzt werden

Auf dem Boden werden verschiedene Bilder (aus Zeitschriften, Zeitungen, aus dem Internet) ausgelegt. Jede|r Teilnehmende sucht sich das Bild aus, das seine|ihre momentane Stimmung am ehesten widerspiegelt. Falls mehrere Teilnehmende das gleiche Bild auswählen, stellen sie sich zusammen.

Auswertung

Wenn jede|r Teilnehmende sich einem Bild zugeordnet hat, wird reihum gefragt, was ihn|sie an diesem Bild angesprochen hat und weshalb es seine|ihre Stimmung gerade am besten widerspiegelt. Für jede|n Teilnehmenden wird applaudiert.

■ Kommentar

Es empfiehlt sich, thematisch sehr ausdifferenzierte und nicht eindeutig interpretierbare Bilder auszuwählen, sodass einem|r der Assoziationsraum offenbleibt. Auf diese Weise soll gewährleistet werden, dass möglichst alle Teilnehmenden etwas Passendes für sich finden. Die Übung eignet sich bei mehrtägigen Seminaren als Tagesabschluss, lässt sich aber auch vor längeren Pausen, wie bspw. einer Mittagspause, einsetzen. Wenn die Teilnehmenden miteinander in Kontakt kommen sollen, einfach weniger Bilder als Teilnehmende anwesend sind auslegen.

Wollknäuel

■ Quelle

LeB|in|MiG in Anlehnung an: Jugendstiftung Baden-Württemberg, u. Red. von Beier, Hanna (o. J.): Willkommen Vielfalt. 15 Warming ups für interkulturelle Trainings. Übung XI, S. 13. URL: http://www.migration-online.de/data/passgenau_warmingups.pdf, letzter Zugriff am: 8.4.2014.

■ Ziele

Teilnehmende

- Herstellung eines Gemeinsamkeitsgefühls unter den Teilnehmenden

Teamer|innen

- Sammeln von Eindrücken der Teilnehmenden

■ Zeit

Je nach Gruppengröße 20 – 30 Minuten

■ Ablauf

Die Teilnehmenden werden aufgefordert, kurz ihre Eindrücke vom Tag (Wie war der Workshop? Wie habt ihr euch gefühlt? Was wollt ihr noch anmerken?) wiederzugeben. Dafür bilden sie einen Kreis. Ein|e Teilnehmende|r, der|die anfängt, bekommt einen Wollknäuel von den Teamer|innen und gibt ein kurzes Statement zum Tag ab. Diejenigen, die dem|der Wollknäuelbesitzer|in zustimmen, heben die Hand. Ein|e Teilnehmende|n von ihnen bekommt den Wollknäuel zugeworfen, wobei der|die Werfende den Faden festhält. Er|sie äußert sich nun auch zum Workshop und wirft den Knäuel einer weiteren Person zu, die seine|ihre Meinung teilt. Dies wird wiederholt, bis alle einmal dran waren und ein Netz zwischen den Teilnehmenden entstanden ist.

■ Kommentar

Diese üblicherweise als Warmup gedachte Übung, die sich auf eher allgemeine Themen bezieht, wurde im Rahmen des Projekts LeB|in|MiG zu einer Feedback-Übung modifiziert und stärker an die Workshopinhalte gebunden.

Eine wichtige Bedingung für diese Übung ist eine angemessene Größe der Teilnehmenden-Gruppe. Ist die Gruppe zu klein, werden (bezogen auf diese Übungsvariante) nur wenige Aspekte des Workshops im Feedback thematisiert. Ist die Gruppe zu groß, kann die Übung unnötig lang werden.

Gruppengröße beachten!

Baum der Erkenntnis

■ Quelle

DIJA – ein Projekt der Fachstelle für Internationale Jugendarbeit der Bundesrepublik Deutschland e. V. (o. J.): Toolbox Interkulturelles Lernen. URL: https://www.dija.de/nc/toolbox-interkulturelles-lernen/methodenbox/?tx_fedijamethoden_pi1[showUid]=25&cHash=6bbdefe8d7cd10f.7be2498a2d032bedc, letzter Zugriff am: 7.1.2014.

■ Ziele

Teilnehmende

- Reflexion und Bewusstmachung des eigenen Lernerfolgs und Lernweges
- Wahrnehmung von Erkenntnissen, die noch undeutlich sind und die noch analysiert bzw. reflektiert werden sollten

Teamer|innen

- Erkennen, was bei den Teilnehmenden angestoßen wurde, was mehr Zeit oder andere Methoden braucht und was nicht gut ankam.

■ Zeit

ca. 45 Minuten

■ Ablauf

Aufgabenbeschreibung

TIPP: Der Fokus der Übung kann zwischen einem reinen Feedback und einer Sortierung und Sicherung von Gelerntem variiert werden.

Die Teilnehmenden geben ihr Feedback mithilfe eines auf Papier gezeichneten Baumes ab. Sie überlegen, was sie aus dem Workshop mitnehmen, und gruppieren ihre Erkenntnisse danach, wie sehr sie diese schon verstanden haben:

- o Auf roten Karten werden die sogenannten ‚reifen Früchte' festgehalten. Sie stehen für die Erkenntnisse und positiven Momente, die die Teilnehmenden aus dem Workshop mitnehmen.

- Auf grünen Karten schreiben die Teilnehmenden die ‚zarten Knospen' auf. Sie stehen für Dinge, die die Teilnehmenden noch nicht so ganz fassen können und über die sie noch mehr erfahren möchten bzw. für das, was im Workshop noch entwicklungsfähig ist.
- Die gelben Karten stehen für das ‚Fallobst'. Das sind Dinge, die die Teilnehmenden nicht verstanden haben bzw. Situationen, die im Workshop nicht gelungen sind und so auch nicht mehr vorkommen sollten.

Auswertung

Die Teamer|innen lesen die Karten gesammelt vor und fragen bei Unklarheiten nach. Einzelne Aussagen können im Plenum diskutiert werden.

■ Kommentar

Die Abschlussübung kann über verschiedene Aspekte des Workshops Auskunft geben. So können die Teamer|innen mit der Übung zum einen den selbsteingeschätzten Lernerfolg der Teilnehmenden und zum anderen deren Meinungen zu Vermittlungsmethoden, Inhalten, Verhaltensweisen u. Ä. im Workshop ermitteln. Es handelt sich also um keine reine Feedbackübung und wird vielleicht auch gerade deshalb von den meisten Teilnehmenden sehr positiv kommentiert. Gleichzeitig bietet sie den Teamer|innen ein schriftliches Feedback bzw. einen schriftlich festgehaltenen Überblick über das, was die Teilnehmenden für sich bewusst mitgenommen haben.

IV. Anhang

Autorinnen

Myriam Brunner M.A.

arbeitet im Bereich der interkulturellen Lehrer|innenbildung an der Pädagogischen Hochschule Karlsruhe und hat in Deutschland, Polen und der Schweiz interkulturelle Studien sowie Europa- und Migrationswissenschaften studiert. Sie hat in mehreren internationalen und interkulturellen Begegnungs- und Bildungsprojekten im In- und Ausland mitgearbeitet. In der Bildungsarbeit legt sie einen besonderen Fokus auf eine machtsensible und mehrperspektivische Auseinandersetzung mit Diversität sowie auf eine zielgruppenspezifische und an der praktischen Handlungsbefähigung der Teilnehmenden orientierte Workshop- und Trainingsgestaltung.

Alina Ivanova M.A.

arbeitet und promoviert im Bereich der interkulturellen Lehrer|innenbildung an der Pädagogischen Hochschule Karlsruhe und hat Germanistik, Fremdsprachendidaktik und Interkulturelle Kommunikation in Moskau sowie Interkulturelle Bildung, Migration und Mehrsprachigkeit in Karlsruhe studiert. Sie hat bei der Konzeption und Umsetzung von mehreren interkulturellen Bildungsprojekten im Hochschulbereich mitgewirkt. Ihre Arbeitsschwerpunkte sind Konzeption, Analyse und Implementierung kulturkritischer und reflexionsorientierter (Weiter-)Bildungsmethoden. Im Bereich der Lehrer|innenbildung liegt ihr Fokus auf der Auseinandersetzung mit Selbst- und Fremdpositionierungen von Lehrer|innen im Kontext der Migrationsgesellschaft.

LeB|in|MiG-Workshops: Informationen und Kontaktdaten

Die LeB|in|MiG-Workshopreihe bildet die Grundlage dieses Buches und entstand an der Pädagogischen Hochschule Karlsruhe zwischen 2012 und 2014. Das Workshopkonzept wurde für und mit Lehramtsstudierenden entwickelt und durchgeführt, es basiert auf ihren Interessensschwerpunkten und Bedarfslagen. Selbst- und Kontextreflexionen, Mehrperspektivität, Handlungsmöglichkeiten in dominanzgeprägten und diskriminierenden Situationen, die Auseinandersetzung mit Zuschreibungen und ein möglicher Umgang mit Mehrfachzugehörigkeiten werden mit den angehenden Lehrkräften erfahrungs- und anwendungsorientiert be- als auch erarbeitet. Einer Frustration durch die zahlreichen Anforderungen an den Lehrer|innenberuf sowie einem aus Überforderung entstehenden Festhalten an eindeutigen Perspektiven und universellen Lösungen wird durch prozessorientiertes Vorgehen entgegengewirkt. Es soll Raum dafür geschaffen werden, reflexionsbedingte Unsicherheiten und Mehrperspektivität nicht als Hindernis, sondern als Bestandteil pädagogischer Professionalität zu verstehen.

LeB|in|MiG-Workshops werden auch weiterhin an der Pädagogischen Hochschule Karlsruhe und anderen Einrichtungen angeboten. Sollten Sie Interesse an der Durchführung eines LeB|in|MiG-Workshops unter (An-)Leitung der Autorinnen haben, schreiben Sie uns: lebinmig@gmx.de

Wir freuen uns, von Ihnen zu lesen und stehen Ihnen auch für Fragen und Anregungen gerne zur Verfügung.

Ihre Alina Ivanova & Myriam Brunner

debus PÄDAGOGIK

Rudolf Leiprecht, Anja Steinbach (Hrsg.)

Schule in der Migrationsgesellschaft

Ein Handbuch

Migration ist eine Herausforderung für jede Gesellschaft und ganz speziell für ihre Bildungspolitik und Bildungspraxis. Die Frage, was Schule in einer pluriformen Gesellschaft zu leisten hat, wird deshalb zu einer entscheidenden Weichenstellung für das Zusammenleben künftiger Generationen und den generellen Erfolg gesellschaftlichen Handelns. Das Thema Mehrsprachigkeit und Schule spielt dabei eine besondere Rolle.

Das neue Handbuch bietet eine praxisnahe, doch theoretisch fundierte Einführung und eignet sich sowohl für Studierende im Lehramt als auch für erfahrene Lehrkräfte.

Band I: Grundlagen – Diversität – Fachdidaktiken
Band II: Sprache – Rassismus – Professionalität

ISBN 978-3-95414-025-1, 928 S.,
2 Bände., € 59,80

Autorinnen und Autoren
Bedia Akbaş, Sophie Arenhövel, Steffen Brockmann, Lalitha Chamakalayil, İnci Dirim, Aysun Doğmuş, Andreas Eis, Heike Fleßner, Sara Fürstenau, Ulf Gebken, Viola B. Georgi, Mechtild Gomolla, Anwar Hadeed, Annita Kalpaka, Yasemin Karakaşoğlu, Edina Krompàk, Marianne Krüger-Potratz, Bastian Kuhlmann, Rudolf Leiprecht, Ulrike Lingen-Ali, Helma Lutz, Paul Mecheril, Rolf Meinhardt, Astrid Messerschmidt, Inger Petersen, Thomas Quehl, Sven Rößler, Claudia Schanz, Wiebke Scharathow, Bettina Schmidt, Angela Schmitman gen. Pothmann, Winfried Schulz-Kaempf, Beate Seusing, Anke Spies, Anja Steinbach, Wilfried Stölting, Tanja Tajmel, Andreas Thimmel, Patricia Baquero Torres

debus PÄDAGOGIK

Adolf-Damaschke-Str. 10, 65824 Schwalbach/Ts.
Tel.: 06196/86065, Fax: 06196/86060
info@debus-paedagogik.de
www.debus-paedagogik.de

debus PÄDAGOGIK

Christa Kaletsch, Stefan Rech

Heterogenität im Klassenzimmer

Methoden, Bespiele und Übungen zur Menschenrechtsbildung

Fühlen Sie sich als als Pädagogin oder Pädagoge auch wenig vorbereitet auf die „Pluralität im Klassenzimmer“? Nehmen Sie verstärkt diskriminierendes, gewaltförmiges Geschehen in Ihrer Lerngruppe wahr? Sind Sie mit antisemitischen, islamfeindlichen und antihomosexuellen Verhaltensweisen konfrontiert und tun Sie sich schwer damit, das Geschehen einzuordnen und entsprechende Handlungsoptionen zu entwickeln?

In diesem Buch werden Ideen und Erfahrungen präsentiert, wie eine zeitgemäße, angemessene Auseinandersetzung mit Heterogenität im Klassenzimmer aussehen kann. Die Autoren laden Sie dazu ein, komplexe Alltagssituationen im pädagogischen Raum zu reflektieren, zu strukturieren und entsprechend diskriminierungskritische, inklusive Handlungsoptionen für Ihren (Schul)Alltag zu entwickeln. Die theoriegeleiteten Analysen der pädagogischen Praxis sind deshalb mit zahlreichen methodischen Anregungen gespickt und bieten so erprobte Handlungsempfehlungen aus der Praxis für Ihre Praxis.

ISBN 978-3-95414-041-1, 208 S., € 22,80

Die Autoren

Christa Kaletsch
M.A. Fachjournalismus Geschichte, Trainerin, Beraterin und Programmentwicklerin in den Bereichen konstruktive Konfliktbearbeitung/ Mediation, Partizipation und Zivilcourage.

Stefan Rech
M.A. Kulturanthropologe, Mediator und Dialogprozessbegleiter. Seit 15 Jahren freier Trainer, Konzeptentwickler und Berater für Demokratiepädagogik in der schulischen und außerschulischen Bildungsarbeit.

debus PÄDAGOGIK

Adolf-Damaschke-Str. 10, 65824 Schwalbach/Ts.
Tel.: 06196/86065, Fax: 06196/86060
info@debus-paedagogik.de
www.debus-paedagogik.de